国家综合性消防救援队伍优秀消防员
单独招生文化统考复习指导用书

数　　学

复习指导用书编写组　编

应急管理出版社
· 北　京 ·

图书在版编目（CIP）数据

国家综合性消防救援队伍优秀消防员单独招生文化统考复习指导用书．数学／复习指导用书编写组编．－－北京：应急管理出版社，2019（2021.12 重印）

ISBN 978－7－5020－7852－2

Ⅰ.①国…　Ⅱ.①复…　Ⅲ.①中学数学课—高中—升学参考资料　Ⅳ.①G634

中国版本图书馆 CIP 数据核字（2019）第 286184 号

国家综合性消防救援队伍优秀消防员单独招生文化统考

复习指导用书　**数学**

编　　者　复习指导用书编写组
责任编辑　闫　非
编　　辑　王志鹏
责任校对　陈　慧
封面设计　王　滨　于春颖

出版发行　应急管理出版社（北京市朝阳区芍药居 35 号　100029）
电　　话　010－84657898（总编室）　010－84657880（读者服务部）
网　　址　www.cciph.com.cn
印　　刷　海森印刷（天津）有限公司
经　　销　全国新华书店

开　　本　787mm×1092mm $^{1}/_{16}$　**印张**　14　**字数**　337 千字
版　　次　2019 年 12 月第 1 版　2021 年 12 月第 3 次印刷
社内编号　20193096　　**定价**　30.00 元

编写说明

为帮助广大优秀消防员做好中国消防救援学院单独招生文化统考复习准备工作，我们依据考试大纲，组织编写了单独招生文化统考《语文》《数学》《政治》《英语》《物理》《化学》6个科目的复习指导用书。

复习指导用书以习近平新时代中国特色社会主义思想为指导，认真贯彻落实习近平总书记授旗训词精神，贴近国家综合性消防救援队伍实战型人才选拔需要，坚持“注重基础、强化系统、突出规律、巩固提高”的原则，整合现行普通高中教材知识点，吸收学科前沿知识，结合消防员队伍职业特点和整体文化素质编写而成。在内容上，力求深入浅出、详略得当、学练结合，既满足优秀消防员考生复习备考需要，又符合入学后与本科学历教学衔接的要求。

《数学》分册由王洪庆任主编，宋云涛、苏莉任副主编。宋云涛（第一章至第三章）、王洪庆（第四章至第七章）、苏国强（第八章）、何永明（第九章、第十二章）、苏莉（第十章、第十一章）参加编写。顾沛教授、房路路研究员、李继成教授、曹一鸣教授、刘颖编审对书稿修改审定提出了很多宝贵的意见和建议。

由于时间仓促，编者水平有限，书中缺点与不足在所难免，恳请读者批评指正，以便再版时修改完善。

复习指导用书编写组

2019年12月

目　　录

第一章　集合与简易逻辑

第一节　集　　合

一、集合与元素

（1）集合是指具有某种特定性质的具体的或抽象的对象汇总而成的集体，一般用大写字母 A，B，C，…表示集合．构成集合的这些对象称为该集合的元素，一般用小写字母 a，b，c，…表示元素．

（2）集合中元素的三个特征：确定性、互异性和无序性．

（3）元素与集合的关系是属于或不属于，用 $\in$ 或 $\notin$ 表示．例如：

$a\in A$，读作“a 属于 A”，表示 a 是集合 A 的元素；

$a\notin A$，读作“a 不属于 A”，表示 a 不是集合 A 的元素．

（4）集合的分类：集合按所含元素个数不同，可以划分为有限集、无限集和空集．

有限集：含有有限个元素的集合称为有限集；

无限集：含有无限个元素的集合称为无限集；

空集：不含有任何元素的集合称为空集，记作 $\varnothing$.

（5）集合的表示方法：

列举法：把集合的元素逐一列举出来写在大括号内，如 $\{a, b, c\}$；

描述法：把集合元素的共同属性描述出来写在大括号内，如 $\{x\mid 2x^2+5x+3>0\}$；

图示法：又称韦恩图法，是一种利用二维平面上的点集表示集合的方法，如图 1－1 所示.

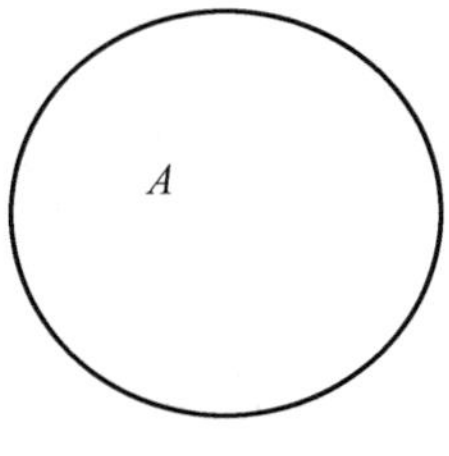

图 1－1

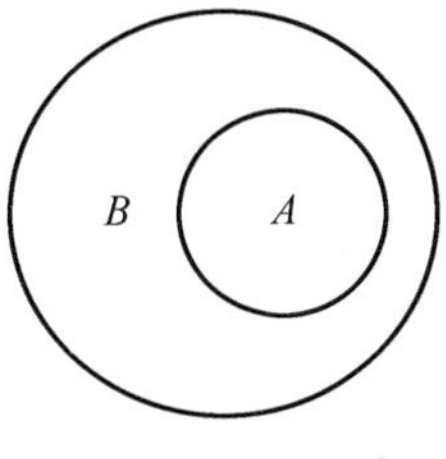

图 1－2

（6）常用数集：

- 实数（**R**）
  - 有理数（**Q**）
    - 整数（**Z**）
      - 非负整数（自然数）（**N**）
        - 正整数（$\mathbf{N}^+$ 或 $\mathbf{N}^*$）
        - 0
      - 负整数
    - 分数
  - 无理数

（7）子集：对于任意 $x\in A$，都有 $x\in B$，则称 A 为 B 的子集，记作 $A\subseteq B$（或 $B\supseteq A$）. 任何集合都是它本身的子集，即 $A\subseteq A$；空集是任何集合的子集，即 $\varnothing\subseteq A$.

（8）真子集：若 $A\subseteq B$，且 $A\neq B$，则称 A 为 B 的真子集，记作 $A\subset B$（或 $B\supset A$），如图 1－2 所示. 空集是任何非空集合的真子集，即 $\varnothing\subset A(A\neq\varnothing)$.

（9）集合的相等：若 $A\subseteq B$，且 $B\subseteq A$，则 $A=B$.

二、集合的运算

（1）交集：由集合 A 与集合 B 中相同元素组成的集合称为 A 与 B 的交集，记作 $A\cap B$，如图 1－3 所示，读作 A 交 B，即 $A\cap B=\{x\mid x\in A$ 且 $x\in B\}$.

（2）并集：由集合 A 与集合 B 中所有元素组成的集合称为 A 与 B 的并集，记作 $A\cup B$，如图 1－4 所示，读作 A 并 B，即 $A\cup B=\{x\mid x\in A$ 或 $x\in B\}$.

（3）补集：设 U 是全集，A 是 U 的子集，则由所有全集 U 中不属于 A 的元素组成的集合称为 A 的补集，记作 C_UA，如图 1－5 所示，即 $C_UA=\{x\mid x\in U$ 且 $x\notin A\}$.

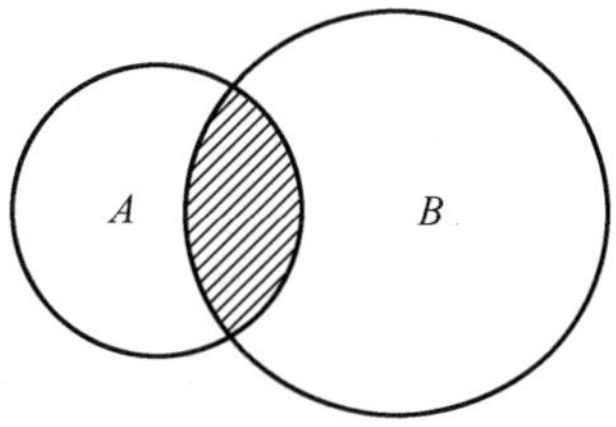

图 1－3

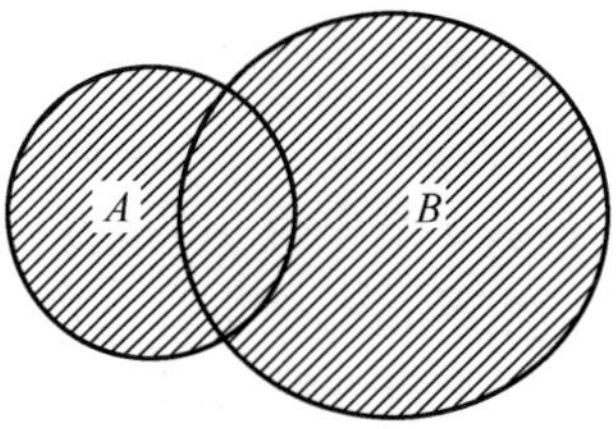

图 1－4

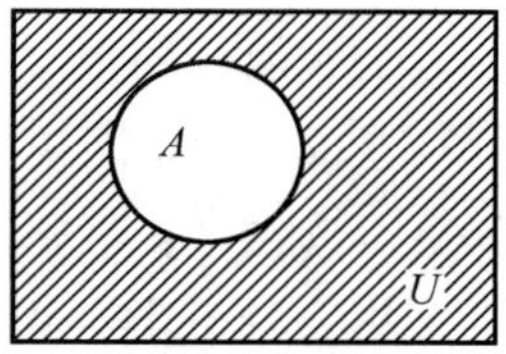

图 1－5

三、集合运算的性质

1. 交集运算的性质

$A\cap A=A$，$A\cap\varnothing=\varnothing$，$A\cap B=B\cap A$，$A\cap B\subseteq A$，$A\cap B\subseteq B$，$A\cap(B\cap C)=(A\cap B)\cap C$，$A\cap B=A\Leftrightarrow A\subseteq B$.

2. 并集运算的性质

$A\cup A=A$，$A\cup\varnothing=A$，$A\cup B=B\cup A$，$A\subseteq A\cup B$，$B\subseteq A\cup B$，$A\cup(B\cup C)=(A\cup B)\cup C$，$A\cup B=A\Leftrightarrow B\subseteq A$.

3. 补集运算的性质

$A\cup C_UA=U$，$A\cap C_UA=\varnothing$，$C_U(C_UA)=A$，$C_UU=\varnothing$.

4. 分配律

$A\cup(B\cap C)=(A\cup B)\cap(A\cup C)$

$A\cap(B\cup C)=(A\cap B)\cup(A\cap C)$

5. 摩根定律

$C_U(A\cap B)=(C_UA)\cup(C_UB)$

$C_U(A\cup B)=(C_UA)\cap(C_UB)$

四、区间

设 a，b 是两个实数，并且 $a<b$.

		集合表示	记　法
开区间		$\{x \mid a<x<b\}$	(a, b)
闭区间		$\{x \mid a\leqslant x\leqslant b\}$	$[a, b]$
半开半闭区间	左开右闭区间	$\{x \mid a<x\leqslant b\}$	$(a, b]$
	左闭右开区间	$\{x \mid a\leqslant x<b\}$	$[a, b)$
半无穷区间		$\{x \mid x>a\}$ 或 $\{x \mid x<b\}$	$(a, +\infty)$ 或 $(-\infty, b)$
无穷区间		$\{x \mid x\in \mathbf{R}\}$	$(-\infty, +\infty)$

第二节　逻　辑　初　步

一、逻辑联结词

（1）命题：在数学中把用语言、符号或式子表达的，可以判断真假的语句称为命题．判断为真的语句称为真命题，判断为假的语句称为假命题.

（2）逻辑联结词：或、且、非.

（3）简单命题：不含逻辑联结词的命题.

（4）复合命题：由简单命题和逻辑联结词构成的命题.

（5）真值表：表示命题真假的表．

p	q	非 p	p 或 q	p 且 q
真	真	假	真	真
真	假	假	真	假
假	真	真	真	假
假	假	真	假	假

二、四种命题及相互关系

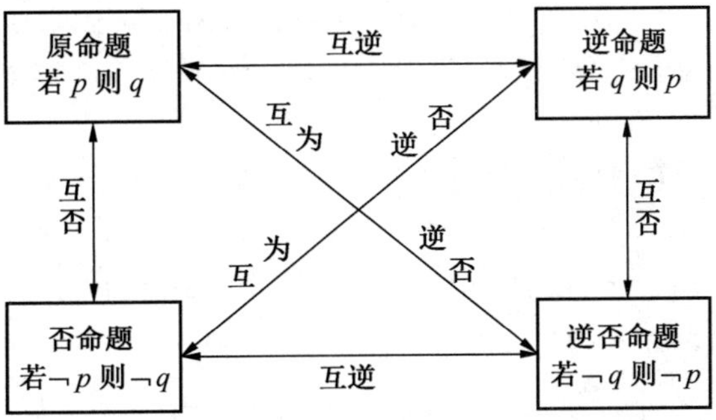

三、四种命题的真假关系

（1）如果两个命题互为逆否命题，则它们具有相同的真假性.
（2）如果两个命题互为逆命题或互为否命题，则它们的真假性没有关系.

四、充分条件与必要条件

（1）充分条件：如果 p 成立，那么 q 成立，即 $p\Rightarrow q$，则 p 是 q 的充分条件.
（2）必要条件：如果 q 成立，那么 p 成立，即 $q\Rightarrow p$，则 p 是 q 的必要条件.
（3）充要条件：若 $p\Rightarrow q$，且 $q\Rightarrow p$，则 p 是 q 的充要条件.

五、全称量词与存在量词

（1）全称量词：短语“所有的”“任意一个”在逻辑中通常称为全称量词，用“∀”表示，含有全称量词的命题称为全称命题.

（2）存在量词：短语“存在一个”“至少有一个”在逻辑中通常称为存在量词，用“∃”表示，含有存在量词的命题称为特称命题.

六、全称命题与特称命题的否定

命　题	命题的否定
$\forall x\in M,p(x)$	$\exists x_0\in M,\neg p(x_0)$
$\exists x_0\in M,p(x_0)$	$\forall x\in M,\neg p(x)$

☞例题解析

一、选择题

1. 设集合 $A=\{-2,\ -1,\ 0,\ 1,\ 2\}$，$B=\{x\mid -1<x<2\}$，则 $A\cap B=$(　　).

A. $\{0\}$　　B. $\{1\}$　　C. $\{0,\ 1\}$　　D. $\{-1,\ 1\}$

【答案】C

【解析】可见 B 中含有的整数元素为 0 和 1，因此 $A\cap B=\{0,\ 1\}$.

2. 方程 $x^2+2x=0$ 的解集为(　　).

A. $\{2\}$　　B. $\{-2\}$　　C. $\{0,\ 2\}$　　D. $\{0,\ -2\}$

【答案】D

【解析】由 $x^2+2x=0$，得 $x_1=-2$，$x_2=0$，∴ 方程 $x^2+2x=0$ 的解集为 $\{0,\ -2\}$.

3. 已知集合 A、B 均为全集 $U=\{1,\ 2,\ 3,\ 4\}$ 的子集，且 $C_U(A\cup B)=\{4\}$，$B=\{1,\ 2\}$，则 $A\cap C_UB=$(　　).

A. $\{3\}$　　B. $\{4\}$　　C. $\{3,\ 4\}$　　D. $\varnothing$

【答案】A

【解析】∵ B $\{1,\ 2\}$，∴ $C_UB=\{3,\ 4\}$，又∵ $C_U(A\cup B)=\{4\}$，即 $C_U(A\cup B)=C_UA\cap C_UB=\{4\}$，∴ $A\cap C_UB=\{3\}$.

4. 命题“若 $\alpha=\frac{\pi}{4}$，则 $\tan\alpha=1$”的逆否命题是(　　).

A. 若 $\alpha \neq \frac{\pi}{4}$，则 $\tan\alpha \neq 1$　　B. 若 $\alpha = \frac{\pi}{4}$，则 $\tan\alpha \neq 1$

C. 若 $\tan\alpha \neq 1$，则 $\alpha = \frac{\pi}{4}$　　D. 若 $\tan\alpha \neq 1$，则 $\alpha \neq \frac{\pi}{4}$

【答案】D

【解析】命题“若 $\alpha = \frac{\pi}{4}$，则 $\tan\alpha = 1$”的逆否命题是“若 $\tan\alpha \neq 1$，则 $\alpha \neq \frac{\pi}{4}$”.

5. 已知命题 p：“$\forall x \in [1, 2]$，$x^2 - a \geqslant 0$”，命题 q：“$\exists x \in R$，使得 $x^2 + 2ax + 2 - a = 0$”，若命题“p 且 q”是真命题，则实数 a 的取值范围为(　　).

A. $\{a \mid a \leqslant -2$ 或 $a = 1\}$　　B. $\{a \mid a \geqslant 1\}$

C. $\{a \mid a \leqslant -2$ 或 $1 \leqslant a \leqslant 2\}$　　D. $\{a \mid -2 \leqslant a \leqslant 1\}$

【答案】A

【解析】根据题意得 p：“$a \leqslant 1$”，q：“$a \leqslant -2$ 或 $a \geqslant 1$”，∵“p 且 q”为真命题，∴ p、q 都为真命题，因此 $a \leqslant -2$ 或 $a = 1$.

6. 对于任意实数 a，b，c 给出下列命题：

①“$a = b$”是“$ac = bc$”的充要条件；

②“$a + 5$ 是无理数”是“a 是无理数”的充要条件；

③“$a > b$”是“$a^2 > b^2$”的充分条件；

④“$a < 5$”是“$a < 3$”的必要条件.

其中真命题的个数是(　　).

A. 1　　B. 2　　C. 3　　D. 4

【答案】B

【解析】①当 $c = 0$ 时，$ac = bc$，但有可能 $a \neq b$，假命题；②真命题；③当 $b < a < 0$ 时，若 $a > b$，则 $a^2 > b^2$ 不成立，假命题；④真命题.

7. 在△ABC 中，“$A > 45°$”是“$\sin A > \frac{\sqrt{2}}{2}$”的(　　).

A. 充分不必要条件　　B. 必要不充分条件

C. 充要条件　　D. 既不充分又不必要条件

【答案】B

【解析】在△ABC 中，有 $0° < A < 180°$，当 $A > 45°$ 时，取“$A > 135°$”，则 $\sin A < \frac{\sqrt{2}}{2}$；反之当 $\sin A > \frac{\sqrt{2}}{2}$，则有 $45° < A < 135°$，∴“$A > 45°$”是“$\sin A > \frac{\sqrt{2}}{2}$”的必要不充分条件.

二、填空题

1. 已知集合 $A = \{1, 3, a\}$，$B = \{1, a^2 - a + 1\}$，且 $B \subseteq A$，则 $a =$________.

【答案】-1 或 2

【解析】由 $a^2 - a + 1 = 3$ 得 $a = -1$ 或 $a = 2$，当 $a = -1$ 时，$B = \{1, 3\}$，$A = \{-1, 1, 3\}$，有 $B \subseteq A$；当 $a = 2$ 时，$B = \{1, 3\}$，$A = \{1, 2, 3\}$，有 $B \subseteq A$，∴ $a = -1$ 或 $a = 2$ 满足题意．由 $a^2 - a + 1 = a$ 得 $a = 1$，由集合不能有相同元素，故舍去.

2. 设全集 $U = \{x \mid x$为不大于 20 的质数$\}$，已知 $A \cap B = \{7, 19\}$，$A \cap (C_U B) = \{3,$

5}，$C_U(A\cup B)=\{13，17\}$，则集合 $A=$________，$B=$________.

【答案】$A=\{3，5，7，19\}$，$B=\{2，7，11，19\}$.

【解析】$U=\{2，3，5，7，11，13，17，19\}$，利用图示法或数轴分析可得.

3. 设集合 $A=\{x\mid x^2<a\}$，$B=\{x\mid x-2<0\}$，若 $A\cap B=A$，则实数 a 的取值范围为________.

【答案】$\{a\mid a\leqslant 4\}$

【解析】由 $A=\{x\mid x^2<a\}$ 得 $A=\{x\mid -\sqrt{a}<x<\sqrt{a}，a>0\}$ 或 $A=\varnothing$ $(a\leqslant 0)$，由 $B=\{x\mid x-2<0\}$ 得 $B=\{x\mid x<2\}$，又∵ $A\cap B=A$，∴ $\sqrt{a}\leqslant 2$，即 $a\leqslant 4$.

4. 已知集合 $A=\{x\mid |2x+1|<3\}$，$B=\{x\mid x^2-2x<0\}$，则 $A\cup B=$________.

【答案】$\{x\mid -2<x<2\}$

【解析】由 $A=\{x\mid |2x+1|<3\}$ 得 $A=\{x\mid -2<x<1\}$，$B=\{x\mid x^2-2x<0\}$ 得 $B=\{x\mid 0<x<2\}$，∴ $A\cup B=\{x\mid -2<x<2\}$.

5. 若“$\forall x\in\left[0，\frac{\pi}{4}\right]$，$\tan x\leqslant m$”是真命题，则实数 m 的最小值为________.

【答案】1

【解析】∵ $0\leqslant x\leqslant\frac{\pi}{4}$，∴ $0\leqslant\tan x\leqslant 1$，要使“$\forall x\in\left[0，\frac{\pi}{4}\right]$，$\tan x\leqslant m$”是真命题，则 $m\geqslant 1$. ∴ 实数 m 的最小值为 1.

三、解答题

1. 已知集合 $A=\{(x，y)\mid y=x+b\}$，$B=\{(x，y)\mid y=\sqrt{9-x^2}\}$，

（1）当 $A\cap B=\varnothing$ 时，求实数 b 的取值范围；

（2）当 $A\cap B$ 为一元集时，求实数 b 的取值范围.

解 集合 A 表示的是斜率 $k=1$ 的一组平行直线，集合 B 表示的是圆心在原点，半径为 3 的圆的上半部分，如图 1-6 所示.

（1）$A\cap B=\varnothing$ 时，直线与圆无交点，∴ $b<-3$ 或 $b>3\sqrt{2}$，即 b 的取值范围为 $\{b\mid b<-3$ 或 $b>3\sqrt{2}\}$；

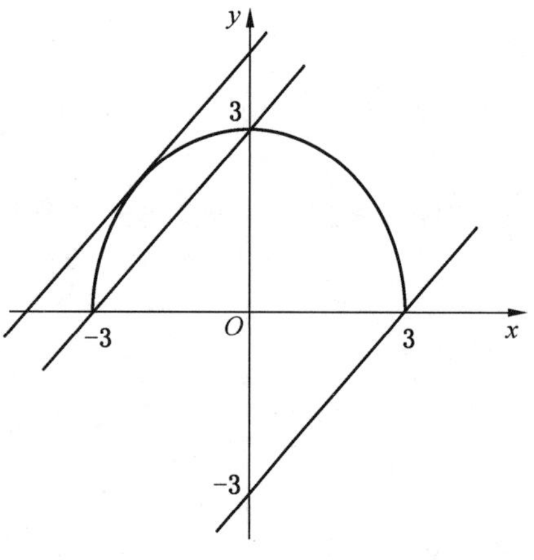

图 1-6

（2）$A\cap B$ 为一元集时，直线与圆有且只有一个交点，∴ $b=3\sqrt{2}$ 或 $-3\leqslant b<3$，即 b 的取值范围为 $\{b\mid b=3\sqrt{2}$ 或 $-3\leqslant b<3\}$.

2. 已知集合 $A=\{x\mid x^2-4mx+2m+6=0，x\in\mathbf{R}\}$，$B=\{x\mid x<0\}$.

（1）若 $A\cap B=\varnothing$，求实数 m 的取值范围；

（2）若 $A\cap B\neq\varnothing$，求实数 m 的取值范围.

解 （1）① 若 $A=\varnothing$，则方程 $x^2-4mx+2m+6=0$ 无解，$\Delta=(-4m)^2-4(2m+6)<0$，得 $-1<m<\frac{3}{2}$，此时 $A\cap B=\varnothing$.

② 若 $A\neq\varnothing$，则方程 $x^2-4mx+2m+6=0$ 有

解，由 $A\cap B=\varnothing$ 可设方程 $x^2-4mx+2m+6=0$ 有两根分别为 x_1，x_2（x_1，x_2 可以相等），且 x_1，x_2 均为非负数，有 $\begin{cases}\Delta=(-4m)^2-4(2m+6)\geqslant0,\\x_1+x_2=4m\geqslant0,\\x_1x_2=2m+6\geqslant0\end{cases}$ $\therefore\ m\geqslant\dfrac{3}{2}$，此时 $A\cap B=\varnothing$. 综合①②可得 $A\cap B=\varnothing$ 时，实数 m 的取值范围为 $\{m\mid m>-1\}$.

（2）由（1）知 $A\cap B\neq\varnothing$ 时，实数 m 的取值范围为 $\{m\mid m\leqslant-1\}$. $\therefore\ A\cap B\neq\varnothing$ 时，实数 m 的取值范围为 $\{m\mid m\leqslant-1\}$.

3. 已知集合 $A=\{x\mid 0<ax+1\leqslant5\}$，集合 $B=\left\{x\,\middle|\,-\dfrac{1}{2}<x\leqslant2\right\}$.

（1）若 $A\subseteq B$，求 a 的取值范围；

（2）若 $B\subseteq A$，求 a 的取值范围.

解　当 $a>0$ 时，$A=\left(-\dfrac{1}{a},\ \dfrac{4}{a}\right]$，当 $a=0$ 时，$A=\mathbf{R}$，当 $a<0$ 时，$A=\left[\dfrac{4}{a},\ -\dfrac{1}{a}\right)$.

（1）若 $A\subseteq B$，分三种情况讨论：①当 $a>0$ 时，有 $\begin{cases}-\dfrac{1}{a}\geqslant-\dfrac{1}{2},\\\dfrac{4}{a}\leqslant2\end{cases}\Rightarrow a\geqslant2$；②当 $a=0$ 时，不合题意；③当 $a<0$ 时，有 $\begin{cases}\dfrac{4}{a}>-\dfrac{1}{2},\\-\dfrac{1}{a}\leqslant2\end{cases}\Rightarrow a<-8$. 综上可得 a 的取值范围为 $\{a\mid a<-8$ 或 $a\geqslant2\}$.

（2）若 $B\subseteq A$，分三种情况讨论：①当 $a>0$ 时，有 $\begin{cases}-\dfrac{1}{a}\leqslant-\dfrac{1}{2},\\\dfrac{4}{a}\geqslant2\end{cases}\Rightarrow 0<a\leqslant2$；②当 $a=0$ 时，$A=\mathbf{R}$，$B\subseteq A$ 恒成立；③当 $a<0$ 时，有 $\begin{cases}\dfrac{4}{a}\leqslant-\dfrac{1}{2},\\-\dfrac{1}{a}>2\end{cases}\Rightarrow-\dfrac{1}{2}<a<0$. 综上可得 a 的取值范围为 $\left\{a\,\middle|\,-\dfrac{1}{2}<a\leqslant2\right\}$.

4. 已知 $b>0$，设 P："函数 $y=b^x$ 在 R 上单调递减"，Q："不等式 $x+|x-2b|>1$ 的解为 $\mathbf{R}$"，如果 P 和 Q 有且仅有一个正确，求 b 的取值范围.

解　$\because\ y=b^x$ 在 $\mathbf{R}$ 上单调递减，$\therefore\ 0<b<1$. 又 $\because\ x+|x-2b|=\begin{cases}2x-2b & (x\geqslant2b),\\2b & (x<2b).\end{cases}$ 的最小值是 $2b$，$\therefore\ 2b>1$ 即 $b>\dfrac{1}{2}$. $\therefore$ ①当 P 真 Q 假时，有 $0<b<1$ 且 $0<b\leqslant\dfrac{1}{2}$，$\therefore\ 0<b\leqslant\dfrac{1}{2}$；②当 P 假 Q 真时，有 $b\geqslant1$ 且 $b>\dfrac{1}{2}$，$\therefore\ b\geqslant1$. 综上可得 b 的取值范围为 $\left\{b\,\middle|\,0<b\leqslant\dfrac{1}{2}\text{或}\ b\geqslant1\right\}$.

5. 设集合 $A=\{x\mid -1\leqslant x\leqslant a\}$，$B=\{y\mid y=x+1, x\in A\}$，$C=\{y\mid y=x^2, x\in A\}$，

(1) 若 $B\cap C=C$，求实数 a 的取值范围；

(2) 是否存在实数 a，使得 $B=C$? 并说明理由.

解 (1) 由 $A=\{x\mid -1\leqslant x\leqslant a\}$，$B=\{y\mid y=x+1, x\in A\}$，$c=\{y\mid y=x^2, x\in A\}$，可知集合 B 表示的是在 A 上的一条线段，集合 C 表示的是抛物线在 A 上的一部分，又在 $[-1, a]$ 上直线 $y=x+1$ 单调递增，在 $[-1, 0)$ 上抛物线 $y=x^2$ 单调递减，在 $[0, +\infty)$ 上抛物线 $y=x^2$ 单调递增.

联立 $\begin{cases} y=x+1, \\ y=x^2 \end{cases} \Rightarrow x^2-x-1=0 \Rightarrow x_1=\dfrac{1-\sqrt{5}}{2}$，$x_2=\dfrac{1+\sqrt{5}}{2}$，又 $x\in A$，$\therefore$ ①当 $-1\leqslant a<0$ 时，$B\cap C\neq C$，②当 $0\leqslant a\leqslant\dfrac{1+\sqrt{5}}{2}$ 时，有 $B\cap C=C$，③当 $a>\dfrac{1+\sqrt{5}}{2}$ 时，有 $B\cap C=B$.

$\therefore$ 实数 a 的取值范围为 $\left\{a\,\middle|\,0\leqslant a\leqslant\dfrac{1+\sqrt{5}}{2}\right\}$.

(2) 由 (1) 中②可得当 $a=0$ 时，$B=\{y\mid 0\leqslant y\leqslant 1\}$，$C=\{y\mid 0\leqslant y\leqslant 1\}$，所以 $B=C$；当 $a=\dfrac{1+\sqrt{5}}{2}$ 时，$B=\{y\mid 0\leqslant y\leqslant 1\}$，$C=\{y\mid 0\leqslant y\leqslant 1\}$，所以 $B=C$. $\therefore$ $a=0$ 或 $a=\dfrac{1+\sqrt{5}}{2}$ 时，$B=C$.

练习题

一、选择题

1. 下列各式正确的是(　　).

A. $\{0\}=\varnothing$　　B. $\varnothing\subset\{0\}$　　C. $\{0\}\notin\varnothing$　　D. $0\in\varnothing$

2. 已知集合 $A=\{x\mid 1\leqslant x<3\}$，$B=\{x\mid 0<x<2\}$，则 $A\cup B=$(　　).

A. $\{x\mid 1\leqslant x<3\}$　　B. $\{x\mid 0<x<3\}$

C. $\{x\mid 0<x<2\}$　　D. $\{x\mid 1\leqslant x<2\}$

3. 设全集为 $\mathbf{R}$，集合 $A=\{x\mid 0<x<2\}$，$B=\{x\mid x\geqslant 1\}$，则 $A\cap C_{\mathrm{R}}B=$(　　).

A. $\{x\mid 0<x\leqslant 1\}$　　B. $\{x\mid 0<x<1\}$

C. $\{x\mid 1\leqslant x<2\}$　　D. $\{x\mid 0<x<2\}$

4. 已知集合 $A=\{x\mid x>-1\}$，$B=\{x\mid x<2\}$，则 $A\cap B=$(　　).

A. $(-1, +\infty)$　　B. $(-\infty, 2)$

C. $(-1, 2)$　　D. $\varnothing$

5. 已知集合 $A=\{x\mid -1<x<2\}$，$B=\{x\mid x>1\}$，则 $A\cup B=$(　　).

A. $(-1, 1)$　　B. $(1, 2)$

C. $(-1, +\infty)$　　D. $(1, +\infty)$

6. 已知集合 $A=\{x\mid x\leqslant 1\}$，$B=\{x\mid x^2-2x<0\}$，则 $A\cap B=$(　　).

A. $(0, 1)$　　B. $(1, 2]$　　C. $(0, 1]$　　D. $[-1, 1)$

7. 已知集合 $M=\{y\mid y\geqslant 0\}$，$N=\{y\mid y=-x^2+1\}$，则 $M\cap N=$(　　).

A. $(0, 1)$　　B. $[0, 1]$　　C. $[0, +\infty)$　　D. $[1, +\infty)$

8. 设集合 $A=\{x\mid |x|<1\}$，$B=\{x\mid x(x-3)<0\}$，则 $A\cup B=$(　　).

A. $(-1,0)$　　B. $(0,1)$　　C. $(-1,3)$　　D. $(1,3)$

9. 已知全集 $U=\{-1,0,1,2,3\}$，$A=\{0,1,2\}$，$B=\{-1,0,1\}$，则 $(C_UA)\cap B=($　　$)$.

A. $\{-1\}$　　B. $\{0,1\}$　　C. $\{-1,2,3\}$　　D. $\{-1,0,1,3\}$

10. 已知集合 $A=\{(x,y)\mid x^2+y^2=4\}$，$B=\{(x,y)\mid x^2+y^2=1\}$，则 A，B 的关系为(　　).

A. $B\subseteq A$　　B. $A\cap B=B$　　C. $A\cap B=\varnothing$　　D. $A\cup B=A$

11. 已知集合 $M=\{x\mid x^2-x+2>0\}$，N 为函数 $y=\ln|x|$ 的定义域，P 是函数 $y=\sqrt{2|x|+x}$ 的定义域，那么 M，N，P 的关系是(　　).

A. $M\supset N=P$　　B. $M\subset N=P$　　C. $M\supset N\supset P$　　D. $M=P\supset N$

12. 设 a，$b\in\mathbf{R}$，则下列命题中真命题的是(　　).

A. 若 $a>b$，则 $a^2>b^2$　　B. 若 $|a|>b$，则 $a^2>b^2$

C. 若 $a>|b|$，则 $a^2>b^2$　　D. 若 $a<|b|$，则 $a^2<b^2$

13. 已知 $a\in\mathbf{R}$，则“$a=0$”是“$f(x)=x^2+ax$ 为偶函数”的(　　).

A. 充分不必要条件　　B. 必要不充分条件

C. 充要条件　　D. 既不充分也不必要条件

14. 设 $\varphi\in\mathbf{R}$，则“$\varphi=0$”是“$f(x)=\cos(x+\varphi)(x\in R)$ 为偶函数”的(　　).

A. 充分不必要条件　　B. 必要不充分条件

C. 充要条件　　D. 既不充分也不必要条件

15. 命题“$\exists x_0\in\mathbf{R}$，$x_0^2+x_0+1<0$”的否命题为(　　).

A. $\exists x_0\in\mathbf{R}$，$x_0^2+x_0+1\geqslant0$　　B. $\exists x_0\in\mathbf{R}$，$x_0^2+x_0+1\leqslant0$

C. $\forall x_0\in\mathbf{R}$，$x_0^2+x_0+1\geqslant0$　　D. $\forall x_0\in\mathbf{R}$，$x_0^2+x_0+1<0$

二、填空题

1. 设集合 $A=\{x\mid x^2-x-2\leqslant0\}$，$B=\{x\mid x<1,\ x\in\mathbf{Z}\}$，则 $A\cap B=$________.

2. 已知集合 $A=\{1,2\}$，$B=\{x\mid x^2+mx+1=0,\ x\in\mathbf{R}\}$，若 $B\subseteq A$，则实数 m 的取值范围为________.

3. 已知 $A=\{x\mid 2<x<k,\ x\in\mathbf{N}\}$，若集合 A 中恰有 3 个元素，则 k 的取值范围为________.

4. 已知集合 $A=\{x\mid x^2-4<0\}$，那么 $C_{\mathrm{R}}A=$________.

5. 设集合 $A=\{-1,0,1\}$，$B=\left\{a-1,\ a+\frac{1}{a}\right\}$，$A\cap B=\{0\}$，则实数 a 的值为________.

6. 不等式 $x^2-ax-b<0$ 的解集是 $\{x\mid 2<x<3\}$，则不等式 $bx^2-ax-1>0$ 的解集为________.

7. 已知 $x,y\in\mathbf{R}$，$A=\{(x,y)\mid x^2+y^2=1\}$，$B=\left\{(x,y)\,\middle|\,\frac{x}{a}-\frac{y}{b}=1,\ a>0,\ b>0\right\}$，当 $A\cap B$ 只有一个元素时，a，b 的关系为________.

8. 设 a 是实数，则“$a>1$”是“$\frac{1}{a}<1$”的________条件.

9. 给出下列说法：

① “若 $x+y=\frac{\pi}{2}$，则 $\sin x=\cos y$” 的逆命题是假命题；

② “在 $\triangle ABC$ 中，$\sin B>\sin C$ 是 $B>C$ 的充要条件” 是真命题；

③ “$a=1$” 是 “直线 $x-ay=0$ 与直线 $x+ay=0$ 互相垂直” 的充要条件；

④ 命题 “若 $x<-1$，则 $x^2-2x-3>0$” 的否命题为 “若 $x\geqslant-1$，则 $x^2-2x-3\leqslant0$”.

以上说法正确的是________（填序号）.

10. 50 名学生参加甲、乙两项体育活动，每人至少参加了一项，参加甲项的学生有 30 名，参加乙项的学生有 25 名，则仅参加了一项活动的学生人数为________名.

三、解答题

1. 设 $A=\{x\mid x^2+4x=0\}$，$B=\{x\mid x^2+2(a+1)x+a^2-1=0\}$，求

（1）使得 $A\cap B=B$ 的实数 a 的取值范围；

（2）使得 $A\cup B=B$ 的实数 a 的取值范围.

2. 已知集合 $A=\{x\mid y=\sqrt{x-1}\}$，$B=\left\{x\,\middle|\,\frac{1}{2}a\leqslant x\leqslant 2a-1\right\}$，若 $A\cap B=\varnothing$，求实数 a 的取值范围.

3. 设命题 P：“$|4x-3|>1$” 是命题 Q：“$x^2-(2a+1)x+a(a+1)>0$” 的必要不充分条件，求实数 a 的取值范围.

4. 设全集 $U=\mathbf{R}$，$A=\{x\mid 1\leqslant x\leqslant 3\}$，$B=\{x\mid 2<x<4\}$，$C=\{x\mid a\leqslant x\leqslant a+1\}$，

（1）求 $A\cap B$，$A\cup(C_UB)$；

（2）若 $B\cup C=B$，求实数 a 的取值范围.

5. 已知函数 $f(x)=x^2+ax+b(a,b\in\mathbf{R})$，集合 $A=\{x\mid x=f(x)\}$，$B=\{x\mid x=f[f(x)]\}$，

（1）求证：$A\subseteq B$；

（2）当集合 $A=\{-1,3\}$ 时，求集合 B.

6. 设 $f(x)=2(\log_2x)^2+2a\log_2\frac{1}{x}+b$，已知 $x=\frac{1}{2}$ 时，$f_{\min}(x)=-8$，

（1）求 a 与 b 的值；

（2）在（1）的条件下，求 $f(x)>0$ 的解集 A；

（3）在（2）的条件下设集合 $B=\left\{x\,\middle|\,|x-t|\leqslant\frac{1}{2},\ x\in\mathbf{R}\right\}$，且 $A\cap B=\varnothing$，求实数 t 的取值范围.

第二章　函　　数

第一节　函数概念与性质

一、映射

一般地，设 A、B 是两个非空集合，如果按照某种对应法则 f，对于集合 A 中的任意一个元素，在集合 B 中都有唯一的元素和它对应，那么这样的对应（包括集合 A、B 以及 A 到 B 的对应）法则 f 称为集合 A 到集合 B 的映射，记作 $f: A \to B$.

如果 A 中的元素 a，对应的是 B 中的元素 b，则称 b 为 a 的象，a 为 b 的原象.

二、函数的概念

1. 函数定义

设有两非空实数集合 D、B，如果对于数集 D 中的任意一个数 x，按照确定的法则 f 对应着数集 B 中唯一的一个数 y，称 f 是定义在集合 D 上的函数，记作 $f: D \to B$.

事实上，函数就是实数集合 D 到集合 B 的一种映射. D 称为函数的定义域，与 $x \in D$ 对应的实数 y 记作 $y = f(x)$，x 称为自变量，y 称为因变量，与 x_0 对应的 y 值记为 $f(x)\big|_{x=x_0}$ 或 $f(x_0)$，集合 $B_f = \{y \mid y = f(x), x \in D\}$ 称为函数的值域，显然 $B_f \subseteq B$.

2. 函数的三要素

定义域、值域和对应法则.

3. 函数相等

只有定义域相同，且对应法则也相同的两个函数才是同一函数.

4. 分段函数

在定义域内不同的区间上用不同的解析式表示的函数，称为分段函数.

（1）分段函数仍然是一个函数，而不是几个函数；

（2）分段函数的定义域等于各段函数定义域的并集，其值域等于各段函数值域的并集；

（3）分段函数求函数值时，应根据 x 所在的区间段来判断选择解析式求解.

5. 函数的表示法

常用的有解析法、列表法、图像法三种.

（1）解析法：用代数式表示两个变量之间的对应关系；

（2）列表法：列出表格来表示两个变量之间的对应关系；

（3）图像法：利用图像表示两个变量之间的对应关系.

三、函数的基本性质

1. 函数的单调性

1）定义

设 $y=f(x)$，D 为某个区间，如果对于任意 x_1，$x_2 \in D$，当 $x_1<x_2$ 时，都有 $f(x_1)<f(x_2)$，则称 $f(x)$ 为 D 上的单调递增函数；如果对于任意 x_1，$x_2 \in D$，当 $x_1<x_2$ 时，都有 $f(x_1)>f(x_2)$，则称 $f(x)$ 为 D 上的单调递减函数，D 称为函数 $f(x)$ 的单调区间.

2）判断函数单调性的常用方法

（1）定义法；

（2）两个增（减）函数的和仍为增（减）函数，一个增（减）函数与一个减（增）函数的差是增（减）函数；

（3）奇函数在对称区间上有相同的单调性，偶函数在对称区间上有相反的单调性；

（4）互为反函数的两个函数单调性相同；

（5）如果 $f(x)$ 在区间 D 上是增（减）函数，那么 $f(x)$ 在 D 的任一子区间上也是增（减）函数；

（6）如果 $y=f(u)$ 和 $u=g(x)$ 单调性相同，那么 $y=f(g(x))$ 是单调递增函数，如果 $y=f(u)$ 和 $u=g(x)$ 单调性相反，那么 $y=f(g(x))$ 是单调递减函数.

3）函数的最值

（1）一般地，设函数 $y=f(x)$ 的定义域为 D，如果存在实数 M 满足对于任意的 $x \in D$，都有 $f(x) \leqslant M$，存在 $x_0 \in D$，使得 $f(x_0)=M$. 则称 M 是函数 $f(x)$ 的最大值，记作 $f_{\max}(x)=M$.

（2）一般地，设函数 $y=f(x)$ 的定义域为 D，如果存在实数 m 满足对于任意的 $x \in D$，都有 $f(x) \geqslant m$，存在 $x_0 \in D$，使得 $f(x_0)=m$. 则称 m 是函数 $f(x)$ 的最小值，记作 $f_{\min}(x)=m$.

2. 函数的奇偶性

1）定义

设函数 $f(x)$ 的定义域关于原点对称，如果对于定义域内任意一点 x，都有 $f(-x)=f(x)$，则称函数 $f(x)$ 为偶函数；如果对于定义域内任意一点 x，都有 $f(-x)=-f(x)$，则称函数 $f(x)$ 为奇函数；既不具有偶函数性质，又不具有奇函数性质的函数称为非奇非偶函数.

（1）偶函数图像关于 y 轴对称，奇函数图像关于原点中心对称；

（2）定义域关于原点对称是函数具有奇偶性必要不充分条件；

（3）如果函数定义域关于原点对称，函数值恒为零，那么它既是奇函数也是偶函数.

2）判断函数奇偶性的常用方法

（1）定义法；

（2）图像法；

（3）定义恒等变形法，若 $f(-x)-f(x)=0$，则 $f(x)$ 为偶函数，若 $f(-x)+f(x)=0$，则 $f(x)$ 为奇函数.

3. 函数的周期性

1）定义

对于函数 $y=f(x)$，如果存在一个非零常数 C，使得 x 取定义域内的任何值时，都有 $f(x+C)=f(x)$，那么就把函数 $y=f(x)$ 称为周期函数，非零常数 C 称为这个函数的周期.

2）最小正周期

如果周期函数 $f(x)$ 的所有周期中存在一个最小的正数，那么这个最小正数就称为 $f(x)$ 的最小正周期.

注：① 并不是每个周期函数都有最小正周期，如任何正实数都是常数函数的周期，所以常数函数没有最小正周期；

② 以 C 为周期的函数，在每个长度为 C 的区间上，函数的图像有相同的形状.

第二节　反　函　数

一、反函数的定义

一般地，设函数 $y=f(x)(x\in D)$ 的值域为 B，我们根据这个函数中 x，y 的关系，用 y 把 x 表示出来，得到 $x=\varphi(y)$．如果对于 y 在 B 中的任何一个值，通过 $x=\varphi(y)$，在 D 中都有唯一的值和它对应，那么，函数 $x=\varphi(y)(y\in B)$ 称为函数 $y=f(x)(x\in D)$ 的反函数，记作 $x=f^{-1}(y)$.

在函数 $x=f^{-1}(y)$ 中，y 是自变量，x 表示函数．我们一般用 x 表示自变量，用 y 表示函数，把它改写成 $y=f^{-1}(x)$.

二、原函数与反函数的关系

（1）在同一直角坐标系中，原函数与反函数的图像关于直线 $y=x$ 对称；

（2）反函数的定义域和值域分别是原函数的值域和定义域；

（3）反函数与原函数具有相同的单调性；

（4）若点（a，b）在原函数图像上，则点（b，a）必在其反函数图像上，反之亦然.

三、几个结论

（1）定义域上的单调函数必有反函数；

（2）奇函数的反函数也是奇函数；

（3）周期函数不存在反函数.

第三节　一次函数和二次函数

一、一次函数

1. 一次函数的定义

形如 $y=kx+b$（k，b 是常数，$k\neq0$）的函数称为一次函数．当 $b=0$ 时，$y=kx(k\neq$

0）称为正比例函数.

2. 一次函数的图像与性质

（1）当 $k>0$ 时，y 随 x 的增大而增大（单调递增），如图 2－1 所示.

（2）当 $k<0$ 时，y 随 x 的增大而减小（单调递减），如图 2－2 所示.

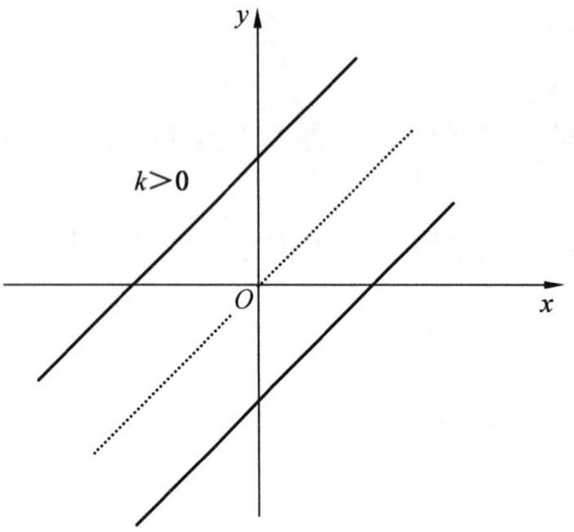

图 2－1

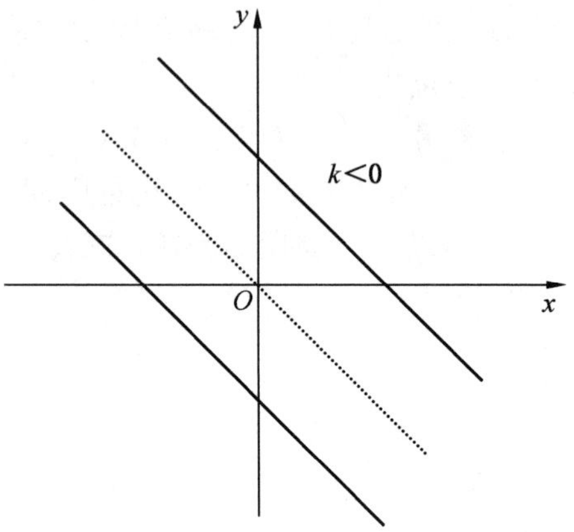

图 2－2

二、二次函数

1. 二次函数的定义

形如 $y=ax^2+bx+c$（a，b，c 是常数，$a\neq0$）的函数称为二次函数.

2. 二次函数解析式的三种形式

（1）一般式：$f(x)=ax^2+bx+c(a\neq0)$；

（2）顶点式：$f(x)=a(x-h)^2+k(a\neq0)$；

（3）两根式：$f(x)=a(x-x_1)(x-x_2)(a\neq0)$.

3. 二次函数的图像与性质

（1）二次函数 $f(x)=ax^2+bx+c(a\neq0)$ 的图像是一条抛物线，对称轴方程为 $x=-\frac{b}{2a}$，顶点坐标为 $\left(-\frac{b}{2a},\ \frac{4ac-b^2}{4a}\right)$.

（2）若 $a>0$ 时，抛物线开口向上，函数在 $\left(-\infty,\ -\frac{b}{2a}\right]$ 上递减，在 $\left[-\frac{b}{2a},\ +\infty\right)$ 上递增，当 $x=-\frac{b}{2a}$ 时，$f_{\min}(x)=\frac{4ac-b^2}{4a}$，如图 2－3 所示；若 $a<0$ 时，抛物线开口向下，函数在 $\left(-\infty,\ -\frac{b}{2a}\right]$ 上递增，在 $\left[-\frac{b}{2a},\ +\infty\right)$ 上递减，当 $x=-\frac{b}{2a}$ 时，$f_{\max}(x)=\frac{4ac-b^2}{4a}$，如图 2－4 所示.

（3）设 $\Delta=b^2-4ac$，当 $\Delta>0$ 时，$y=ax^2+bx+c$ 的图像与 x 轴有两个交点；当 $\Delta=0$ 时，$y=ax^2+bx+c$ 的图像与 x 轴有一个交点；当 $\Delta<0$ 时，$y=ax^2+bx+c$ 的图像与 x 轴无交点.

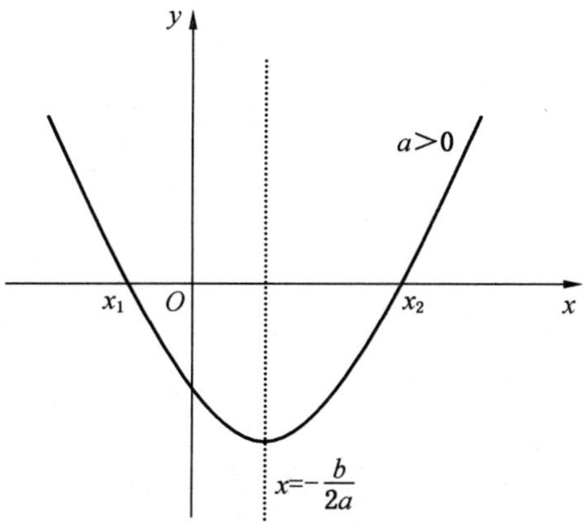

图 2-3

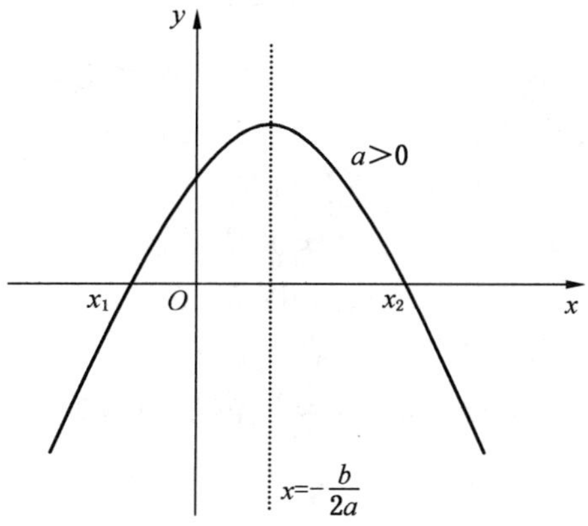

图 2-4

4. 二次函数 $y=ax^2+bx+c$ 在闭区间 $[p, q]$ 上的最值

设 $f(x)$ 在区间 $[p,q]$ 上的最大值为 M，最小值为 m，则

（1）当 $a>0$ 时（开口向上）：

① 若 $-\frac{b}{2a}<p$，则 $m=f(p)$；

② 若 $p\leqslant -\frac{b}{2a}\leqslant q$，则 $m=f\left(-\frac{b}{2a}\right)$；

③ 若 $-\frac{b}{2a}>q$，则 $m=f(q)$.

（2）当 $a<0$ 时（开口向下）：

① 若 $-\frac{b}{2a}<p$，则 $M=f(p)$；

② 若 $p\leqslant -\frac{b}{2a}\leqslant q$，则 $M=f\left(-\frac{b}{2a}\right)$；

③ 若 $-\frac{b}{2a}>q$，则 $M=f(q)$.

5. 一元二次方程 $ax^2+bx+c=0(a\neq 0)$ 根的分布

若仅考虑根的符号，用韦达定理$\left(x_1+x_2=-\frac{b}{a},\ x_1\cdot x_2=\frac{c}{a}\right)$及根的判别式($\Delta=b^2-4ac$）解决．通常情况下利用相应的二次函数图像解决较为直观方便.

第四节 幂 函 数

一、幂函数的定义

形如 $y=x^a$ 的函数称为幂函数，指数 a 为常量，它可以是任意实数.

二、幂函数的图像与性质

幂函数 $y=x^a$ 的图像和性质与指数 a 有密切的关系.

（1）当 $a>0$ 时，如图 2－5 所示.

① 图像都通过原点和点（1，1）；

② 在区间（0，$+\infty$）内单调递增.

（2）当 $a<0$ 时，如图 2－6 所示.

① 图像都通过点（1，1）；

② 在区间（0，$+\infty$）内单调递减.

（3）在区间 $(0,+\infty)$ 内，$y=x^a$（$a>0$）与 $y=x^{\frac{1}{a}}$ 互为反函数，图像关于直线 $y=x$ 对称.

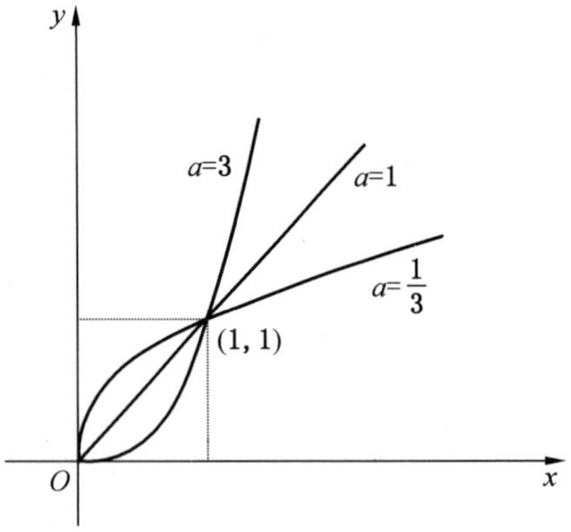

图 2－5

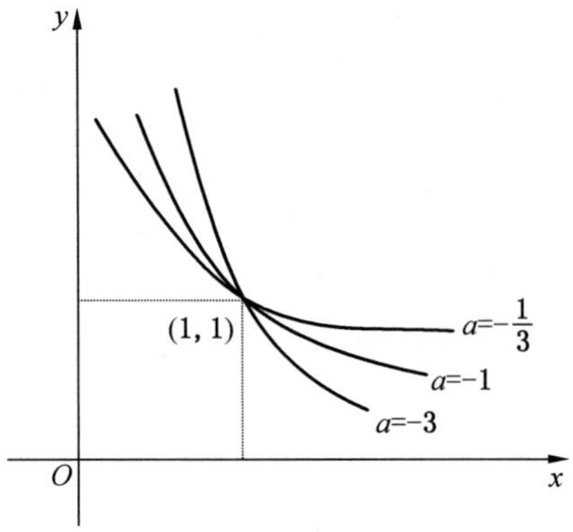

图 2－6

第五节　指数与指数函数

一、指数

1. 整数指数幂

定义：$a^n=a\cdot a\cdot\cdots\cdot a$（$n$ 个 a，$n\in\mathbf{N}^*$），规定 $a^0=1(a\neq0)$，$a^{-n}=\dfrac{1}{a^n}(a\neq0,\ n\in\mathbf{N}^*)$.

2. 根式的概念

（1）如果 $x^n=a$，$n>1$ 且 $n\in\mathbf{N}^*$，那么 x 称为 a 的 n 次方根. 式子 $\sqrt[n]{a}$ 称为根式，这里 n 称为根指数，a 称为被开方数.

（2）a 的 n 次方根表示：

$$x^n=a\Rightarrow\begin{cases}x=\sqrt[n]{a}，当 n 为奇数且 n\in\mathbf{N}^*，n>1 时，\\ x=\pm\sqrt[n]{a}，当 n 为偶数且 n\in\mathbf{N}^* 时.\end{cases}$$

（3）根式的性质：

① $(\sqrt[n]{a})^n=a$（$n\in\mathbf{N}^*$，且 $n>1$）；

② $\sqrt[n]{a^n}=\begin{cases}a,\ n\text{为奇数，且}\ n\in\mathbf{N}^*,\ n>1,\\ |a|=\begin{cases}a, & a\geqslant 0,\\ -a, & a<0,\end{cases}\ n\text{为偶数，且}\ n\in\mathbf{N}^*.\end{cases}$

3. 分数指数幂

（1）正数的正分数指数幂的意义：

$a^{\frac{m}{n}}=\sqrt[n]{a^m}$（$a>0$，$m$，$n\in\mathbf{N}^*$，且 $n>1$）.

（2）正数的负分数指数幂的意义：

$a^{-\frac{m}{n}}=\dfrac{1}{a^{\frac{m}{n}}}$（$a>0$，$m$，$n\in\mathbf{N}^*$，且 $n>1$）.

（3）0 的正分数指数幂等于 0，0 的负分数指数幂没有意义.

4. 有理数指数幂的性质

（1）$a^m a^n=a^{m+n}(a>0,\ m,\ n\in Q)$.

（2）$(a^m)^n=a^{mn}(a>0,\ m,\ n\in Q)$.

（3）$(ab)^m=a^m b^m(a>0,\ m,\ n\in Q)$.

二、指数函数

1. 指数函数的定义

形如 $y=a^x(a>0$，且 $a\neq 1)$ 的函数称为指数函数.

2. 指数函数的图像与性质

	$a>1$	$0<a<1$
图像	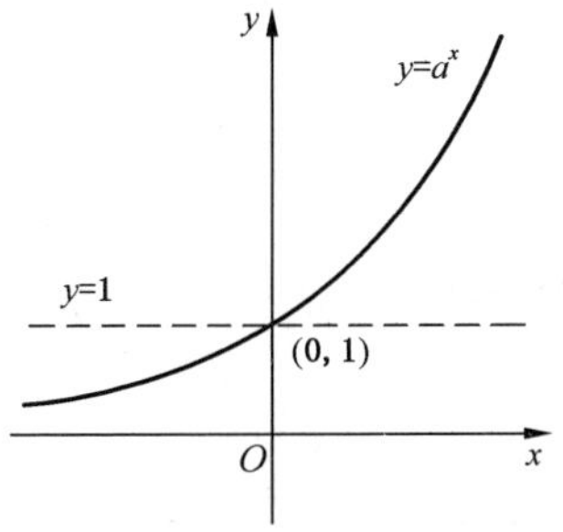	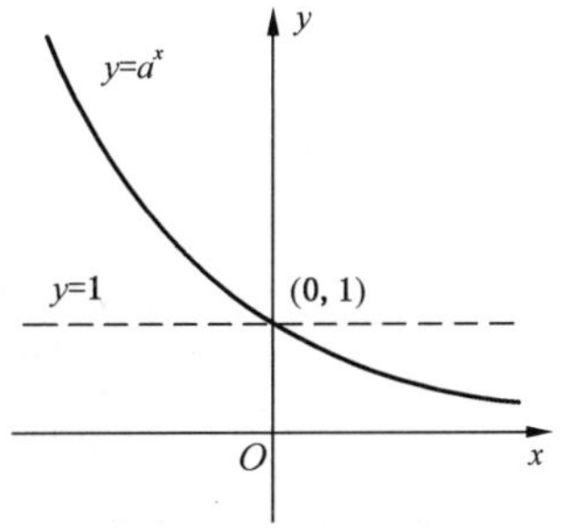
定义域	**R**	
值域	$(0,\ +\infty)$	
过定点	图像过定点（0，1），即当 $x=0$ 时，$y=1$	
奇偶性	非奇非偶	
单调性	在 **R** 上单调递增	在 **R** 上单调递减

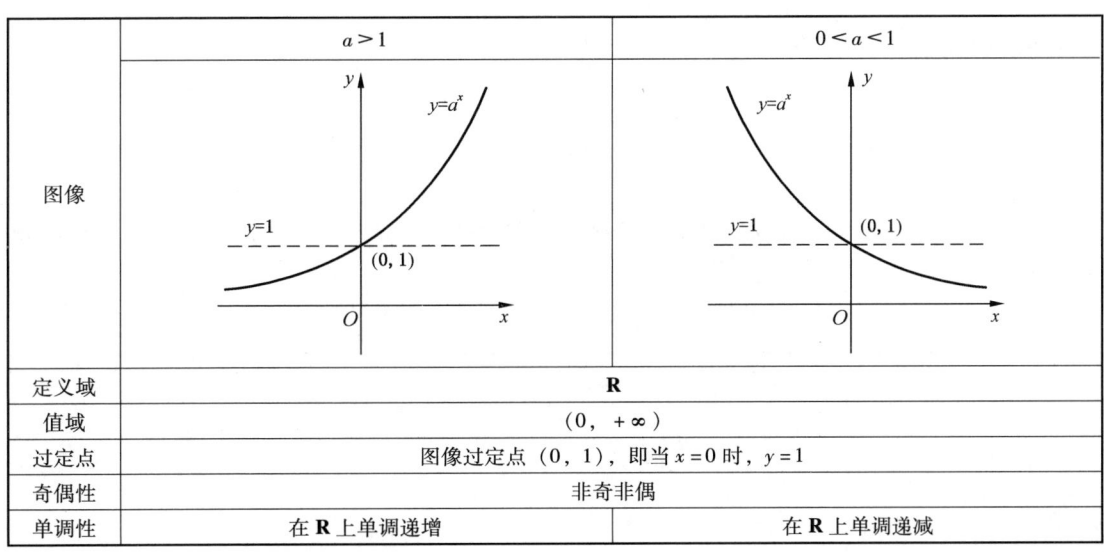

第六节　对数与对数函数

一、对数

1. 对数的概念

一般地，如果 $a(a>0$，且 $a\neq 1)$ 的 b 次幂等于 N，即 $a^b=N$，则 b 称为以 a 为底 N

的对数，记作 $\log_a N=b$，其中 a 称为对数的底数，N 称为真数.

负数和零没有对数．因为 $a>0$，所以不论 b 是什么实数，都有 $a^b>0$，这就是说不论 b 是什么数，N 永远是正数，因此负数和零没有对数.

2. 常用对数与自然对数

常用对数：$\lg N$，即 $\log_{10}N$；自然对数：$\ln N$，即 $\log_e N$（其中 e = 2.71828…）.

3. 对数的性质

（1）$\log_a 1=0$（$a>0$，$a\neq1$）；

（2）$\log_a a=1$（$a>0$，$a\neq1$）；

（3）$\log_a a^b=b$（$a>0$，$a\neq1$）；

（4）$a^{\log_a N}=N$（$a>0$，$a\neq1$，$N>0$）.

4. 对数的运算法则

如果 $a>0$，$a\neq1$，$M>0$，$N>0$，那么

（1）$\log_a(MN)=\log_a M+\log_a N$；

（2）$\log_a\left(\dfrac{M}{N}\right)=\log_a M-\log_a N$；

（3）$\log_a M^n=n\log_a M$（$n\in\mathbf{R}$）；

（4）$\log_{a^n}M=\dfrac{1}{n}\log_a M$（$n\in\mathbf{R}$）.

5. 换底公式

$$\log_b N=\frac{\log_a N}{\log_a b}\quad(a>0,b>0,a\neq1,b\neq1).$$

二、对数函数

1. 对数函数的定义

一般地，函数 $y=\log_a x(a>0,a\neq1)$ 称为对数函数，其中 x 是自变量，函数的定义域为（0，+∞）.

2. 对数函数的图像与性质

<table>
<tr><td></td><td>$a>1$</td><td>$0<a<1$</td></tr>
<tr><td>图像</td><td>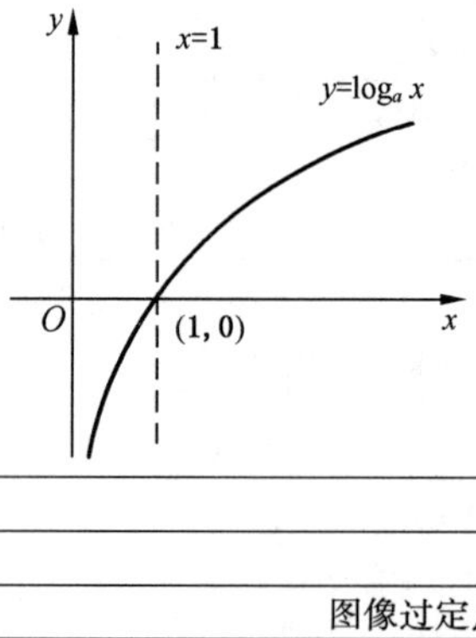
</td><td>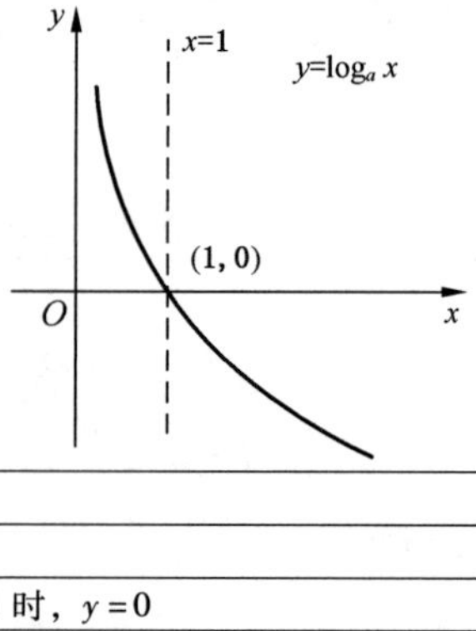
</td></tr>
<tr><td>定义域</td><td colspan="2">（0，+∞）</td></tr>
<tr><td>值域</td><td colspan="2">$\mathbf{R}$</td></tr>
<tr><td>过定点</td><td colspan="2">图像过定点（1，0），即当 $x=1$ 时，$y=0$</td></tr>
<tr><td>奇偶性</td><td colspan="2">非奇非偶</td></tr>
<tr><td>单调性</td><td>在（0，+∞）上单调递增</td><td>在（0，+∞）上单调递减</td></tr>
</table>

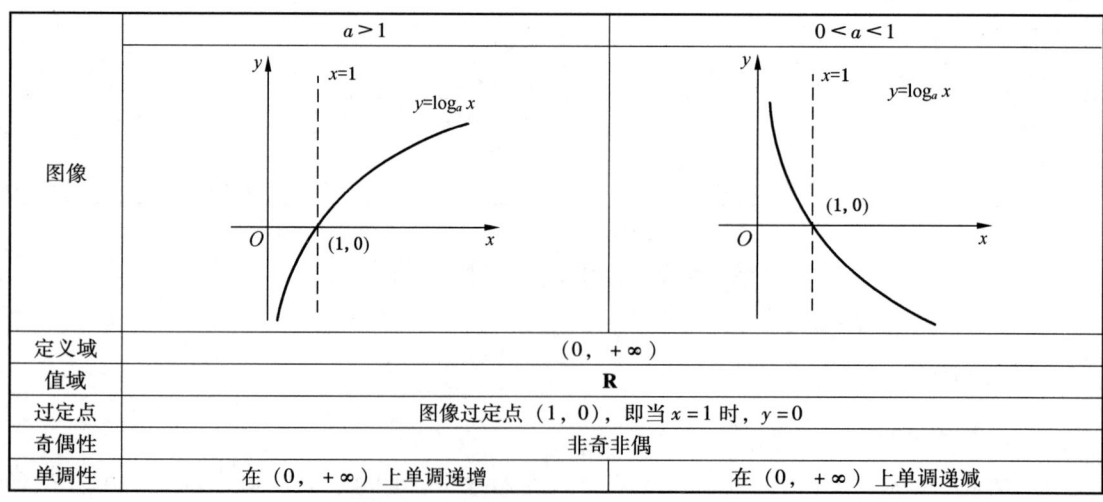

3. 指数函数与对数函数的关系

指数函数 $y=a^x(a>0$，且 $a\neq1)$ 与对数函数 $y=\log_a x(a>0，a\neq1)$ 互为反函数，它们的图像关于直线 $y=x$ 对称，图像关系如图 2－7 所示．

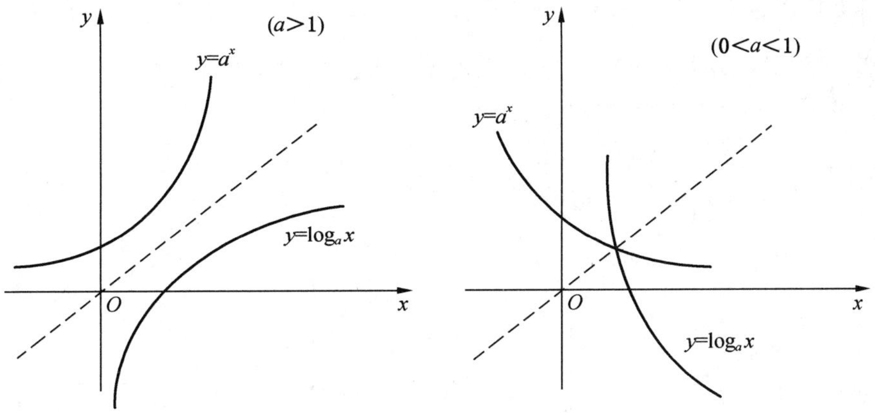

图 2－7

☞例题解析

一、选择题

1. 函数 $f(x)=\dfrac{1}{\log_2(x-2)}$ 的定义域为（　　）．

A. $(-\infty，2)$　　　　B. $(2，+\infty)$

C. $(2,3)\cup(3，+\infty)$　　　　D. $(2,4)\cup(4，+\infty)$

【答案】C

【解析】要使函数 $f(x)$ 有意义，须使 $\log_2(x-2)\neq0$，即 $x-2>0$，且 $x-2\neq1$，解得 $x>2$，且 $x\neq3$，故函数 $f(x)=\dfrac{1}{\log_2(x-2)}$ 的定义域为 $(2,3)\cup(3，+\infty)$．

2. 函数 $y=\sqrt{x+1}$ 的反函数为（　　）．

A. $y=x^2-1(x\geqslant0)$　　　　B. $y=x^2-1(x\geqslant1)$

C. $y=x^2+1(x\geqslant0)$　　　　D. $y=x^2+1(x\geqslant1)$

【答案】A

【解析】由原函数 $y=\sqrt{x+1}$ 反解出 x 关于 y 的表达式 $x=y^2-1$，用 y 表示因变量，x 表示自变量得 $y=x^2-1$，因为原函数的定义域为 $[-1，+\infty)$，值域为 $[0，+\infty)$，∴ 反函数的定义域为 $[0，+\infty)$，值域为 $[-1，+\infty)$，即反函数为 $y=x^2-1(x\geqslant0)$．

3. 下列 4 个函数，在 $(0，+\infty)$ 上为单调递增函数的是（　　）．

A. $f(x)=3-x$　　　　B. $f(x)=x^2-3x$

C. $f(x)=-\dfrac{1}{x+1}$　　　　D. $f(x)=-|x|$

【答案】C

【解析】函数$f(x)=3-x$在$(-\infty, +\infty)$上单调递减；函数$f(x)=x^2-3x$为开口向上，对称轴为$x=\frac{3}{2}$的抛物线，∴ 函数$f(x)=x^2-3x$在$\left(-\infty, \frac{3}{2}\right)$上单调递减，在$\left(\frac{3}{2}, +\infty\right)$上单调递增；函数$f(x)=-\frac{1}{x+1}$在$(-\infty, -1)$上单调递增，在$(-1, +\infty)$上单调递增，∴ 在$(0, +\infty)$上为单调递增；函数$f(x)=-|x|$在$(-\infty, 0)$上单调递增，在$(0, +\infty)$上单调递减.

4. 函数$f(x)=\begin{cases}3^x & (x\leqslant 1),\\ \log_{\frac{1}{3}}x & (x>1).\end{cases}$则$y=f(1+x)$图像是（　　）.

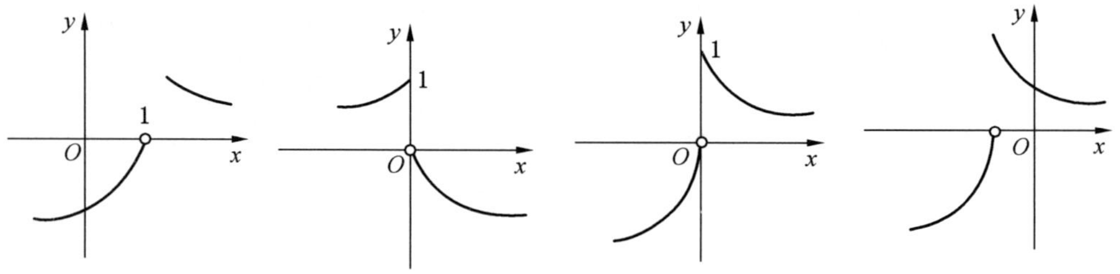

A　　　　B　　　　C　　　　D

【答案】B

【解析】方法一：由指数函数与对数函数图像可以看出$f(1+x)=3^{1+x}(x\leqslant 0)$为单调递增函数，$f(x)=\log_{\frac{1}{3}}(1+x)(x>0)$为单调递减函数，4个选项图像中只有B正确.

方法二：选用特殊值进行判断，如当取$x=2$时，$y=f(1+2)=\log_{\frac{1}{3}}3=-1$，所以选B.

5. 若$a=0$，$b=\log_2 3$，$c=\log_{\frac{1}{3}}\frac{1}{2}$，则$a$，$b$，$c$的大小关系是（　　）.

A. $a<b<c$　　B. $b<c<a$　　C. $c<b<a$　　D. $a<c<b$

【答案】D

【解析】∵ $b=\log_2 3>\log_2 2=1$，$0<c=\log_{\frac{1}{3}}\frac{1}{2}<\log_{\frac{1}{3}}\frac{1}{3}=1$，∴ 有$a<c<b$.

6. "$|f(-x)|=|f(x)|$"是"$f(x)$为偶函数"的（　　）.

A. 充分不必要条件　　B. 必要不充分条件

C. 充要条件　　D. 既不充分也不必要条件

【答案】B

【解析】由$|f(-x)|=|f(x)|\Rightarrow f(-x)=-f(x)$或$f(-x)=f(x)$，而当$f(x)$为偶函数时，则有$f(-x)=f(x)$，∴"$f(x)$为偶函数"⇒"$|f(-x)|=|f(x)|$"，反之则不成立.

7. 函数$f(x)=x^2-1(x\geqslant 1)$的反函数为$f^{-1}(x)$，则$f^{-1}(2)$的值是（　　）.

A. $\sqrt{3}$　　B. $-\sqrt{3}$　　C. $1+\sqrt{2}$　　D. $1-\sqrt{2}$

【答案】A

【解析】由函数$f(x)=x^2-1(x\geqslant 1)$可解得反函数$f^{-1}(x)=\sqrt{x+1}\ (x\geqslant 0)$，于是

$f^{-1}(2)=\sqrt{3}$.

8. 设 $a>0$ 且 $a\neq1$，函数 $f(x)=a^x+3$ 的图像恒过定点 P，则点 P 的坐标是(　　).

A. (0. 3)　　B. (0, 4)　　C. (1, 3)　　D. (1, 4)

【答案】B

【解析】因为函数 $f(x)=a^x+3$ 图像可由函数 $g(x)=a^x$ 的图像向上平移3个单位得到，$g(x)=a^x$ 图像恒过点 (0, 1)，∴ 函数 $f(x)=a^x+3$ 图像恒过点 (0, 4).

9. 函数 $y=|x-2|$ 的图像与函数 $y=\log_2 x$ 的图像的交点个数是(　　).

A. 4　　B. 3　　C. 2　　D. 1

【答案】C

【解析】在同一坐标系中做出两个函数的图像，如图2－8所示，可知交点个数为2.

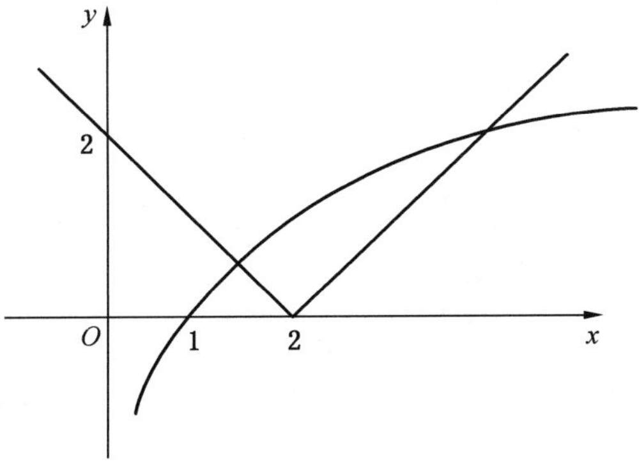

图2－8

10. 设函数 $y=f(x)$ 定义在实数集上，则函数 $y=f(x-1)$ 与 $y=f(1-x)$ 的图像关于(　　).

A. 直线 $y=0$ 对称　　B. 直线 $x=0$ 对称

C. 直线 $y=1$ 对称　　D. 直线 $x=1$ 对称

【答案】D

【解析】∵ 函数 $y=f(x)(x\in\mathbf{R})$，而函数 $y=f(x-1)$ 的图像是 $y=f(x)$ 的图像向右平移1个单位得到，$y=f[-(x-1)]$ 的图像是 $y=f(-x)$ 向右平移1个单位得到，又函数 $y=f(x)$ 与函数 $y=f(-x)$ 图像关于 y 轴（直线 $x=0$）对称，∴ 函数 $y=f(x-1)$ 与函数 $y=f[-(x-1)]$ 图像关于直线 $x=1$ 对称.

11. 已知 $f(x)$ 是定义在 $\mathbf{R}$ 上的奇函数，若满足 $f(1-x)=f(1+x)$，且 $f(1)=2$，则 $f(1)+f(2)+f(3)+\cdots+f(50)=$(　　).

A. －50　　B. 0　　C. 2　　D. 50

【答案】C

【解析】∵ $f(x)$ 是奇函数，∴ $f(-x)=-f(x)$, $f(1-x)=-f(x-1)$. 由 $f(1-x)=f(1+x)$，得 $-f(x-1)=f(x+1)$. ∴ $f(x+2)=-f(x)$，∴ $f(x+4)=-f(x+2)=f(x)$，即 $f(x)$ 是以4为周期的函数．又由 $f(x)$ 是定义在 $\mathbf{R}$ 上的奇函数知 $f(0)=0$，由 $f(1-x)=$

$f(1+x)$知函数$f(x)$关于直线$x=1$对称，∴ $f(2)=f(0)=0$，∴ $f(-2)=0$. 又$f(1)=2$，$f(-1)=-2$，∴ $f(1)+f(2)+f(3)+\cdots+f(48)=0$,$f(49)+f(50)=2$. ∴ $f(1)+f(2)+f(3)+\cdots+f(50)=2$.

二、填空题

1. 函数$f(x)=\log_5(4x-3)$的定义域为________.

【答案】$\left(\frac{3}{4},\ +\infty\right)$

【解析】要使函数$f(x)=\log_5(4x-3)$有意义，则有$4x-3>0$，即$x>\frac{3}{4}$，所以定义域为$\left(\frac{3}{4},\ +\infty\right)$.

2. 函数$y=x+\sqrt{1-x^2}$的值域为________.

【答案】$[-1,\ \sqrt{2}]$

【解析】设$x=\sin\alpha$，$\alpha\in\left[-\frac{\pi}{2},\ \frac{\pi}{2}\right]$，则$y=\sin\alpha+\cos\alpha=\sqrt{2}\sin\left(\alpha+\frac{\pi}{4}\right)$，$\alpha+\frac{\pi}{4}\in\left[-\frac{\pi}{4},\ \frac{3\pi}{4}\right]$. ∴ $\sin\left(\alpha+\frac{\pi}{4}\right)$的最大值是1，最小值是$-\frac{\sqrt{2}}{2}$. ∴ 值域为$[-1,\ \sqrt{2}]$.

3. 已知$f\left(\frac{2}{x}+1\right)=\lg x$，则$f(x)=$________.

【答案】$\lg\frac{2}{x-1}\ (x>1)$

【解析】令$\frac{2}{x}+1=t$，得$x=\frac{2}{t-1}$，则$f(t)=\lg\frac{2}{t-1}$，又∵ $x>0$，∴ $t>1$，从而有$f(x)=\lg\frac{2}{x-1}\ (x>1)$.

4. 已知$f(x)=\begin{cases}\log_3 x\ (x>0),\\ 2^{-x}+1\ (x\leqslant 0).\end{cases}$ 则$f(f(-3))=$________.

【答案】2

【解析】∵ $f(-3)=2^{-(-3)}+1=9$，∴ $f(f(-3))=f(9)=\log_3 9=2$.

5. 若函数$f(x)=x^2+bx+c$，且$f(1)=0$，$f(3)=0$，则$f(-1)$的值为________.

【答案】8

【解析】∵ 函数$f(x)=x^2+bx+c$为二次函数，且由$f(1)=0$，$f(3)=0$知$x_1=1$，$x_2=3$为方程$x^2+bx+c=0$的两根，∴ 由韦达定理可得$b=-4$，$c=3$，于是$f(x)=x^2-4x+3$，则$f(-1)=8$.

6. 已知二次函数$f(x)=x^2-mx+1$，$f(x)$满足$f(x)=f(2-x)$，则$m=$________.

【答案】2

【解析】∵ $f(x)=x^2-mx+1$，∴ $f(2-x)=(2-x)^2-m(2-x)+1$，又$f(x)=f(2-x)$，∴ $x^2-mx+1=(2-x)^2-m(2-x)+1$，从而解得$m=2$.

7. 设x，$y\geqslant 0$，$2x+y=6$，则$z=4x^2+3xy+y^2-6x-3y$的最大值为________，最小值为________.

【答案】18，$\frac{27}{2}$

【解析】令 $y=6-2x$，由 x，$y\geqslant 0$ 解得 $0\leqslant x\leqslant 3$. 将 $y=6-2x$ 代入 $z=4x^2+3xy+y^2-6x-3y$ 中得 $z=2x^2-6x+18$（$0\leqslant x\leqslant 3$），$\because$ $-\frac{b}{2a}=-\frac{-6}{2\times 2}=\frac{3}{2}\in[0,\ 3]$，$\therefore$ $f\left(\frac{3}{2}\right)=\frac{27}{2}$，$f(0)=f(3)=18$，$\therefore$ 最大值为 18，最小值为$\frac{27}{2}$.

8. 已知定义在 $\mathbf{R}$ 上的偶函数 $f(x)$ 在 $[0,+\infty)$ 上单调递增，且 $f\left(\frac{1}{3}\right)=0$，则满足 $f(\log_{\frac{1}{8}}x)>0$ 的 x 取值范围为________.

【答案】$\left(0,\ \frac{1}{2}\right)\cup(2,\ +\infty)$

【解析】$\because$ $f(x)$ 为定义在 $\mathbf{R}$ 上的偶函数且在 $[0,\ +\infty)$ 上单调递增，又$\because$ $f\left(\frac{1}{3}\right)=0$，则由 $f(\log_{\frac{1}{8}}x)>0$ 可得，$\log_{\frac{1}{8}}x>\frac{1}{3}=\log_{\frac{1}{8}}\frac{1}{2}$ 或 $\log_{\frac{1}{8}}x<-\frac{1}{3}=\log_{\frac{1}{8}}2$，即 $0<x<\frac{1}{2}$ 或 $x>2$，$\therefore$ x 取值范围为$\left(0,\ \frac{1}{2}\right)\cup(2,\ +\infty)$.

9. 已知 $\lg x+\lg y+\lg z=0$，则 $x^{\left(\frac{1}{\lg z}+\frac{1}{\lg y}\right)}\cdot y^{\left(\frac{1}{\lg z}+\frac{1}{\lg x}\right)}\cdot z^{\left(\frac{1}{\lg x}+\frac{1}{\lg y}\right)}=$________.

【答案】$\frac{1}{1000}$

【解析】设 $m=x^{\left(\frac{1}{\lg z}+\frac{1}{\lg y}\right)}\cdot y^{\left(\frac{1}{\lg z}+\frac{1}{\lg x}\right)}\cdot z^{\left(\frac{1}{\lg x}+\frac{1}{\lg y}\right)}$（$m>0$），

$\therefore$ $\lg m=\left(\frac{1}{\lg z}+\frac{1}{\lg y}\right)\lg x+\left(\frac{1}{\lg z}+\frac{1}{\lg x}\right)\lg y+\left(\frac{1}{\lg x}+\frac{1}{\lg y}\right)\lg z=\frac{\lg x+\lg z}{\lg y}+\frac{\lg x+\lg y}{\lg z}+\frac{\lg z+\lg y}{\lg x}=\frac{-\lg y}{\lg y}+\frac{-\lg z}{\lg z}+\frac{-\lg x}{\lg x}=-3$，$\therefore$ $m=10^{-3}$，$\therefore$ 原式 $=\frac{1}{1000}$.

三、解答题

1. 求下列函数的定义域.

（1）$y=\sqrt{3^{-x^2+1}-\frac{1}{27}}$；

（2）$f(x)=\log_x(x^2-x)$.

解　（1）要使函数 $y=\sqrt{3^{-x^2+1}-\frac{1}{27}}$有意义，须使 $3^{-x^2+1}-\frac{1}{27}\geqslant 0$，即 $3^{-x^2+1}\geqslant 3^{-3}$，从而有 $-x^2+1\geqslant -3$，即 $-2\leqslant x\leqslant 2$. $\therefore$ 函数 $y=\sqrt{3^{-x^2+1}-\frac{1}{27}}$的定义域为$[-2,2]$.

（2）要使函数 $f(x)=\log_x(x^2-x)$有意义，须使$\begin{cases}x>0,且 x\neq 1,\\x^2-x>0.\end{cases}$即$\begin{cases}x>0，且 x\neq 1,\\x<0 或 x>1.\end{cases}$ $\therefore$ $x>1$.

$\therefore$ 函数 $f(x)=\log_x(x^2-x)$的定义域为$(1,+\infty)$.

2. 已知函数 $f(x)=x^2+x$.

（1）求 $f(f(2))$的值；

（2）求 $f(x-1)$的表达式.

解 (1) $f(2)=2^2+2=6$, $f(f(2))=f(6)=36+6=42$.

(2) 由$f(x)=x^2+x$可得$f(x-1)=(x-1)^2+(x-1)=x^2-x$，即$f(x-1)=x^2-x$.

3. 判断下列函数的奇偶性：

(1) $f(x)=(1-x)\sqrt{\frac{1+x}{1-x}}$;

(2) $f(x)=\begin{cases}-x^2+2x+1(x>0),\\ x^2+2x-1(x<0);\end{cases}$

(3) $f(x)=\frac{\sqrt{4-x^2}}{|x+3|-3}$;

(4) $f(x)=x\left(\frac{1}{2^x-1}+\frac{1}{2}\right)$;

(5) $f(x)=\log(x+\sqrt{x^2+1})$.

解 (1) 要使函数$f(x)=(1-x)\sqrt{\frac{1+x}{1-x}}$有意义，当且仅当$\frac{1+x}{1-x}\geqslant 0$，即$-1\leqslant x<1$，$\therefore$ 定义域关于原点不对称，故函数$f(x)=(1-x)\sqrt{\frac{1+x}{1-x}}$为非奇非偶函数.

(2) 函数$f(x)=\begin{cases}-x^2+2x+1 & (x>0),\\ x^2+2x-1 & (x<0)\end{cases}$的定义域关于原点对称，当$x>0$时，$-x<0$，$\therefore f(-x)=x^2-2x-1=-f(x)$；当$x<0$时，$-x>0$，$\therefore f(-x)=-x^2-2x+1=-f(x)$. $\therefore f(-x)=-f(x)(x\in R$ 且 $x\neq 0)$，即函数$f(x)=\begin{cases}-x^2+2x+1 & (x>0),\\ x^2+2x-1 & (x<0).\end{cases}$为奇函数.

(3) 函数$f(x)=\frac{\sqrt{4-x^2}}{|x+3|-3}$的定义域为$[-2,0)\cup(0,2]$关于原点对称，$\therefore f(x)=\frac{\sqrt{4-x^2}}{|x+3|-3}=\frac{\sqrt{4-x^2}}{x+3-3}=\frac{\sqrt{4-x^2}}{x}$，于是$f(-x)=\frac{\sqrt{4-x^2}}{-x}=-\frac{\sqrt{4-x^2}}{x}=-f(x)$，$\therefore$ 函数$f(x)=\frac{\sqrt{4-x^2}}{|x+3|-3}$为奇函数.

(4) 函数$f(x)=x\left(\frac{1}{2^x-1}+\frac{1}{2}\right)$的定义为$\{x\mid x\in\mathbf{R}$ 且 $x\neq 0\}$关于原点对称，$\because f(-x)=-x\left(\frac{1}{2^x-1}+\frac{1}{2}\right)=x\left(\frac{1}{2^x-1}+\frac{1}{2}\right)=f(x)$，$\therefore$ 函数$f(x)=x\left(\frac{1}{2^x-1}+\frac{1}{2}\right)$为偶函数.

(5) 函数$f(x)=\log(x+\sqrt{x^2+1})$的定义域为$\mathbf{R}$，$\because f(-x)=\log(-x+\sqrt{x^2+1})=\log\left(\frac{1}{x+\sqrt{x^2+1}}\right)=-\log(x+\sqrt{x^2+1})=-f(x)$，$\therefore$ 函数$f(x)=\log(x+\sqrt{x^2+1})$为奇函数.

4. 求函数$f(x)=-x^2+2|x|+1$的单调区间.

解 $\because f(x)=-x^2+2|x|+1=\begin{cases}-x^2+2x+1, & x\geqslant 0,\\ -x^2-2x+1, & x<0\end{cases}=\begin{cases}-(x-1)^2+2, & x\geqslant 0,\\ -(x+1)^2+2, & x<0.\end{cases}$如图 2－9 所示，$\therefore$ 函数$f(x)=-x^2+2|x|+1$的单调递增区间为$(-\infty,-1]\cup[0,1]$，单调递减区

间为$(-1,0)\cup(1,+\infty)$.

5. 讨论函数$f(x)=\dfrac{ax}{x-1}$ $(a\neq0)$ 在 $(-1,1)$ 上的单调性.

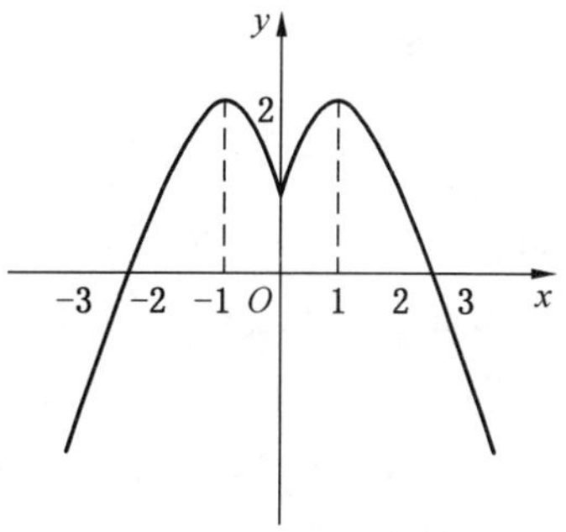

图 2－9

解　设$-1<x_1<x_2<1$，$\because f(x)=\dfrac{ax}{x-1}=a\left(1+\dfrac{1}{x-1}\right)$，

$\therefore f(x_1)-f(x_2)=a\left(1+\dfrac{1}{x_1-1}\right)-a\left(1+\dfrac{1}{x_2-1}\right)=\dfrac{a(x_2-x_1)}{(x_1-1)(x_2-1)}$. 由$-1<x_1<x_2<1$可知$x_2-x_1>0$，$x_1-1<0$，$x_2-1<0$，$\therefore$ 当$a>0$时，$f(x_1)-f(x_2)>0$，即$f(x_1)>f(x_2)$，故$f(x)$在$(-1,1)$上单调递减；当$a<0$时，$f(x_1)-f(x_2)<0$，即$f(x_1)<f(x_2)$，故$f(x)$在$(-1,1)$上单调递增.

6. 已知$f(x)$是二次函数，并且有$f(x-2)=f(-x-2)$，图像在y轴上的截距为1，被x轴截得线段长为$2\sqrt{2}$，求$f(x)$的解析式.

解　方法一　设二次函数$f(x)=ax^2+bx+c(a\neq0)$，$\because f(x-2)=f(-x-2)$，$\therefore -\dfrac{b}{2a}=-2$，即$4a-b=0$. ①；又由函数$f(x)$图像在$y$轴上的截距为1可知$f(0)=c=1$. ②；由函数$f(x)$被$x$轴截得线段长为$2\sqrt{2}$可知$|x_1-x_2|=\dfrac{\sqrt{\Delta}}{|a|}=2\sqrt{2}$，于是有$b^2-4ac=8a^2$. ③；联立①②③可解得$a=\dfrac{1}{2}$，$b=2$. $\therefore f(x)=\dfrac{1}{2}x^2+2x+1$.

方法二　由$f(x-2)=f(-x-2)$知二次函数的对称轴为$x=-2$，设$f(x)=a(x+2)^2+b$；或由函数$f(x)$被x轴截得线段长为$2\sqrt{2}$知两交点坐标分别为$(-2-2\sqrt{2},0)$，$(-2+2\sqrt{2},0)$，设$f(x)=a(x+2+2\sqrt{2})(x+2-2\sqrt{2})$，然后根据已知条件解出相应待定系数.

7. 设函数$f(x)=x^2-2|x-2|$.

(1) 讨论$f(x)$的单调性；

(2) 求$f(x)$在闭区间$[-2,5]$上的最大值和最小值.

解　(1)$\because f(x)=x^2-2|x-2|=\begin{cases}x^2-2x+4,x\geqslant2,\\x^2+2x-4,x<2\end{cases}=\begin{cases}(x-1)^2+3,x\geqslant2,\\(x+1)^2-5,x<2.\end{cases}$于是在$x\in[2,+\infty)$上，$f(x)$单调递增；在$x\in(-\infty,2)$上，$f(x)$的单调递减区间为$(-\infty,-1)$，单调递增区间为$[-1,2)$. 综上可得$f(x)$的单调递减区间为$(-\infty,-1)$，单调递增区间为$x\in[-1,+\infty)$.

(2) 由(1)可知，$f(x)$在$[-2,-1)$上单调递减，在$[-1,5]$上单调递增. 所以在闭区间$[-2,5]$上，$f_{\min}(x)=f(-1)=-5$，$f_{\max}(x)=f(5)=19$，即$f(x)$在闭区间$[-2,5]$上的最大值为19，最小值为-5.

8. 某商品在近30天内每件的销售价格p(元)与时间t(天)的函数关系是$p=\begin{cases}t+20,0<t<25,t\in\mathbf{N},\\-t+100,25\leqslant t\leqslant30,t\in\mathbf{N},\end{cases}$该商品的日销售量$Q$(件)与时间$t$(天)的函数关系是$Q=$

$-t+40(0<t\leqslant 30,t\in\mathbf{N})$，求这种商品的日销售金额$f(t)$(元)的最大值，并指出日销售金额$f(t)$(元)最大的一天是30天中的第几天.

解　由题意得 $f(t)=pQ=\begin{cases}(-t+40)(t+20),0<t<25,t\in\mathbf{N},\\(-t+40)(-t+100),25\leqslant t\leqslant 30,t\in\mathbf{N}.\end{cases}$ ∴ $f(t)=\begin{cases}-(t-10)^2+900,0<t<25,t\in\mathbf{N},\\t^2-140t+4000,25\leqslant t\leqslant 30,t\in\mathbf{N}.\end{cases}$

当$0<t<25$时，$f_{\max}(t)=f(10)=900$元.

当$25\leqslant t\leqslant 30$时，$f_{\max}(t)=f(25)=1125$元.

综上可得$f_{\max}(t)=f(25)=1125$元. 故日销售金额最大的一天是30天中的第25天.

练习题

一、选择题

1. 函数$f(x)=\ln(x^2-x)$的定义域为(　　).

A. $(0,1)$　　B. $[0,1]$

C. $(-\infty,0)\cup(1,+\infty)$　　D. $(-\infty,0]\cup[1,+\infty)$

2. 已知函数$f(x)=\begin{cases}2^x, & x\leqslant 0,\\\log_4 x, & x>0.\end{cases}$则$f(f(-2))$的值为(　　).

A. 2　　B. 4　　C. -2　　D. -1

3. 函数$y=x^2+1\ (-1\leqslant x\leqslant 0)$的反函数为(　　).

A. $y=\sqrt{1-x}\ (0\leqslant x\leqslant 1)$　　B. $y=\sqrt{x-1}\ (1\leqslant x\leqslant 2)$

C. $y=-\sqrt{1-x}\ (0\leqslant x\leqslant 1)$　　D. $y=-\sqrt{x-1}\ (1\leqslant x\leqslant 2)$

4. 若$a=1,b=0.8^{0.7},c=0.8^{0.8}$,则$a,b,c$的大小关系是(　　).

A. $a<b<c$　　B. $c<b<a$　　C. $a<c<b$　　D. $b<a<c$

5. 下列不等式成立的是(　　).

A. $\log_3 2<\log_2 3<\log_2 5$　　B. $\log_3 2<\log_2 5<\log_2 3$

C. $\log_2 3<\log_3 2<\log_2 5$　　D. $\log_2 3<\log_2 5<\log_3 2$

6. 设$f(x)$，$g(x)$都是单调函数,以下四个命题为真命题的是(　　).

① 若$f(x)$单调递增，$g(x)$单调递增,则$f(x)-g(x)$单调递增；

② 若$f(x)$单调递增，$g(x)$单调递减,则$f(x)-g(x)$单调递增；

③ 若$f(x)$单调递减，$g(x)$单调递增,则$f(x)-g(x)$单调递减；

④ 若$f(x)$单调递减，$g(x)$单调递减,则$f(x)-g(x)$单调递减.

A. ①和③　　B. ①和④　　C. ②和③　　D. ②和④

7. 已知函数$y=f(x)$的反函数是$f^{-1}(x)=2+\log_a(1-x)$($a>0$且$a\neq 1$),则函数$y=f(x)$的图像必过点(　　).

A. $(2,0)$　　B. $(-2,0)$　　C. $(0,2)$　　D. $(0,-2)$

8. $f(x)=\dfrac{1}{2}+\dfrac{1}{2^x-1}$是(　　).

A. 奇函数非偶函数　　B. 偶函数非奇函数

C. 既是奇函数又是偶函数　　D. 既不是奇函数又不是偶函数

9. 下列函数中，是奇函数且在区间$(0, +\infty)$上单调递增的为(　　).

A. $y=2^{|x|}$　　B. $y=\ln x$　　C. $y=\sqrt[3]{x}$　　D. $y=\dfrac{1}{x}$

10. 下列函数中，以$\dfrac{\pi}{2}$为周期且在区间$\left(\dfrac{\pi}{4},\dfrac{\pi}{2}\right)$单调递增的是(　　).

A. $f(x)=|\cos 2x|$　　B. $f(x)=|\sin 2x|$

C. $f(x)=\cos|x|$　　D. $f(x)=\sin|x|$

11. 若函数$y=ax+1$在$\mathbf{R}$上单调递减，则函数$g(x)=a(x^2-4x+3)$的单调递增区间是(　　).

A. $(2,+\infty)$　　B. $(-\infty,2)$　　C. $(4,+\infty)$　　D. $(-\infty,4)$

12. 设$f(x)$为奇函数，且当$x\geqslant 0$时,$f(x)=e^x-1$,则当$x<0$时,$f(x)=$(　　).

A. $e^{-x}-1$　　B. $e^{-x}+1$　　C. $-e^{-x}-1$　　D. $-e^{-x}+1$

13. 已知函数$f(x)$是定义在$\mathbf{R}$上的奇函数，且在区间$(-\infty,0]$上单调递减，$f(1)=-1$. 设$g(x)=\log_2(x+3)$，则满足$f(x)\geqslant g(x)$的x的取值范围为(　　).

A. $(-\infty,1]$　　B. $[-1,+\infty)$　　C. $(-3,-1]$　　D. $(-3,1]$

14. 设函数$f(x)$对任意$x\in\mathbf{R}$都有$f(x+3)=-f(x)$且$f(3)=2$,则$f(2019)=$(　　).

A. 2　　B. -2　　C. 2019　　D. -2019

15. 函数$f(x)=\log_2 x-\dfrac{1}{x}$的零点所在区间是(　　).

A. $(0,1)$　　B. $(1,2)$　　C. $(2,3)$　　D. $(3,4)$

16. 已知函数$y=f(x)(x\in\mathbf{R})$，则函数$y=f(a-x)$与$y=f(x-a)$的图像(　　).

A. 关于x轴对称　　B. 关于y轴对称

C. 关于直线$y=a$对称　　D. 关于直线$x=a$对称

17. 要得到函数$y=2^{1-2x}$的图像,只需将指数函数$y=\left(\dfrac{1}{4}\right)^x$的图像(　　).

A. 向左平移1个单位　　B. 向右平移1个单位

C. 向左平移$\dfrac{1}{2}$个单位　　D. 向右平移$\dfrac{1}{2}$个单位

18. 若一次函数$y=ax+b$的图像经过第二、三、四象限,则二次函数$y=ax^2+bx$的图像只可能是(　　).

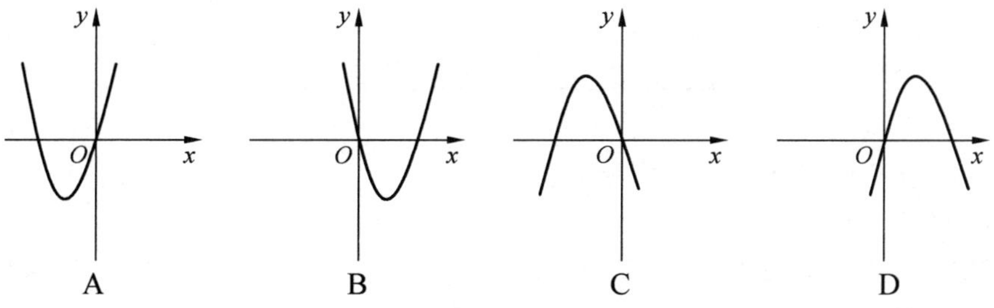

19. 设$a,b,c>1$，则$\log_a b+2\log_b c+4\log_c a$的最小值为(　　).

A. 2　　B. 4　　C. 6　　D. 8

20. 已知函数 $y=f(x)$ 的周期为2，当 $x\in[-1,1]$ 时，$f(x)=x^2$，那么函数 $y=f(x)$ 的图像与函数 $y=|\lg x|$ 的图像的交点个数为(　　).

A. 10　　B. 9　　C. 8　　D. 1

二、填空题

1. 函数 $f(x)=\sqrt{\log_2 x-1}$ 的定义域为________.

2. 不等式 $\log_2(x^2-3x)>2$ 的解集为________.

3. 不等式 $\ln x+x<1$ 的解集为________.

4. 若函数 $f(x)=a-\dfrac{2}{2^x-1}(a\in\mathbf{R})$ 是奇函数，则 $a=$________，函数 $f(x)$ 值域为________.

5. 已知下列四组函数：

① $f(x)=x^2+2x-1$，$g(t)=t^2+2t-1$；

② $f(x)=\dfrac{x^2-1}{x-1}$，$g(x)=x+1$；

③ $f(x)=\sqrt{x}\cdot\sqrt{x+1}$，$g(x)=\sqrt{x^2+x}$；

④ $f(x)=|3-x|+1$，$g(x)=\begin{cases}x-2, x\geqslant 3,\\ -x+4, x<3.\end{cases}$

以上各组中两个函数为同一函数的序号为________.

6. 已知函数 $f(x)=\dfrac{2^x-1}{2^x+1}$，则 $f(\log_2 3)+f\left(\log_2\dfrac{1}{3}\right)=$________.

7. 已知函数 $f(x)=\ln(\sqrt{1+x^2}-x)+1$，$f(a)=4$，则 $f(-a)=$________.

8. 已知函数 $f(x)=x^2+mx-1$，若对于任意 $x\in[m,m+1]$，都有 $f(x)<0$ 成立，则实数 m 的取值范围为________.

9. 已知 $f(x)=x^2-2x+3$ 在区间 $[0,m]$ 上有最大值3，最小值2，则 m 的取值范围为________.

10. 已知 $f(x)$ 是定义在 $\mathbf{R}$ 上的奇函数，当 $x\in(0,+\infty)$ 时，$f(x)=-x(x+1)$．若 $f(m^2-m)>f(2)$，则 m 的取值范围为________.

11. 定义函数 $f(x)$，$g(x)$：

x	1	2	3
$f(x)$	1	3	2

x	1	2	3
$g(x)$	3	2	1

满足 $f(g(x))>g(f(x))$ 的 x 值是________.

三、解答题

1. 已知 $f(x)$ 是二次函数，且 $f(0)=0$，$f(x+1)=f(x)+x+1$，求 $f(x)$ 的解析式.

2. 二次函数 $f(x)=ax^2+bx+c(a\neq 0)$ 满足 $f(x+1)-f(x)=2x$，且 $f(0)=1$.

(1) 求 $f(x)$ 的解析式；

(2) 若在区间 $[-1,1]$ 上，不等式 $f(x)>2x+m$ 恒成立，求实数 m 的取值范围.

3. 已知函数$f(x)=x^2+2ax+2, x\in[-5,5]$,

(1) 当$a=-1$时，求函数$f(x)$的最大值和最小值；

(2) 求实数a的取值范围，使$y=f(x)$为区间$[-5,5]$上的单调函数.

4. 对于函数$f(x)=a-\dfrac{2}{2^x+1}(a\in\mathbf{R})$,

(1) 讨论函数$f(x)$的单调性；

(2) 是否存在实数a使函数$f(x)$为奇函数.

5. 已知函数$f(x)=\log_a\dfrac{x+b}{x-b}$, ($a>0$且$a\neq1, b>0$),

(1) 求$f(x)$的定义域；

(2) 讨论$f(x)$的奇偶性；

(3) 讨论$f(x)$在$(b,+\infty)$上的单调性；

(4) 求$f(x)$的反函数$f^{-1}(x)$.

6. 设函数$f(x)=x^2+bx+c$ ($b,c\in\mathbf{R}$),

(1) 若关于x的方程$f(x)=1$的解集为$\{0,1\}$，求b,c的值；

(2) 若关于x的不等式$f(x)\leqslant2$的解集为$[-2,0]$，求函数$f(x)$在区间$[-3,3]$上的最大值与最小值.

7. 已知函数$f(x)=ax^2+bx+3$（其中$a,b\in\mathbf{R}$, $a\neq0$），且$f(1)=2$.

(1) 若函数$f(x)$的图像的对称轴为$x=2$，求a,b的值；

(2) 若$a>0$，且函数$f(x)$在区间$[-2,0]$上的最大值为11，求不等式$f(x)>6$的解集.

8. 已知函数$f(x)=a^x+\dfrac{x-2}{x+1}$, $f(3)=8\dfrac{1}{4}$.

(1) 求实数a的值；

(2) 试判断函数$f(x)$在$(-1,+\infty)$上的单调性，并证明；

(3) 求所有满足条件$f(x)+1=0$的实数x.

9. 已知函数$f(x)$的定义域为$\mathbf{R}$，对于任意实数m，n都有$f(m+n)=f(m)+f(n)+\dfrac{1}{2}$，且$f\left(\dfrac{1}{2}\right)=0$，当$x>\dfrac{1}{2}$时，$f(x)>0$.

(1) 求$f(1)$；

(2) 求和$f(1)+f(2)+\cdots+f(n)$ ($n\in\mathbf{N}^*$)；

(3) 判断函数$f(x)$的单调性并证明.

10. 某水厂要建造一个容积为8000 m^3、深5 m的长方体蓄水池，池壁每平方米的造价为a元，池底每平方米的造价为$2a$元．如何设计蓄水池的长和宽，使其造价最省，并求出最省造价.

11. 提高过江大桥的车辆通行能力可改善整个城市的交通状况，在一般情况下，大桥上的车流速度v（单位：km/h）是车流密度x（单位：辆/km）的函数．当桥上的车流密度达到200辆/km时，造成堵塞，此时车流速度为0；当车流密度不超过20辆/km时，车流速度为60 km/h. 研究表明，当$20\leqslant x\leqslant200$时，车流速度$v$是车流密度$x$的一次函数.

（1）当 $20 \leqslant x \leqslant 200$ 时，求函数 $v(x)$ 的表达式；

（2）当车流密度 x 为多大时，车流量（单位时间内通过桥上某观测点的车辆数）$f(x)=x \cdot v(x)$（单位：辆/h）可以达到最大？并求出最大值.

第三章　数　　列

第一节　数 列 概 念

一、数列的定义

按照一定顺序排列的一列数称为数列，数列中的每一个数称为这个数列的项．各项依次称为这个数列的第 1 项，第 2 项，……，第 n 项，……，第 1 项通常也称为首项.

通常用带数字下标的字母来表示数列的项，所以数列的一般形式可以写成：

$$a_1, a_2, a_3, \cdots, a_n, \cdots$$

简记为$\{a_n\}$.

注：① 数列中的项是有顺序的，且可以重复，而数集中的项是没有顺序且不能重复的；

② 数列可以看成以正整数集(或它的有限子集)为定义域的函数 $a_n = f(n)$.

二、数列的分类

按照数列的项数是有限还是无限，可以分为有穷数列和无穷数列.

1. 有穷数列

如果一个数列的项数是有限的，这个数列称为有穷数列.

2. 无穷数列

如果一个数列的项数是无限的，这个数列称为无穷数列.

三、数列的通项公式

如果数列$\{a_n\}$的第 n 项 a_n 与项数 n 之间的关系式可用一个公式来表示，那么称这个公式为数列$\{a_n\}$的通项公式.

注：①并不是所有的数列都有通项公式；②$\{a_n\}$与 a_n 是不同的，前者表示数列 $a_1, a_2, a_3, \cdots, a_n, \cdots$，而后者表示这个数列的第 n 项.

四、数列的表示方法

1. 解析法(公式法)

用通项公式或递推公式表示.

2. 列表法

将数列的项按次序一一列出，如 $a_1, a_2, a_3, \cdots, a_n, \cdots$.

3. 图像法

数列可以在平面直角坐标系中用一些孤立的点表示.

五、数列的单调性与有界性

1. 单调性

(1) 如果数列$\{a_n\}$满足$a_1 \leqslant a_2 \leqslant \cdots \leqslant a_n \leqslant a_{n+1}$，则称数列$\{a_n\}$为单调递增数列；

(2) 如果数列$\{a_n\}$满足$a_1 \geqslant a_2 \geqslant \cdots \geqslant a_n \geqslant a_{n+1}$，则称数列$\{a_n\}$为单调递减数列；

(3) 如果数列$\{a_n\}$满足$a_1 = a_2 = \cdots = a_n = \cdots = a$，则称数列$\{a_n\}$为常数数列.

2. 有界性

设$\{a_n\}$为一数列，如果存在正数M，对任何的n，恒有$|a_n| \leqslant M$，其中M与n无关，则称数列$\{a_n\}$为有界，否则称$\{a_n\}$为无界.

注：① 若$a_n \leqslant M(n=1,2,3,\cdots)$，那么称$\{a_n\}$有上界；

② 若$a_n \geqslant M(n=1,2,3,\cdots)$，那么称$\{a_n\}$有下界；

③ 数列$\{a_n\}$有界$\Leftrightarrow$数列$\{a_n\}$既有上界也有下界.

六、数列的前 n 项和 S_n

数列的前n项和一般用S_n表示，即$S_n = a_1 + a_2 + a_3 + \cdots + a_n$.

a_n与S_n之间的关系：

$$a_n = \begin{cases} S_1 & (n=1), \\ S_n - S_{n-1} & (n \geqslant 2). \end{cases}$$

第二节 等 差 数 列

一、定义

如果一个数列从第2项起,每一项与它的前一项的差等于同一个常数d,即$a_n - a_{n-1} = d(n \geqslant 2, n \in \mathbf{N}^*)$，那么这个数列就称为等差数列,常数$d$称为这个等差数列的公差.

二、通项公式

如果等差数列$\{a_n\}$的首项为a_1，公差为d，则它的通项公式为

$$a_n = a_1 + (n-1)d.$$

注：等差数列的通项公式可以表示为关于n的一次函数$a_n = pn + q$的形式，其图像是以p为斜率的直线上的一些孤立的点.

三、等差中项

若a，A，b成等差数列，则称A为a与b的等差中项，且有$A = \dfrac{a+b}{2}$；反之,若有$A = \dfrac{a+b}{2}$，则a, A, b成等差数列.

四、等差数列前 n 项和公式

$$S_n=\frac{n(a_1+a_n)}{2}=na_1+\frac{n(n-1)}{2}d.$$

五、性质

(1)等和性：若 $m+n=p+q$，则 $a_m+a_n=a_p+a_q(m,n,p,q\in\mathbf{N}^*)$，特别地，若 $2m=p+q$,则 $2a_m=a_p+a_q$.

(2) $a_n=a_m+(n-m)d$，$m\leqslant n$，d 为公差.

(3)等差数列中，若 $a_n=m$，$a_m=n\ (m\neq n)$,则 $a_{m+n}=0$;若 $S_n=m,S_m=n(m\neq n)$，则 $S_{m+n}=-(m+n)$.

(4)若 $\{a_n\}$ 成等差数列，公差为 d，则 $\{a_{2n}\}$ 也是等差数列，公差为 $2d$.

(5)若 $\{a_n\}$ 成等差数列，公差为 d，则 a_n，a_{n+m}，a_{n+2m}，…仍成等差数列，公差为 md.

(6)若 $\{a_n\}$ 成等差数列，公差为 d，则 S_k，$S_{2k}-S_k$，$S_{3k}-S_{2k}$，…仍成等差数列，公差为 k^2d.

(7)数列 $\{a_n\}$ 成等差数列 $\Leftrightarrow a_n=pn+q\ (p,q$ 是常数).

第三节　等　比　数　列

一、定义

如果一个数列从第 2 项起，每一项与它的前一项的比等于同一个常数 q，即 $\frac{a_n}{a_{n-1}}=q$ $(n\geqslant 2,n\in\mathbf{N}^*,q\neq 0)$，那么这个数列就称为等比数列，常数 q 称为这个等比数列的公比.

二、通项公式

如果等比数列 $\{a_n\}$ 的首项为 a_1，公比为 q，那么它的通项公式为

$$a_n=a_1q^{n-1}.$$

三、等比中项

若 a，G，b 成等比数列，则称 G 为 a 与 b 的等比中项，有 $G^2=ab$，即 $G=\pm\sqrt{ab}$；若 $G^2=ab(a,b,G\neq 0)$，则 a，G，b 成等比数列.

四、等比数列前 n 项和公式

$$S_n=\begin{cases}\dfrac{a_1-a_nq}{1-q}=\dfrac{a_1(1-q^n)}{1-q} & (q\neq 1),\\ na_1 & (q=1).\end{cases}$$

五、性质

(1)等积性：若 $m+n=p+q(m,n,p,q\in\mathbf{N}^*)$，则 $a_m\cdot a_n=a_p\cdot a_q$. 特别地，若 $2m=p+q$，则 $a_m^2=a_p\cdot a_q$.

(2)$\frac{a_n}{a_m}=q^{n-m}$或 $a_n=a_mq^{n-m}$，$m\leqslant n$，q 为公比.

(3)若$\{a_n\}$成等比数列，公比为 q，则 a_k，a_{k+m}，a_{k+2m}，…仍成等比数列，公比为 q^m.

(4)若$\{a_n\}$成等比数列，则 S_k，$S_{2k}-S_k$，$S_{3k}-S_{2k}$，…仍成等比数列，公比为 q^k.

六、等差、等比数列求解常用思想方法

1. 方程思想

等差和等比数列中都有 5 个量，分别是 a_1，d 或 q,n,a_n,S_n,一般可以“知三求二”，通过列方程(组)求基本量 a_1,d 或 q.

2. 分类讨论思想

在等差数列中，①$d>0$ 时，数列$\{a_n\}$是单调递增数列;②$d<0$ 时，数列$\{a_n\}$是单调递减数列;③$d=0$ 时，数列$\{a_n\}$是常数数列.

在等比数列中，求前 n 项和时，需对 q 是否为 1 进行讨论.

3. 对称思想

三个数成等差数列可设为 $a-d$，a，$a+d$;四个数成等差数列可设为 $a-3d$，$a-d$，$a+d$，$a+3d$;三个数成等比数列可设为$\frac{a}{q}$，a，aq;四个数成等比数列可设为$\frac{a}{q^3}$,$\frac{a}{q}$,aq,aq^3.

七、非等差、非等比数列求解常用思想方法

1. 观察法

已知数列前若干项，求该数列的通项时，一般对所给的项观察分析，寻找规律，从而根据规律写出此数列的一个通项.

2. 公式法

若已知数列的前 n 项和 S_n 与 a_n 的关系，求数列$\{a_n\}$的通项 a_n 可用公式

$$a_n=\begin{cases}S_1 & (n=1),\\ S_n-S_{n-1} & (n\geqslant 2).\end{cases}$$构造两式作差求解.

用此公式需注意分 $n=1$ 和 $n\geqslant 2$ 两种情况进行讨论，然后验证能否统一.

3. 累加法

形如 $a_{n+1}=a_n+f(n)$的递推数列，可构造：

$$\begin{cases}a_n-a_{n-1}=f(n-1),\\ a_{n-1}-a_{n-2}=f(n-2),\\ \cdots\\ a_2-a_1=f(1).\end{cases}$$

将上述式子等号两边分别相加,可得 $a_n=f(n-1)+f(n-2)+\cdots+f(2)+f(1)(n\geqslant 2)$.

(1) 若$f(n)$是关于n的一次函数，累加后可转化为等差数列求和；
(2) 若$f(n)$是关于n的指数函数，累加后可转化为等比数列求和；
(3) 若$f(n)$是关于n的二次函数，累加后可分组求和；
(4) 若$f(n)$是关于n的分式函数，累加后可裂项求和.

4. 累乘法

形如$a_{n+1}=a_n\cdot f(n)\left(\frac{a_{n+1}}{a_n}=f(n)\right)$的递推数列，可构造：

$$\begin{cases}\frac{a_n}{a_{n-1}}=f(n-1),\\ \frac{a_{n-1}}{a_{n-2}}=f(n-2),\\ \cdots\\ \frac{a_2}{a_1}=f(1).\end{cases}$$

将上述式子等号两边分别相乘，可得

$$a_n=f(n-1)\cdot f(n-2)\cdot\cdots\cdot f(2)\cdot f(1)\cdot a_1(n\geqslant 2).$$

5. 错位相减法

适用于$\{a_n\cdot b_n\}$型数列，其中$\{a_n\}\cdot\{b_n\}$分别是等差数列和等比数列. 讨论时注意公比q是否为1. 此方法是推导等比数列的前n项和公式时所用方法.

6. 裂项相消法

一般地，当数列的通项$a_n=\frac{c}{(an+b_1)(an-b_2)}(a,b_1,b_2,c\in\mathbf{R})$时，往往可将$a_n$化成两项的差，然后采用裂项相消法求和，如$\frac{c}{(an+b_1)(an+b_2)}=\frac{c}{(b_2-b_1)}\left(\frac{1}{an+b_1}-\frac{1}{an+b_2}\right)$. 常见的裂项方法有$\frac{1}{n(n+1)}=\frac{1}{n}-\frac{1}{n+1}$，$\frac{1}{(2n-1)(2n+1)}=\frac{1}{2}\left(\frac{1}{2n-1}-\frac{1}{2n+1}\right)$等.

7. 分组求和法

有一类数列，既不是等差数列，也不是等比数列，若将这类数列适当拆开，可分为几个等差、等比或常见的数列，然后分别求和，再将其合并即可. 一般分两步：①找通项公式；②由通项公式确定如何分组.

8. 倒序相加法

如果一个数列$\{a_n\}$，与首末两项等距的两项之和等于首末两项之和，则将正序书写的数列与逆序书写的数列各项分别相加，就可得到一个常数数列的和，这种求和方法称为倒序相加法. 此方法是在推导等差数列的前n项和公式时所用方法.

☞例题解析

一、选择题

1. 已知数列$\{a_n\}$的前n项和$S_n=aq^n(a\neq 0,q\neq 1)$，则数列$\{a_n\}$为(　　).

A. 等差数列　　　　B. 等比数列

C. 既不是等差数列，也不是等比数列　　D. 既是等差数列，又是等比数列

【答案】C

【解析】当 $n=1$ 时，$a_1=S_1=aq$，当 $n\geqslant2$ 时，$a_n=S_n-S_{n-1}=aq^{n-1}(q-1)$，于是 $a_{n+1}=aq^n(q-1)$，从而有 $\frac{a_{n+1}}{a_n}=q(n\geqslant2)$，但 $\frac{a_2}{a_1}=\frac{aq(q-1)}{aq}=q-1\neq q$，所以数列 $\{a_n\}$ 只是从第二项起的等比数列.

2. 已知数列 $\{a_n\}$，且 $a_n=\frac{na}{nb+c}$，其中 a,b,c 均大于0，则数列 $\{a_n\}$（　　）.

A. 递增　　B. 递减　　C. 先增后减　　D. 先减后增

【答案】A

【解析】$\because$ $a_n=\frac{na}{nb+c}=\frac{a}{b+\frac{c}{n}}$，令 $f(n)=a_n=\frac{a}{b+\frac{c}{n}}(a>0,b>0,c>0)$，$\therefore$ $f(n)$ 在 $(0,+\infty)$ 上单调递增. 故数列 $\{a_n\}$ 单调递增.

3. 令数列 $\{a_n\}$ 满足 $a_{n+1}=\frac{1}{1-a_n}$，若 $a_1=\frac{1}{2}$，则 $a_{2020}=$（　　）.

A. -1　　B. $\frac{1}{2}$　　C. 1　　D. 2

【答案】B

【解析】$\because$ $a_1=\frac{1}{2}$，$a_{n+1}=\frac{1}{1-a_n}$，$\therefore$ $a_2=\frac{1}{1-a_1}=2$，$a_3=\frac{1}{1-a_2}=-1$，$a_4=\frac{1}{1-a_3}=\frac{1}{2}$，$a_5=\frac{1}{1-a_4}=2,\cdots$，从而可知数列 $\{a_n\}$ 是周期数列，周期为3. $\therefore$ $a_{2020}=a_{3\times673+1}=a_1=\frac{1}{2}$.

4. 设 S_n 为等差数列 $\{a_n\}$ 的前 n 项和，若满足条件 $3S_3=S_2+S_4$，$a_1=2$，则 $a_5=$（　　）.

A. -12　　B. -10　　C. 10　　D. 12

【答案】B

【解析】设等差数列 $\{a_n\}$ 的公差为 d，$\because$ $3S_3=S_2+S_4$，$\therefore$ $3(3a_1+3d)=2a_1+d+4a_1+6d$，即 $3a_1+2d=0$，又$\because$ $a_1=2$，$\therefore$ $d=-3$. 从而 $a_5=a_1+4d=-10$.

5. 已知等差数列 $\{a_n\}$ 的前 n 项和为 S_n，且 $a_3a_5=12$，$a_2=0$，若 $a_1>0$，则 $S_{20}=$（　　）.

A. 420　　B. 340　　C. -420　　D. -340

【答案】D

【解析】设等差数列 $\{a_n\}$ 的公差为 d，则 $a_3=a_2+d=d$，$a_5=a_2+3d=3d$. 由 $a_3a_5=12$ 可得 $d=\pm2$. $\because$ $a_1>0$，$a_2=0$，$\therefore$ $S_{20}=20\times2+\frac{20\times19}{2}\times(-2)=-340$.

6. 已知数列 $\{a_n\}$ 对于任意的 $p,q\in\mathbf{N}^*$ 满足 $a_{p+q}=a_p+a_q$，且 $a_2=-3$，则 $a_{10}=$（　　）.

A. -12　　B. -13　　C. -14　　D. -15

【答案】D

【解析】$\because$ $a_{p+q}=a_p+a_q$，$a_2=-3$，$\therefore$ $a_2=a_1+a_1=-3$，于是 $a_1=-\frac{3}{2}$，又 $a_3=a_1+$

$a_2=-\frac{9}{2}$，$a_4=a_1+a_3=-\frac{12}{2}=-6$，∴ 数列$\{a_n\}$为首项$a_1=-\frac{3}{2}$，公差$d=-\frac{3}{2}$的等差数列，∴ $a_{10}=-15$.

7. 已知数列$\{a_n\}$的前n项和为S_n，若满足$S_n=2(a_n-1)(n\in\mathbf{N}^*)$，则$a_n=$(　　).

A. $2n$　　B. $2n-1$　　C. 2^n　　D. 2^n-1

【答案】C

【解析】当$n=1$时，由$a_1=S_1=2(a_1-1)$，知$a_1=2$，当$n\geqslant1$时，由$a_n=S_n-S_{n-1}=2(a_n-1)-2(a_{n-1}-1)=2a_n-2a_{n-1}$，得$a_n=2a_{n-1}$，即$\frac{a_n}{a_{n-1}}=2$. ∴ 数列$\{a_n\}$是首项为2，公比为2的等比数列．故$a_n=2^n$.

8. 已知在等比数列$\{a_n\}$中，a_3，a_{15}是方程$x^2+6x+2=0$的根，则$\frac{a_2a_{16}}{a_9}=$(　　).

A. $-\frac{2+\sqrt{2}}{2}$　　B. $-\sqrt{2}$　　C. $\sqrt{2}$　　D. $-\sqrt{2}$或$\sqrt{2}$

【答案】B

【解析】设等比数列$\{a_n\}$的公比为q，∵ a_3，a_{15}是方程$x^2+6x+2=0$的根，∴ 由韦达定理可得$a_3a_{15}=a_9^2=2$，$a_3+a_{15}=-6$，于是有$a_3<0$，$a_{15}<0$，因此$a_9=-\sqrt{2}$，∴ $\frac{a_2a_{16}}{a_9}=\frac{a_9^2}{a_9}=a_9=-\sqrt{2}$.

9. 设数列$\{a_n\}$的前n项和是S_n，$a_1=3$，$a_na_{n+1}=-3\times2^{2-n}$，$n\in\mathbf{N}^*$，则$S_{10}=$(　　).

A. $\frac{31}{16}$　　B. $\frac{11}{16}$　　C. $-\frac{11}{16}$　　D. $-\frac{31}{16}$

【答案】A

【解析】∵ $a_na_{n+1}=-3\times2^{2-n}$，∴ $a_1a_2=-3\times2$，$a_2a_3=-3\times1$，$a_3a_4=-3\times\frac{1}{2}$，$a_4a_5=-3\times\frac{1}{4}$，$a_5a_6=-3\times\frac{1}{8}$，…，于是$\frac{a_2a_3}{a_1a_2}=\frac{-3\times1}{-3\times2}$，化简得$\frac{a_3}{a_1}=\frac{1}{2}$. 同理可得$\frac{a_4}{a_2}=\frac{1}{2}$，$\frac{a_5}{a_3}=\frac{1}{2}$，$\frac{a_6}{a_4}=\frac{1}{2}$，…∴ 数列$\{a_n\}$奇数项成等比数列，偶数项成等比数列，公比都是$\frac{1}{2}$，又∵ $a_1=3$，∴ $a_2=-2$. 从而$S_{10}=(a_1+a_3+a_5+a_7+a_9)+(a_2+a_4+a_6+a_8+a_{10})=\frac{3\left(1-\left(\frac{1}{2}\right)^5\right)}{1-\frac{1}{2}}+\frac{-2\left(1-\left(\frac{1}{2}\right)^5\right)}{1-\frac{1}{2}}=\frac{31}{16}$.

10. 设各项均为正数的等比数列$\{a_n\}$的前n项和是S_n，若$S_n=2$，$S_{3n}=14$，则$S_{4n}=$(　　).

A. 80　　B. 30　　C. 26　　D. 16

【答案】B

【解析】由等比数列性质知S_n，$S_{2n}-S_n$，$S_{3n}-S_{2n}$，$S_{4n}-S_{3n}$，…，仍为等比数列．设

$S_{2n}=x$，则 2，$x-2$，$14-x$ 成等比数列．于是$(x-2)^2=2(14-x)$，解得 $x=6$ 或 $x=-4$. ∵ 等比数列$\{a_n\}$各项均为正数，∴ $S_{2n}=x>0$，从而取 $S_{2n}=x=6$，∴ S_n，$S_{2n}-S_n$，$S_{3n}-S_{2n}$，$S_{4n}-S_{3n}$，…，为首项是2，公比是2的等比数列．∴ $S_{4n}-S_{3n}=2^4$，又 $S_{3n}=14$，代入得 $S_{4n}=14+2^4=30$.

二、填空题

1. 已知 S_n 为数列$\{a_n\}$的前 n 项和，且 $\log_2(S_n+1)=n+1$，则数列$\{a_n\}$的通项公式为________.

【答案】$a_n=\begin{cases}3, & n=1,\\ 2^n, & n\geqslant 2.\end{cases}$

【解析】∵ $\log_2(S_n+1)=n+1$，∴ $S_n+1=2^{n+1}$，当 $n=1$ 时，$a_1=S_1=3$，当 $n\geqslant 2$ 时，$a_n=S_n-S_{n-1}=2^n$，∴ 数列$\{a_n\}$的前 n 项和 $a_n=\begin{cases}3, & n=1,\\ 2^n, & n\geqslant 2.\end{cases}$

2. 在数列$\{a_n\}$中，$a_1=1$，$a_{n+1}=a_n+3(n\in\mathbf{N}^*)$，则 $a_8=$________.

【答案】22

【解析】∵ $a_{n+1}=a_n+3$，∴ $a_{n+1}-a_n=3$，又 $a_1=1$，∴ 数列$\{a_n\}$是首项为1，公差为3的等差数列，∴ $a_8=a_1+7d=1+21=22$.

3. 等差数列$\{a_n\}$中，若 $S_n=18$，$a_n+a_{n-1}+a_{n-2}=3$，$S_3=1$，则 $n=$________.

【答案】27

【解析】∵ $a_n+a_{n-1}+a_{n-2}=3$，∴ $3a_{n-1}=3$，即 $a_{n-1}=1$. 又∵ $S_3=\dfrac{3(a_1+a_3)}{2}=3a_2$，$S_3=1$，∴ $a_2=\dfrac{1}{3}$，∴ $S_n=\dfrac{n(a_1+a_n)}{2}=\dfrac{n(a_2+a_{n-1})}{2}=\dfrac{n\left(1+\frac{1}{3}\right)}{2}=18$，从而$\dfrac{2n}{3}=18$，即 $n=27$.

4. 数列$\{a_n\}$满足 $S_n+S_{n+1}=\dfrac{5}{3}a_{n+1}$，$a_1=4$，则 $a_n=$________.

【答案】$a_n=\begin{cases}4, & n=1,\\ 3\cdot 4^{n-1}, & n\geqslant 2.\end{cases}$

【解析】∵ $a_{n+1}=S_{n+1}-S_n$，代入 $S_n+S_{n+1}=\dfrac{5}{3}a_{n+1}$得$\dfrac{S_{n+1}}{S_n}=4$，又 $S_1=a_1=4$，∴ $\{S_n\}$成等比数列，且 $S_n=4^n$，当 $n\geqslant 2$ 时，$a_n=S_n-S_{n-1}=3\cdot 4^{n-1}$，∴ $a_n=\begin{cases}4, & n=1,\\ 3\cdot 4^{n-1}, & n\geqslant 2.\end{cases}$

5. 等比数列$\{a_n\}$的各项均为实数，其前 n 项和为 S_n，已知 $S_3=\dfrac{7}{4}$，$S_6=\dfrac{63}{4}$，则 $a_8=$________.

【答案】32

【解析】等比数列$\{a_n\}$的公比为 q，则由 $S_3=\dfrac{7}{4}$，$S_6=\dfrac{63}{4}$得$\begin{cases}S_3=\dfrac{a_1(1-q^3)}{1-q}=\dfrac{7}{4},\\ S_6=\dfrac{a_1(1-q^6)}{1-q}=\dfrac{63}{4}\end{cases}\Rightarrow$

$\begin{cases} q=2, \\ a_1=\dfrac{1}{4}. \end{cases}$ $\therefore\ a_8=a_1q^7=\dfrac{1}{4}\times 2^7=32.$

三、解答题

1. 试求分别满足下列条件的数列$\{a_n\}$的通项公式a_n.

(1) $a_1=1$, $a_{n+1}=a_n+n+1(n\in\mathbf{N}^*)$;

(2) $a_1=1$, $a_n=\dfrac{n-1}{n}a_{n-1}(n\geqslant 2)$;

(3) $a_1=1$, $a_{n+1}=3a_n+2$;

(4) $a_1=3$, $a_{n+1}=a_n+\dfrac{1}{n(n+1)}$.

解 (1) $\because\ a_{n+1}=a_n+n+1$, $a_1=1$, $\therefore\ a_2=a_1+2$, $a_3=a_2+3,\cdots,a_n=a_{n-1}+n(n\geqslant 2)$, 将上面$n-1$个式子左右两边分别相加化简得$a_n=a_1+2+3+\cdots+n$, 即$a_n=1+2+3+\cdots+n=\dfrac{n^2+n}{2}(n\geqslant 2)$. 当$n=1$时也满足上式. 因此$a_n=\dfrac{n^2+n}{2}(n\in\mathbf{N}^*)$.

(2) $\because\ a_n=\dfrac{n-1}{n}a_{n-1}(n\geqslant 2)$, $\therefore\ a_{n-1}=\dfrac{n-2}{n-1}a_{n-2}$, $\therefore\ a_{n-2}=\dfrac{n-3}{n-2}a_{n-3},\cdots,\therefore\ a_2=\dfrac{1}{2}a_1$, 将上面$n-1$个式子左右两边分别相乘化简得$a_n=a_1\cdot\dfrac{1}{2}\cdot\dfrac{2}{3}\cdot\cdots\cdot\dfrac{n-1}{n}=\dfrac{a_1}{n}$, 又$\because\ a_1=1$, $\therefore\ a_n=\dfrac{1}{n}$, 当$n=1$时, 上式也成立. $\therefore\ a_n=\dfrac{1}{n}(n\in\mathbf{N}^*)$.

(3) $\because\ a_{n+1}=3a_n+2$, $\therefore\ a_{n+1}+1=3(a_n+1)$, $\therefore\ \dfrac{a_{n+1}+1}{a_n+1}=3$, $\therefore$ 数列$\{a_n+1\}$成首项为2, 公比为3的等比数列, 从而$a_n+1=2\cdot 3^{n-1}$. $\therefore\ a_n=2\cdot 3^{n-1}-1(n\in\mathbf{N}^*)$.

(4) $\because\ a_{n+1}=a_n+\dfrac{1}{n(n+1)}$可化为$a_{n+1}=a_n+\dfrac{1}{n}-\dfrac{1}{n+1}$, 于是$a_2=a_1+\dfrac{1}{1}-\dfrac{1}{2}$, $a_3=a_2+\dfrac{1}{2}-\dfrac{1}{3}$, $a_4=a_3+\dfrac{1}{3}-\dfrac{1}{4},\cdots$, $a_n=a_{n-1}+\dfrac{1}{n-1}-\dfrac{1}{n}$, 将上面$n-1$个式子左右两边分别相加化简得$a_n=a_1+1-\dfrac{1}{n}$, 又$\because\ a_1=3$, $\therefore\ a_n=4-\dfrac{1}{n}$. $\therefore\ a_n=4-\dfrac{1}{n}(n\in\mathbf{N}^*)$.

2. 已知等差数列$\{a_n\}$的前n项和为S_n, 且$a_1=-7$, $S_3=-15$.

(1) 求$\{a_n\}$的通项公式;

(2) 求数列前n项和S_n, 并指出S_n的最小值.

解 (1) 设等差数列$\{a_n\}$的公差为d, 则由$S_3=-15$, $a_1=-7$, $S_3=3a_1+3d$, 得$d=2$, $\therefore\ a_n=2n-9$.

(2) 由(1)得$S_n=\dfrac{n(a_1+a_n)}{2}=n^2-8n=(n-4)^2-16$, $\therefore$ 当$n=4$时, S_n最小, 最小值为$S_4=-16$.

3. 已知数列$\{a_n\}$的通项公式为$a_n=\dfrac{1}{2^n}+2n+c$, 其中$c\in\mathbf{R}$, $n\in\mathbf{N}^*$, 且$a_1=2$.

(1) 求c的值;

（2）设 $b_n=a_n-\frac{1}{2^n}$，$n\in\mathbf{N}^*$，证明$\{b_n\}$是等差数列；

（3）求数列$\{a_n\}$的前 n 项和 $S_n(n\in\mathbf{N}^*)$.

解 （1）$\because\ a_n=\frac{1}{2^n}+2n+c$，$a_1=2$，$\therefore\ a_1=\frac{1}{2}+2+c=2$，得 $c=-\frac{1}{2}$.

（2）$\because\ b_n=a_n-\frac{1}{2^n}=2n-\frac{1}{2}$，$\therefore\ b_{n+1}-b_n=2(n+1)-\frac{1}{2}-\left(2n-\frac{1}{2}\right)=2(n\in\mathbf{N}^*)$，$\therefore\ \{b_n\}$是等差数列.

（3）$\because\ a_n=\frac{1}{2^n}+2n-\frac{1}{2}$，$\therefore\ S_n=\left(\frac{1}{2}+\frac{1}{2^2}+\frac{1}{2^3}+\cdots+\frac{1}{2^n}\right)+2(1+2+3+\cdots+n)-\frac{1}{2}n$，化简 $S_n=1-\frac{1}{2^n}+n(n+1)-\frac{1}{2}n=1-\frac{1}{2^n}+n^2+\frac{1}{2}n$，$\therefore\ S_n=1-\frac{1}{2^n}+n^2+\frac{1}{2}n$.

4. 已知$\{a_n\}$是等差数列，$a_1=1$，公差 $d>0$，S_n 是$\{a_n\}$的前 n 项和，且 S_1，S_2，S_4 成等比数列.

（1）求数列$\{a_n\}$的通项公式.

（2）设 $b_n=2^{a_n}$，$n\in\mathbf{N}^*$，

① 求证：$\{b_n\}$是等比数列；

② 求数列$\{b_n\}$的前 n 项和 T_n.

解 （1）设等差数列$\{a_n\}$的公差为 d，$\because\ S_1$，S_2，S_4 成等比数列，$\therefore\ S_2^2=S_1\cdot S_4$，由于 $S_1=a_1=1$，可得$\left(2+\frac{2\times1}{2}d\right)^2=1\times\left(4+\frac{4\times3}{2}d\right)$，从而 $d^2-2d=0$，解得 $d=0$（舍去）或 $d=2$，$\therefore\ a_n=2n-1$，$n\in\mathbf{N}^*$.

（2）由(1)得 $b_n=2^{2n-1}$，$n\in\mathbf{N}^*$，

① 证明：$\because\ \frac{b_{n+1}}{b_n}=\frac{2^{2(n+1)-1}}{2^{2n-1}}=2^{2n+1-(2n-1)}=4(n\in\mathbf{N}^*)$，$\therefore\ \{b_n\}$是等比数列.

② $\because\ b_1=2^{2-1}=2$，公比为 4，$\therefore\ T_n=b_1+b_2+\cdots+b_n=\frac{2(1-4^n)}{1-4}=\frac{2}{3}(4^n-1)$，$n\in\mathbf{N}^*$.

5. 随着改革开放的不断深入和国际交流的不断发展，我国出入境人员的数量迅速增加．据对某边境口岸近年来出入境人员统计资料的分析，该口岸我国居民和外籍人员每年出入境的人次分别成等比数列和等差数列，已知我国居民和外籍人员第 1 年出入境分别为 10 万人次和 2 万人次，第 3 年分别为 22.5 万人次和 4.5 万人次.

（1）求该口岸第 4 年出入境人次；

（2）求该口岸前 n 年出入境人员总人次(结果用含 n 的代数式表示).

解 （1）令 a_n，b_n 分别表示该边境口岸我国居民和外籍人员第 n 年出入境的人次(单位：万人次)，由题意知，数列$\{a_n\}$为等比数列，$\{b_n\}$为等差数列．设 q，d 分别表示数列$\{a_n\}$的公比和数列$\{b_n\}$的公差，则有 $a_n=a_1q^{n-1}$，$b_n=b_1+(n-1)d$.

由 $a_1=10$，$a_3=22.5$，得 $q=\frac{3}{2}$；由 $b_1=2$，$b_3=4.5$，得 $d=\frac{5}{4}$. $\therefore\ a_4=10\times\left(\frac{3}{2}\right)^3=$

33.75，$b_4=2+3\times\frac{5}{4}=5.75$，第 4 年出入境人次为 $a_4+b_4=33.75+5.75=39.5$ 万人次.

（2）设前 n 年出入境总人次为 S_n，其中我国居民前 n 年出入境总人次为 S_{a_n}，外籍人员前 n 年出入境总人次为 S_{b_n}，则有 $S_{a_n}=\frac{a_1(1-q^n)}{1-q}=\frac{10\left[1-\left(\frac{3}{2}\right)^n\right]}{1-\frac{3}{2}}=20\left[\left(\frac{3}{2}\right)^n-1\right]$，$S_{b_n}=na_1+\frac{n(n-1)}{2}d=2n+\frac{5}{8}(n^2-n)=\frac{5}{8}n^2+\frac{11}{8}n$，$\therefore$ $S_n=S_{a_n}+S_{b_n}=20\times\left(\frac{3}{2}\right)^n+\frac{5}{8}n^2+\frac{11}{8}n-20$ 万人次.

☞练习题

一、选择题

1. 设等差数列 $\{a_n\}$ 的前 n 项和为 S_n，若 $a_2=4$，$S_4=22$，$a_n=28$，则 $n=$(　　).

A. 3　　B. 7　　C. 9　　D. 10

2. 对于任意等差数列 $\{a_n\}$，下列说法一定成立的是(　　).

A. a_1,a_3,a_9 成等差数列　　B. a_1,a_2,a_4 成等差数列

C. a_2,a_4,a_8 成等差数列　　D. a_3,a_6,a_9 成等差数列

3. 在等差数列 $\{a_n\}$ 中，已知 $a_5+a_{10}=12$，则 $3a_7+a_9=$(　　).

A. 12　　B. 18　　C. 24　　D. 30

4. 已知数列 $\{a_n\}$ 满足 $a_1+a_2+a_3+\cdots+a_n=n^3$，则 $a_6+a_7+a_8+a_9=$(　　).

A. 729　　B. 367　　C. 604　　D. 854

5. 已知数列 $\{a_n\}$ 的前 n 项和 S_n，且 $S_n=\frac{n}{n+1}$，则 $\frac{1}{a_5}=$(　　).

A. $\frac{5}{6}$　　B. $\frac{6}{5}$　　C. $\frac{1}{30}$　　D. 30

6. 已知等差数列 $\{a_n\}$ 中各项都不相等，$a_1=2$，且 $a_4+a_8=a_3^2$，则公差 $d=$(　　).

A. $\frac{1}{2}$　　B. 2　　C. 0　　D. 0 或 2

7. 在等差数列 $\{a_n\}$ 中，若 $5a_9-a_{13}=60$，则 $a_4+a_5+a_8+a_{11}+a_{12}$ 的值为(　　).

A. 70　　B. 75　　C. 80　　D. 85

8. 已知数列 $\{a_n\}$ 为等差数列，$a_1+a_3+a_5=18$，$a_2+a_4+a_6=24$，则 $a_{20}=$(　　).

A. 10　　B. 20　　C. 40　　D. 80

9. 已知数列 $\{a_n\}$ 为等差数列，S_n 为前 n 项和，且 $a_2=3a_4-6$，则 $S_9=$(　　).

A. 25　　B. 27　　C. 50　　D. 54

10. 若等差数列 $\{a_n\}$ 的前 n 项和为 S_n，且 $a_4+a_5=24$，$S_6=48$，则 $\{a_n\}$ 的公差为(　　).

A. 1　　B. 2　　C. 4　　D. 8

11. 设 S_n 为等差数列 $\{a_n\}$ 的前 n 项和，若 $S_3=a_5=9$，则 $S_9-S_6=$(　　).

A. 6　　B. 9　　C. 15　　D. 45

12. 已知等比数列$\{a_n\}$满足$a_2=3$，$a_2+a_4+a_6=21$，则$a_4+a_6+a_8=$(　　).

A. 21　　B. 42　　C. 49　　D. 63

13. 已知等比数列$\{a_n\}$中各项均为正数，且$a_1^2+a_2=3$，$a_4^2=4a_3a_7$，则数列$\{a_n\}$的通项公式为(　　).

A. $a_n=\frac{3}{2^n}$

B. $a_n=3\cdot 2^n$

C. $a_n=3\cdot 2^n$或$a_n=3\cdot(-2)^n$

D. $a_n=\frac{3}{2^n}$或$a_n=\frac{3}{(-2)^n}$

14. 已知在等比数列$\{a_n\}$中，S_n为前n之和，$a_1+a_2+a_3=40$，$a_4+a_5+a_6=20$，则$S_9=$(　　).

A. 50　　B. 70　　C. 80　　D. 90

15. 已知数列$\{a_n\}$的通项公式是$a_n=\frac{1}{\sqrt{n}+\sqrt{n+1}}$，若前$n$项和$S_n$为10，则项数$n$为(　　).

A. 11　　B. 99　　C. 120　　D. 121

16. 已知数列$\{a_n\}$($n\in\mathbf{N}^*$)的前n项和$S_n=-n^2+1$，则$a_4=$(　　).

A. -6　　B. 6　　C. 7　　D. -7

17. 等差数列3,1,-1,-3,…,-97的项数为(　　).

A. 52　　B. 51　　C. 50　　D. 49

18. 在等比数列$\{a_n\}$中，若a_4，a_8是方程$x^2-4x+3=0$的两个根，则$a_6=$(　　).

A. $\pm\sqrt{3}$　　B. $-\sqrt{3}$　　C. $\sqrt{3}$　　D. ± 3

19. 等差数列$\{a_n\}$的首项为2，公差不为0，若a_2，a_3，a_6成等比数列，则$\{a_n\}$的前n项和$S_n=$(　　).

A. $S_n=n^2+1$　　B. $S_n=n^2-2n$　　C. $S_n=2n^2$　　D. $S_n=4n-2n^2$

20. 若m，n是函数$f(x)=x^2-px+q(p>0,q>0)$的两个不同的零点，且m，n，-2，这三个数适当组合排序后可成等差数列或等比数列，则$p+q=$(　　).

A. 9　　B. 8　　C. 7　　D. 6

二、填空题

1. 在等差数列$\{a_n\}$中，若$S_n=18$，$a_n+a_{n-1}+a_{n-2}=3$，$S_3=1$，则$n=$________.

2. 已知数列$\{a_n\}$中，$a_1=4$，$a_{n+1}=3a_n-2$（$n\in\mathbf{N}^*$），则$a_4=$________.

3. 已知数列$\{a_n\}$中，$a_1=2$，$a_n=3a_{n-1}$（$n\geqslant 2$，$n\in\mathbf{N}^*$），则数列$\{a_n\}$的通项公式为________.

4. 在等差数列$\{a_n\}$中，若$a_3+a_7-a_{10}=8$，$a_{11}-a_4=4$，则$a_7=$________.

5. 已知数列$\{a_n\}$是等差数列，若$a_4+a_7+a_{10}=15$，$2a_6=a_3+7$，且$a_m=13$，则$m=$________.

6. 在等差数列$\{a_n\}$中，若$a_4+a_6+a_8+a_{10}+a_{12}=40$，则$2a_{10}-a_{12}=$________.

7. 若等差数列$\{a_n\}$的前n项和为S_n且$a_3=0$，$a_6+a_7=14$，则$S_7=$________.

8. 已知数列$\{a_n\}$为等差数列，S_n为$\{a_n\}$的前n项和，$n\in\mathbf{N}^*$，若$a_2=18$，$S_{18}=54$，则$a_{17}=$________，$S_n=$________.

9. 在数列$\{a_n\}$中，$a_1=1$，$a_n=2a_{n-1}+1$（$n\geq 2$，$n\in\mathbf{N}^*$），则$\{a_n\}$通项公式为________.

10. 设S_n是数列$\{a_n\}$的前n项和且$a_n=(-1)^n(n+1)$，则$S_{100}=$________.

11. 已知m，n，$m+n$成等差数列，m，n，mn成等比数列，则双曲线$\frac{x^2}{m}-\frac{y^2}{n}=1$的离心率为________.

12. 已知在等比数列$\{a_n\}$中，a_2，a_6是方程$x^2-7x+6=0$的两根，则$a_1\cdot a_3\cdot a_4\cdot a_5\cdot a_7$的值为________.

三、解答题

1. 已知数列$\{a_n\}$中，$a_1=\frac{3}{5}$，$a_n=2-\frac{1}{a_{n-1}}$（$n\geq 2$，$n\in\mathbf{N}^*$），数列$\{b_n\}$满足$b_n=\frac{1}{a_n-1}(n\in\mathbf{N}^*)$.

（1）求证：数列$\{b_n\}$是等差数列；

（2）求数列$\{a_n\}$的最大值和最小值，并指出最大项和最小项.

2. 设数列$\{a_n\}$为等比数列，前n项和为S_n，在数列$\{b_n\}$中，$b_1=a_1$，$b_n=a_n-a_{n-1}$（$n\geq 2$），且$a_n+S_n=n$.

（1）设$c_n=a_n-1$，求证：数列$\{c_n\}$是等比数列；

（2）求数列$\{b_n\}$的通项公式.

3. 已知等差数列$\{a_n\}$满足：$a_3=7$，$a_5+a_7=26$，$\{a_n\}$的前n项和为S_n.

（1）求a_n及S_n；

（2）令$b_n=\frac{1}{a_n^2-1}$（$n\in\mathbf{N}^*$），求数列$\{b_n\}$的前n项和T_n.

4. 已知函数$f(x)=\frac{x}{x+1}$，数列$\{a_n\}$满足$a_1=1$，且$a_{n+1}=f(a_n)$.

（1）求数列$\{a_n\}$的通项公式；

（2）若$b_n=\frac{1}{n+1}a_n$，求数列$\{b_n\}$的前n项和S_n.

5. 已知数列$\{a_n\}$，$a_1=\frac{5}{3}$且$3a_{n+1}-a_n-2=0$.

（1）求证$\{a_n-1\}$是等比数列，并求出$\{a_n\}$的通项公式；

（2）设$b_n=\log_3\frac{(a_n-1)^2}{4}$，数列$\left\{\frac{1}{b_n\cdot b_{n+2}}\right\}$的前$n$项和为$T_n$，求证：$T_n<\frac{3}{16}$.

6. 已知等差数列$\{a_n\}$和等比数列$\{b_n\}$，等差数列的公差$d=3$，且满足$a_1+a_3=2b_1$，$a_2^2=b_2$，a_2是a_1，a_6的等比中项.

（1）求数列$\{a_n\}$和$\{b_n\}$的通项公式；

（2）求数列$\{a_n\}$和$\{b_n\}$的前n项和S_n，S'_n；

（3）令$c_n=\frac{a_n}{b_n}$，求数列$\{c_n\}$的前n项和T_n.

7. 设数列$\{a_n\}$的前n项和为S_n，其首项$a_1=1$，且满足$a_{n+1}=S_n+n$.

（1）求数列$\{a_n\}$的通项公式；

（2）设等差数列$\{b_n\}$的前n项和为T_n，且满足$T_5=20$，$2(a_1+b_1)=a_2+b_2$.

① 求数列$\{b_n\}$的通项公式；

② 求证：当$n\geqslant 2$时，$\frac{1}{b_1^2}+\frac{1}{b_2^2}+\cdots+\frac{1}{b_n^2}<\frac{3}{4}$.

8. 设等差数列$\{a_n\}$的前n项和为S_n，首项为a_1，公差为d，$n\in\mathbf{N}^*$，已知$a_3=5$，$S_6=4a_5$.

（1）求数列$\{a_n\}$的通项公式.

（2）设$b_n=\frac{1}{a_n}+\frac{1}{a_{n+1}}+\frac{1}{a_{n+2}}+\cdots+\frac{1}{a_{2n}}(n\in\mathbf{N}^*)$.

① 证明：$b_{n+1}<b_n(n\in\mathbf{N}^*)$；

② 若正整数m满足：对于任意$n\in\mathbf{N}^*$，不等式$b_n<\frac{m}{10}$恒成立，求m的最小值.

9. 等比数列$\{a_n\}$中，$a_1+a_2=6$，$a_2+a_3=12$（$n\in\mathbf{N}^*$）.

（1）求数列$\{a_n\}$的通项公式；

（2）若数列$\{b_n\}$满足$a_1\cdot a_2\cdot a_3\cdot\cdots\cdot a_n=(a_{n+1})^{b_n}(n\in\mathbf{N}^*)$.

① 求数列$\{b_n\}$的通项公式；

② 设数列$\{b_n\}$的前n项和为S_n，试比较$\frac{S_{n+1}}{S_n}$与$\frac{S_{n+2}}{S_{n+1}}$的大小.

10. 某高校为扩大教学规模，计划从今年起扩大招生，现有学生人数为b人，以后学生人数年增长率为4.9‰. 该校今年年初有旧实验设备a套，其中需换掉的旧设备占了一半. 学校决定每年以当年年初设备数量的10%的增长率增加新设备，同时每年淘汰x套旧设备.

（1）如果10年后该校学生的人均占有设备的比率正好比目前翻一番，那么每年应更换的旧设备是多少套？

（2）依照（1）的更换速度，共需多少年能更换完所有需要更换的旧设备？

下列数据供计算时参考：

$1.1^9=2.38$	$1.0049^9=1.04$
$1.1^{10}=2.60$	$1.0049^{10}=1.05$
$1.1^{11}=2.85$	$1.0049^{11}=1.06$

第四章 不 等 式

第一节 不等式的概念与性质

一、不等式的基本概念

(1) 不等(等)号的定义:$a-b>0\Leftrightarrow a>b$;$a-b=0\Leftrightarrow a=b$;$a-b<0\Leftrightarrow a<b$.

(2) 不等式的分类:条件不等式;绝对不等式;矛盾不等式.

例如:$x^2-4\leqslant 3x$ 是条件不等式(因为不等式只有 $-1\leqslant x\leqslant 4$ 才成立);$x^2+1>0$ 是绝对不等式(因为此不等式对任何 x 都成立);$x^2+4x+4<0$ 是矛盾不等式(因为此不等式对任何 x 都不成立).

(3) 同向不等式与异向不等式. 不等号方向相同的不等式称为同向不等式,方向不同的不等式称为异向不等式.

(4) 同解不等式与不等式的同解变形. 解集相同的不等式称为同解不等式,将不等式化为同解不等式的过程称为不等式的恒等变形.

二、不等式的基本性质

(1)(对称性)$a>b\Leftrightarrow b>a$.

(2)(传递性)$a>b$,$b>c\Rightarrow a>c$.

(3)(可加性)$a>b\Leftrightarrow a+c>b+c$.

(同向可加性)$a>b$,$c>d\Rightarrow a+c>b+d$.

(异向可减性)$a>b$,$c<d\Rightarrow a-c>b-d$.

(4)(可积性)$a>b$,$c>0\Rightarrow ac>bc$.

$a>b$,$c<0\Rightarrow ac<bc$.

(5)(同向正数可乘性)$a>b>0$,$c>d>0\Rightarrow ac>bd$.

(异向正数可除性)$a>b>0$,$0<c<d\Rightarrow \frac{a}{c}>\frac{b}{d}$.

(6)(平方法则)$a>b>0\Rightarrow a^n>b^n$($n\in\mathbf{N}$,且 $n>1$).

(7)(开方法则)$a>b>0\Rightarrow \sqrt[n]{a}>\sqrt[n]{b}$($n\in\mathbf{N}$,且 $n>1$).

(8)(倒数法则)$a>b>0\Rightarrow \frac{1}{a}<\frac{1}{b}$;

$a<b<0\Rightarrow \frac{1}{a}>\frac{1}{b}$.

第二节 不等式证明

一、基本不等式

（1）定理1：如果 a，$b\in\mathbf{R}$，那么 $a^2+b^2\geqslant 2ab$，当且仅当 $a=b$ 时，等号成立.

变形公式：$ab\leqslant\frac{a^2+b^2}{2}$.

（2）定理2：如果 a，$b\in\mathbf{R}^+$，那么$\frac{a+b}{2}\geqslant\sqrt{ab}$，当且仅当 $a=b$ 时，等号成立，即两个正数的算术平均不小于（即大于或等于）它们的几何平均.

变形公式：$a+b\geqslant 2\sqrt{ab}$；

$ab\leqslant\left(\frac{a+b}{2}\right)^2$.

（3）定理3：如果 a，b，$c\in\mathbf{R}^+$，那么$\frac{a+b+c}{3}\geqslant\sqrt[3]{abc}$，当且仅当 $a=b=c$ 时，等号成立.

变形公式：$a^3+b^3+c^3\geqslant 3abc$；

$abc\leqslant\left(\frac{a+b+c}{3}\right)^3$；

$abc\leqslant\frac{a^3+b^3+c^3}{3}$.

（4）定理4：如果 a，b，$c\in\mathbf{R}$，那么 $a^2+b^2+c^2\geqslant ab+bc+ac$，当且仅当 $a=b=c$ 时，等号成立.

二、比较法

（1）作差法：$a-b>0\Leftrightarrow a>b$.

（2）作商法：若 $B>0$，欲证 $A\geqslant B$，只须证$\frac{A}{B}\geqslant 1$.

三、综合法与分析法

（1）综合法：从已知条件出发，利用定义、公理、定理、性质等，经过一系列的推理、论证而得出命题成立.

（2）分析法：从要证的结论出发，逐步寻求使它成立的充分条件，直至所需条件为已知条件或一个明显成立的事实（定义、公理、定理、性质等），从而得出要证的命题成立.

第三节 不等式解法

一、不等式同解变形

（1）不等式两边同时加上（或减去）同一个数或整式，所得不等式与原不等式同解，

$$f(x)>(<)g(x)\Leftrightarrow f(x)\pm h(x)>(<)g(x)\pm h(x);$$

（2）不等式两边同时乘以（或除以）同一个正数，所得不等式与原不等式同解，

$$f(x)>(<)g(x)\Leftrightarrow af(x)>(<)ag(x)(a>0);$$

（3）不等式两边同时乘以（或除以）同一个负数，并把不等式方向改变后，所得不等式与原不等式同解，

$$f(x)>(<)g(x)\Leftrightarrow af(x)<(>)ag(x)(a<0);$$

（4）$\dfrac{f(x)}{g(x)}>0\Leftrightarrow f(x)\cdot g(x)>0$；

$\dfrac{f(x)}{g(x)}\geqslant 0\Leftrightarrow f(x)\cdot g(x)\geqslant 0, g(x)\neq 0$（“<或≤”时同理）.

规律：把分式不等式等价转化为整式不等式求解.

二、一元二次不等式 $ax^2+bx+c>0$（或<0），$a\neq 0$

它的解集要结合方程 $ax^2+bx+c=0$ 的根及二次函数 $y=ax^2+bx+c$ 的图像确定.

1. 一元二次函数、一元二次方程、一元二次不等式的相互关系

判别式 $\Delta=b^2-4ac$	$\Delta>0$	$\Delta=0$	$\Delta<0$
二次函数 $y=ax^2+bx+c(a>0)$ 的图像	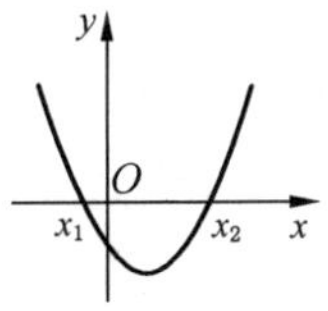	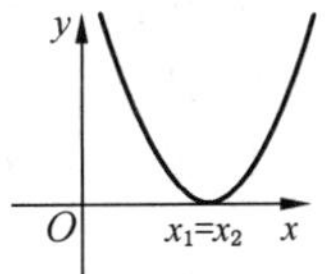	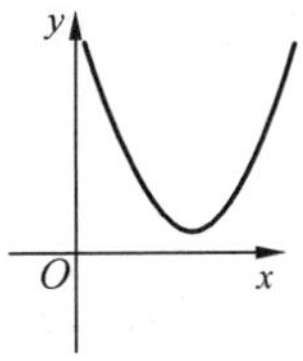
方程 $ax^2+bx+c=0$ $(a>0)$ 的根	有两相异实根 x_1，x_2，$(x_1<x_2)$	有两相等实根 $x_1=x_2=-\dfrac{b}{2a}$	没有实根
$ax^2+bx+c>0$ $(a>0)$ 的解集	$\{x \mid x<x_1$ 或 $x>x_2\}$	$\left\{x \mid x\neq -\dfrac{b}{2a}\right\}$	$\{x \mid x\in \mathbf{R}\}$
$ax^2+bx+c<0$ $(a>0)$ 的解集	$\{x \mid x_1<x<x_2\}$	$\varnothing$	$\varnothing$

2. $(x-a)(x-b)>0$ 或 $(x-a)(x-b)<0$ 型不等式的解法

不 等 式	解 集		
	$a<b$	$a=b$	$a>b$
$(x-a)\cdot(x-b)>0$	$\{x \mid x<a$ 或 $x>b\}$	$\{x \mid x\neq a\}$	$\{x \mid x<b$ 或 $x>a\}$
$(x-a)\cdot(x-b)<0$	$\{x \mid a<x<b\}$	$\varnothing$	$\{x \mid b<x<a\}$

规律：当二次项系数为正时，小于取中间，大于取两边.

3. 解一元二次不等式的一般步骤

（1）对不等式变形，使不等式一端为 0 且二次项系数大于 0；

（2）计算相应的判别式 Δ；

（3）当 $\Delta>0$ 时，求出相应的一元二次方程的两个根；

(4) 根据一元二次不等式的结构写出解.

三、含绝对值不等式的解法

1. $|x|<a$ 与 $|x|>a$ 型不等式的解法

不等式	$a>0$	$a=0$	$a<0$
$\|x\|<a$	$\{x\mid -a<x<a\}$	$\varnothing$	$\varnothing$
$\|x\|>a$	$\{x\mid x>a$ 或 $x<-a\}$	$\{x\mid x\in\mathbf{R}$ 且 $x\neq0\}$	$\mathbf{R}$

2. $|ax+b|\leqslant c(c>0)$ 和 $|ax+b|\geqslant c(c>0)$ 型不等式的解法

(1) $|ax+b|\leqslant c\Leftrightarrow -c\leqslant ax+b\leqslant c$;

(2) $|ax+b|\geqslant c\Leftrightarrow ax+b\geqslant c$ 或 $ax+b\leqslant -c$.

3. 同解变形法

(1) $|f(x)|\leqslant|g(x)|\Leftrightarrow f^2(x)\leqslant g^2(x)$;

(2) $|f(x)|\geqslant g(x)\Leftrightarrow f(x)\geqslant g(x)$ 或 $f(x)\leqslant -g(x)\ (g(x)\geqslant0)$;

(3) $|f(x)|\leqslant g(x)\Leftrightarrow -g(x)\leqslant f(x)\leqslant g(x)\ (g(x)\geqslant0)$.

4. $|x-a|+|x-b|\geqslant c$ 和 $|x-a|+|x-b|\leqslant c$ 型不等式的解法

(1) 利用绝对值不等式的几何意义求解;

(2) 利用“零点分段法”求解;

(3) 通过构造函数，利用函数的图像求解.

四、解不等式常用的思想方法

(1) 解不等式的基本思路是由复杂向简单转化，即超越不等式转化为代数不等式，分式不等式转化为整式不等式，高次不等式转化为低次不等式，最后转化为一次、二次的不等式或不等式组.

(2) 在解不等式或不等式组时，应熟练掌握集合的交并运算，适时地进行不等式和不等式组的转换，并恰当地利用数形结合等手段辅助解题.

(3) 解高次不等式时，常利用数轴标根法. 具体步骤:

① 将不等式右端化为零，左端分解为若干个未知数系数为正数的一次因式的积;

② 把各个因式的根标在数轴上,将数轴分为若干个区间,如果有重根,应标出重根区间;

③ 从右边区间起，奇序数区间为 $f(x)>0$ 的解，偶序数区间为 $f(x)<0$ 的解.

例题解析

一、选择题

1. 若 $a>b>0$，$c<d<0$，则一定有(　　).

A. $\frac{a}{c}-\frac{b}{d}>0$　　B. $\frac{a}{c}-\frac{b}{d}<0$

C. $\frac{a}{d}>\frac{b}{c}$　　D. $\frac{a}{d}<\frac{b}{c}$

【答案】D

【解析】∵ $c<d<0$，∴ $0<-d<-c$，又∵ $0<b<a$，∴ $-bd<-ac$，即 $bd>ac$，又∵ $cd>0$，∴ $\frac{bd}{cd}>\frac{ac}{cd}$，即$\frac{b}{c}>\frac{a}{d}$.

2. 若 a，b 都是实数，则“$\sqrt{a}-\sqrt{b}>0$”是“$a^2-b^2>0$”的(　　).

A. 充分不必要条件　　B. 必要不充分条件

C. 充要条件　　D. 既不充分也不必要条件

【答案】A

【解析】$\sqrt{a}-\sqrt{b}>0\Rightarrow\sqrt{a}>\sqrt{b}\Rightarrow a>b\Rightarrow a^2>b^2$，但由 $a^2-b^2>0\nRightarrow\sqrt{a}-\sqrt{b}>0$.

3. 设 $b<a$，$d<c$，则下列不等式中一定成立的是(　　).

A. $a-c<b-d$　　B. $ac<bd$

C. $a+c>b+d$　　D. $a+d>b+c$

【答案】C

【解析】由同向不等式具有可加性可知 C 正确.

4. 设 a，$b\in\mathbf{R}$，则“$a>2$ 且 $b>1$”是“$a+b>3$ 且 $ab>2$”的(　　).

A. 充分不必要条件　　B. 必要不充分条件

C. 充要条件　　D. 既不充分也不必要条件

【答案】A

【解析】若 $a>2$ 且 $b>1$，则由不等式的同向可加性可得 $a+b>2+1=3$，由不等式的同向正数可乘性可得 $ab>2\times1=2$. 即“$a>2$ 且 $b>1$”是“$a+b>3$ 且 $ab>2$”的充分条件；反之，若“$a+b>3$ 且 $ab>2$”，则“$a>2$ 且 $b>1$”不一定成立，如 $a=6$，$b=\frac{1}{2}$. ∴“$a>2$ 且 $b>1$”是“$a+b>3$ 且 $ab>2$”的充分不必要条件.

5. 已知 $a>b>0$，给出下列四个不等式：

$$①\ a^2>b^2；②2^a>2^{b-1}；③\ \sqrt{a-b}>\sqrt{a}-\sqrt{b}；④a^3+b^3>2a^2b.$$

其中一定成立的不等式为(　　).

A. ①②③　　B. ①②④　　C. ①③④　　D. ②③④

【答案】A

【解析】方法一　由 $a>b>0$ 可得 $a^2>b^2$，①成立；由 $a>b>0$ 可得 $a>b-1$，而函数 $f(x)=2^x$ 在 $\mathbf{R}$ 上是单调递增的，∴ $f(a)>f(b-1)$，即 $2^a>2^{b-1}$，②成立；∵ $a>b>0$，∴ $\sqrt{a}>\sqrt{b}$，∴ $(\sqrt{a-b})^2-(\sqrt{a}-\sqrt{b})^2=2\sqrt{ab}-2b=2\sqrt{b}(\sqrt{a}-\sqrt{b})>0$，∴ $\sqrt{a-b}>\sqrt{a}-\sqrt{b}$，③成立；若 $a=3$，$b=2$，则 $a^3+b^3=35$，$2a^2b=36$，$a^3+b^3<2a^2b$，④不成立.

方法二　令 $a=3$，$b=2$，可以得到①$a^2>b^2$，②$2^a>2^{b-1}$，③$\sqrt{a-b}>\sqrt{a}-\sqrt{b}$均成立，而④$a^3+b^3>2a^2b$ 不成立.

6. 设 $x>0$，$y>0$，且 $x+y=18$，则 xy 的最大值为(　　).

A. 80　　B. 77　　C. 81　　D. 82

【答案】C

【解析】∵ $x>0$，$y>0$，∴ $\frac{x+y}{2}\geqslant\sqrt{xy}$，即 $xy\leqslant\left(\frac{x+y}{2}\right)^2=81$，当且仅当 $x=y=9$ 时，

$(xy)_{\max}=81$.

7. 若 a，$b\in\mathbf{R}$，且 $ab>0$，则下列不等式中，恒成立的是(　　).

A. $a^2+b^2>2ab$　　　　B. $a+b\geqslant 2\sqrt{ab}$

C. $\frac{1}{a}+\frac{1}{b}>\frac{2}{\sqrt{ab}}$　　　　D. $\frac{b}{a}+\frac{a}{b}\geqslant 2$

【答案】D

【解析】$\because$ $a^2+b^2-2ab=(a-b)^2\geqslant 0$，$\therefore$ A 错误．对于 B，C，当 $a<0$，$b<0$ 时，明显错误．对于 D，$\because$ $ab>0$，$\therefore$ $\frac{b}{a}+\frac{a}{b}\geqslant 2\sqrt{\frac{b}{a}\cdot\frac{a}{b}}=2$.

8. 设集合 $A=\{x\mid x^2+x-6\leqslant 0\}$，集合 B 为函数 $y=\frac{1}{\sqrt{x-1}}$的定义域，则 $A\cap B$ 等于(　　).

A. $(1,2)$　　B. $[1,2]$　　C. $[1,2)$　　D. $(1,2]$

【答案】D

【解析】$A=\{x\mid x^2+x-6\leqslant 0\}=\{x\mid -3\leqslant x\leqslant 2\}$，由 $x-1>0$ 得 $x>1$，即 $B=\{x\mid x>1\}$，$\therefore$ $A\cap B=\{x\mid 1<x\leqslant 2\}$.

9. 若不等式 $x^2-2x+5\geqslant a^2-3a$ 对任意实数 x 恒成立，则实数 a 的取值范围为(　　).

A. $[-1,4]$　　　　B. $(-\infty,-2]\cup[5,+\infty)$

C. $(-\infty,-1]\cup[4,+\infty)$　　　　D. $[-2,5]$

【答案】A

【解析】$x^2-2x+5=(x-1)^2+4$ 的最小值为 4，$\therefore$ $x^2-2x+5\geqslant a^2-3a$ 对任意实数 x 恒成立，只需 $a^2-3a\leqslant 4$ 即可，解得 $-1\leqslant a\leqslant 4$.

10. 不等式 $(a-2)x^2+2(a-2)x-4<0$，对一切 $x\in\mathbf{R}$ 恒成立，则实数 a 的取值范围为(　　).

A. $(-\infty,2]$　　B. $(-2,2]$　　C. $(-2,2)$　　D. $(-\infty,2)$

【答案】B

【解析】$\because$ $\begin{cases}a-2<0\\ \Delta<0\end{cases}$ $\therefore$ $-2<a<2$，另 $a=2$ 时，原式化为 $-4<0$，不等式恒成立，$\therefore$ $-2<a\leqslant 2$.

二、填空题

1. 若 $-\frac{\pi}{2}<\alpha<\beta<\frac{\pi}{2}$，则 $\alpha-\beta$ 的取值范围为________.

【答案】$(-\pi,0)$

【解析】由 $-\frac{\pi}{2}<\alpha<\frac{\pi}{2}$，$-\frac{\pi}{2}<-\beta<\frac{\pi}{2}$，$\alpha<\beta$，得 $-\pi<\alpha-\beta<0$.

2. 已知 $-1<x<4$，$2<y<3$，则 $x-y$ 的取值范围为________，$3x+2y$ 的取值范围为________.

【答案】$(-4,2)$，$(1,18)$

【解析】∵ $-1<x<4$，$2<y<3$，∴ $-3<-y<-2$，∴ $-4<x-y<2$. 由 $-1<x<4$，$2<y<3$，得 $-3<3x<12$，$4<2y<6$，∴ $1<3x+2y<18$.

3. 已知函数 $y=\log_a(2-ax)$ 在区间 $[0,1]$ 上是 x 的单调递减函数，则 a 的取值范围为________.

【答案】$1<a<2$

【解析】∵ $a>0$，∴ $2-ax$ 在定义域内是单调递减的．$y=\log_a(2-ax)$ 在区间 $[0,1]$ 上是单调递减的，∴ $a>1$. 又∵ $2-ax>0$，∴ $1<a<2$.

4. 若正数 x，y 满足 $3x+y=5xy$，则 $4x+3y$ 的最小值为________.

【答案】5

【解析】由 $3x+y=5xy$，得 $\frac{3x+y}{xy}=\frac{3}{y}+\frac{1}{x}=5$，∴ $4x+3y=(4x+3y)\cdot\frac{1}{5}\left(\frac{3}{y}+\frac{1}{x}\right)=\frac{1}{5}\left(4+9+\frac{3y}{x}+\frac{12x}{y}\right)\geqslant\frac{1}{5}(4+9+2\sqrt{36})=5$，当且仅当 $\frac{3y}{x}=\frac{12x}{y}$，即 $y=2x$ 时等号成立，故 $4x+3y$ 的最小值为 5.

5. 若把总长为 20 m 的篱笆围成一个矩形场地，则矩形场地的最大面积是________ m^2.

【答案】25

【解析】设矩形的一边为 xm，面积为 ym^2，则另一边为 $\frac{1}{2}\times(20-2x)=(10-x)$m，其中 $0<x<10$，∴ $y=x(10-x)\leqslant\left(\frac{x+10-x}{2}\right)^2=25$，当且仅当 $x=10-x$，即 $x=5$ 时，$y_{\max}=25$.

6. 已知 $a>0$，$b>0$，$a+2b=3$，则 $\frac{2}{a}+\frac{1}{b}$ 的最小值为________.

【答案】$\frac{8}{3}$

【解析】由 $a+2b=3$ 得 $\frac{1}{3}a+\frac{2}{3}b=1$，∴ $\frac{2}{a}+\frac{1}{b}=\left(\frac{1}{3}a+\frac{2}{3}b\right)\left(\frac{2}{a}+\frac{1}{b}\right)=\frac{4}{3}+\frac{a}{3b}+\frac{4b}{3a}\geqslant\frac{4}{3}+2\sqrt{\frac{a}{3b}\cdot\frac{4b}{3a}}=\frac{8}{3}$，当且仅当 $a=2b=\frac{3}{2}$ 时取等号.

7. 若关于 x 的不等式 $ax^2+bx+2>0$ 的解集是 $\left(-\frac{1}{2},\frac{1}{3}\right)$，则 $a+b=$________.

【答案】-14

【解析】∵ $x_1=-\frac{1}{2}$，$x_2=\frac{1}{3}$ 是方程 $ax^2+bx+2=0$ 的两个根，∴ $\begin{cases}\frac{a}{4}-\frac{b}{2}+2=0,\\ \frac{a}{9}+\frac{b}{3}+2=0,\end{cases}$ 解得 $\begin{cases}a=-12\\ b=-2\end{cases}$ ∴ $a+b=-14$.

8. 不等式 $|x+1|-|x-3|\geqslant0$ 的解集是________.

【答案】$x\geqslant1$

【解析】由 $|x+1|\geqslant|x-3|$ 两边平方得 $x^2+2x+1\geqslant x^2-6x+9$，即 $8x\geqslant8$，解得

$x\geqslant 1$.

三、解答题

1. (1) 若 $bc-ad\geqslant 0$，$bd>0$，求证：$\frac{a+b}{b}\leqslant\frac{c+d}{d}$；

(2) 已知 $c>a>b>0$，求证：$\frac{a}{c-a}>\frac{b}{c-b}$.

证明 (1) $\because$ $bc\geqslant ad$，$bd>0$，$\therefore$ $\frac{c}{d}\geqslant\frac{a}{b}$，$\therefore$ $\frac{c}{d}+1\geqslant\frac{a}{b}+1$，$\therefore$ $\frac{a+b}{b}\leqslant\frac{c+d}{d}$.

(2) $\because$ $c>a>b>0$，$\therefore$ $c-a>0$，$c-b>0$.

$$\therefore \left.\begin{array}{l} a>b>0\Rightarrow\frac{1}{a}<\frac{1}{b} \\ c>0 \end{array}\right\}\Rightarrow\frac{c}{a}<\frac{c}{b}\Rightarrow \left.\begin{array}{l}\frac{c-a}{a}<\frac{c-b}{b} \\ c-a>0 \\ c-b>0\end{array}\right\}\Rightarrow\frac{a}{c-a}>\frac{b}{c-b}.$$

2. 若正数 m，n 满足 $2m+n=1$，求 $\frac{1}{m}+\frac{1}{n}$ 的最小值.

解 $\because$ $2m+n=1$，则 $\frac{1}{m}+\frac{1}{n}=\left(\frac{1}{m}+\frac{1}{n}\right)\cdot(2m+n)\ =3+\frac{n}{m}+\frac{2m}{n}\geqslant 3+2\sqrt{\frac{n}{m}\cdot\frac{2m}{n}}=3+2\sqrt{2}$，当且仅当 $\frac{n}{m}=\frac{2m}{n}$，即 $n=\sqrt{2}m$ 时等号成立，$\therefore$ $\frac{1}{m}+\frac{1}{n}$ 的最小值为 $3+2\sqrt{2}$.

3. 已知实数 x，y 满足 $x+y-4=0$，求 $(x-1)^2+(y-1)^2$ 的最小值.

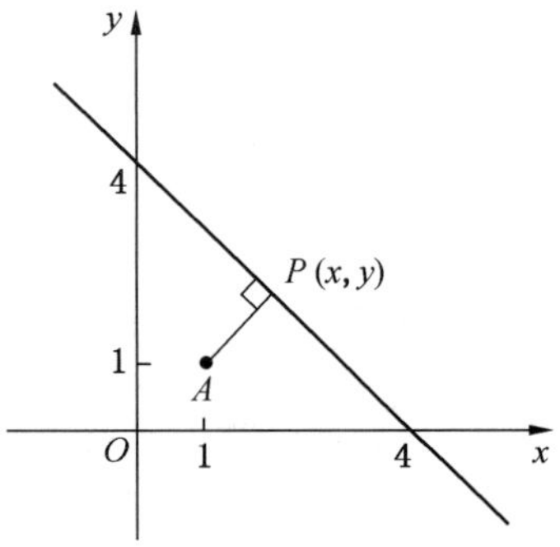

图 4－1

分析 本题可使用减少变量法和数形结合法两种方法：$\sqrt{(x-1)^2+(y-1)^2}$ 可看成点 (x,y) 与 $(1,1)$ 之间的距离.

解 方法一 由 $x+y-4=0$ 得 $y=4-x$ $(x\in\mathbf{R})$，则 $(x-1)^2+(y-1)^2=(x-1)^2+(4-x-1)^2=2x^2-8x+10=2(x-2)^2+2$，$\therefore$ $(x-1)^2+(y-1)^2$ 的最小值是 2.

方法二 $\because$ 实数 x，y 满足 $x+y-4=0$，$\therefore$ 点 $P(x,y)$ 在直线 $x+y-4=0$ 上. 而 $\sqrt{(x-1)^2+(y-1)^2}$ 可看成点 $P(x,y)$ 与点 $A(1,1)$ 之间的距离，如图 4－1 所示.

显然 $\sqrt{(x-1)^2+(y-1)^2}$ 的最小值就是点 $A(1,1)$ 到直线 $x+y-4=0$ 的距离：$d=\frac{|1+1-4|}{\sqrt{1^2+1^2}}=\sqrt{2}$，$\therefore$ $(x-1)^2+(y-1)^2$ 的最小值为 2.

4. 某厂家拟在 2020 年举行促销活动，经调查测算，该产品的年销售量（即该厂的年产量）x 万件与年促销费用 m 万元（$m\geqslant 0$）满足 $x=3-\frac{k}{m+1}$（k 为常数），如果不搞促销活动，则该产品的年销售量只能是 1 万件. 已知 2020 年生产该产品的固定投入为 8 万元，每生产 1 万件该产品需要再投入 16 万元，厂家将每件产品的销售价格定为每件产品年平均成本的 1.5 倍（产品成本包括固定投入和再投入两部分资金）.

(1) 将 2020 年该产品的利润 y 万元表示为年促销费用 m 万元的函数；

（2）该厂家2020年的促销费用投入多少万元时，厂家的利润最大？

解 （1）由题意知，当 $m=0$ 时，$x=1$，$\therefore$ $1=3-k\Rightarrow k=2$，$\therefore$ $x=3-\frac{2}{m+1}$，每万件产品的销售价格为 $1.5\times\frac{8+16x}{x}$ 万元，

$$\therefore\ 2020\text{年的利润}\ y=1.5x\times\frac{8+16x}{x}-8-16x-m$$

$$=4+8x-m=4+8\left(3-\frac{2}{m+1}\right)-m$$

$$=-\left(\frac{16}{m+1}+m+1\right)+29\ (m\geqslant 0).$$

（2）$\because$ $m\geqslant 0$ 时，$\frac{16}{m+1}+(m+1)\geqslant 2\sqrt{16}=8$，$\therefore$ $y\leqslant -8+29=21$，当且仅当 $\frac{16}{m+1}=m+1\Rightarrow m=3$ 万元时，$y_{max}=21$ 万元．故该厂家2020年的促销费用投入3万元时，厂家的利润最大为21万元.

5. 某人准备在一块占地面积为1800 m^2 的矩形地块中间建三个矩形温室大棚，大棚周围均是宽为1 m的小路（图4－2），大棚占地面积为 $S m^2$，其中 $a:b=1:2$.

（1）试用 x，y 表示 S；

（2）若要使 S 的值最大，则 x，y 的值各为多少？

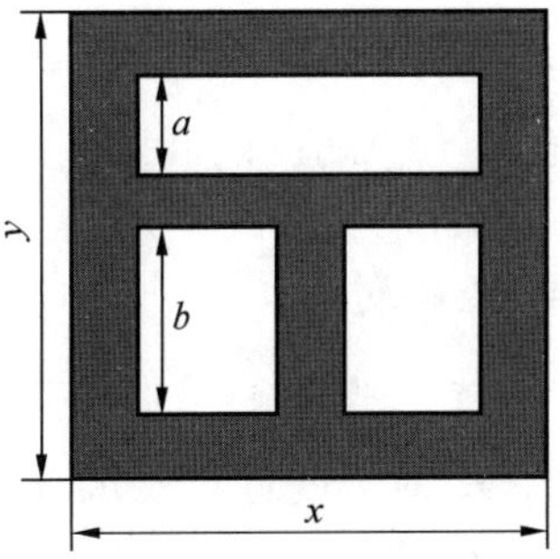

图4－2

解 （1）由题意可得 $xy=1800$，$b=2a$，

则 $y=a+b+3=3a+3$，

$$\therefore\ S=(x-2)a+(x-3)b=(3x-8)a$$

$$=(3x-8)\frac{y-3}{3}=1808-3x-\frac{8}{3}y,(x>3,y>3).$$

$$(2)\ S=1808-\left(3x+\frac{4800}{x}\right)\leqslant 1808-2\sqrt{3x\cdot\frac{4800}{x}}$$

$$=1808-240=1568,$$

当且仅当 $3x=\frac{4800}{x}$，即 $x=40$ 时等号成立，S 取得最大值，此时 $y=\frac{1800}{x}=45$，$\therefore$ 当 $x=40$，$y=45$ 时，S 取得最大值.

6. 若 a，b，c 是不全相等的正数，求证：$\lg\frac{a+b}{2}+\lg\frac{b+c}{2}+\lg\frac{c+a}{2}>\lg a+\lg b+\lg c$.

证明 $\because$ a，b，$c\in(0,+\infty)$，

$\therefore$ $\frac{a+b}{2}\geqslant\sqrt{ab}>0$，$\frac{b+c}{2}\geqslant\sqrt{bc}>0$，$\frac{a+c}{2}\geqslant\sqrt{ac}>0$.

由于 a，b，c 不全相等，

$\therefore$ 上述三个不等式中等号不能同时成立，$\frac{a+b}{2}\cdot\frac{b+c}{2}\cdot\frac{c+a}{2}>abc>0$ 成立.

上式两边同时取常用对数，得 $\lg\left(\frac{a+b}{2}\cdot\frac{b+c}{2}\cdot\frac{c+a}{2}\right)>\lg abc$，

$\therefore\ \lg\frac{a+b}{2}+\lg\frac{b+c}{2}+\lg\frac{c+a}{2}>\lg a+\lg b+\lg c.$

7. 对 $-1\leqslant a\leqslant 1$，求使不等式 $\left(\frac{1}{2}\right)^{x^2+ax}<\left(\frac{1}{2}\right)^{2x+a-1}$ 恒成立的 x 的取值范围.

解　设 $f(a)=a(x-1)+x^2-2x+1>0$，$f(a)$ 为 a 的一次函数，a 在 $[-1,1]$ 上时，线段恒在 x 轴的上方，则 $\begin{cases}f(-1)>0,\\f(1)>0,\end{cases}$

即 $\begin{cases}x^2-(x-1)-2x+1>0,\\x^2+(x-1)-2x+1>0,\end{cases}$ 整理得 $\begin{cases}x^2-3x+2>0,\\x^2-x>0,\end{cases}$ 解得 $x<0$ 或者 $x>2$.

8. 求不等式 $|x-1|-|x-5|<2$ 的解集.

解　不等式 $|x-1|-|x-5|<2$ 等价于

$\begin{cases}x<1,\\-(x-1)+(x-5)<2\end{cases}$ 或 $\begin{cases}1\leqslant x\leqslant 5,\\x-1+x-5<2\end{cases}$ 或 $\begin{cases}x>5,\\x-1-(x-5)<2,\end{cases}$

$$即\begin{cases}x<1,\\-4<2\end{cases}或\begin{cases}1\leqslant x\leqslant 5,\\2x<8\end{cases}或\begin{cases}x>5,\\4<2.\end{cases}$$

$\therefore$ 原不等式的解集为 $\{x|x<1\}\cup\{x|1\leqslant x<4\}\cup\varnothing=\{x|x<4\}$.

☞练习题

一、选择题

1. 对于任意实数 a，b，c，d，下列命题中正确的是（　　）.

A. 若 $a>b$，$c\neq 0$，则 $ac>bc$　　B. 若 $a>b$，则 $ac^2>bc^2$

C. 若 $ac^2>bc^2$，则 $a>b$　　D. 若 $a>b$，则 $\frac{1}{a}<\frac{1}{b}$

2. 设 $a<b$，c 是非负实数，则（　　）.

A. $a\sqrt{c}>b\sqrt{c}$　　B. $a\sqrt{c}<b\sqrt{c}$

C. $\frac{a}{\sqrt{c}}>\frac{b}{\sqrt{c}}$　　D. $ac\leqslant bc$

3. 若 $a<0$，$b<0$，则 $p=\frac{b^2}{a}+\frac{a^2}{b}$ 与 $q=a+b$ 的大小关系为（　　）.

A. $p<q$　　B. $p\leqslant q$　　C. $p>q$　　D. $p\geqslant q$

4. 已知 $a>b>1$，$c<0$，给出下列三个结论：

$$①\frac{c}{a}>\frac{c}{b}；②b^c>a^c；③\log_b(a-c)>\log_b(b-c)$$

其中所有正确的结论的序号是（　　）.

A. ①　　B. ①②　　C. ②③　　D. ①②③

5. 不等式 $\frac{x-2}{x+1}\geqslant 0$ 的解集为（　　）.

A. $\{x|-1\leqslant x\leqslant 2\}$　　B. $\{x|x<-1$ 或 $x\geqslant 2\}$

C. $\{x|x\leqslant -1$ 或 $x>2\}$　　D. $\{x|-1<x<2\}$

6. 若集合 $A=\{x|3+2x-x^2>0\}$，集合 $B=\{x|2^x<2\}$，则 $A\cap B$ 等于（　　）.

A. (1, 3)　　B. $(-\infty, -1)$　　C. $(-1, 1)$　　D. $(-3, 1)$

7. 若 $|a-c|<|b|$，则下列不等式中正确的是（　　）.

A. $a<b+c$　　B. $a>c-b$

C. $|a|>|b|-|c|$　　D. $|a|<|b|+|c|$

8. 若集合 $A=\{x \mid ax^2-ax+1<0\}=\varnothing$，则实数 a 的取值范围为(　　).

A. $\{a \mid 0<a<4\}$　　B. $\{a \mid 0\leqslant a<4\}$

C. $\{a \mid 0<a\leqslant 4\}$　　D. $\{a \mid 0\leqslant a\leqslant 4\}$

9. 已知 $\log_2(a-2)+\log_2(b-1)\geqslant 1$，则 $2a+b$ 取到最小值时，$ab=$(　　).

A. 3　　B. 4　　C. 6　　D. 9

10. 已知不等式 $(x+y)\left(\frac{1}{x}+\frac{a}{y}\right)\geqslant 9$ 对任意正实数 x，y 恒成立，则 a 的最小值为（　　）.

A. 2　　B. 4　　C. 6　　D. 8

11. 若 $0<\log_m 2<\log_n 2<1$，则下列关系式正确的是(　　).

A. $1<n<m$　　B. $0<n<m<1$

C. $1<m<n$　　D. $0<m<n<1$

12. 若 $x>0$，则 $3-3x-\frac{1}{x}$ 的最大值是(　　).

A. 3　　B. $3-\sqrt{2}$　　C. $3-2\sqrt{3}$　　D. -1

13. 不等式 $(x^2-2x-3)(x^2-4x+4)<0$ 的解集是(　　).

A. $\{x \mid x<-1$ 或 $x>3\}$　　B. $\{x \mid -1<x<3\}$

C. $\{x \mid -1<x<2$ 或 $2<x<3\}$　　D. $\{x \mid -1<x<3$ 或 $x\neq -2\}$

14. 小张从甲地到乙地往返的时速分别为 a，$b(a<b)$，其全程的平均速度为 v，则（　　）.

A. $a<v<\sqrt{ab}$　　B. $v=\sqrt{ab}$

C. $\sqrt{ab}<v<\frac{a+b}{2}$　　D. $v=\frac{a+b}{2}$

15. 若 $a<b<0$，则下列不等式一定成立的是(　　).

A. $\frac{1}{a-b}>\frac{1}{b}$　　B. $a^2<ab$

C. $\frac{|b|}{|a|}<\frac{|b|+1}{|a|+1}$　　D. $a^n>b^n$

16. 若 $a<0$，则关于 x 的不等式 $x^2-4ax-5a^2>0$ 的解集是（　　）.

A. $(-\infty, -a)\cup(5a, +\infty)$　　B. $(-\infty, 5a)\cup(-a, +\infty)$

C. $(5a, -a)$　　D. $(a, -5a)$

17. 设计用 32 m^2 的材料制造某种长方形形状的无盖车厢．按交通部门规定，车厢宽度为 2 m，则车厢的最大容积是（　　）.

A. $(38-3\sqrt{73})$ m^3　　B. 16 m^3

C. $4\sqrt{2}$ m^3　　D. 14 m^3

18. 若关于 x 的不等式 $x^2-4x-2-a>0$ 在区间（1，4）内有解，则实数 a 的取值范围为（　　）.

A. $(-\infty, -2)$　　B. $(-2, +\infty)$

C. $(-6, +\infty)$　　D. $(-\infty, -6)$

二、填空题

1. 已知 $p\in\mathbf{R}$，$M=(2p+1)(p-3)$，$N=(p-6)(p+3)+10$，则 M，N 的大小关系为________.

2. 已知有三个条件：①$ac^2>bc^2$；②$\frac{a}{c}>\frac{b}{c}$；③$a^2>b^2$，其中能成为 $a>b$ 的充分条件的是________.

3. 设 $\alpha\in\left(0\ \frac{1}{2}\right)$，$T_1=\cos(1+\alpha)$，$T_2=\cos(1-\alpha)$，则 T_1 与 T_2 的大小关系为________.

4. 集合 $A=\{x\in\mathbf{R}\,\|\,x-2\,|\leqslant5\}$ 中的最小整数是________.

5. 已知 $0<x<1$，则 $x(4-3x)$ 取得最大值时 x 的值为________.

6. 函数 $y=\frac{x^2+2}{x-1}(x>1)$ 的最小值为________.

7. 函数 $f(x)=\frac{x^2+4}{|x|}$ 的最小值为________.

8. 若 $a>0$，$b>0$，$\lg a+\lg b=\lg(a+b)$，则 $a+b$ 的最小值为________.

9. 不等式 $\frac{x^2-9}{x-2}>0$ 的解集是________.

10. 已知集合 $A=\{x\,|\,x^2-x-6>0\}$，则 $\complement_{\mathbf{R}}A$ 等于________.

11. 已知关于 x 的不等式 $mx^2+mx+m-1<0$ 恒成立，则 m 的取值范围为________.

12. 函数 $y=1-2x-\frac{3}{x}$，$(x<0)$ 的最小值是________.

13. 若 $2^x+4^y=4$，则 $x+2y$ 的最大值是________.

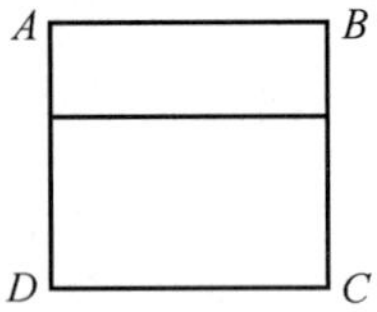

图 4－3

14. 要制作如图 4－3 所示的铝合金窗架，当窗户采光面积为一常数时（中间横梁面积忽略不计），要使所用的铝合金材料最省，窗户的宽 AB 与高 AD 的比为________.

15. 如果以 x，y 为未知数的方程 $\begin{cases}x^2+y^2=16\\x-y=k\end{cases}$ 有实数解，则 k 的取值范围为________.

16. 若不等式 $ax^2+bx+2>0$ 的解集为 $\{x\,|\,-1<x<2\}$，则不等式 $2x^2+bx+a>0$ 的解集为________.

17. 若存在实数 $x\in[2,4]$，使 $x^2-2x+5-m<0$ 成立，则 m 的取值范围为________.

18. 若不等式 $|kx-4|\leqslant2$ 的解集为 $\{x\,|\,1\leqslant x\leqslant3\}$，则实数 $k=$________.

19. 已知不等式 $x^2-2x+k^2-1>0$ 对一切实数 x 恒成立，则实数 k 的取值范围为________.

20. 不等式 $4^x-3\cdot2^x+2<0$ 的解集是________.

三、解答题

1. 已知 $1<a<4$，$2<b<8$，试求 $a-b$ 与 $\frac{a}{b}$ 的取值范围.

2. 对于任意实数 a，b，已知 $|a-b|\leqslant 1$，$|2a-1|\leqslant 1$，且恒有 $|4a-3b+2|\leqslant m$，求实数 m 的取值范围.

3. 若正实数 x，y 满足 $x+y=2$，且 $\frac{1}{xy}\geqslant M$ 恒成立，求 M 的最大值.

4. 设 $x>0$，$y>0$，若 $x\lg 2$，$\lg\sqrt{2}$，$y\lg 2$ 成等差数列，求 $\frac{1}{x}+\frac{9}{y}$ 的最小值.

5. 求不等式 $3\leqslant|5-2x|<9$ 的解集.

6. 设 $x\in\mathbf{R}$，解不等式 $|x|+|2x-1|>2$.

7. 已知 $x>0$，$y>0$，且 $2x+5y=20$，

（1）求 $u=\lg x+\lg y$ 的最大值；

（2）求 $\frac{1}{x}+\frac{1}{y}$ 的最小值.

8. 已知函数 $f(x)=\begin{cases}x^2+2x, & x\geqslant 0,\\ -x^2+2x, & x<0,\end{cases}$ 求不等式 $f(x)>3$ 的解集.

9. 已知函数 $f(x)=mx^2-mx-1$. 若对于任意的 $x\in\mathbf{R}$，$f(x)<0$ 恒成立，求实数 m 的取值范围.

10. 若 $mx^2-mx-1<0$ 对于 $m\in[1,2]$ 恒成立，求实数 x 的取值范围.

11. 已知 $f(x)=-3x^2+a(6-a)x+6$.

（1）解关于 a 的不等式 $f(1)>0$；

（2）若不等式 $f(x)>b$ 的解集为 $(-1,3)$，求实数 a，b 的值.

12. 某商品每件成本价为 80 元，售价为 100 元，每天售出 100 件. 若售价降低 x 成（1 成 =10%），售出商品数量就增加 $\frac{8}{5}x$ 成，要求售价不能低于成本价.

（1）设该商店一天的营业额为 y，试求 y 与 x 之间的函数关系式 $y=f(x)$，并写出定义域；

（2）若再要求该商品一天营业额至少为 10260 元，求 x 的取值范围.

第五章 排列、组合与二项式定理

第一节 排列与组合

一、分类加法计数原理与分步乘法计数原理

1. 两个计数原理

	完成一件事的策略	完成这件事共有的方法
分类加法计数原理	有两类不同方案：在第 1 类方案中有 m 种不同的方法，在第 2 类方案中有 n 种不同的方法	$N=m+n$ 种不同的方法
分步乘法计数原理	需要两个步骤：做第 1 步有 m 种不同的方法，做第 2 步有 n 种不同的方法	$N=m\times n$ 种不同的方法

(1) 每类方案都能独立完成这件事，它是独立的、一次的，并且每次得到的是最后结果，只需一种方案就可完成这件事；各类方案之间是互斥的、并列的、独立的.

(2) 每一步得到的只是中间结果，任何一步都不能独立完成这件事，只有各个步骤都完成了才能完成这件事；各步之间是相互依存的，并且既不能重复也不能遗漏.

2. 分类加法计数原理推广

完成一件事可以有 n 类不同方案，各类方案相互独立，在第 1 类方案中有 m_1 种不同的方法，在第 2 类方案中有 m_2 种不同的方法，……，在第 n 类方案中有 m_n 种不同的方法. 那么完成这件事共有 $N=m_1+m_2+\cdots+m_n$ 种不同的方法.

3. 分步乘法计数原理推广

完成一件事需要经过 n 个步骤，缺一不可，做第 1 步有 m_1 种不同的方法，做第 2 步有 m_2 种不同的方法，…，做第 n 步有 m_n 种不同的方法. 那么完成这件事共有 $N=m_1\times m_2\times\cdots\times m_n$ 种不同的方法.

二、排列与组合

1. 排列与组合的概念

(1) 排列：从 n 个不同元素中取出 $m(m\leqslant n,m,n\in\mathbf{N}^*)$ 个元素，按照一定的顺序排成一列，称为从 n 个不同元素中取出 m 个元素的一个排列；

(2) 组合：从 n 个不同元素中取出 $m(m\leqslant n,m,n\in\mathbf{N}^*)$ 个元素合成一组，称为从 n 个不同元素中取出 m 个元素的一个组合.

2. 排列数、组合数的定义、公式、性质

	排　列　数	组　合　数
定义	从 n 个不同元素中取出 $m(m\leqslant n,m,n\in\mathbf{N}^*)$ 个元素的所有不同排列的个数	从 n 个不同元素中取出 $m(m\leqslant n,m,n\in\mathbf{N}^*)$ 个元素的所有不同组合的个数
公式	$A_n^m=n(n-1)(n-2)\cdots(n-m+1)=\frac{n!}{(n-m)!}$	$C_n^m=\frac{A_n^m}{A_m^m}=\frac{n(n-1)\cdots(n-m+1)}{m!}=\frac{n!}{m!\ (n-m)!}$
性质	$A_n^n=n!,0!=1$	$C_n^0=1,C_n^m=C_n^{n-m},C_n^m+C_n^{m-1}=C_{n+1}^m$

3. 正确理解组合数的性质

(1) $C_n^m=C_n^{n-m}$：从 n 个不同元素中取出 m 个元素的方法数等于取出剩余 $n-m$ 个元素的方法数；

(2) $C_n^m+C_n^{m-1}=C_{n+1}^m$：从 $n+1$ 个不同元素中取出 m 个元素可分以下两种情况：

① 不含特殊元素 A 有 C_n^m 种方法；

② 含特殊元素 A 有 C_n^{m-1} 种方法.

三、解题要点与方法

1. 解排列、组合简单应用题时应注意的问题

(1) 明确问题是排列问题还是组合问题（排列与元素排列顺序有关，组合和元素排列顺序无关）；

(2) 正确使用分类计数原理与分步计数原理（分类计数原理与分类有关，分步计数原理与分步有关）；

(3) 考察被考虑的排列、组合是否恰是符合要求的所有不同答案（既不重复也不遗漏）.

2. 求解排列应用问题的 6 种主要方法

直接法	把符合条件的排列数直接列式计算
优先法	优先安排特殊元素或特殊位置
捆绑法	把相邻元素看作一个整体与其他元素一起排列，同时注意捆绑元素的内部排列
插空法	对不相邻问题，先考虑不受限制的元素的排列，再将不相邻的元素插在前面元素排列的空当中
定序问题除法处理	对于定序问题，可先不考虑顺序限制，排列后，再除以定序元素的全排列
间接法	正难则反、等价转化的方法

3. 组合问题的 2 类题型及求解方法

(1)“含有”或“不含有”某些元素的组合题型：“含”，则先将这些元素取出，再由另外的元素补足；“不含”，则先将这些元素剔除，再从剩下的元素中去选取；

(2)“至少”或“至多”含有几个元素的组合题型：解这类题必须十分重视“至少”与“至多”这两个关键词的含义，谨防重复与漏解．用直接法和间接法都可以求解，通常用直接法，分类复杂时，考虑逆向思维，用间接法处理.

4. 解决排列、组合综合问题的方法

（1）仔细审题，判断是组合问题还是排列问题，要按元素的性质分类，按事件发生的过程进行分步；

（2）以元素为主时，先满足特殊元素的要求，再考虑其他元素；以位置为主时，先满足特殊位置的要求，再考虑其他位置；

（3）对于有附加条件的比较复杂的排列、组合问题，要周密分析，设计出合理的方案，一般先把复杂问题分解成若干个简单的基本问题，然后应用分类加法计数原理或分步乘法计数原理来解决，一般遵循先选后排的原则.

第二节　二项式定理

一、二项式定理

（1）二项式定理：$(a+b)^n=C_n^0a^n+C_n^1a^{n-1}b+\cdots+C_n^ka^{n-k}b^k+\cdots+C_n^nb^n(n\in\mathbf{N}^*)$❶；

（2）通项公式：$T_{k+1}=C_n^ka^{n-k}b^k$，它表示第 $k+1$ 项；

（3）二项式系数：二项展开式中各项的系数为 C_n^0，C_n^1，…，C_n^n❷.

❶ ①项数为 $n+1$；②各项的次数都等于二项式的幂指数 n，即 a 与 b 的指数的和为 n. ③字母 a 按降幂排列，从第一项开始，次数由 n 逐项减 1 直到零；字母 b 按升幂排列，从第一项起，次数由零逐项增 1 直到 n.

❷二项式系数与项的系数的区别：二项式系数是指 C_n^0，C_n^1，…，C_n^n，它只与各项的项数有关，而与 a，b 的值无关，而项的系数是指该项中除变量外的常数部分，它不仅与各项的项数有关，而且也与 a，b 的值有关．如 $(a+bx)^n$ 的二项展开式中，第 $k+1$ 项的二项式系数是 C_n^k，而该项的系数是 $C_n^ka^{n-k}b^k$. 当然，在某些二项展开式中，各项的系数与二项式系数是相等的.

二、二项式系数的性质

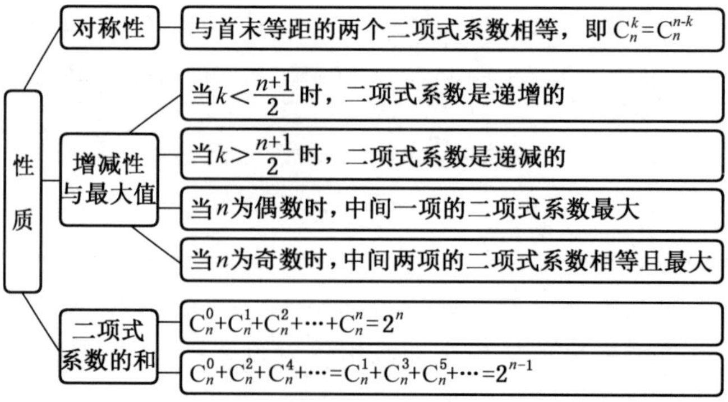

三、解题要点与方法

（1）求形如 $(a+b)^n(n\in\mathbf{N}^*)$ 的展开式中与特定项相关的量（常数项、参数值、特定项等）的步骤：

第一步，利用二项式定理写出二项展开式的通项公式 $T_{r+1}=C_n^r a^{n-r}b^r$，常把字母和系数分离开来（注意符号不要出错）；

第二步，根据题目中的相关条件（如常数项要求指数为零，有理项要求指数为整数）先列出相应方程（组）或不等式（组），解出 r；

第三步，把 r 代入通项公式中，即可求出 T_{r+1}，有时还需要先求 n，再求 r，才能求出 T_{r+1} 或者其他量.

（2）求形如 $(a+b)^m(c+d)^n(m,n\in\mathbf{N}^*)$ 的展开式中与特定项相关的量的步骤：

第一步，根据二项式定理把 $(a+b)^m$ 与 $(c+d)^n$ 分别展开，并写出其通项公式；

第二步，根据特定项的次数，分析特定项可由 $(a+b)^m$ 与 $(c+d)^n$ 的展开式中的哪些项相乘得到；

第三步，把相乘后的项合并即可得到所求特定项或相关量.

（3）求形如 $(ax+b)^n,(ax^2+bx+c)^m(a,b,c\in\mathbf{R})$ 的展开式的各项系数之和的方法：

求此类问题的方法常用“赋值法”，若 $f(x)=a_0+a_1x+a_2x^2+\cdots+a_nx^n$，则 $f(x)$ 展开式中各项系数之和为 $f(1)$，奇数项系数之和为 $a_0+a_2+a_4+\cdots=\dfrac{f(1)+f(-1)}{2}$，偶数项系数之和为 $a_1+a_3+a_5+\cdots=\dfrac{f(1)-f(-1)}{2}$.

例题解析

一、选择题

1. 已知集合 $M=\{1,-2,3\},N=\{-4,5,6,-7\}$，从 M，N 这两个集合中各选一个元素分别作为点的横坐标，纵坐标，则这样的坐标在直角坐标系中可表示第一、第二象限内不同的点的个数是（　　）.

A. 12　　B. 8　　C. 6　　D. 4

【答案】C

【解析】分两步：第一步先确定横坐标，有 3 种情况，第二步再确定纵坐标，有 2 种情况，因此第一、二象限内不同点的个数是 $3\times2=6$.

2. 用 10 元、5 元和 1 元来支付 20 元钱的书款，不同的支付方法的种数为（　　）.

A. 3　　B. 5　　C. 9　　D. 12

【答案】C

【解析】只用一种币值有 2 张 10 元，4 张 5 元，20 张 1 元，共 3 种；用两种币值的有 1 张 10 元，2 张 5 元；1 张 10 元，10 张 1 元；3 张 5 元，5 张 1 元；2 张 5 元，10 张 1 元；1 张 5 元，15 张 1 元，共 5 种；用三种币值的有 1 张 10 元，1 张 5 元，5 张 1 元，共 1 种. 由分类加法计数原理得，共有 $3+5+1=9$ 种.

3. 如图 5－1 所示，小明从街道的 E 处出发，先到 F 处与小红会合，再一起到位于 G 处的老年公寓参加志愿者活动，则小明到老年公寓可以选择的最短路径条数为（　　）.

A. 24　　B. 18　　C. 12　　D. 9

【答案】B

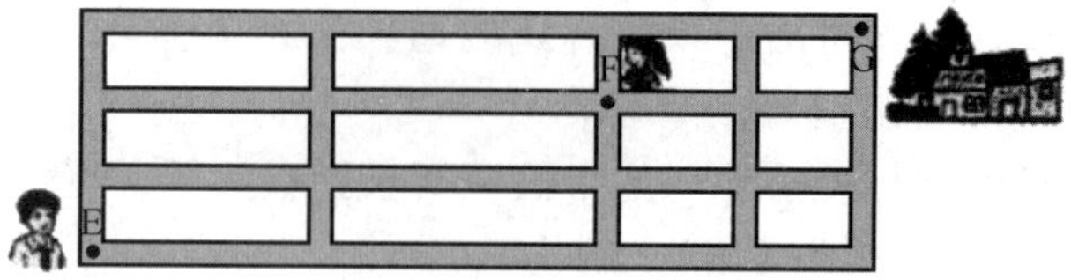

图 5－1

【解析】由题意可知 $E\to F$ 共有 6 种走法，$F\to G$ 共有 3 种走法，由乘法计数原理知，共有 $6\times3=18$ 种走法.

4. 在某校举行的羽毛球单人决赛中，采用 5 局 3 胜制的比赛规则，先赢 3 局者获胜，直到决出胜负为止．若甲、乙两名同学参加决赛，则所有可能出现的情形（个人输赢局次的不同视为不同情形）共有(　　).

A. 6 种　　B. 12 种　　C. 18 种　　D. 20 种

【答案】D

【解析】分三种情况：恰好打 3 局（一人赢 3 局），有 2 种情形；恰好打 4 局（一人前 3 局中赢 2 局，输 1 局，第 4 局赢），共有 $2\times3=6$ 种情形；恰好打 5 局（一人前 4 局中赢 2 局，输 2 局，第 5 局赢），共有 $2\times\frac{4\times3}{2}=12$ 种情形．所有可能出现的情形共有 $2+6+12=20$ 种.

5. 某小区有排成一排的 7 个车位，现有 3 辆不同型号的车需要停放，如果要求剩余的 4 个车位连在一起，那么不同的停放方法的种数为(　　).

A. 16　　B. 18　　C. 24　　D. 32

【答案】C

【解析】将 4 个车位捆绑在一起，看成一个元素，先排 3 辆不同型号的车，在 3 个车位上任意排列，有 $A_3^3=6$ 种方法，再将捆绑在一起的 4 个车位插入 4 个空当中，有 4 种方法，故共有 $4\times6=24$ 种方法.

6. 旅游体验师小明受某网站邀请，决定对甲、乙、丙、丁这四个景区进行体验式旅游，若不能最先去甲景区旅游，不能最后去乙景区和丁景区旅游，则小明可选的旅游路线数为(　　).

A. 24　　B. 18　　C. 16　　D. 10

【答案】D

【解析】分两种情况，第一种：最后体验甲景区，则有 A_3^3 种可选的路线；第二种：不在最后体验甲景区，则有 $C_2^1\cdot A_2^2$ 种可选的路线．所以小李可选的旅游路线数为 $A_3^3+C_2^1\cdot A_2^2=10$.

7. 6 把椅子摆成一排，3 人随机就座，任何两人不相邻的坐法种数为(　　).

A. 144　　B. 120　　C. 72　　D. 24

【答案】D

【解析】“插空法”，先排 3 个空位，形成 4 个空隙供 3 人选择就座，因此任何两人不

相邻的坐法种数为 $A_4^3=4\times3\times2=24$.

8. 6 个人从左至右排成一行，最左端只能排甲或乙，最右端不能排甲，则不同的排法共有（ ）.

A. 192 种　　B. 216 种　　C. 240 种　　D. 288 种

【答案】B

【解析】第一类：甲在最左端，有 $A_5^5=5\times4\times3\times2\times1=120$ 种排法；第二类：乙在最左端，甲不在最右端，有 $4A_4^4=4\times4\times3\times2\times1=96$ 种排法，所以共有 $120+96=216$ 种排法.

9. $(1+2x)^5$ 的展开式中，x^2 的系数等于（ ）.

A. 80　　B. 40　　C. 20　　D. 10

【答案】B

【解析】$T_{r+1}=C_5^r\ (2x)^r=C_5^r2^rx^r$，当 $r=2$ 时，x^2 的系数为 $C_5^2\cdot2^2=40$.

10. 若$\left(x^2+\frac{1}{ax}\right)^6$的展开式中常数项为$\frac{15}{16}$，则实数 a 的值为（ ）.

A. ±2　　B. $\frac{1}{2}$　　C. -2　　D. $\pm\frac{1}{2}$

【答案】A

【解析】$\left(x^2+\frac{1}{ax}\right)^6$ 的展开式的通项为 $T_{r+1}=C_6^r(x^2)^{6-r}\cdot\left(\frac{1}{ax}\right)^r=C_6^r\left(\frac{1}{a}\right)^rx^{12-3r}$，令 $12-3r=0$，得 $r=4$. 故 $C_6^4\cdot\left(\frac{1}{a}\right)^4=\frac{15}{16}$，即$\left(\frac{1}{a}\right)^4=\frac{1}{16}$，解得 $a=\pm2$.

11. 若$(x-1)^4=a_0+a_1x+a_2x^2+a_3x^3+a_4x^4$，则 $a_0+a_2+a_4$ 的值为（ ）.

A. 9　　B. 8　　C. 7　　D. 6

【答案】B

【解析】令 $x=1$，则 $a_0+a_1+a_2+a_3+a_4=0$，令 $x=-1$，则 $a_0-a_1+a_2-a_3+a_4=16$，两式相加得 $a_0+a_2+a_4=8$.

12. 在$(1-x)^5(2x+1)$的展开式中，含 x^4 项的系数为（ ）.

A. -5　　B. -15　　C. -25　　D. 25

【答案】B

【解析】由题意含 x^4 项的系数为 $-2C_5^3+C_5^4=-15$.

二、填空题

1. 用数字 1，2，3，4，5，6，7，8，9 组成没有重复数字，且至多有一个数字是偶数的四位数，这样的四位数一共有________个（用数字作答）.

【答案】1080

【解析】当组成四位数的数字中有一个偶数时，四位数的个数为 $C_5^3\cdot C_4^1\cdot A_4^4=960$. 当组成四位数的数字中不含偶数时，四位数的个数为 $A_5^4=120$. 故符合题意的四位数一共有 $960+120=1080$ 个.

2. 如果把个位数是 1，且恰有 3 个数字相同的四位数叫作“好数”，那么在由 1，2，3，4 四个数字组成的有重复数字的四位数中，“好数”共有________个（用数字作答）.

【答案】12

【解析】当相同的数字不是1时，有 C_3^1 个；当相同的数字是1时，共有 $C_3^1C_3^1$ 个，由分类加法计数原理知共有“好数” $C_3^1+C_3^1C_3^1=12$ 个.

3. 如图5-2所示，在连接正八边形的三个顶点而成的三角形中，与正八边形有公共边的三角形有________个（用数字作答）.

【答案】40

【解析】把与正八边形有公共边的三角形分为两类：第一类，有一条公共边的三角形共有 $8\times4=32$ 个. 第二类，有两条公共边的三角形共有8个. 由分类加法计数原理知，共有 $32+8=40$ 个.

4. 如图5-3，$\angle MON$ 的边 OM 上有四点 A_1，A_2，A_3，A_4，ON 上有三点 B_1，B_2，B_3，则以 O，A_1，A_2，A_3，A_4，B_1，B_2，B_3 为顶点的三角形个数为________.

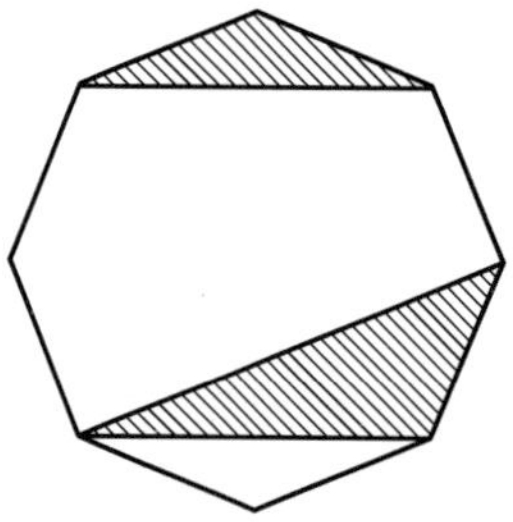

图5-2

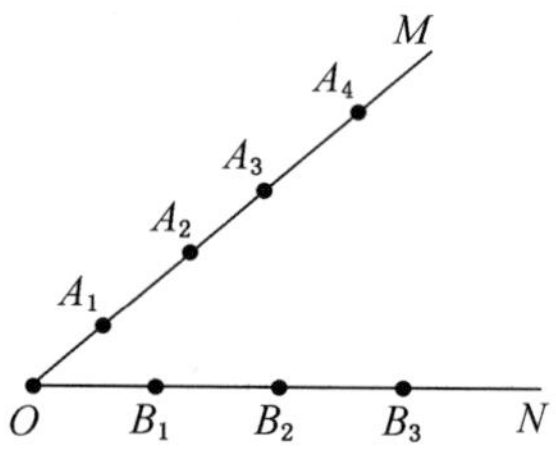

图5-3

【答案】42

【解析】用间接法. 先从这8个点中任取3个点，最多构成三角形 C_8^3 个，再减去三点共线的情形即可. 共有 $C_8^3-C_5^3-C_4^3=42$ 个.

5. 2位女生，4位男生中选3人参加科技比赛，且至少有1位女生入选，则不同的选法共有________种（用数字作答）.

【答案】6

【解析】2位女生，4位男生中选3人，共有 C_6^3 种情况，没有女生参加的情况有 C_4^3 种，故共有 $C_6^3-C_4^3=20-4=16$ 种.

6. 6名同学站成1排照相，要求同学甲既不站在最左边又不站在最右边，共有________种不同站法.

【答案】480

【解析】方法一 （位置优先法）先从其他5人中安排2人站在最左边和最右边，再安排余下4人的位置，分为两步：第1步，从除甲外的5人中选2人站在最左边和最右边，有 A_5^2 种站法；第2步，余下4人（含甲）站在剩下的4个位置上，有 A_4^4 种站法. 由分步乘法计数原理可知，共有 $A_5^2A_4^4=480$ 种不同的站法.

方法二 （元素优先法）先安排甲的位置（既不站在最左边又不站在最右边），再安排其他5人的位置，分为两步：第1步，将甲排在除最左边、最右边外的任意位置上，有

A_4^1 种站法；第 2 步，余下 5 人站在剩下的 5 个位置上，有 A_5^5 种站法．由分步乘法计数原理可知，共有 $A_4^1A_5^5=480$ 种不同的站法.

7. 在$(x^2-4)^5$的展开式中，含 x^6 的项为________.

【答案】$160x^6$

【解析】∵ $(x^2-4)^5$ 的展开式的第 $r+1$ 项的通项公式为 $T_{r+1}=C_5^r(x^2)^{5-r}(-4)^r=(-4)^rC_5^rx^{10-2r}$，令 $10-2r=6$，得 $r=2$，∴ 含 x^6 的项为 $T_3=(-4)^2\cdot C_5^2x^6=160x^6$.

8. 在$(1-x^3)(2+x)^6$的展开式中，x^5 的系数是________（用数字作答）.

【答案】-228

【解析】二项展开式中，含 x^5 的项是 $C_6^52x^5-x^3C_6^22^4x^2=-228x^5$，∴ x^5 的系数是 -228.

9. 若$(a+x)(1+x)^4$的展开式中 x 的奇数次幂项的系数之和为 32，则 $a=$________.

【答案】3

【解析】设$(a+x)(1+x)^4=a_0+a_1x+a_2x^2+a_3x^3+a_4x^4+a_5x^5$，令 $x=1$，得 $16(a+1)=a_0+a_1+a_2+a_3+a_4+a_5$①，令 $x=-1$，得 $0=a_0-a_1+a_2-a_3+a_4-a_5$②，①－②，得 $16(a+1)=2(a_1+a_3+a_5)$，即展开式中 x 的奇数次幂项的系数之和为 $a_1+a_3+a_5=8(a+1)$，∴ $8(a+1)=32$，解得 $a=3$.

10. 已知$(1+3x)^n$的展开式中，后三项的二项式系数的和等于 121，则展开式中二项式系数最大的项为________.

【答案】$C_{15}^7(3x)^7$ 和 $C_{15}^8(3x)^8$

【解析】由已知得 $C_n^{n-2}+C_n^{n-1}+C_n^n=121$，则 $\frac{1}{2}n\cdot(n-1)+n+1=121$，即 $n^2+n-240=0$，解得 $n=15$（舍去负值），∴ 展开式中二项式系数最大的项为 $T_8=C_{15}^7(3x)^7$ 和 $T_9=C_{15}^8(3x)^8$.

三、解答题

1. 有 3 名男生、4 名女生，在下列不同条件下，求不同的排列方法总数.

（1）选 5 人排成一排；

（2）排成前后两排，前排 3 人，后排 4 人；

（3）全体排成一排，甲不站排头也不站排尾；

（4）全体排成一排，女生必须站在一起；

（5）全体排成一排，男生互不相邻.

解　（1）从 7 人中选 5 人排列，有 $A_7^5=7\times6\times5\times4\times3=2520$ 种.

（2）分两步完成，先选 3 人站前排，有 A_7^3 种排法，余下 4 人站后排，有 A_4^4 种排法，共有 $A_7^3A_4^4=5040$ 种排法.

（3）方法一　（特殊元素优先法）先排甲，有 5 种排法，其余 6 人有 A_6^6 种排法，共有 $5\times A_6^6=3600$ 种排法.

方法二　（特殊位置优先法）首尾位置可安排另 6 人中的两人，有 A_6^2 种排法，其余 4 人有 A_5^5 种排法，共有 $A_6^2A_5^5=3600$ 种排法.

（4）（捆绑法）将女生看作一个整体与 3 名男生一起全排列，有 A_4^4 种排法，再将女生全排列，有 A_4^4 种排法，共有 $A_4^4 \cdot A_4^4 = 576$ 种排法.

(5)（插空法）先排女生，有 A_4^4 种排法，再在女生之间及首尾 5 个空位中任选 3 个空位安排男生，有 A_5^3 种排法，共有 $A_4^4 \cdot A_5^3 = 1440$ 种排法.

2. 现有男运动员 6 名，女运动员 4 名，其中男、女队长各 1 名. 现选派 5 人外出参加比赛，在下列情形中各有多少种选派方法？

(1) 男运动员 3 名，女运动员 2 名；

(2) 至少有 1 名女运动员；

(3) 队长中至少有 1 人参加；

(4) 既要有队长，又要有女运动员.

解 (1) 分两步完成：第一步，选 3 名男运动员，有 C_6^3 种选法；第二步，选 2 名女运动员，有 C_4^2 种选法. 由分步乘法计数原理可得，共有 $C_6^3 \cdot C_4^2 = 120$ 种选法.

(2) 方法一　"至少有 1 名女运动员"包括以下四种情况：

1 女 4 男，2 女 3 男，3 女 2 男，4 女 1 男. 由分类加法计数原理可得总选法共有 $C_4^1C_6^4 + C_4^2C_6^3 + C_4^3C_6^2 + C_4^4C_6^1 = 246$ 种.

方法二　"至少有 1 名女运动员"的反面为"全是男运动员"，可用间接法求解. 从 10 人中任选 5 人有 C_{10}^5 种选法，其中全是男运动员的选法有 C_6^5 种. 所以"至少有 1 名女运动员"的选法有 $C_{10}^5 - C_6^5 = 246$ 种.

(3) 方法一　（直接法）可分类求解：

"只有男队长"的选法种数为 C_8^4；"只有女队长"的选法种数为 C_8^4；"男、女队长都入选"的选法种数为 C_8^3，所以共有 $2C_8^4 + C_8^3 = 196$ 种选法.

方法二　（间接法）从 10 人中任选 5 人有 C_{10}^5 种选法，

其中不选队长的方法有 C_8^5 种. 所以"至少有 1 名队长"的选法有 $C_{10}^5 - C_8^5 = 196$ 种.

(4) 当有女队长时，其他人任意选，共有 C_9^4 种选法；当不选女队长时，必选男队长，共有 C_8^4 种选法，其中不含女运动员的选法有 C_5^4 种，所以不选女队长时的选法共有 $(C_8^4 - C_5^4)$ 种. 所以既要有队长又要有女运动员的选法共有 $C_9^4 + C_8^4 - C_5^4 = 191$ 种.

3. 已知 $(1-2x)^7 = a_0 + a_1x + a_2x^2 + \cdots + a_7x^7$，求：

(1) $a_1 + a_2 + \cdots + a_7$；

(2) $a_1 + a_3 + a_5 + a_7$；

(3) $a_0 + a_2 + a_4 + a_6$；

(4) $|a_0| + |a_1| + |a_2| + \cdots + |a_7|$.

解　令 $x=1$，则 $a_0 + a_1 + a_2 + a_3 + a_4 + a_5 + a_6 + a_7 = -1$. ①

令 $x=-1$，则 $a_0 - a_1 + a_2 - a_3 + a_4 - a_5 + a_6 - a_7 = 3^7$. ②

(1) $\because a_0 = C_7^0 = 1$，$\therefore a_1 + a_2 + a_3 + \cdots + a_7 = -2$.

(2) (① − ②) ÷ 2，得 $a_1 + a_3 + a_5 + a_7 = \dfrac{-1-3^7}{2} = -1094$.

(3) (① + ②) ÷ 2，得 $a_0 + a_2 + a_4 + a_6 = \dfrac{-1+3^7}{2} = 1093$.

(4) $\because (1-2x)^7$ 的展开式中 a_0，a_2，a_4，a_6 大于零，而 a_1，a_3，a_5，a_7 小于零，

$\therefore |a_0|+|a_1|+|a_2|+\cdots+|a_7|=(a_0+a_2+a_4+a_6)-(a_1+a_3+a_5+a_7)=1093-(-1094)=2187$.

练习题

一、选择题

1. 已知两条异面直线 a，b 上分别有 5 个点和 8 个点，则这 13 个点可以确定不同的平面个数为(　　).

A. 40　　B. 16　　C. 13　　D. 10

2. 我们把各位数字之和为 6 的四位数称为“六合数”（如 2013 是“六合数”），则首位为 2 的“六合数”共有(　　).

A. 18 个　　B. 15 个　　C. 12 个　　D. 9 个

3. 从集合$\{1,2,3,\cdots,10\}$中任意选出三个不同的数，使这三个数成等比数列，这样的等比数列的个数为(　　).

A. 3　　B. 4　　C. 6　　D. 8

4. 如图 5－4 所示，用 4 种不同的颜色涂入图中的矩形 A，B，C，D 中，要求相邻的矩形涂色不同，则不同的涂法有(　　).

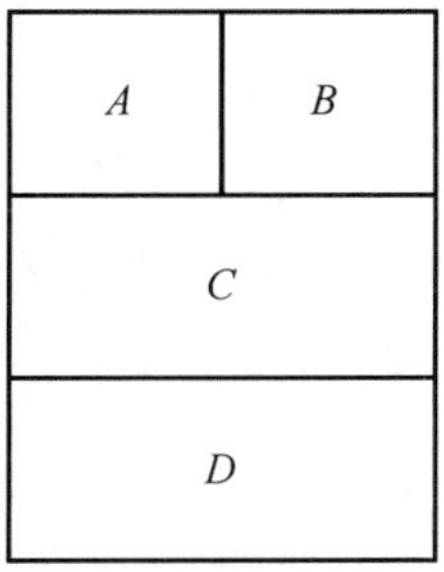

图 5－4

A. 72 种　　B. 38 种　　C. 48 种　　D. 96 种

5. 高三要安排毕业晚会的 4 个音乐节目、2 个舞蹈节目和 1 个曲艺节目的演出顺序，要求 2 个舞蹈节目不连排，则不同排法的种数是(　　).

A. 1800　　B. 3600　　C. 4320　　D. 5040

6. 若 4 个人按原来站的位置重新站成一排，恰有 1 个人站在自己原来的位置，则不同的站法共有(　　).

A. 4 种　　B. 8 种　　C. 12 种　　D. 24 种

7. 从 5 名学生中选出 4 名分别参加数学、物理、化学、生物四科竞赛，其中甲不能参加生物竞赛，则不同的参赛方案种数为(　　).

A. 48　　B. 72　　C. 90　　D. 96

8. 3 名男生、3 名女生排成一排，男生必须相邻、女生也必须相邻的排法种数为(　　).

A. 2　　B. 9　　C. 72　　D. 36

9. 安排3名志愿者完成4项工作，每人至少完成1项，每项工作由1人完成，则不同的安排方式共有(　　).

A. 12种　　B. 18种　　C. 24种　　D. 36种

10. 10名同学合影，站成了前排3人，后排7人，现摄影师要从后排7人中抽2人站前排，其他人的相对顺序不变，则不同调整方法的种数为(　　).

A. $C_7^2A_5^5$　　B. $C_7^2A_2^2$　　C. $C_7^2A_5^2$　　D. $C_7^2A_5^3$

11. 甲、乙两人要在一排8个空座上就坐，若要求甲、乙两人每人的两旁都有空座，则坐法的种数为(　　).

A. 10　　B. 16　　C. 20　　D. 24

12. 某学校获得5个高校自主招生推荐名额，其中甲大学2个，乙大学2个，丙大学1个，并且甲大学和乙大学都要求必须有男生参加，学校通过选拔定下3男2女共5个推荐对象，则不同的推荐方法共有(　　).

A. 36种　　B. 24种　　C. 22种　　D. 20种

13. 某密码锁共设四个数位，每个数位的数字都可以是1，2，3，4中的任一个，现密码破译者得知：甲所设的四个数字有且仅有三个相同，乙所设的四个数字有两个相同，另两个也相同，丙所设的四个数字有且仅有两个相同，丁所设的四个数字互不相同，则上述四人所设密码最安全的是(　　).

A. 甲　　B. 乙　　C. 丙　　D. 丁

14. 若$\left(\sqrt{x}+\frac{1}{\sqrt[3]{x}}\right)^n$的展开式中各项系数之和大于8，但小于32，则展开式中系数最大的项是(　　).

A. $6\sqrt[3]{x}$　　B. $\frac{4}{\sqrt{x}}$　　C. $4x\sqrt[6]{x}$　　D. $\frac{4}{\sqrt{x}}$或$4x\sqrt[6]{x}$

15. 若$(x^2-a)\left(x+\frac{1}{x}\right)^{10}$的展开式中$x^6$的系数为30，则$a$等于(　　).

A. $\frac{1}{3}$　　B. $\frac{1}{2}$　　C. 1　　D. 2

16. 若$(1+mx)^6=a_0+a_1x+a_2x^2+\cdots+a_6x^6$，且$a_1+a_2+\cdots+a_6=63$，则实数$m$的值为(　　).

A. 1或3　　B. -3　　C. 1　　D. 1或-3

二、填空题

1. 有6名同学报名参加三个智力竞赛项目（不一定6名同学都能参加），

（1）每人恰好参加一项，每项人数不限，则有________种不同的报名方法；

（2）每项限报一人，且每人至多参加一项，则有________种不同的报名方法；

（3）每项限报一人，但每人参加的项目不限，则有________种不同的报名方法.

2. 一个旅游景区的游览线路如图5－5所示，某人从P点处进，Q点处出，沿图中线路游览A，B，C三个景点及沿途风景，则不重复（除交汇点O外）的不同游览线路有________种（用数字作答）.

3. 回文数是指从左到右与从右到左读都一样的正整数，如 22，121，3443，94249 等. 显然 2 位回文数有 9 个：11，22，33，…，99. 3 位回文数有 90 个：101，111，121，…，191，202，…，999. 则（1）4 位回文数有________个；（2）$2n+1(n\in\mathbf{N}^*)$位回文数有________个.

4. 如图 5－6 所示，矩形的对角线把矩形分成 A，B，C，D 四部分，现用 5 种不同颜色给四部分涂色，每部分涂 1 种颜色，要求共边的两部分颜色互异，则共有________种不同的涂色方法（用数字作答）.

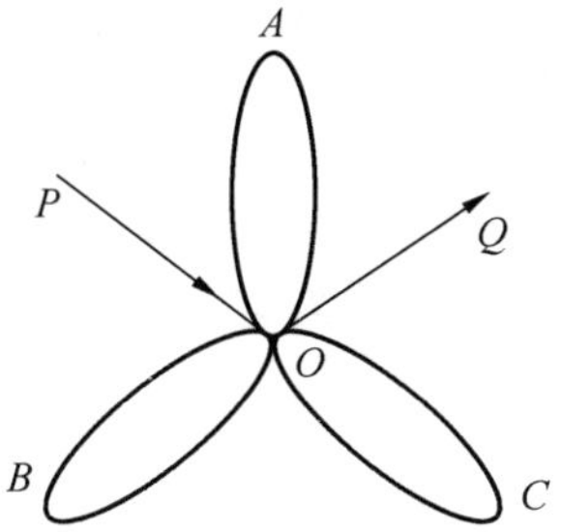

图 5－5

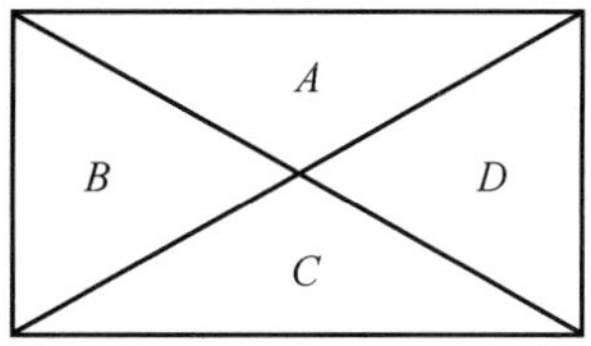

图 5－6

5. 在某一运动会百米决赛上，8 名男运动员参加 100 米决赛，其中甲、乙、丙三人必须在 1，2，3，4，5，6，7，8 八条跑道的奇数号跑道上，则安排这 8 名运动员比赛的方式共有________种.

6. $x+y+z=10$ 的正整数解的组数为________.

7. 在所有的两位数中，个位数字大于十位数字的两位数的个数为________.

8. 如图 5－7 所示，从 A 到 O 有________种不同的走法（不重复过一点）.

9. 如图 5－8 所示，某电子器件由 3 个电阻串联而成，形成回路，其中有 6 个焊接点 A，B，C，D，E，F，如果焊接点脱落，整个电路就会不通．现发现电路不通，那么焊接点脱落的可能情况共有________种.

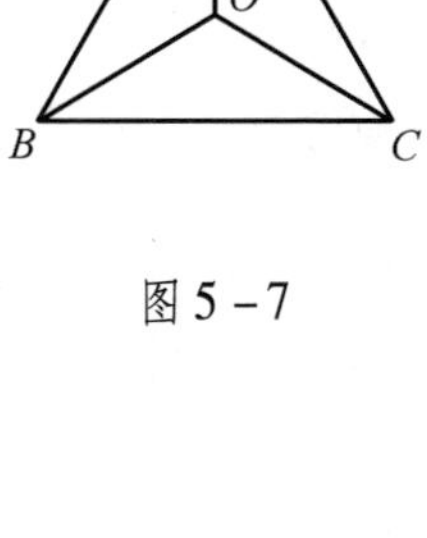

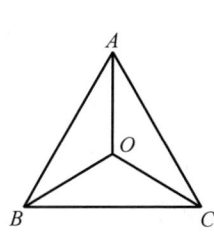

图 5－7

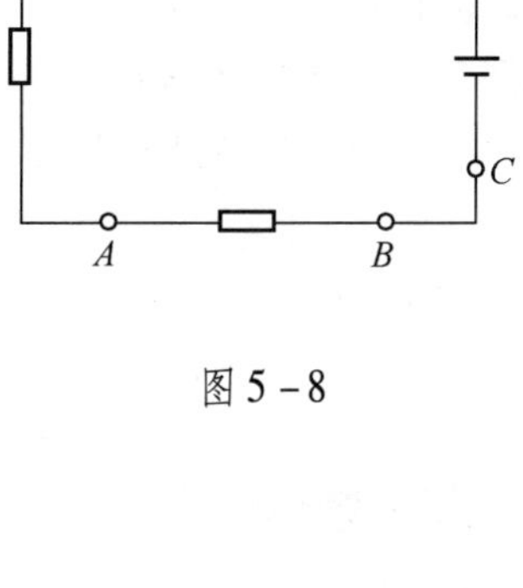

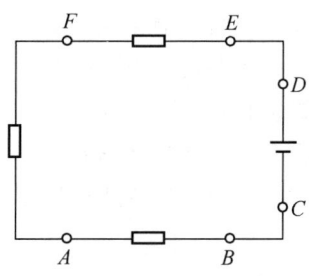

图 5－8

10. 若把英语单词“good”的字母顺序写错了，则可能出现的错误方法共有________种.

11. 要从甲、乙等 8 人中选 4 人在座谈会上发言，若甲、乙都被选中，且他们发言中间恰好间隔一人，那么不同的发言顺序共有________种.

12. 用数字 0，1，2，3，4 组成的五位数中，中间三位数字各不相同，但首末两位数字相同的共有________个.

13. 7 位身高均不等的同学排成一排照相，要求中间最高，依次往两端身高逐渐降低，共有________种排法（用数字作答）.

14. 从 5 台甲型和 4 台乙型电视机中任意取出 3 台，其中至少要有甲型与乙型电视机各 1 台，则不同的取法共有________种（用数字作答）.

15. 若$(2x-a)^5$的二项展开式中x^3的系数为 720，则$a=$________.

16. 已知$\left(x-\dfrac{a}{\sqrt{x}}\right)^5$的展开式中$x^5$的系数为$A$，$x^2$的系数为$B$，若$A+B=11$，则$a=$________.

17. 将$\left(x+\dfrac{4}{x}-4\right)^3$展开后，常数项是________.

18. 已知二项式$\left(\sqrt{x}+\dfrac{3}{\sqrt{x}}\right)^n$的展开式中，各项系数的和与其各项二项式系数的和之比为 64，则展开式中x的系数为________.

三、解答题

1. 某地市场监督管理局对 35 种商品进行抽样检查，已知其中有 15 种假货，现从 35 种商品中选取 3 种.

（1）其中某一种假货必须在内，不同取法有多少种？

（2）其中某一种假货不能在内，不同取法有多少种？

（3）恰有 2 种假货在内，不同取法有多少种？

（4）至少有 2 种假货在内，不同取法有多少种？

（5）至多有 2 种假货在内，不同取法有多少种？

2. 将 7 个相同的小球放入 4 个不同的盒子中.

（1）不出现空盒时的放入方式共有多少种？

（2）可出现空盒时的放入方式共有多少种？

3. （1）现有 10 个保送上大学的名额分配给 7 所学校，每校至少有 1 个名额，问名额分配的方法共有多少种？

（2）已知集合$A=\{5\}$，$B=\{1,2\}$，$C=\{1,3,4\}$，从这三个集合中各取一个元素构成空间直角坐标系中点的坐标，那么最多可确定多少个不同的点？

4. 已知$\left(\sqrt{x}+\dfrac{1}{2\sqrt[4]{x}}\right)^n$的展开式中，前三项的系数成等差数列.

（1）求n；

（2）求展开式中所有x的有理项；

（3）求展开式中系数最大的项.

5. 若$\left(\sqrt{x}+\dfrac{2}{\sqrt[4]{x}}\right)^n$展开式中前三项的系数和为 163，求：

（1）展开式中所有 x 的有理项；

（2）展开式中系数最大的项.

第六章　统　计　初　步

第一节　随　机　抽　样

一、基础知识

1. 简单随机抽样

（1）定义：一般地，设一个总体含有 N 个个体，从中逐个不放回地抽取 n 个个体作为样本（$n \leqslant N$），如果每次抽取时总体内的各个个体被抽到的机会都相等，把这种抽样方法称为简单随机抽样，这样抽取的样本，称为简单随机样本.

（2）常用方法：抽签法和随机数法.

（3）应用简单随机抽样应注意的问题：

① 一个抽样试验能否用抽签法，关键看两点，一是抽签是否方便，二是号签是否易搅匀．一般地，当总体容量和样本容量都较小时可用抽签法；

② 在使用随机数法时，如遇到三位数或四位数，可从选择的随机数表中的某行某列的数字计起，每三个或四个作为一个单位，自左向右选取，有超过总体号码或出现重复号码的数字舍去.

2. 分层抽样

（1）在抽样时，将总体分成互不交叉的层，然后按照一定的比例，从各层独立地抽取一定数量的个体，将各层取出的个体合在一起作为样本，这种抽样方法是一种分层抽样.

（2）分层抽样的应用范围：当总体是由差异明显的几个部分组成时，往往选用分层抽样.

（3）分层抽样问题的类型及解题思路：

① 求某层应抽个体数量：按该层所占总体的比例计算；

② 已知某层个体数量，求总体容量或反之求解：根据分层抽样就是按比例抽样，列比例式进行计算；

③ 分层抽样的计算应根据抽样比构造方程求解，其中

$$抽样比=\frac{样本容量}{总体容量}=\frac{各层样本数量}{各层个体数量};$$

④ 确定是否应用分层抽样：分层抽样适用于总体中个体差异较大的情况.

3. 系统抽样

（1）定义：当总体中的个体数较多时，可以将总体分成均衡的几部分，然后按照预先制定的规则，从每一部分抽取一个个体，得到所需的样本，这种抽样的方法称为系统抽

样.

（2）系统抽样的步骤：假设要从容量为 N 的总体中抽取容量为 n 的样本.

① 先将总体的 N 个个体编号.

② 确定分段间隔 k，对编号进行分段．当$\frac{N}{n}$（n 是样本容量）是整数时，取 $k=\frac{N}{n}$.

当总体中的个体数不能被样本容量整除时，可先用简单随机抽样的方法从总体中剔除几个个体，使剩下的个体数能被样本容量整除，然后再按系统抽样进行．这时在整个抽样过程中每个个体被抽取的可能性仍然相等.

③ 在第 1 段用简单随机抽样确定第一个个体编号 $l(l\leqslant k)$.

④ 按照一定的规则抽取样本．通常是将 l 加上间隔 k 得到第 2 个个体编号 $l+k$，再加 k 得到第 3 个个体编号 $l+2k$，依次进行下去，直到获取整个样本.

系统抽样又称等距抽样，所以依次抽取的样本对应的号码就是一个等差数列，首项就是第 1 组所抽取样本的号码，公差为间隔数，根据等差数列的通项公式就可以确定每一组内所要抽取的样本号码.

二、常用结论

（1）不论哪种抽样方法，总体中的每一个个体入样的概率都是相同的.

（2）分层抽样是按比例抽样，每一层入样的个体数为该层的个体数乘抽样比.

（3）系统抽样入样个体的编号相差分段间隔 k 的整数倍.

（4）三种抽样方法的特点、联系及适用范围.

类别	共同点	各自特点	联系	适用范围
简单随机抽样	① 抽样过程中每个个体被抽到的可能性相等 ② 每次抽出个体后不再将它放回，即不放回抽样	从总体中逐个抽取	—	总体个数较少
分层抽样		将总体分成几层，分层进行抽取	各层抽样时，采用简单随机抽样或系统抽样	总体由差异明显的几部分组成
系统抽样		将总体均分成几部分，按预先定出的规则在各部分中抽取	在起始部分取样时，采用简单随机抽样	总体个数较多

第二节　用样本估计总体

一、基础知识

1. 频率分布表

表示样本数据频率分布规律的表格称为频率分布表.

频率分布表的画法：

第一步：求极差（样本最大值与最小值之差），决定组数和组距，组距 $=\frac{\text{极差}}{\text{组数}}$；

第二步：分组，通常对组内数值所在区间取左闭右开区间，最后一组取闭区间；

第三步：登记频数，计算频率，列出频率分布表.

2. 频率分布直方图

将频率分布表中各组频率的大小用相应的矩形面积的大小来表示，由此画成的统计图称为频率分步直方图.

（1）纵轴表示$\frac{频率}{组距}$，即小长方形的高 = $\frac{频率}{组距}$；

（2）小长方形的面积 = 组距 × $\frac{频率}{组距}$ = 频率；

（3）各个小方形的面积总和等于1.

准确理解频率分布直方图的数据特点，频率分布直方图中纵轴上的数据是各组的频率除以组距的结果，不要误以为纵轴上的数据是各组的频率，在很多题目中，频率分布直方图中各小长方形的面积之和为1，是解题的关键，常利用频率分布直方图估计总体分布.

3. 频率分布折线图

频率分布折线图：把频率分布直方图各个长方形上边的中点用线段连接起来，就得到频率分布折线图. 频率分布折线图可以显示随时间（根据常用比例放置）而变化的连续数据，因此非常适用于显示在相等时间间隔下数据的趋势.

4. 茎叶图

统计中还有一种被用来表示数据的图称为茎叶图，茎是指中间的一列数，叶就是从茎的旁边生长出来的数.

由茎叶图可以清晰地看到数据的分布情况，这一点同频率分布直方图类似. 它优于频率分布直方图的第一点是从茎叶图中能看到原始数据，没有任何信息损失，第二点是茎叶图便于记录和表示；其缺点是当样本容量较大时，作图较烦琐.

茎叶图通常用来记录两位数的数据，在使用茎叶图时，一定要观察所有的样本数据，弄清楚这个图中数字的特点，不要漏掉了数据，也不要混淆茎叶图中茎与叶的含义；茎叶图既可以表示两组数据，也可以表示一组数据，用它表示的数据是完整的数据，因此可以从茎叶图中看出数据的众数（数据中出现次数最多的数）、中位数（中间位置的一个数，或中间两个数的平均数）等. 给定两组数据的茎叶图，比较数字特征时，“重心”下移者平均数较大，数据集中者方差较小.

5. 众数、中位数、平均数

数字特征	概　　念	优点与缺点
众数	一组数据中重复出现次数最多的数	众数通常用于描述变量的值出现次数最多的数，但显然它对其他数据信息的忽视使它无法客观地反映总体特征
中位数	把一组数据按从小到大顺序排列，处在中间位置的一个数据（或两个数据的平均数）	中位数等分样本数据所占频率，它不受少数几个极端值的影响，这在某些情况下是优点，但它对极端值的不敏感有时也会成为缺点
平均数	如果有 n 个数据 $x_1+x_2+\cdots+x_n$，那么这 n 个数的平均数为 $\bar{x}=\frac{x_1+x_2+\cdots+x_n}{n}$	平均数与每一个样本数据有关，可以反映出更多的关于样本数据全体的信息，但平均数受数据中的极端值的影响较大，使平均数在估计总体时可靠性降低

6. 样本的数字特征

如果有 n 个数据 x_1，x_2，…，x_n，那么这 n 个数的：

（1）平均数 $\bar{x}=\frac{x_1+x_2+\cdots+x_n}{n}$.

（2）标准差 $s=\sqrt{\frac{1}{n}[(x_1-\bar{x})^2+(x_2-\bar{x})^2+\cdots+(x_n-\bar{x})^2]}$，标准差是样本数据到平均数的一种平均距离.

（3）方差 $s^2=\frac{1}{n}[(x_1-\bar{x})^2+(x_2-\bar{x})^2+\cdots+(x_n-\bar{x})^2]$.

（4）利用样本的数字特征解决优化决策问题的依据：

① 平均数反映了数据取值的平均水平；

② 标准差、方差描述了一组数据围绕平均数波动的大小；

标准差、方差越大，数据的离散程度越大，越不稳定；标准差、方差越小，数据的离散程度越小，越稳定；

③ 用样本估计总体就是利用样本的数字特征来描述总体的数字特征.

二、常用结论

1. 频率分布直方图中的常见结论

（1）众数的估计值为最高矩形的中点对应的横坐标.

（2）平均数的估计值等于频率分布直方图中每个小矩形的面积乘以小矩形底边中点的横坐标之和.

（3）中位数的估计值的左边和右边的小矩形的面积和是相等的.

2. 平均数、方差的公式推广

（1）若数据 x_1，x_2，…，x_n 的平均数为 $\bar{x}$，则 mx_1+a，mx_2+a，mx_3+a，…，mx_n+a 的平均数是 $m\bar{x}+a$.

（2）若数据 x_1，x_2，…，x_n 的方差为 s^2，则数据 ax_1+b，ax_2+b，…，ax_n+b 的方差为 a^2s^2.

例题解析

一、选择题

1. 下列抽取样本的方式属于简单随机抽样的个数有（　　）.

① 从无限多个个体中抽取 100 个个体作为样本；

② 盒子里共有 80 个零件，从中选出 5 个零件进行质量检验．在抽样操作时，从中任意拿出一个零件进行质量检验后再把它放回盒子里；

③ 用抽签方法从 10 件产品中选取 3 件进行质量检验；

④ 某班有 56 名同学，指定个子最高的 5 名同学参加学校组织的篮球赛.

A. 0 个　　B. 1 个　　C. 2 个　　D. 3 个

【答案】B

【解析】①不是简单随机抽样，因为被抽取样本的总体个数是无限的，而不是有限的；②不是简单随机抽样，因为它是有放回抽样；③明显为简单随机抽样；④不是简单随机抽样，因为不是等可能抽样.

2. 总体由编号为01，02，…，19，20的20个个体组成，利用下面的随机数表选取5个个体，选取方法是从随机数表第1行的第5列和第6列数字开始由左到右依次选取两个数字，则选出来的第6个个体的编号为(　　).

7816	6572	0802	6314	0702	4369	9728	0198
3204	9234	4935	8200	3623	4869	6938	7481

A. 08　　B. 07　　C. 02　　D. 01

【答案】D

【解析】由随机数法的随机抽样的过程可知选出的5个个体是08，02，14，07，02，01，所以第6个个体的编号是01.

3. 利用简单随机抽样，从n个个体中抽取一个容量为10的样本. 若第二次抽取时，余下的每个个体被抽到的概率为$\frac{1}{3}$，则在整个抽样过程中，每个个体被抽到的概率为(　　).

A. $\frac{1}{4}$　　B. $\frac{1}{3}$　　C. $\frac{5}{14}$　　D. $\frac{10}{27}$

【答案】C

【解析】根据题意，$\frac{9}{n-1}=\frac{1}{3}$，解得$n=28$. 故在整个抽样过程中每个个体被抽到的概率为$\frac{10}{28}=\frac{5}{14}$.

4. 某校为了解1000名高一新生的身体生长状况，用系统抽样法（按等距的规则）抽取40名同学进行检查，将学生从1～1000进行编号，现已知第18组抽取的号码为443，则第一组用简单随机抽样抽取的号码为(　　).

A. 16　　B. 17　　C. 18　　D. 19

【答案】C

【解析】因为从1000名学生中抽取一个容量为40的样本，所以系统抽样的分段间隔为$\frac{1000}{40}=25$，设第一组随机抽取的号码为x，则抽取的第18组编号为$x+17\times25=443$，$\therefore\ x=18$.

5. 某电视台在网上就观众对其某一节目的喜爱程度进行调查，参加调查的一共有20000人，其中各种态度对应的人数如下表所示：

最喜爱	喜爱	一般	不喜欢
4800	7200	6400	1600

电视台为了了解观众的具体想法和意见，打算从中抽取100人进行详细的调查，为此要进行分层抽样，那么在分层抽样时，每类人中应抽取的人数分别为(　　).

A. 25，25，25，25　　B. 48，72，64，16

C. 20，40，30，10　　　　D. 24，36，32，8

【答案】D

【解析】方法一　∵ 抽样比为$\frac{100}{20000}=\frac{1}{200}$，∴ 每类人中应抽取的人数分别为$4800\times\frac{1}{200}=24$，$7200\times\frac{1}{200}=36$，$6400\times\frac{1}{200}=32$，$1600\times\frac{1}{200}=8$.

方法二　最喜爱、喜爱、一般、不喜欢的比例为 4800∶7200∶6400∶1600＝6∶9∶8∶2，∴ 每类人中应抽取的人数分别为$\frac{6}{6+9+8+2}\times100=24$，$\frac{9}{6+9+8+2}\times100=36$，$\frac{8}{6+9+8+2}\times100=32$，$\frac{2}{6+9+8+2}\times100=8$.

6. 某工厂甲、乙、丙三个车间生产了同一种产品，数量分别为 120 件、80 件、60 件. 为了解它们的产品质量是否存在显著差异，用分层抽样方法抽取了一个容量为 n 的样本进行调查，其中从丙车间的产品中抽取了 3 件，则 n 等于(　　).

A. 9　　B. 10　　C. 12　　D. 13

【答案】D

【解析】∵ $\frac{3}{60}=\frac{n}{120+80+60}$，∴ $n=13$.

7. 某工厂生产甲、乙、丙三种型号的产品，产品数量之比为 3∶5∶7，现用分层抽样的方法抽出容量为 n 的样本，其中甲种产品有 18 件，则样本容量 n 等于(　　).

A. 54　　B. 90　　C. 45　　D. 126

【答案】B

【解析】依题意得$\frac{3}{3+5+7}\times n=18$，解得 $n=90$，即样本容量为 90.

8. 若某校高一年级 8 个班参加合唱比赛的得分茎叶图如图 6－1 所示，则这组数据的中位数和平均数分别是(　　).

8	7　9
9	0　1　2　3　4　6

图 6－1

A. 91.5 和 91.5　　　　B. 91.5 和 92

C. 91 和 91.5　　　　D. 92 和 92

【答案】A

【解析】∵ 这组数据由小到大排列为 87，89，90，91，92，93，94，96，∴ 中位数是$\frac{91+92}{2}=91.5$，平均数 $\bar{x}=\frac{87+89+90+91+92+93+94+96}{8}=91.5$.

9. 图 6－2 所示的茎叶图记录了甲、乙两组各 5 名工人某日的产量数据（单位：件）.

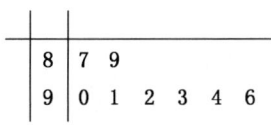

若这两组数据的中位数相等，平均值也相等，则 x 和 y 的值分别为(　　).

甲组		乙组
6	5	9
2 5	6	1 7 y
x 4	7	8

图 6－2

A. 3，5　　　B. 5，5　　　C. 3，7　　　D. 5，7

【答案】A

【解析】由两组数据的中位数相等可得 $65=60+y$，解得 $y=5$，又∵ 它们的平均值相等，∴ $\frac{1}{5}\times[56+62+65+74+(70+x)]=\frac{1}{5}\times(59+61+67+65+78)$，解得 $x=3$.

10. 某校初三年级有 400 名学生，随机抽查了 40 名学生测试 1 分钟仰卧起坐的成绩(单位：次)，将数据整理后绘制成如图 6－3 所示的频率分布直方图．用样本估计总体，下列结论正确的是(　　).

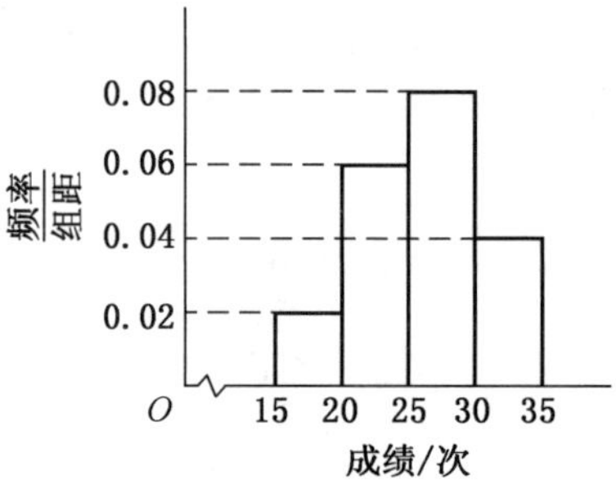

图 6－3

A. 该校初三学生 1 分钟仰卧起坐的次数的中位数为 25

B. 该校初三学生 1 分钟仰卧起坐的次数的众数为 24

C. 该校初三学生 1 分钟仰卧起坐的次数超过 30 的约有 80 人

D. 该校初三学生 1 分钟仰卧起坐的次数少于 20 的约为 8 人

【答案】C

【解析】第一组数据的频率为 $0.02\times5=0.1$，第二组数据的频率为 $0.06\times5=0.3$，第三组数据的频率为 $0.08\times5=0.4$，因为中位数在第三组内，设中位数为 $25+x$，则 $x\times0.08=0.5-0.1-0.3=0.1$，即 $x=1.25$，所以中位数为 26.25，故 A 错误；第三组数据所在的矩形最高，第三组数据的中间值为 27.5，所以众数为 27.5，故 B 错误；1 分钟仰卧起坐的次数超过 30 的频率为 0.2，所以超过 30 次的人数为 $400\times0.2=80$，故 C 正确；1 分钟仰卧起坐的次数少于 20 的频率为 0.1，所以 1 分钟仰卧起坐的次数少于 20 的人数为 400×0.1=40，故 D 错误.

11. 某城市为了解游客人数的变化规律，提高旅游服务质量，收集并整理了 2014 年 1 月至 2016 年 12 月期间月接待游客量（单位：万人）的数据，绘制了如图 6-4 所示的折线图.

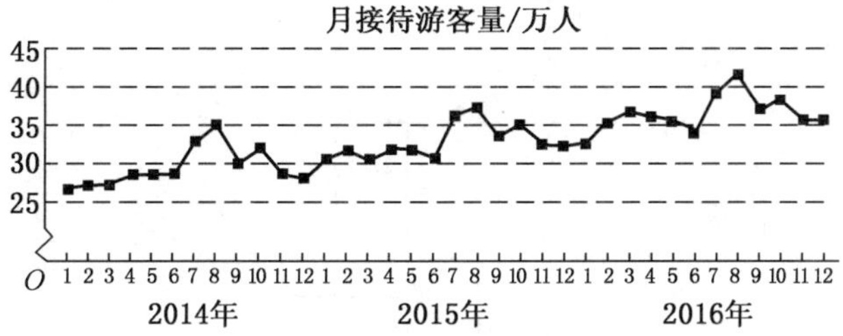

图 6-4

根据该折线图，下列结论错误的是(　　).

A. 月接待游客量逐月增加

B. 年接待游客量逐年增加

C. 各年的月接待游客量高峰期大致在 7、8 月

D. 各年 1 月至 6 月的月接待游客量相对于 7 月至 12 月，波动性更小，变化比较平稳

【答案】A

【解析】对于选项 A，由图易知，月接待游客量每年 7、8 月明显高于 12 月，故 A 错；对于选项 B，观察折线图的变化趋势可知，年接待游客量逐年增加，故 B 正确；对于选项 C，D，由图可知显然正确.

12. 为了解学生在课外活动方面的支出情况，抽取了 n 个同学进行调查，结果显示这些学生的支出金额（单位：元）都在［10，50］内，其中支出金额在［30，50］内的学生有 117 人，频率分布直方图如图 6-5 所示，则 n 等于(　　).

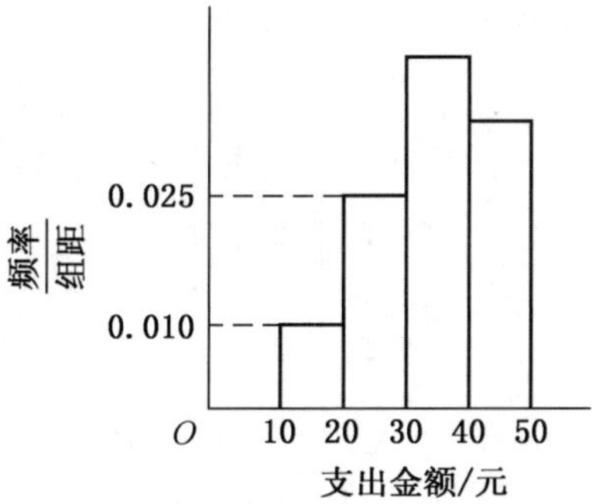

图 6-5

A. 180　　B. 160　　C. 150　　D. 200

【答案】A

【解析】[30, 50] 对应的概率为 $1-(0.01+0.025)\times 10=0.65$，∴ $n=\dfrac{117}{0.65}=180$.

13. 某工厂对一批新产品的长度（单位：mm）进行检测，图 6－6 所示是检测结果的频率分布直方图，据此估计这批产品的中位数为(　　).

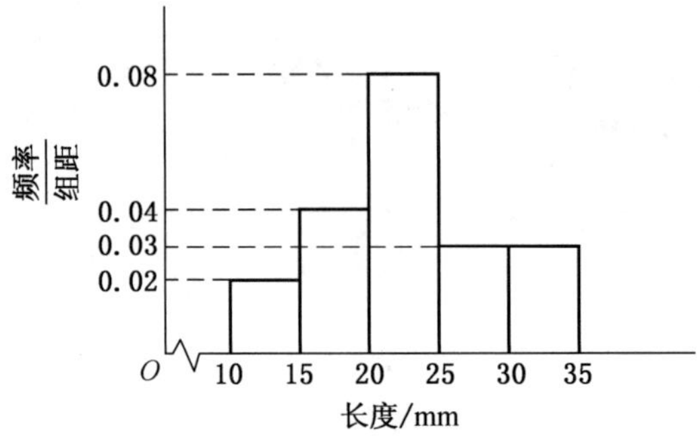

图 6－6

A. 20　　B. 25　　C. 22.5　　D. 22.75

【答案】C

【解析】产品的中位数出现在频率是 0.5 的地方．自左至右各小矩形的面积依次为 0.1，0.2，0.4，0.15，0.15，设中位数是 x，则由 $0.1+0.2+0.08\times(x-20)=0.5$，得 $x=22.5$.

14. 甲、乙两名篮球运动员 5 场比赛得分的原始记录茎叶图如图 6－7 所示，若甲、乙两人的平均得分分别为 $\bar{x}_{甲}$，$\bar{x}_{乙}$，则下列结论正确的是(　　).

A. $\bar{x}_{甲}<\bar{x}_{乙}$，乙比甲得分稳定

B. $\bar{x}_{甲}>\bar{x}_{乙}$，甲比乙得分稳定

C. $\bar{x}_{甲}>\bar{x}_{乙}$，乙比甲得分稳定

D. $\bar{x}_{甲}<\bar{x}_{乙}$，甲比乙得分稳定

甲		乙
8 7 2	0	8
6	1	2 8
2	2	1 5

图 6－7

【答案】A

【解析】∵ $\bar{x}_{甲}=\dfrac{2+7+8+16+22}{5}=11$，$\bar{x}_{乙}=\dfrac{8+12+18+21+25}{5}=16.8$，∴ $\bar{x}_{甲}<\bar{x}_{乙}$

且乙比甲成绩稳定.

二、填空题

1. 中央电视台为了解观众对某综艺节目的意见，准备从 502 名现场观众中抽取 10% 进行座谈，现用系统抽样的方法完成这一抽样，则在进行分组时，需剔除________个个体，抽样间隔为________.

【答案】2，10

【解析】把 502 名观众平均分成 50 组，由于 502 除以 50 的商是 10，余数是 2，∴ 每组有 10 名观众，还剩 2 名观众，采用系统抽样的方法抽样时，应先用简单随机抽样的方法从 502 名观众中抽取 2 名观众，这 2 名观众不参加座谈；再将剩下的 500 名观众编号为 1，2，3，…，500，并均匀分成 50 段，每段含$\frac{500}{50}=10$个个体．∴ 需剔除 2 个个体，抽样间隔为 10.

2. 某企业三月中旬生产 A，B，C 三种产品共 3000 件，根据分层抽样的结果，企业统计员制作了如下的统计表格：

产 品 类 别	A	B	C
产品数量/件		1300	
样本容量/件		130	

由于不小心，表格中 A，C 产品的有关数据已被污染看不清楚，统计员记得 A 产品的样本容量比 C 产品的样本容量多 10，根据以上信息，可得 C 的产品数量是________件.

【答案】800

【解析】设样本容量为 x，则$\frac{x}{3000}\times 1300=130$，

∴ $x=300$. ∴ A 产品和 C 产品在样本中共有 $300-130=170$ 件.

设 C 产品的样本容量为 y，则 $y+y+10=170$，∴ $y=80$.

∴ C 产品的数量为$\frac{3000}{300}\times 80=800$ 件.

3. 某企业三个分厂生产同一种电子产品，三个分厂产量分布如图 6－8 所示，现在用分层抽样方法从三个分厂生产的该产品中共抽取 100 件做使用寿命的测试，则第一分厂应抽取的件数为________；由所得样品的测试结果计算出一、二、三分厂取出的产品的使用寿命平均值分别为 1020 h、980 h、1030 h，估计这个企业所生产的该产品的平均使用寿命为________ h.

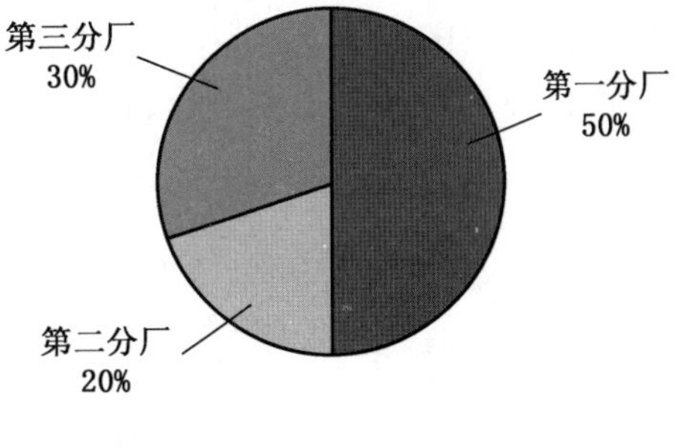

图 6－8

【答案】50，1015

【解析】第一分厂应抽取的件数为 $100\times 50\%=50$；该产品的平均使用寿命为 $1020\times 0.5+980\times 0.2+1030\times 0.3=1015$.

4. 将参加冬季越野跑的 600 名选手编号为：001，002，…，600，采用系统抽样方法

抽取一个容量为50的样本，把编号分为50组后，在第一组的001到012这12个编号中随机抽得的号码为004，这600名选手穿着三种颜色的衣服，从001到301穿红色衣服，从302到496穿白色衣服，从497到600穿黄色衣服，则抽到穿白色衣服的选手人数为________.

【答案】17

【解析】由题意及系统抽样的定义可知，将这600名学生按编号依次分成50组，每一组各有12名学生，第 $k(k\in\mathbf{N}^*)$ 组抽中的号码是 $4+12(k-1)$. 令 $302\leqslant 4+12(k-1)\leqslant 496$，得 $25\frac{5}{6}\leqslant k\leqslant 42$，因此抽到穿白色衣服的选手人数为 $42-25=17$ 人.

5. 将某选手的9个得分去掉1个最高分，去掉1个最低分，7个剩余分数的平均分为91. 现场作的9个分数的茎叶图如图6－9所示，后来有1个数据模糊，无法辨认，在图中以 x 表示，则7个剩余分数的方差为________.

8	7	7					
9	4	0	1	0	x	9	1

图6－9

【答案】$\frac{36}{7}$

【解析】由茎叶图可知去掉的两个数是87，99，$87+90\times 2+91\times 2+94+90+x=91\times 7$，解得 $x=4$. 故 $s^2=\frac{1}{7}[(87-91)^2+(90-91)^2\times 2+(91-91)^2\times 2+(94-91)^2\times 2]=\frac{36}{7}$.

三、解答题

1. 某大学艺术专业400名学生参加某次测评，根据男女学生人数比例，使用分层抽样的方法从中随机抽取了100名学生，记录他们的分数，将数据分成7组：$[20,30)$，$[30,40)$，…，$[80,90]$，并整理得到如图6－10所示频率分布直方图：

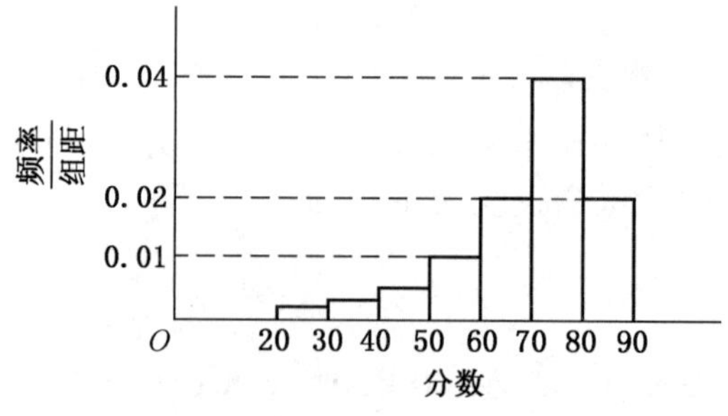

图6－10

（1）从总体的400名学生中随机抽取1人，试估计其分数小于70的概率；

（2）已知样本中分数小于40的学生有5人，试估计总体中分数在区间［40，50）内的人数；

（3）已知样本中有一半男生的分数不小于70，且样本中分数不小于70的男女生人数相等，试估计总体中男生和女生人数的比例.

解　（1）根据频率分布直方图可知，样本中分数不小于70的频率为$(0.02+0.04)\times 10=0.6$，∴ 样本中分数小于70的频率为$1-0.6=0.4$，∴ 从总体的400名学生中随机抽取1人，其分数小于70的概率估计为0.4.

（2）根据题意，样本中分数不小于50的频率为$(0.01+0.02+0.04+0.02)\times 10=0.9$，分数在区间［40，50）内的人数为$100-100\times 0.9-5=5$，∴ 总体中分数在区间［40，50）内的人数估计为$400\times\frac{5}{100}=20$.

（3）由题意可知，样本中分数不小于70的学生人数为$(0.02+0.04)\times 10\times 100=60$，∴ 样本中分数不小于70的男生人数为$60\times\frac{1}{2}=30$，∴ 样本中的男生人数为$30\times 2=60$，女生人数为$100-60=40$，∴ 样本中男生和女生人数的比例为$60:40=3:2$，根据分层抽样原理，估计总体中男生和女生人数的比例为$3:2$.

2. 某城市100户居民的月平均用电量（单位：kW·h），以［160，180），［180，200），［200，220），［220，240），［240，260），［260，280），［280，300］分组的频率分布直方图如图6－11所示.

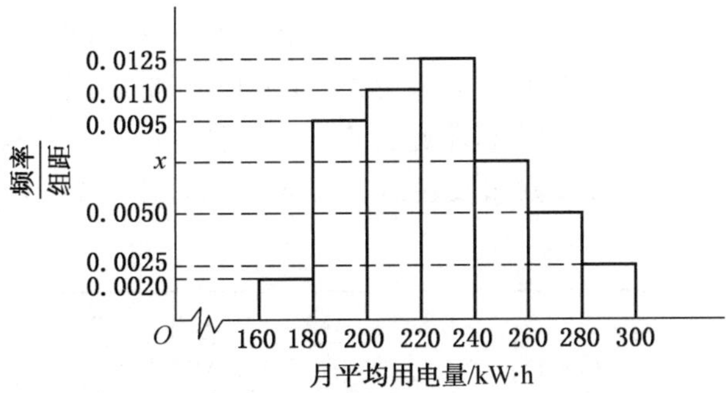

图6－11

（1）求直方图中x的值；

（2）求月平均用电量的众数和中位数.

解　（1）由$(0.002+0.0095+0.011+0.0125+x+0.005+0.0025)\times 20=1$，解得$x=0.0075$. 即直方图中$x$的值为0.0075.

（2）月平均用电量的众数是$\frac{220+240}{2}=230$.

$\because (0.002+0.0095+0.011)\times 20=0.45<0.5$，

$(0.002+0.0095+0.011+0.0125)\times 20=0.7>0.5$，

∴ 月平均用电量的中位数在 $[220, 240)$ 内. 设中位数为 a，则 $0.45 + 0.0125 \times (a - 220) = 0.5$，解得 $a = 224$，即中位数为 224.

3. 某市居民用水拟实行阶梯水价，每人月用水量中不超过 $w\text{m}^3$ 的部分按每立方米 4 元收费，超出 $w\text{m}^3$ 的部分按每立方米 10 元收费. 从该市随机调查了 10000 位居民，获得了他们某月的用水量数据，整理得如图 6 - 12 所示的频率分布直方图：

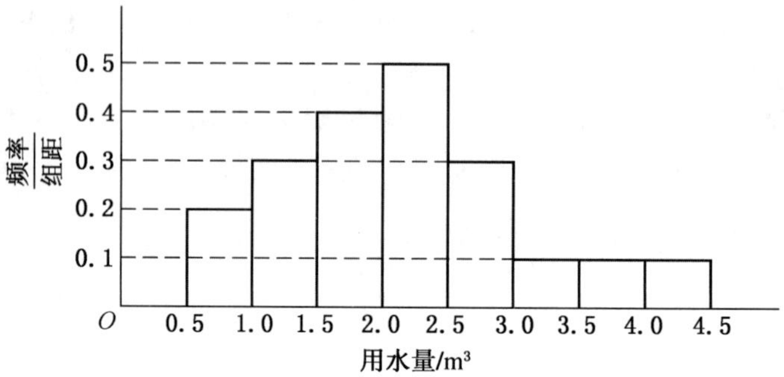

图 6 - 12

(1) 如果 w 为整数，那么根据此次调查，为使 80% 以上居民在该月的用水价格为每立方米 4 元，w 至少定为多少？

(2) 假设同组中的每个数据用该组区间的右端点值代替. 当 $w = 3$ 时，估计该市居民该月的人均水费.

解 (1) 由用水量的频率分布直方图，知该市居民该月用水量在区间 $[0.5,1)$, $[1,1.5)$, $[1.5,2)$, $[2,2.5)$, $[2.5,3]$ 内的频率依次为 0.1, 0.15, 0.2, 0.25, 0.15. ∴ 该月用水量不超过 3 m^3 的居民占 85%，用水量不超过 2 m^3 的居民占 45%. 依题意，w 至少定为 3.

(2) 由用水量的频率分布直方图及题意，得居民该月用水费用的数据分组与频率分布表如下：

组号	1	2	3	4	5	6	7	8
分组	[2,4)	[4,6)	[6,8)	[8,10)	[10,12)	[12,17)	[17,22)	[22,27]
频率	0.1	0.15	0.2	0.25	0.15	0.05	0.05	0.05

根据题意，该市居民该月的人均水费估计为 $4 \times 0.1 + 6 \times 0.15 + 8 \times 0.2 + 10 \times 0.25 + 12 \times 0.15 + 17 \times 0.05 + 22 \times 0.05 + 27 \times 0.05 = 10.5$ 元.

4. 甲、乙两人在相同条件下各射击 10 次，每次中靶环数情况如图 6 - 13 所示.

(1) 请填写下表（写出计算过程）：

	平均数/环	方差	命中 9 环及 9 环以上的次数
甲			
乙			

(2) 从下列三个不同的角度对这次测试结果进行分析：

① 从平均数和方差相结合看（分析谁的成绩更稳定）；

② 从平均数和命中 9 环及 9 环以上的次数相结合看（分析谁的成绩好些）；

③ 从折线图上两人射击命中环数的走势看（分析谁更有潜力）.

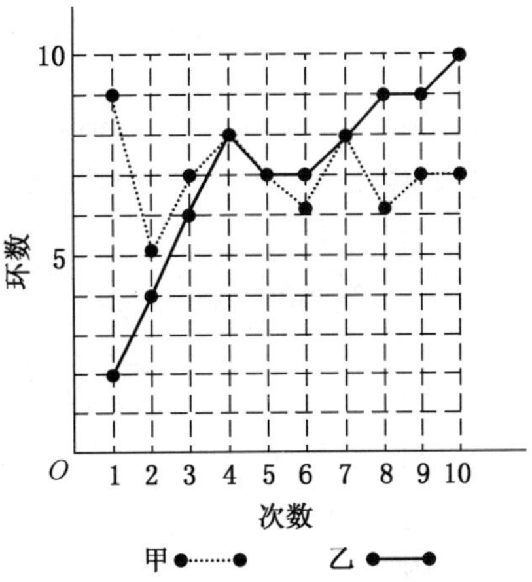

图 6－13

解　由题图，知甲射击 10 次中靶环数分别为 9，5，7，8，7，6，8，6，7，7. 将它们由小到大排列为 5，6，6，7，7，7，7，8，8，9.

乙射击 10 次中靶环数分别为 2，4，6，8，7，7，8，9，9，10. 将它们由小到大排列为 2，4，6，7，7，8，8，9，9，10.

（1）$\bar{x}_{甲}=\frac{1}{10}\times(5+6\times2+7\times4+8\times2+9)=7$ 环，

$\bar{x}_{乙}=\frac{1}{10}\times(2+4+6+7\times2+8\times2+9\times2+10)=7$ 环，

$s_{甲}^2=\frac{1}{10}\times[(5-7)^2+(6-7)^2\times2+(7-7)^2\times4+(8-7)^2\times2+(9-7)^2]=\frac{1}{10}\times(4+2+0+2+4)=1.2$，

$s_{乙}^2=\frac{1}{10}\times[(2-7)^2+(4-7)^2+(6-7)^2+(7-7)^2\times2+(8-7)^2\times2+(9-7)^2\times2+(10-7)^2]=\frac{1}{10}\times(25+9+1+0+2+8+9)=5.4$.

填表如下：

	平均数/环	方差	命中 9 环及 9 环以上的次数
甲	7	1.2	1
乙	7	5.4	3

（2）① 因为平均数相同，$s_{甲}^2<s_{乙}^2$，所以甲成绩比乙稳定.

② 因为平均数相同，命中 9 环及 9 环以上的次数甲比乙少，所以乙成绩比甲好些.

③ 因为甲成绩在平均数上下波动，而乙处于上升势头，从第三次以后就没有比甲少的情况发生，所以乙更有潜力.

练习题

一、选择题

1. 从 2020 名学生中选取 50 名学生参加全国数学联赛，若先用简单随机抽样法从 2020 名学生中剔除 20 名学生，剩下的 2000 名学生再按系统抽样的方法抽取，则每名学生入选的概率(　　).

A. 不全相等　　　　B. 均不相等

C. 都相等，且为$\frac{50}{2020}$　　　　D. 都相等，且为$\frac{1}{40}$

2. 在一个容量为N的总体中抽取容量为n的样本，当选取简单随机抽样、系统抽样和分层抽样三种不同方法抽取样本时，总体中每个个体被抽中的概率分别为p_1，p_2，p_3，则(　　).

A. $p_1=p_2<p_3$　　　　B. $p_2=p_3<p_1$

C. $p_1=p_3<p_2$　　　　D. $p_1=p_2=p_3$

3. 某中学有高中生 3500 人，初中生 1500 人，为了解学生的学习情况，用分层抽样的方法从该校学生中抽取一个容量为n的样本，已知从高中生中抽取 70 人，则n为(　　).

A. 100　　B. 150　　C. 200　　D. 250

4. 某初级中学有学生 270 人，其中一年级 108 人，二、三年级各 81 人，现要利用抽样方法抽取 10 人参加某项调查，考虑选用简单随机抽样、分层抽样和系统抽样三种方案，使用简单随机抽样和分层抽样时，将学生按一、二、三年级依次统一编号为 1，2，…，270，使用系统抽样时，将学生统一随机编号为 1，2，…，270，并将整个编号依次分为 10 段，如果抽得号码有下列四种情况：

① 7，34，61，88，115，142，169，196，223，250；

② 5，9，100，107，111，121，180，195，200，265；

③ 11，38，65，92，119，146，173，200，227，254；

④ 30，57，84，111，138，165，192，219，246，270.

关于上述样本的下列结论中，正确的是(　　).

A. ②、③都不能为系统抽样　　　　B. ②、④都不能为分层抽样

C. ①、④都可能为系统抽样　　　　D. ①、③都可能为分层抽样

5. 某校为了解学生的学习情况，采用分层抽样的方法从高一 1000 人、高二 1200 人、高三n人中抽取 81 人进行问卷调查，若高二被抽取的人数为 30，则$n=$(　　).

A. 860　　B. 720　　C. 1020　　D. 1040

6. 福利彩票“双色球”中红球的号码可以从 01，02，03，…，32，33 这 33 个两位号码中选取，小明利用如下所示的随机数表选取红色球的 6 个号码，选取方法是从第 1 行第 9 列的数字开始，从左到右依次读取数据，则第四个被选中的红色球的号码为(　　).

81	47	23	68	63	93	17	90	12	69	86	81	62	93	50	60	91	33	75	85	61	39	85
06	32	35	92	46	22	54	10	02	78	49	82	18	86	70	48	05	46	88	15	19	20	49

A. 12　　B. 33　　C. 06　　D. 16

7. 某班共有学生 52 人，现根据座号，用系统抽样的方法，抽取一个容量为 4 的样本．已知 5 号、18 号、44 号同学在样本中，那么样本中还有一个同学的座号是(　　).

A. 23　　B. 27　　C. 31　　D. 33

8. 某公司有员工 500 人，其中不到 35 岁的有 125 人，35 ~ 49 岁的有 280 人，50 岁以上的有 95 人，为了调查员工的身体健康状况，从中抽取 100 名员工，则应在这三个年龄段分别抽取人数为(　　).

A. 33，34，33　　B. 25，56，19

C. 20，40，30　　D. 30，50，20

9. 从编号为 1 ~ 50 的 50 枚最新研制的某种型号的导弹中随机抽取 5 枚来进行发射实验，若采用每部分选取的号码间隔一样的系统抽样方法，则所选取 5 枚导弹的编号可能是(　　).

A. 5，10，15，20，25　　B. 3，13，23，33，43

C. 1，2，3，4，5　　D. 2，4，6，16，32

10. 某工厂在 12 月份共生产了 3600 双皮靴，在出厂前要检查这批产品的质量，决定采用分层抽样的方法进行抽取，若从一、二、三车间抽取的产品数分别为 a，b，c，且 a，b，c 构成等差数列，则第二车间生产的产品数为(　　).

A. 800 双　　B. 1000 双　　C. 1200 双　　D. 1500 双

11. 利用系统抽样法从编号分别为 1，2，3，…，80 的 80 件不同产品中抽取一个容量为 16 的样本，如果抽出的产品中有一个产品的编号为 13，则抽到产品的最大编号为(　　).

A. 73　　B. 78　　C. 77　　D. 76

12. 某单位有 840 名职工，现采用系统抽样方法抽取 42 人做问卷调查，将 840 人按 1，2，…，840 随机编号，则抽取的 42 人中，编号落入区间 [481，720] 的人数为(　　).

A. 11　　B. 12　　C. 13　　D. 14

13. 已知某地区中小学生人数和近视情况分别如图 6 - 14 和图 6 - 15 所示. 为了了解该地区中小学生的近视形成原因，用分层抽样的方法抽取 2% 的学生进行调查，则样本容量和抽取的高中生近视人数分别为(　　).

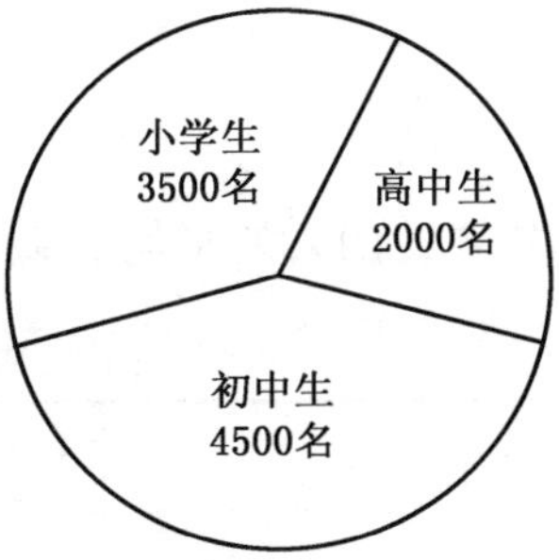

图 6 - 14

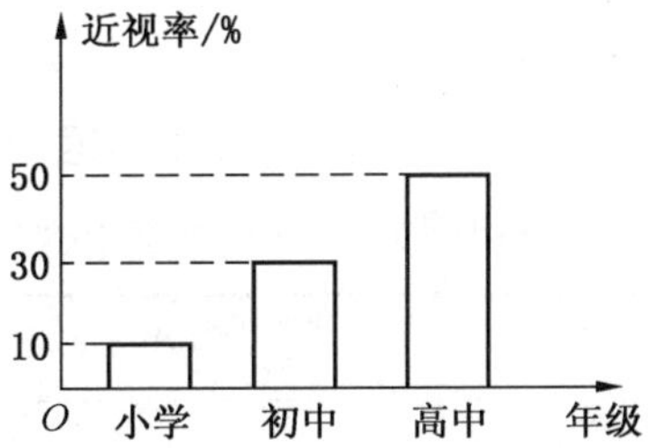

图 6 - 15

A. 100，20　　B. 200，20　　C. 200，10　　D. 100，10

14. 在一次马拉松比赛中，35 名运动员的成绩（单位：min）的茎叶图如图 6 - 16 所示：若将运动员按成绩由好到差编为 1 ~ 35 号，再用系统抽样方法从中抽取 7 人，则其中成绩在区间 [139，151] 上的运动员人数是(　　).

A. 3　　B. 4　　C. 5　　D. 6

15. 在如图 6 - 17 所示一组数据的茎叶图中，有一个数字被污染后模糊不清，但曾计

13	0 0 3 4 5 6 6 8 8 8 9
14	1 1 1 2 2 2 3 3 4 4 5 5 5 6 6 7 8
15	0 1 2 2 3 3 3

图 6－16

算得该组数据的极差与中位数之和为 61，则被污染的数字为(　　).

2	0 1 5
3	1 1 ■ 4
4	2 3 5 7 8

图 6－17

A. 1　　B. 2　　C. 3　　D. 4

16. 对某商店一个月内每天的顾客人数进行统计，得到样本的茎叶图如图 6－18 所示，则该样本中的中位数、众数、极差分别是(　　).

1	2 5
2	0 2 3 3
3	1 2 4 4 8 9
4	5 5 5 7 7 8 8 9
5	0 0 1 1 4 7 9
6	1 7 8

图 6－18

A. 46，45，56　　B. 46，45，53

C. 47，45，56　　D. 45，47，53

17. 甲、乙、丙、丁四人参加某运动会射击项目选拔赛，四人的平均成绩和方差如下表所示：

项　目	甲	乙	丙	丁
平均环数 $\bar{x}$	8.3	8.8	8.8	8.7
方差 s^2	3.5	3.6	2.2	5.4

从这四个人中选择一人参加该运动会射击项目比赛，最佳人选是(　　).

A. 甲　　B. 乙　　C. 丙　　D. 丁

18. 一个频数分布表（样本容量为 30）不小心被损坏了一部分，只记得样本中数据在 [20，60) 上的频率为 0.8，则估计样本在 [40，60) 内的数据个数为(　　).

A. 14　　B. 15　　C. 16　　D. 17

19. 某旅游城市为向游客介绍本地的气温情况，绘制了一年中各月平均最高气温和平

分组	[10, 20)	[20, 30)	[30, 40)
频数	3	4	5

均最低气温的雷达图如图 6－19 所示．图中 A 点表示十月的平均最高气温约为 15 ℃，B 点表示四月的平均最低气温约为 5 ℃．下面叙述不正确的是(　　)．

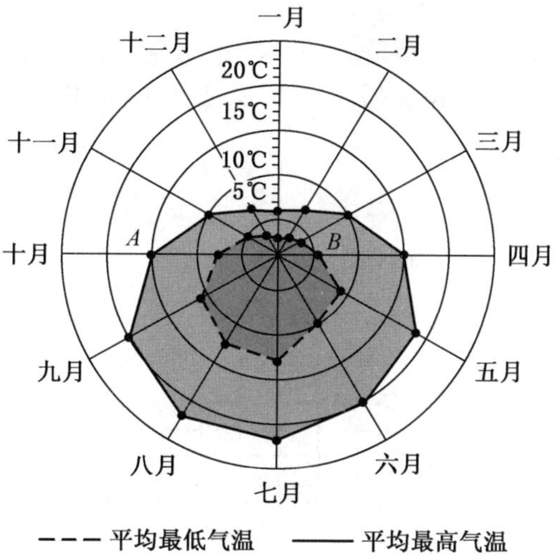

图 6－19

A. 各月的平均最低气温都在 0 ℃以上

B. 七月的平均温差比一月的平均温差大

C. 三月和十一月的平均最高气温基本相同

D. 平均最高气温高于 20 ℃的月份有 5 个

20. 图 6－20 所示是某学校某年级的三个班在一学期内的六次数学测试的平均成绩 y 关于测试序号 x 的函数图像，为了容易看出一个班级的成绩变化，将离散的点用虚线连

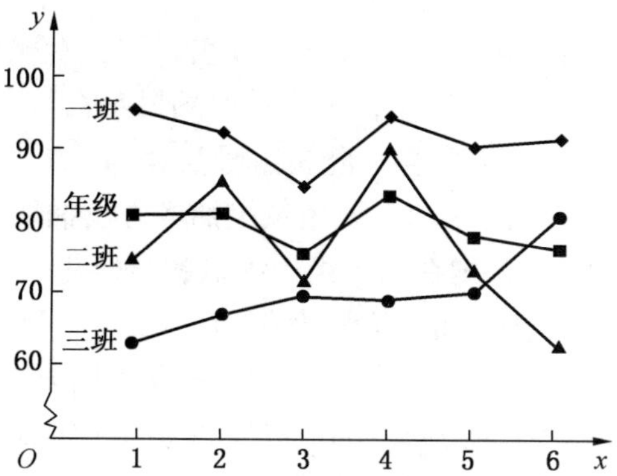

图 6－20

接，根据图像，给出下列结论：

① 一班成绩始终高于年级平均水平，整体成绩比较好；

② 二班成绩不够稳定，波动程度较大；

③ 三班成绩虽然多数时间低于年级平均水平，但在稳步提升.

其中正确结论的个数为(　　).

A. 0　　B. 1　　C. 2　　D. 3

21. 在某中学举行的环保知识竞赛中，将三个年级参赛学生的成绩进行整理后分为5组，绘制如图6－21所示的频率分布直方图，图中从左到右依次为第一、第二、第三、第四、第五小组，已知第二小组的频数是40，则成绩在80～100分的学生人数是(　　).

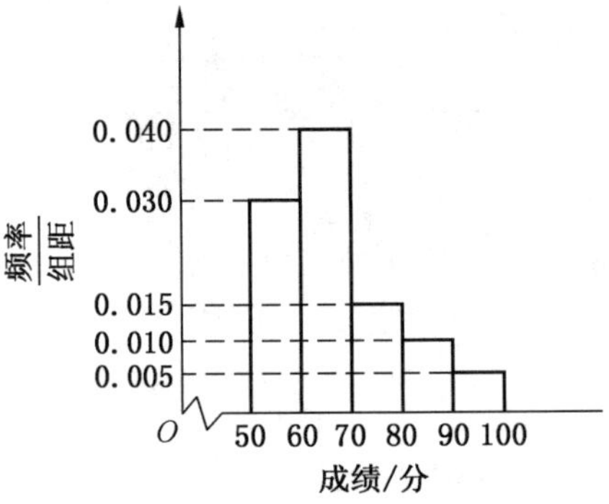

图6－21

A. 15　　B. 18　　C. 20　　D. 25

22. 已知数据 x_1，x_2，…，x_n 的平均数 $\bar{x}=5$，方差 $s^2=4$，则数据 $3x_1+7$，$3x_2+7$，…，$3x_n+7$ 的平均数和标准差分别为(　　).

A. 15，36　　B. 22，6　　C. 15，6　　D. 22，36

二、填空题

1. 从300名学生（其中男生180人，女生120人）中按性别用分层抽样的方法抽取50人参加比赛，则应该抽取的男生人数为________.

2. 某校高一年级有900名学生，其中女生400名．按男女比例用分层抽样的方法，从该年级学生中抽取一个容量为45的样本，则应抽取的男生人数为________.

3. 某校高三（2）班现有64名学生，随机编号为0，1，2，…，63，依编号顺序平均分成8组，组号依次为1，2，3，…，8. 现用系统抽样方法抽取一个容量为8的样本，若在第1组中随机抽取的号码为5，则在第6组中抽取的号码为________.

4. 一个总体中有100个个体，随机编号为0，1，2，…，99. 依编号顺序平均分成10个小组，组号依次为1，2，…，10. 现用系统抽样的方法抽取一个容量为10的样本，规定如果在第1组中随机抽取的号码为 m，那么在第 k 组中抽取的号码的个位数字与 $m+k$ 的个位数字相同．若 $m=6$，则在第7组中抽取的号码是________.

5. 某仪器厂从新生产的一批零件中随机抽取40个进行检测，图6－22所示是根据抽样检测得到的零件的质量（单位：g）绘制的频率分布直方图，样本数据按照[80,82)，[82,84)，[84,86)，[86,88)，[88,90)，[90,92)，[92,94)，[94,96]分成 8 组，将其按从左到右的顺序分别记为第一组，第二组，…，第八组．则样本数据的中位数在第________组.

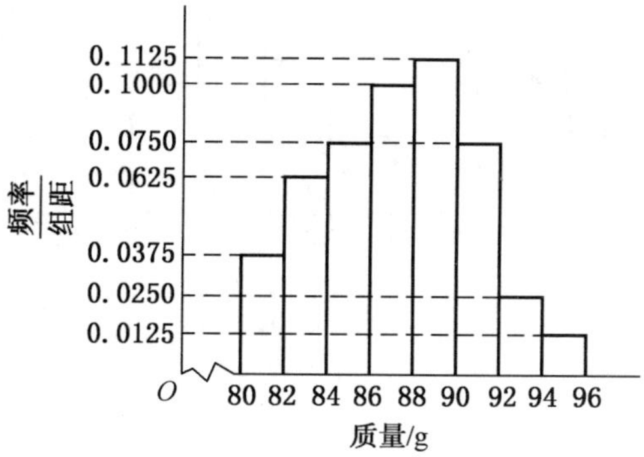

图 6－22

6. 已知 5 位裁判给某运动员打出的分数的茎叶图如图 6－23 所示，那么这 5 位裁判打出的分数的平均数为________.

8	9 9
9	0 1 1

图 6－23

7. 图 6－24 所示是 100 位居民月均用水量的频率分布直方图，则月均用水量为［2，2.5）范围内的居民有________人.

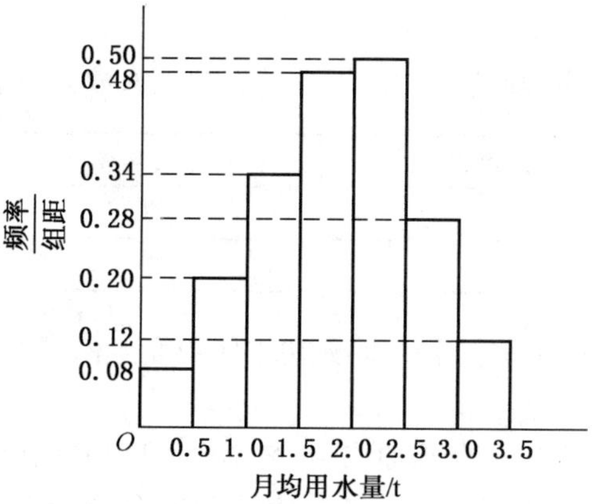

图 6－24

8. 为了了解某校高三美术生的身体状况，抽查了部分美术生的体重，将所得数据整理后，作出了如图 6－25 所示的频率分布直方图．已知图中从左到右的前 3 个小组的频率之比为 1∶3∶5，第 2 个小组的频数为 15，则被抽查的美术生的人数是________.

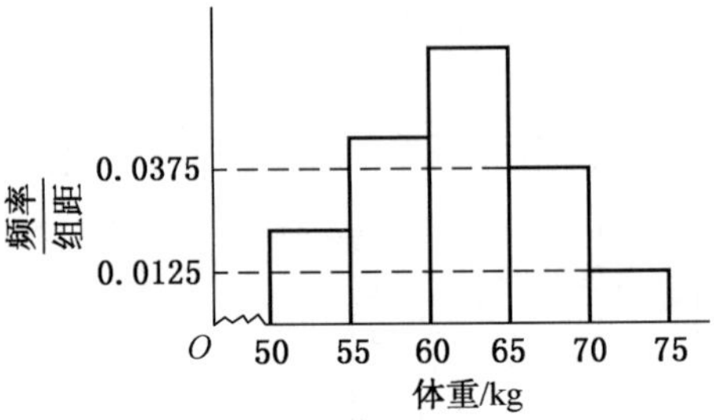

图 6－25

9. 为了普及环保知识，增强环保意识，某大学随机抽取 30 名学生参加环保知识测试，得分（十分制）如图 6－26 所示，假设得分的中位数为 m，众数为 n，平均数为 $\bar{x}$，则 m，n，$\bar{x}$ 的大小关系为________（用“$<$”连接）.

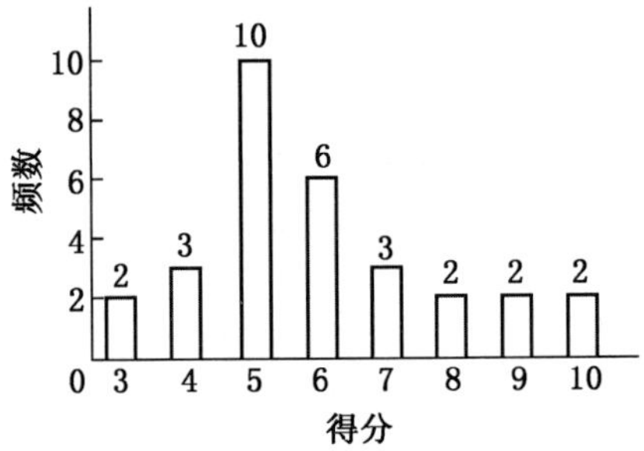

图 6－26

三、解答题

1. 某初级中学共有学生 2000 名，各年级男、女生人数如下表：

	初一年级	初二年级	初三年级
女生/名	373	x	y
男生/名	377	370	z

已知在全校学生中随机抽取 1 名，抽到初二年级女生的概率是 0.19.

（1）求 x 的值；

（2）现用分层抽样的方法在全校抽取 48 名学生，问应在初三年级抽取多少名？

2. 我国是世界上严重缺水的国家，某市为了制定合理的节水方案，对居民用水情况进行了调查，通过抽样，获得了某年 100 位居民每人的月均用水量（单位：t），将数据按照[0,0.5)，[0.5,1)，…，[4,4.5]分成9组，制成了如图6-27所示的频率分布直方图.

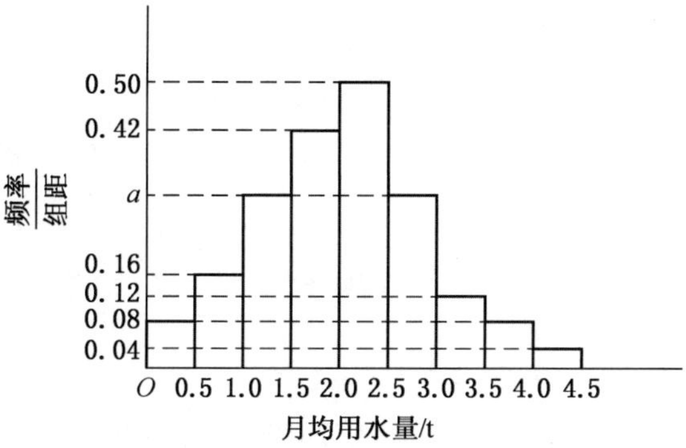

图6-27

（1）求直方图中 a 的值；

（2）设该市有30万居民，估计全市居民中月均用水量不低于3 t的人数，说明理由.

3. 某班100名学生期中考试语文成绩的频率分布直方图如图6-28所示，其中成绩分组区间是[50,60)，[60,70)，[70,80)，[80,90)，[90,100].

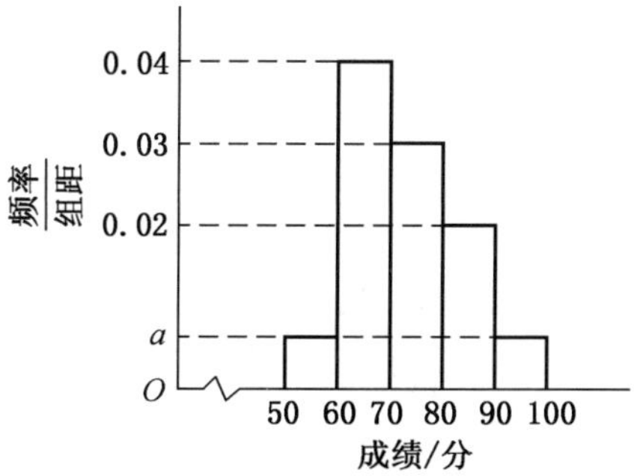

图6-28

（1）求图中 a 的值；

（2）根据频率分布直方图，估计这100名学生语文成绩的平均分；

（3）若这100名学生语文成绩某些分数段的人数（x）与数学成绩相应分数段的人数（y）之比如表所示，求数学成绩在［50，90）之外的人数.

分数段	[50，60)	[60，70)	[70，80)	[80，90)
$x:y$	1∶1	2∶1	3∶4	4∶5

4. 某车间将10名技工平均分成甲、乙两组加工某种零件，在单位时间内每个技工加工的合格零件数的统计数据的茎叶图如图6-29所示，已知两组技工在单位时间内加工的

合格零件的平均数都为 10.

甲组		乙组
8　7	0	n　9
m　2　0	1	0　1　2

图 6－29

（1）求出 m，n 的值；

（2）求出甲、乙两组技工在单位时间内加工的合格零件的方差 $s_{甲}^2$ 和 $s_{乙}^2$，并由此分析两组技工的加工水平.

5. 某车间 20 名工人年龄数据见下表：

年龄/岁	工人数/人
19	1
28	3
29	3
30	5
31	4
32	3
40	1
合计	20

（1）求这 20 名工人年龄的众数与极差；

（2）以十位数为茎，个位数为叶，作出这 20 名工人年龄的茎叶图；

（3）求这 20 名工人年龄的方差.

第七章 概 率

第一节 随机事件的概率

一、频数、频率和概率

1. 频数、频率

在相同的条件 S 下重复 n 次试验，观察某一事件 A 是否出现，称 n 次试验中事件 A 出现的次数 n_A 为事件 A 出现的频数❶，称事件 A 出现的比例 $f_n(A)=\frac{n_A}{n}$ 为事件 A 出现的频率❷.

2. 概率

对于给定的随机事件 A，如果随着试验次数的增加，事件 A 发生的频率 $f_n(A)$ 稳定在某个常数上，把这个常数记作 $P(A)$，称为事件 A 的概率.

二、事件的关系与运算

名　称	条　件	结　论	符号表示
包含关系	A 发生 $\Rightarrow B$ 发生	事件 B 包含事件 A（事件 A 包含于事件 B）	$B\supseteq A$（或 $A\subseteq B$）
相等关系	若 $B\supseteq A$ 且 $A\supseteq B$	事件 A 与事件 B 相等	$A=B$
并（和）事件	A 发生或 B 发生	事件 A 与事件 B 的并事件（或和事件）❸	$A\cup B$（或 $A+B$）
交（积）事件	A 发生且 B 发生	事件 A 与事件 B 的交事件（或积事件）	$A\cap B$（或 AB）
互斥事件	$A\cap B$ 为不可能事件	事件 A 与事件 B 互斥❹	$A\cap B=\varnothing$
对立事件	$A\cap B$ 为不可能事件，$A\cup B$ 为必然事件	事件 A 与事件 B 互为对立事件❺	$A\cap B=\varnothing$，$P(A\cup B)=1$

❶ 频数是一个整数，其取值范围为 $0\leqslant n_A\leqslant n$，$n_A\in\mathbf{N}$，因此随机事件 A 发生的频率 $f_n(A)=\frac{n_A}{n}$ 的可能取值介于 0 与 1 之间，即 $0\leqslant f_n(A)\leqslant 1$.

❷ 频率在一定程度上可以反映事件发生的可能性的大小．但是频率不是一个完全确定的数，随着试验次数的不同，产生的频率也可能不同.

❸ 并（和）事件包含三种情况：①事件 A 发生，事件 B 不发生；②事件 A 不发生，事件 B 发生；③事件 A，B 都发生．即事件 A，B 至少有一个发生.

❹ 互斥事件具体包括三种不同的情形：①事件 A 发生且事件 B 不发生；②事件 A 不发生且事件 B 发生；③事件 A 与事件 B 都不发生.

❺"事件 A 与事件 B 是对立事件"是"其概率满足 $P(A)+P(B)=1$"的充分不必要条件，这里一定不要认为是充要条件．事实上，若事件 A 与事件 B 是对立事件，则 $A\cup B$ 为必然事件，再由概率的加法公式得 $P(A)+P(B)=1$，反之不一定成立.

判断互斥、对立事件的方法：①判断互斥事件、对立事件一般用定义判断，不可能同时发生的两个事件为互斥事件；②两个事件若有且仅有一个发生，则这两个事件为对立事件，对立事件一定是互斥事件.

三、概率的几个基本性质

1. 概率的取值范围：$0\leqslant P(A)\leqslant 1$.
2. 必然事件的概率：$P(E)=1$.
3. 不可能事件的概率：$P(F)=0$.
4. 概率的加法公式：如果事件 A 与事件 B 互斥，则 $P(A\cup B)=P(A)+P(B)$.
5. 对立事件的概率：若事件 A 与事件 B 互为对立事件，则 $A\cup B$ 为必然事件，$P(A\cup B)=1$，$P(A)=1-P(B)$.

第二节　古典概型与几何概型

一、古典概型

1. 古典概型的特征

（1）有限性：在一次试验中，可能出现的结果是有限的，即只有有限个不同的基本事件；

（2）等可能性：每个基本事件出现的可能性是相等的.

一个试验是否为古典概型，在于这个试验是否具有古典概型的两个特征为有限性和等可能性.

2. 古典概型的概率计算的基本步骤

（1）判断本次试验的结果是否是等可能的；

（2）分别计算基本事件的总数 n 和所求的事件 A 所包含的基本事件个数 m；

（3）利用古典概型的概率公式 $P(A)=\frac{m}{n}$，求出事件 A 的概率.

求古典概型的概率的关键是求试验的基本事件的总数和事件 A 包含的基本事件的个数，这就需要正确列出基本事件，基本事件的表示方法有列举法、列表法和树状图法，具体应用时可根据需要灵活选择.

3. 频率的计算公式与古典概型的概率计算公式的异同

名 称	不 同 点	相同点
频率计算公式	频率计算中的 m，n 均随随机试验的变化而变化，但随着试验次数的增多，它们的比值逐渐趋近于概率值	都计算了一个比值 $\frac{m}{n}$
古典概型的概率计算公式	是一个定值，对同一个随机事件而言，m，n 都不会变化	

二、几何概型

1. 概念

如果每个事件发生的概率只与构成该事件区域的长度（面积或体积）成比例，则称这样的概率模型为几何概率模型，简称为几何概型.

2. 几何概型的基本特点

(1) 试验中所有可能出现的结果（基本事件）有无限多个；

(2) 每个基本事件出现的可能性相等.

3. 计算公式

$$P(A)=\frac{\text{构成事件}A\text{的区域长度（面积或体积）}}{\text{实验的全部结果所构成的区域长度（面积或体积）}}$$

4. 几何概型应用中的关注点

(1) 关键是要构造出随机事件对应的几何图形，利用图形的几何度量来求随机事件的概率；

(2) 确定基本事件时一定要选准度量，注意基本事件的等可能性.

第三节 相互独立事件与独立重复试验

一、相互独立事件

1. 对于事件 A，B，若事件 A 的发生与事件 B 的发生互不影响，则称事件 A，B 是相互独立事件.

2. 若 $P(AB)=P(A)P(B)$，则 A 与 B 相互独立.

3. 若 A 与 B 相互独立，则 A 与 $\overline{B}$，$\overline{A}$ 与 B，$\overline{A}$ 与 $\overline{B}$ 也都相互独立.

4. 一般地，如果事件 A_1，A_2，…，$A_n(n>2, n\in\mathbf{N}^*)$ 相互独立，那么这 n 个事件同时发生的概率等于每个事件发生的概率的积，即 $P(A_1A_2\cdots A_n)=P(A_1)P(A_2)\cdots P(A_n)$.

5. 互斥事件与相互独立事件的相同点与不同点：

(1) 相同点：二者都是描述两个事件间的关系；

(2) 不同点：互斥事件强调两事件不可能同时发生，即 $P(AB)=0$，相互独立事件则强调一个事件的发生与否对另一个事件发生的概率没有影响.

二、独立重复试验

1. 概念：一般地，在相同条件下重复做的 n 次试验称为 n 次独立重复试验.

2. 独立重复试验的条件：

（1）每次试验在相同条件下可重复进行；

（2）各次试验是相互独立的；

（3）每次试验都只有两种结果，即事件要么发生，要么不发生.

3. 概率公式：在一次试验中事件 A 发生的概率为 p，那么在 n 次独立重复试验中，事件 A 恰好发生 k 次的概率为 $P_n(k)=C_n^k p^k(1-p)^{n-k}(k=0,1,2,\cdots,n)$.

例题解析

一、选择题

1. 下列结论正确的是(　　).

A. 事件 A 的概率 $P(A)$ 必满足 $0<P(A)<1$

B. 事件 A 的概率 $P(A)=0.999$，则事件 A 是必然事件

C. 用某种药物对患有胃溃疡的 500 名病人进行治疗，结果有 380 人有明显的疗效，现有一名胃溃疡病人服用此药，则估计有明显的疗效的可能性为 76%

D. 某奖券中奖率为 50%，则某人购买此奖券 10 张，一定有 5 张中奖

【答案】C

【解析】由概率的基本性质可知，事件 A 的概率 $P(A)$ 满足 $0\leqslant P(A)\leqslant 1$，故 A 错误；必然事件的概率为 1，故 B 错误；某奖券中奖率为 50%，则某人购买此奖券 10 张，不一定有 5 张中奖，故 D 错误.

2. 设 A 与 B 是互斥事件，A，B 的对立事件分别记为 $\overline{A}$，$\overline{B}$，则下列说法正确的是(　　).

A. A 与 $\overline{B}$ 互斥　　　　B. $\overline{A}$ 与 $\overline{B}$ 互斥

C. $P(A+B)=P(A)+P(B)$　　　　D. $P(\overline{A}+\overline{B})=1$

【答案】C

【解析】根据互斥事件的定义可知，A 与 $\overline{B}$，$\overline{A}$ 与 $\overline{B}$ 都有可能同时发生，所以 A 与 $\overline{B}$ 互斥，$\overline{A}$ 与 $\overline{B}$ 互斥是不正确的；$P(A+B)=P(A)+P(B)$ 正确；$\overline{A}$ 与 $\overline{B}$ 既不一定互斥，也不一定对立，所以 D 错误.

3. 一个人打靶时连续射击两次，事件“至少有一次中靶”的互斥事件是(　　).

A. 至多有一次中靶　　　　B. 两次都中靶

C. 只有一次中靶　　　　D. 两次都不中靶

【答案】D

【解析】事件“至少有一次中靶”包括“中靶一次”和“中靶两次”两种情况. 由互斥事件的定义，可知“两次都不中靶”与之互斥.

4. 从 1，2，3，…，7 这 7 个数中任取两个数，其中：

① 恰有一个是偶数和恰有一个是奇数；

② 至少有一个是奇数和两个都是奇数；

③ 至少有一个是奇数和两个都是偶数；

④ 至少有一个是奇数和至少有一个是偶数.

上述事件中是对立事件的是(　　).

A. ①　　B. ②④　　C. ③　　D. ①③

【答案】C

【解析】“至少有一个是奇数”即“两个都是奇数或一奇一偶”，而从1，2，3，…，7这7个数中任取两个数，根据取到数的奇偶性知共有三种情况：“两个都是奇数”“一奇一偶”“两个都是偶数”，故“至少有一个是奇数”与“两个都是偶数”是对立事件，易知其余都不是对立事件.

5. 在5张手机卡中，有3张移动卡和2张联通卡，从中任取2张，若事件“2张全是移动卡”的概率是$\frac{3}{10}$，那么概率是$\frac{7}{10}$的事件是(　　).

A. 至多有一张移动卡　　B. 恰有一张移动卡

C. 都不是移动卡　　D. 至少有一张移动卡

【答案】A

【解析】至多有一张移动卡包含“一张移动卡，一张联通卡”“两张全是联通卡”两个事件，它是“2张全是移动卡”的对立事件.

6. 从分别标有1，2，…，9的9张卡片中不放回地随机抽取2次，每次抽取1张，则抽到的2张卡片上的数奇偶性不同的概率是(　　).

A. $\frac{5}{18}$　　B. $\frac{4}{9}$　　C. $\frac{5}{9}$　　D. $\frac{7}{9}$

【答案】C

【解析】由题意得，所求概率$P=\frac{5\times4\times2}{9\times8}=\frac{5}{9}$.

7. 将A，B，C，D这4名同学从左至右随机地排成一排，则“A与B相邻且A与C之间恰好有1名同学”的概率是(　　).

A. $\frac{1}{2}$　　B. $\frac{1}{4}$　　C. $\frac{1}{6}$　　D. $\frac{1}{8}$

【答案】B

【解析】A，B，C，D 4名同学排成一排有$A_4^4=24$种排法. 当A，C之间是B时，有$2\times2=4$种排法，当A，C之间是D时，有2种排法，所以所求概率$P=\frac{4+2}{24}=\frac{1}{4}$.

8. 如果生男孩和生女孩的概率相等，则有3个小孩的家庭中女孩多于男孩的概率为(　　).

A. $\frac{2}{3}$　　B. $\frac{1}{2}$　　C. $\frac{3}{4}$　　D. $\frac{1}{4}$

【答案】B

【解析】设女孩个数为X，女孩多于男孩的概率为

$$P(X\geqslant2)=P(X=2)+P(X=3)=C_3^2\times\left(\frac{1}{2}\right)^2\times\frac{1}{2}+C_3^3\times\left(\frac{1}{2}\right)^3=3\times\frac{1}{8}+\frac{1}{8}=\frac{1}{2}.$$

9. 从分别写有1，2，3，4，5的5张卡片中随机抽取1张，放回后再随机抽取1张，则抽得的第一张卡片上的数大于第二张卡片上的数的概率为(　　).

A. $\frac{1}{10}$　　B. $\frac{1}{5}$　　C. $\frac{3}{10}$　　D. $\frac{2}{5}$

【答案】D

【解析】从 5 张卡片中随机抽取 1 张，放回后再随机抽取 1 张的情况如图 7－1 所示：

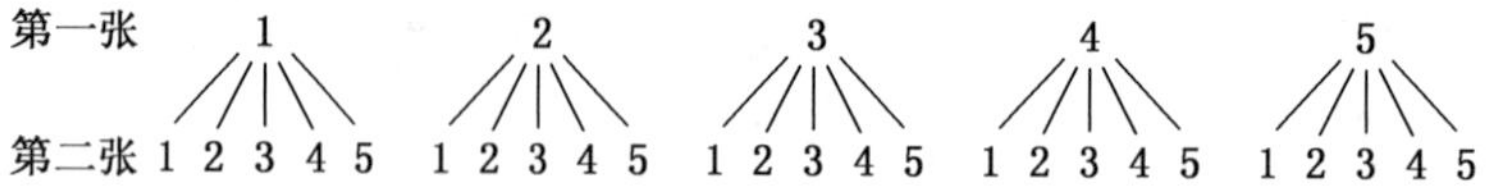

图 7－1

基本事件总数为 25，第一张卡片上的数大于第二张卡片上的数的事件数为 10，∴ 所求概率 $P=\frac{10}{25}=\frac{2}{5}$.

10. 一袋中有 5 个白球，3 个红球，现从袋中往外取球，每次任取一个记下颜色后放回，直到红球出现 10 次时停止，设停止时共取了 X 次球，则 $P(X=12)$ 等于(　　).

A. $C_{12}^{10}\left(\frac{3}{8}\right)^{10}\left(\frac{5}{8}\right)^{2}$　　B. $C_{12}^{9}\left(\frac{3}{8}\right)^{9}\left(\frac{5}{8}\right)^{2}\frac{3}{8}$

C. $C_{11}^{9}\left(\frac{5}{8}\right)^{2}\left(\frac{3}{8}\right)^{2}$　　D. $C_{11}^{9}\left(\frac{3}{8}\right)^{10}\left(\frac{5}{8}\right)^{2}$

【答案】D

【解析】由题意知第 12 次取到红球，前 11 次中恰有 9 次红球 2 次白球，由于每次取到红球的概率为 $\frac{3}{8}$，所以 $P(X=12)=C_{11}^{9}\left(\frac{3}{8}\right)^{9}\times\left(\frac{5}{8}\right)^{2}\times\frac{3}{8}$.

11. 某机械研究所对新研发的某批次机械元件进行寿命追踪调查，随机抽查的 200 个机械元件情况如下：

使用时间/d	10～20	21～30	31～40	41～50	51～60
个数	10	40	80	50	20

若以频率估计概率，现从该批次机械元件中随机抽取 3 个，则至少有 2 个元件的使用寿命在 30 天以上的概率为(　　).

A. $\frac{13}{16}$　　B. $\frac{27}{64}$　　C. $\frac{25}{32}$　　D. $\frac{27}{32}$

【答案】D

【解析】由表可知元件使用寿命在 30 天以上的频率为 $\frac{150}{200}=\frac{3}{4}$，则所求概率为 $C_3^2\left(\frac{3}{4}\right)^{2}\times\frac{1}{4}+\left(\frac{3}{4}\right)^{3}=\frac{27}{32}$.

12. 在线段［0，3］上任投一点，则此点坐标小于 1 的概率为(　　).

A. $\frac{1}{2}$ B. $\frac{1}{3}$ C. $\frac{1}{4}$ D. 1

【答案】B

【解析】坐标小于1的区间为［0，1)，长度为1，［0，3］的区间长度为3，故所求概率为$\frac{1}{3}$.

13. 如图7－2所示，有四个游戏盘，将它们水平放稳后，在上面扔一颗玻璃小球，若小球落在阴影部分，则可中奖，小明要想增加中奖机会，应选择的游戏盘是(　　).

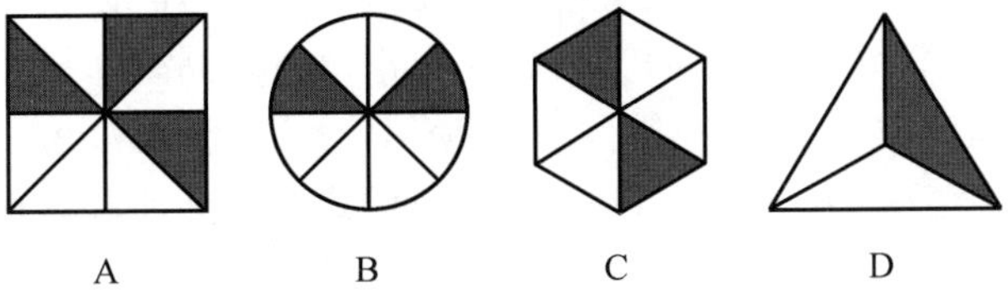

图7－2

【答案】A

【解析】$\because P(A)=\frac{3}{8}, P(B)=\frac{2}{8}, P(C)=\frac{2}{6}, P(D)=\frac{1}{3}, \therefore P(A)>P(C)=P(D)>P(B)$.

14. 在一个质地均匀的小正方体的六个面中，三个面标0，两个面标1，一个面标2，将这个小正方体连续抛掷两次，若向上的数字的乘积为偶数，则该乘积为非零偶数的概率为(　　).

A. $\frac{1}{4}$ B. $\frac{8}{9}$ C. $\frac{1}{16}$ D. $\frac{5}{32}$

【答案】D

【解析】两次数字乘积共有36种情况．乘积为偶数的反面－只需连续两次抛掷小正方体的情况为（1，1），共4种情况，故两次数字乘积为偶数共有32种情况．若乘积非零且为偶数，需连续两次抛掷小正方体的情况为（1，2）或（2，1）或（2，2），共5种情况．所以所求概率$\frac{5}{32}$.

二、填空题

1. 袋中有形状、大小都相同的4个球，其中1个白球，1个红球，2个黄球，从中一次随机摸出2个球，则这2个球颜色不同的概率为________.

【答案】$\frac{5}{6}$

【解析】设两黄球分别为黄1，黄2，设取出的2个球颜色不同为事件A，基本事件有：(白,红)，(白,黄1)，(白,黄2)，(红,黄1)，(红,黄2)，(黄1,黄2)，共6种，事件A包含5种，故$P(A)=\frac{5}{6}$.

2. (1) 设每个工作日甲、乙、丙、丁4人需使用某种设备的概率分别为0.6, 0.5, 0.5, 0.4, 各人是否需使用设备相互独立, 则同一工作日至少3人需使用设备的概率为________.

(2) 某次知识竞赛规则如下: 在主办方预设的5个问题中, 选手若能连续正确回答出两个问题, 即停止答题, 晋级下一轮. 假设某选手正确回答每个问题的概率都是0.8, 且每个问题的回答结果相互独立, 则该选手恰好回答了4个问题就晋级下一轮的概率为________.

【答案】(1) 0.31; (2) 0.128

【解析】(1) 设甲、乙、丙、丁需使用设备分别为事件 A, B, C, D, 则 $P(A)=0.6$, $P(B)=P(C)=0.5$, $P(D)=0.4$, 恰好3人使用设备的概率 $P_1=P(\overline{A}BCD+A\overline{B}CD+AB\overline{C}D+ABC\overline{D})=(1-0.6)\times0.5\times0.5\times0.4+0.6\times(1-0.5)\times0.5\times0.4+0.6\times0.5\times(1-0.5)\times0.4+0.6\times0.5\times0.5\times(1-0.4)=0.25$, 4人使用设备的概率 $P_2=0.6\times0.5\times0.5\times0.4=0.06$, 故所求概率 $P=0.25+0.06=0.31$.

(2) 依题意, 该选手第2个问题回答错误, 第3, 4个问题均回答正确, 第1个问题回答正误均有可能, 则所求概率 $P=1\times0.2\times0.8^2=0.128$.

3. 在高三的某次模拟考试中, 对于数学选修4系列的考查中, 甲同学选做《不等式选讲》的概率为$\frac{1}{3}$, 乙同学选做《不等式选讲》的概率为$\frac{1}{4}$, 假定二人的选择相互之间没有影响, 那么这次模拟考试中甲、乙两个同学至少有1人选做《不等式选讲》的概率为________.

【答案】$\frac{1}{2}$

【解析】记高三的某次模拟考试中"甲同学不选做《不等式选讲》"为事件 A, "乙同学不选做《不等式选讲》"为事件 B, 且 A, B 相互独立. 依题意, $P(A)=1-\frac{1}{3}=\frac{2}{3}$, $P(B)=1-\frac{1}{4}=\frac{3}{4}$, 所以 $P(AB)=P(A)\cdot P(B)=\frac{2}{3}\times\frac{3}{4}=\frac{1}{2}$. 又因为甲、乙二人至少有一人选做《不等式选讲》的对立事件为甲、乙二人都不选做《不等式选讲》, 所以所求概率为 $1-P(AB)=1-\frac{1}{2}=\frac{1}{2}$.

4. 在区间 $[-2, 4]$ 上随机地取一个数 x, 若 x 满足 $|x|\leqslant m$ 的概率为$\frac{5}{6}$, 则 $m=$________.

【答案】3

【解析】由 $|x|\leqslant m$, 得 $-m\leqslant x\leqslant m$. 当 $0<m\leqslant2$ 时, 由题意得$\frac{2m}{6}=\frac{5}{6}$, 解得 $m=2.5$, 矛盾舍去. 当 $2<m<4$ 时, 由题意得$\frac{m-(-2)}{6}=\frac{5}{6}$, 解得 $m=3$.

三、解答题

1. 某县共有90个农村淘宝服务网点, 随机抽取6个网点统计其元旦期间的网购金额

（单位：万元）的茎叶图如图 7－3 所示，其中茎为十位数，叶为个位数.

0	4	6	
1	2	2	8
2	0		

图 7－3

（1）根据茎叶图计算样本数据的平均数；

（2）若网购金额（单位：万元）不小于 18 的服务网点定义为优秀服务网点，其余为非优秀服务网点，根据茎叶图推断这 90 个服务网点中优秀服务网点的个数；

（3）从随机抽取的 6 个服务网点中再任取 2 个作网购商品的调查，求恰有 1 个网点是优秀服务网点的概率.

解　（1）由题意知，样本数据的平均数 $\bar{x}=\dfrac{4+6+12+12+18+20}{6}=12$.

（2）样本中优秀服务网点有 2 个，概率为 $\dfrac{2}{6}=\dfrac{1}{3}$，由此估计这 90 个服务网点中优秀服务网点有 $90\times\dfrac{1}{3}=30$ 个.

（3）样本中优秀服务网点有 2 个，分别记为 a_1，a_2，非优秀服务网点有 4 个，分别记为 b_1，b_2，b_3，b_4，从随机抽取的 6 个服务网点中再任取 2 个的可能情况有：(a_1,a_2)，(a_1,b_1)，(a_1,b_2)，(a_1,b_3)，(a_1,b_4)，(a_2,b_1)，(a_2,b_2)，(a_2,b_3)，(a_2,b_4)，(b_1,b_2)，(b_1,b_3)，(b_1,b_4)，(b_2,b_3)，(b_2,b_4)，(b_3,b_4)，共 15 种，

记"恰有 1 个是优秀服务网点"为事件 M，则事件 M 包含的可能情况有：(a_1,b_1)，(a_1,b_2)，(a_1,b_3)，(a_1,b_4)，(a_2,b_1)，(a_2,b_2)，(a_2,b_3)，(a_2,b_4)，共 8 种，故所求概率 $P(M)=\dfrac{8}{15}$.

有关古典概型与统计结合的题型是考查概率的一个重要题型，已成为考查的热点，概率与统计的结合题，无论是直接描述还是利用概率分布表、频率分布直方图、茎叶图等给出信息，准确从题中提炼信息是解题的关键.

2. 某超市为了了解顾客的购物量及结算时间等信息，安排一名员工随机收集了在该超市购物的 100 位顾客的相关数据，见下表.

一次购物量	1 件至 4 件	5 件至 8 件	9 件至 12 件	13 件至 16 件	17 件及以上
顾客数/人	x	30	25	y	10
结算时间/(min·人$^{-1}$)	1	1.5	2	2.5	3

已知这 100 位顾客中一次购物量超过 8 件的顾客占 55%.

（1）确定 x，y 的值，并估计顾客一次购物的结算时间的平均值；

（2）求一位顾客一次购物的结算时间不超过 2 min 的概率（用频率估计概率）.

解　（1）由已知得 $25+y+10=55$，$x+30=45$，所以 $x=15$，$y=20$. 该超市所有顾客一次购物的结算时间组成一个总体，所收集的 100 位顾客一次购物的结算时间可视为总体的一个容量为 100 的简单随机样本，顾客一次购物的结算时间的平均值可用样本平均数估计，其估计值为 $\dfrac{1\times15+1.5\times30+2\times25+2.5\times20+3\times10}{100}=1.9$ min.

（2）记 A 为事件"一位顾客一次购物的结算时间不超过 2 min"，A_1，A_2 分别表示事件"该顾客一次购物的结算时间为 2.5 min"，"顾客一次购物的结算时间为 3 min"，将频率视为概率得 $P(A_1)=\frac{20}{100}=\frac{1}{5}$，$P(A_2)=\frac{10}{100}=\frac{1}{10}$. 则 $P(A)=1-P(A_1)-P(A_2)=1-\frac{1}{5}-\frac{1}{10}=\frac{7}{10}$.

故一位顾客一次购物的结算时间不超过 2 min 的概率为 $\frac{7}{10}$.

3. 一盒中装有 12 个球，其中 5 个红球，4 个黑球，2 个白球，1 个绿球．从中随机取出 1 球，求：

（1）取出 1 球是红球或黑球的概率；

（2）取出 1 球是红球或黑球或白球的概率.

解　方法一　（利用互斥事件求概率）

记事件 $A_1=\{$任取 1 球为红球$\}$，$A_2=\{$任取 1 球为黑球$\}$，$A_3=\{$任取 1 球为白球$\}$，$A_4=\{$任取 1 球为绿球$\}$，则 $P(A_1)=\frac{5}{12}, P(A_2)=\frac{4}{12}=\frac{1}{3}, P(A_3)=\frac{2}{12}=\frac{1}{6}, P(A_4)=\frac{1}{12}$. 根据题意知，事件 A_1，A_2，A_3，A_4 彼此互斥，由互斥事件的概率公式，得

（1）取出 1 球是红球或黑球的概率为 $P(A_1\cup A_2)=P(A_1)+P(A_2)=\frac{5}{12}+\frac{1}{3}=\frac{3}{4}$.

（2）取出 1 球是红球或黑球或白球的概率为 $P(A_1\cup A_2\cup A_3)=P(A_1)+P(A_2)+P(A_3)=\frac{5}{12}+\frac{1}{3}+\frac{1}{6}=\frac{11}{12}$.

方法二　（利用对立事件求概率）

（1）由方法一知，取出 1 球为红球或黑球的对立事件为取出 1 球为白球或绿球，即 $A_1\cup A_2$ 的对立事件为 $A_3\cup A_4$，所以取出 1 球为红球或黑球的概率为 $P(A_1\cup A_2)=1-P(A_3\cup A_4)=1-P(A_3)-P(A_4)=1-\frac{1}{6}-\frac{1}{12}=\frac{3}{4}$.

（2）$\because$ $A_1\cup A_2\cup A_3$ 的对立事件为 A_4，$\therefore$ $P(A_1\cup A_2\cup A_3)=1-P(A_4)=1-\frac{1}{12}=\frac{11}{12}$.

☞练习题

一、选择题

1. 有一个游戏，其规则是甲、乙、丙、丁四个人从同一地点随机地向东、南、西、北四个方向前进，任意两人不能同一个方向．事件"甲向南"与事件"乙向南"是（　　）.

A. 互斥但非对立事件　　　　B. 对立事件

C. 相互独立事件　　　　　　D. 以上都不对

2. 下列结论正确的是(　　).

A. 若事件 A，B 互斥，则 $P(A)+P(B)<1$

B. 若事件 A，B 对立，则 $P(AB)=0$

C. 对任意事件 A，B，$P(AB)<P(A)$ 或 $P(AB)<P(B)$

D. 对任意事件 A，B，$P(A+B)=P(A)+P(B)$

3. 设事件 A，B，已知 $P(A)=\frac{1}{5}$，$P(B)=\frac{1}{3}$，$P(A\cup B)=\frac{8}{15}$，则 A，B 之间的关系一定为(　　).

A. 两个任意事件　　B. 互斥事件

C. 非互斥事件　　D. 对立事件

4. 某袋中有编号为1，2，3，4，5，6 的6 个小球（小球除编号外完全相同），甲先从袋中摸出一个球，记下编号后放回，乙再从袋中摸出一个球，记下编号，则甲、乙两人所摸出球的编号不同的概率是(　　).

A. $\frac{1}{5}$　　B. $\frac{1}{6}$　　C. $\frac{5}{6}$　　D. $\frac{35}{36}$

5. 甲、乙、丙、丁、戊5 名同学参加“《论语》知识大赛”，决出第一名到第五名的名次．甲、乙两名参赛者去询问成绩，回答者对甲说“虽然你的成绩比乙好，但是你俩都没得到第一名”；对乙说“你当然不会是最差的”，从上述回答分析，丙是第一名的概率是(　　).

A. $\frac{1}{5}$　　B. $\frac{1}{3}$　　C. $\frac{1}{4}$　　D. $\frac{1}{6}$

6. 围棋盒子中有多粒黑子和白子，已知从中取出 2 粒都是黑子的概率为$\frac{1}{7}$，都是白子的概率为$\frac{12}{35}$，则从中任意取出 2 粒恰好是同一颜色的概率为(　　).

A. $\frac{1}{7}$　　B. $\frac{12}{35}$　　C. $\frac{17}{35}$　　D. 1

7. 抛掷一个质地均匀的骰子（骰子的六个面上分别标有1，2，3，4，5，6 个点）的试验，事件 A 表示“小于 5 的偶数点出现”，事件 B 表示“小于 5 的点数出现”，则一次试验中，事件 $A+\overline{B}$ 发生的概率为(　　).

A. $\frac{1}{3}$　　B. $\frac{1}{2}$　　C. $\frac{2}{3}$　　D. $\frac{5}{6}$

8. 抛掷一枚质地均匀的骰子一次，观察掷出向上的点数，设事件 A 表示“掷出向上为偶数点”，事件 B 表示“掷出向上为 3 点”，则 $P(A\cup B)=$(　　).

A. $\frac{1}{3}$　　B. $\frac{2}{3}$　　C. $\frac{1}{2}$　　D. $\frac{5}{6}$

9. 若随机事件 A，B 互斥，A，B 发生的概率均不等于 0，且 $P(A)=2-a$，$P(B)=4a-5$，则实数 a 的取值范围为(　　).

A. $\left(\frac{5}{4},\ 2\right)$　　B. $\left(\frac{5}{4},\ \frac{3}{2}\right)$　　C. $\left[\frac{5}{4},\ \frac{3}{2}\right]$　　D. $\left(\frac{5}{4},\ \frac{4}{3}\right]$

10. 现有 5 人参加抽奖活动，每人依次从装有 5 张奖票（其中 3 张为中奖票）的箱子中不放回地随机抽取一张，直到 3 张中奖票都被抽出时活动结束，则活动恰好在第 4 人抽完结束的概率为(　　).

A. $\frac{1}{10}$　　B. $\frac{1}{5}$　　C. $\frac{3}{10}$　　D. $\frac{2}{5}$

11. 两位男同学和两位女同学随机排成一列，则两位女同学相邻的概率是(　　).

A. $\frac{1}{6}$　　B. $\frac{1}{4}$　　C. $\frac{1}{3}$　　D. $\frac{1}{2}$

12. 在集合 $A=\{2, 3\}$ 中随机取一个元素 m，在集合 $B=\{1, 2, 3\}$ 中随机取一个元素 n，得到点 $P(m, n)$，则点 P 在圆 $x^2+y^2=9$ 内部的概率为(　　).

A. $\frac{1}{2}$　　B. $\frac{1}{3}$　　C. $\frac{3}{4}$　　D. $\frac{2}{5}$

13. 每年三月为学雷锋活动月，某班有青年志愿者男生 3 人，女生 2 人，现需选出 2 名青年志愿者到社区做公益宣传活动，则选出的 2 名志愿者性别相同的概率为(　　).

A. $\frac{3}{5}$　　B. $\frac{2}{5}$　　C. $\frac{1}{5}$　　D. $\frac{3}{10}$

14. 现有 10 个数，它们能构成一个以 1 为首项，-3 为公比的等比数列，若从这 10 个数中随机抽取一个数，则它小于 8 的概率是(　　).

A. $\frac{3}{5}$　　B. $\frac{1}{2}$　　C. $\frac{3}{10}$　　D. $\frac{1}{5}$

15. 箱子里有 5 个黑球，4 个白球，每次随机取出一个球，若取出黑球，则放回箱中，重新取球；若取出白球，则停止取球，那么在第 4 次取球之后停止的概率为(　　).

A. $\frac{C_5^3 C_4^1}{C_5^4}$　　B. $\left(\frac{5}{9}\right)^3 \times \frac{4}{9}$　　C. $\frac{3}{5} \times \frac{1}{4}$　　D. $C_4^1 \times \left(\frac{5}{9}\right)^3 \times \frac{4}{9}$

16. 排球比赛的规则是 5 局 3 胜制（无平局），甲在每局比赛中获胜的概率都为$\frac{2}{3}$，前 2 局中乙队以 2∶0 领先，则最后乙队获胜的概率是(　　).

A. $\frac{4}{9}$　　B. $\frac{8}{27}$　　C. $\frac{19}{27}$　　D. $\frac{40}{81}$

17. 小明同学喜欢打篮球，假设他每一次投篮投中的概率为$\frac{2}{3}$，则小明投篮四次，恰好两次投中的概率是(　　).

A. $\frac{4}{81}$　　B. $\frac{8}{81}$　　C. $\frac{4}{27}$　　D. $\frac{8}{27}$

18. 如图 7-4 所示的茎叶图表示的是甲、乙两人在 5 次综合测评中的成绩，其中一个数字被污损，则甲的平均成绩超过乙的平均成绩的概率是(　　).

甲		乙
9 8	8	3 3 7
2 1 0	9	● 9

图 7-4

A. $\frac{2}{5}$　　B. $\frac{7}{10}$　　C. $\frac{4}{5}$　　D. $\frac{9}{10}$

19. 在区间［0，2］上随机地取一个数 x，则事件“$-1\leqslant\log_{\frac{1}{2}}\left(x+\frac{1}{2}\right)\leqslant 1$”发生的概率为(　　).

A. $\frac{3}{4}$　　B. $\frac{2}{3}$　　C. $\frac{1}{3}$　　D. $\frac{1}{4}$

20. 某公司的班车在 7：00，8：00，8：30 发车，小明在 7：50 至 8：30 之间到达发车站乘坐班车，且到达发车站的时刻是随机的，则他等车时间不超过 10 分钟的概率是(　　).

A. $\frac{1}{3}$　　B. $\frac{1}{2}$　　C. $\frac{2}{3}$　　D. $\frac{3}{4}$

二、填空题

1. 给出下列三个命题，其中正确命题有________个.

(1) 有一大批产品，已知次品率为 10%，从中任取 100 件，必有 10 件是次品；

(2) 做 7 次抛硬币的试验，结果 3 次出现正面，因此正面出现的概率是$\frac{3}{7}$；

(3) 随机事件发生的频率就是这个随机事件发生的概率.

2. “键盘侠”一词描述了部分网民在现实生活中胆小怕事、自私自利，却习惯在网络上大放厥词的一种现象．某地新闻栏目对该地区群众对“键盘侠”的认可程度进行调查：在随机抽取的 50 人中，有 14 人持认可态度，其余持反对态度，若该地区有 9600 人，则可估计该地区对“键盘侠”持反对态度的有________人.

3. 一只袋子中装有 7 个红玻璃球，3 个绿玻璃球，从中无放回地任意抽取两次，每次只取一个，取得两个红玻璃球的概率为$\frac{7}{15}$，取得两个绿玻璃球的概率为$\frac{1}{15}$，则取得两个同色玻璃球的概率为________；至少取得一个红玻璃球的概率为________.

4. 从 2，3，8，9 四个数中任取两个不同的数字，分别记为 a，b，则 $\log_a b$ 为整数的概率是________.

5. 若 A，B 为互斥事件，$P(A)=0.4$，$P(A\cup B)=0.7$，则 $P(B)=$________.

6. 一个三位数的百位，十位，个位上的数字依次为 a，b，c，当且仅当有两个数字的和等于第三个数字时称这个三位数为“好数”（如 213，134），若 a，b，$c\in\{1,2,3,4\}$，且 a，b，c 互不相同，则这个三位数为“好数”的概率是________.

7. 事件 A，B，C 相互独立，如果 $P(AB)=\frac{1}{6}$，$P(\overline{B}C)=\frac{1}{8}$，$P(AB\overline{C})=\frac{1}{8}$，则 $P(B)=$________，$P(\overline{A}B)=$________.

8. 投篮测试中，每人投 3 次，至少投中 2 次才能通过测试．已知某同学每次投篮投中的概率为 0.6，且每次投篮是否投中相互独立，则该同学通过测试的概率为________.

9. 在长为 12 cm 的线段 AB 上任取一点 C. 现作一矩形，邻边长分别等于线段 AC，CB 的长，则该矩形面积小于 32 cm^2 的概率为________.

三、解答题

1. 某社区举办《“环保我参与”有奖问答比赛》活动，某场比赛中，甲、乙、丙三个家庭同时回答一道有关环保知识的问题．已知甲家庭回答正确这道题的概率是$\frac{3}{4}$，甲、丙两个家庭都回答错误的概率是$\frac{1}{12}$，乙、丙两个家庭都回答正确的概率是$\frac{1}{4}$. 若各家庭回答是否正确互不影响.

（1）求乙、丙两个家庭各自回答正确这道题的概率；

（2）求甲、乙、丙三个家庭中不少于 2 个家庭回答正确这道题的概率.

2. 某班选派 5 人，参加学校举行的数学竞赛，获奖的人数及其概率如下：

获奖人数	0	1	2	3	4	5
概率	0.1	0.16	x	y	0.2	z

（1）若获奖人数不超过 2 人的概率为 0.56，求 x 的值；

（2）若获奖人数最多 4 人的概率为 0.96，最少 3 人的概率为 0.44，求 y，z 的值.

3. 甲、乙两人各射击 1 次，击中目标的概率分别为$\frac{2}{3}$和$\frac{3}{4}$. 假设两人射击是否击中目标相互之间没有影响，每人每次射击是否击中目标相互之间也没有影响.

（1）求甲射击 4 次，至少有 1 次未击中目标的概率；

（2）求两人各射击 4 次，甲恰好击中目标 2 次且乙恰好击中目标 3 次的概率；

（3）假设每人连续 2 次未击中目标，则终止其射击. 问：乙恰好射击 5 次后，被终止射击的概率为多少？

4. 在一个不透明的箱子里装有 5 个完全相同的小球，球上分别标有数字 1，2，3，4，5. 甲先从箱子中摸出一个小球，记下球上所标数字后，再将该小球放回箱子中摇匀后，乙从该箱子中摸出一个小球.

（1）若甲、乙两人谁摸出的球上标的数字大谁就获胜（若数字相同为平局），求甲获胜的概率；

（2）若规定：两人摸到的球上所标数字之和小于 6 则甲获胜，否则乙获胜，这样规定公平吗？

5. 从某学校高三年级共 800 名男生中随机抽取 50 名测量身高，被测学生身高全部介于 155 cm 和 195 cm 之间，将测量结果按如下方式分成八组：第一组 [155，160)，第二组 [160，165)，…，第八组 [190，195]，如图 7－5 所示的是按上述分组方法得到的频

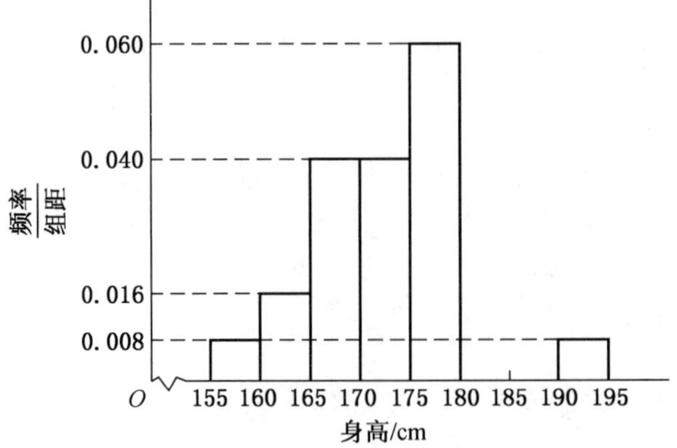

图 7－5

率分布直方图的一部分，已知第六组比第七组多 1 人，第一组和第八组人数相同.

（1）求第六组、第七组的频率并补充完整频率分布直方图；

（2）若从身高属于第六组和第八组的所有男生中随机抽取两名，记他们的身高分别为 x，y，求 $|x-y| \leqslant 5$ 的概率.

第八章　三　角　函　数

第一节　角的相关概念

一、任意角的概念

角可以看作是平面内的一条射线绕其端点旋转到另一个位置形成的图形，旋转开始时的射线称为角的始边，终止时的射线称为角的终边，射线的端点称为角的顶点.

角的形成可以按照两种相反的旋转方向：逆时针方向和顺时针方向．把按逆时针方向旋转所形成的角称为正角，把按顺时针方向旋转所形成的角称为负角.

特别地，当一条射线没有做任何旋转时，也认为形成了一个角，把这个角称为零角.

在始边逆时针旋转第一圈的过程中形成 $0°\sim360°$ 的所有的角；在继续旋转第二圈的过程中形成了 $360°\sim720°$ 的所有的角；继续旋转下去可以形成任意大的正角.

类似地，在始边顺时针旋转第一圈的过程中形成 $0°\sim-360°$ 的所有的角；在继续旋转第二圈的过程中形成了 $-360°\sim-720°$ 的所有的角；继续旋转下去可以形成任意大的负角.

二、终边相同的角

如果把角放进直角坐标系中，使角的顶点与坐标原点重合，始边 OA 在 x 轴的正半轴，让 OA 逆时针或顺时针旋转就可以得到任意大小的角.

角 α 以及所有与角 α 终边相同的角都可以表示为 $k\cdot360°+\alpha(k\in\mathbf{Z})$，因此与角 α 终边相同的角的集合为 $\{\beta\mid\beta=k\cdot360°+\alpha,\ k\in\mathbf{Z}\}$.

三、象限角

角的终边在第几象限，就称这个角是第几象限角.

终边在四个象限的角的集合表示为：

第一象限角：$\{\alpha\mid k\cdot360°<\alpha<k\cdot360°+90°,\ k\in\mathbf{Z}\}$；

第二象限角：$\{\alpha\mid k\cdot360°+90°<\alpha<k\cdot360°+180°,\ k\in\mathbf{Z}\}$；

第三象限角：$\{\alpha\mid k\cdot360°+180°<\alpha<k\cdot360°+270°,\ k\in\mathbf{Z}\}$；

第四象限角：$\{\alpha\mid k\cdot360°+270°<\alpha<k\cdot360°+360°,\ k\in\mathbf{Z}\}$.

特别地，角的终边落在坐标轴上的角，称为轴上角．轴上角不属于任何象限.

终边在 x 轴上的角的集合：$\{\alpha\mid\alpha=k\cdot180°,\ k\in\mathbf{Z}\}$；

终边在 y 轴上的角的集合：$\{\alpha\mid\alpha=90°+k\cdot180°,\ k\in\mathbf{Z}\}$；

终边在坐标轴上的角的集合：$\{\alpha\mid\alpha=k\cdot90°,\ k\in\mathbf{Z}\}$.

四、角的度量

1. 角度制

周角的$\frac{1}{360}$为 1 度的角．用度做单位来度量角的制度称为角度制．在角度制中，单位有度、分、秒，它们的换算关系为：

$$1°=60';$$
$$1'=60''.$$

2. 弧度制

把弧长等于半径的弧所对的圆心角称为 1 弧度的角．用弧度作为单位来度量角的制度称为弧度制．规定正角的弧度数是正数，负角的弧度数是负数，零角的弧度数是零．任意一已知角 α 的弧度数的绝对值

$$|\alpha|=\frac{l}{r}.$$

其中，l 为以角 α 作为圆心角时所对圆弧的长度，r 为圆半径.

3. 角度制与弧度制的换算

$$360°=2\pi\text{弧度};$$
$$180°=\pi\text{弧度};$$
$$1\text{弧度}=\left(\frac{180}{\pi}\right)^{\circ}\approx 57.30°=57°18';$$
$$1°=\frac{\pi}{180}\text{弧度}\approx 0.01745\text{弧度}.$$

说明：在用弧度表示角时，“弧度”二字可以省略.

4. 弧度制下的弧长及扇形面积公式

圆弧长公式：$l=|\alpha|\cdot r$；

扇形面积公式：$S=\frac{1}{2}|\alpha|\cdot r^2=\frac{1}{2}lr.$

其中，α 为圆心角的弧度数，r 为圆的半径.

第二节 任意角的三角函数

一、任意角三角函数的定义

设点 $P(x,y)$ 是角 α 的终边上任意的一个点，它到原点的距离是 $r(r>0)$，分别给出如下定义：

正弦函数 $\sin\alpha=\frac{y}{r}$；余弦函数 $\cos\alpha=\frac{x}{r}$；正切函数 $\tan\alpha=\frac{y}{x}$；

余切函数 $\cot\alpha=\frac{x}{y}$；正割函数 $\sec\alpha=\frac{r}{x}$；余割函数 $\csc\alpha=\frac{r}{y}$.

这些函数统称为三角函数.

正弦函数和余弦函数的定义域为 **R**.

正切函数和正割函数的定义域为$\left\{\alpha \mid \alpha \in \mathbf{R},\ \alpha \neq k\pi + \frac{\pi}{2},\ k \in \mathbf{Z}\right\}$.

余切函数和余割函数的定义域为 $\{\alpha \mid \alpha \in \mathbf{R},\ \alpha \neq k\pi,\ k \in \mathbf{Z}\}$.

二、三角函数的符号

三角函数在各个象限的符号如图 8－1 所示.

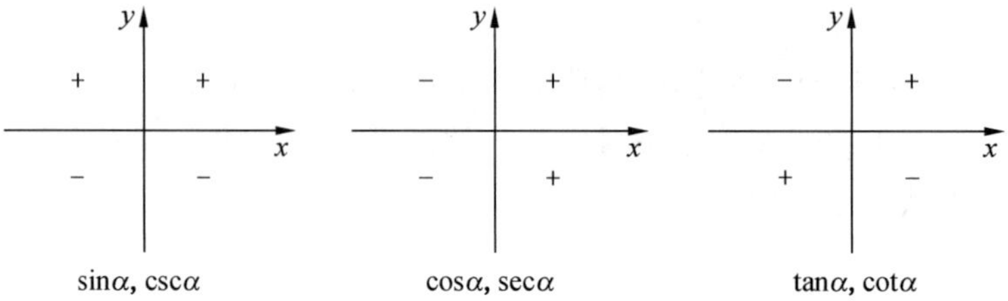

图 8－1

三、特殊角的三角函数值

角 α / 函数	0°	30°	45°	60°	90°	180°	270°	360°
	0	$\frac{\pi}{6}$	$\frac{\pi}{4}$	$\frac{\pi}{3}$	$\frac{\pi}{2}$	π	$\frac{3\pi}{2}$	2π
$\sin\alpha$	0	$\frac{1}{2}$	$\frac{\sqrt{2}}{2}$	$\frac{\sqrt{3}}{2}$	1	0	−1	0
$\cos\alpha$	1	$\frac{\sqrt{3}}{2}$	$\frac{\sqrt{2}}{2}$	$\frac{1}{2}$	0	−1	0	1
$\tan\alpha$	0	$\frac{\sqrt{3}}{3}$	1	$\sqrt{3}$	不存在	0	不存在	0
$\cot\alpha$	不存在	$\sqrt{3}$	1	$\frac{\sqrt{3}}{3}$	0	不存在	0	不存在

第三节 三角函数基本关系

一、同角三角函数的基本关系式

1. 倒数关系

$$\sin\alpha \cdot \csc\alpha = 1;$$
$$\cos\alpha \cdot \sec\alpha = 1;$$
$$\tan\alpha \cdot \cot\alpha = 1.$$

2. 商数关系

$$\tan\alpha = \frac{\sin\alpha}{\cos\alpha};$$

$$\cot\alpha=\frac{\cos\alpha}{\sin\alpha}.$$

3. 平方关系

$$\sin^2\alpha+\cos^2\alpha=1;$$
$$1+\tan^2\alpha=\sec^2\alpha;$$
$$1+\cot^2\alpha=\csc^2\alpha.$$

二、诱导公式

1.

$$\sin(2k\pi+\alpha)=\sin\alpha;$$
$$\cos(2k\pi+\alpha)=\cos\alpha;$$
$$\tan(2k\pi+\alpha)=\tan\alpha;$$
$$\cot(2k\pi+\alpha)=\cot\alpha(k\in\mathbf{Z}).$$

2.

$$\sin(\pi+\alpha)=-\sin\alpha;$$
$$\cos(\pi+\alpha)=-\cos\alpha;$$
$$\tan(\pi+\alpha)=\tan\alpha;$$
$$\cot(\pi+\alpha)=\cot\alpha.$$

3.

$$\sin(-\alpha)=-\sin\alpha;$$
$$\cos(-\alpha)=\cos\alpha;$$
$$\tan(-\alpha)=-\tan\alpha;$$
$$\cot(-\alpha)=-\cot\alpha.$$

4.

$$\sin(\pi-\alpha)=\sin\alpha;$$
$$\cos(\pi-\alpha)=-\cos\alpha;$$
$$\tan(\pi-\alpha)=-\tan\alpha;$$
$$\cot(\pi-\alpha)=-\cot\alpha.$$

5.

$$\sin(2\pi-\alpha)=-\sin\alpha;$$
$$\cos(2\pi-\alpha)=\cos\alpha;$$
$$\tan(2\pi-\alpha)=-\tan\alpha;$$
$$\cot(2\pi-\alpha)=-\cot\alpha.$$

6.

$$\sin\left(\frac{\pi}{2}\pm\alpha\right)=\cos\alpha;\quad \cos\left(\frac{\pi}{2}\pm\alpha\right)=\mp\sin\alpha;$$
$$\tan\left(\frac{\pi}{2}\pm\alpha\right)=\mp\cot\alpha;\cot\left(\frac{\pi}{2}\pm\alpha\right)=\tan\alpha;$$
$$\sin\left(\frac{3\pi}{2}\pm\alpha\right)=-\cos\alpha;\cos\left(\frac{3\pi}{2}\pm\alpha\right)=\pm\sin\alpha;$$

$$\tan\left(\frac{3\pi}{2}\pm\alpha\right)=\mp\cot\alpha;\ \cot\left(\frac{3\pi}{2}\pm\alpha\right)=\mp\tan\alpha.$$

说明：（1）前五组诱导公式的记忆方法为 $2k\pi+\alpha(k\in\mathbf{Z})$，$-\alpha$，$\pi\pm\alpha$，$2\pi-\alpha$ 的三角函数值都等于 α 的同名函数值，其符号为 α 看成锐角时原来函数值的符号.

（2）诱导公式可简记为“奇余偶同，象限定号.”即当常数角是$\frac{\pi}{2}$的奇数倍时，名称变为相应的余函数；当常数角是$\frac{\pi}{2}$的偶数倍时，名称不变.“象限定号”就是把 α 看作锐角时，原来三角函数所在象限的符号.

第四节 三角恒等变换

一、两角和与差的三角函数公式

$$\cos(\alpha\pm\beta)=\cos\alpha\cos\beta\mp\sin\alpha\sin\beta;$$
$$\sin(\alpha\pm\beta)=\sin\alpha\cos\beta\pm\cos\alpha\sin\beta;$$
$$\tan(\alpha\pm\beta)=\frac{\tan\alpha\pm\tan\beta}{1\mp\tan\alpha\tan\beta}.$$

二、二倍角的变换公式

$$\sin2\alpha=2\sin\alpha\cos\alpha;$$
$$\cos2\alpha=\cos^2\alpha-\sin^2\alpha=2\cos^2\alpha-1=1-2\sin^2\alpha;$$
$$\tan2\alpha=\frac{2\tan\alpha}{1-\tan^2\alpha}.$$

三、半角的变换公式

$$\sin\frac{\alpha}{2}=\pm\sqrt{\frac{1-\cos\alpha}{2}};$$
$$\cos\frac{\alpha}{2}=\pm\sqrt{\frac{1+\cos\alpha}{2}};$$
$$\tan\frac{\alpha}{2}=\pm\sqrt{\frac{1-\cos\alpha}{1+\cos\alpha}}=\frac{1-\cos\alpha}{\sin\alpha}=\frac{\sin\alpha}{1+\cos\alpha}.$$

说明：半角公式中的“±”号的选取是由$\frac{\alpha}{2}$所在的象限来确定.

四、万能替换公式

$$\sin\alpha=\frac{2\tan\frac{\alpha}{2}}{1+\tan^2\frac{\alpha}{2}};\ \cos\alpha=\frac{1-\tan^2\frac{\alpha}{2}}{1+\tan^2\frac{\alpha}{2}};\ \tan\alpha=\frac{2\tan\frac{\alpha}{2}}{1-\tan^2\frac{\alpha}{2}}.$$

第五节　三角函数图像与性质

一、三角函数的图像

1. 正弦函数、余弦函数的图像

正弦函数 $y=\sin x$ 的图像称为正弦曲线，如图 8－2 所示.

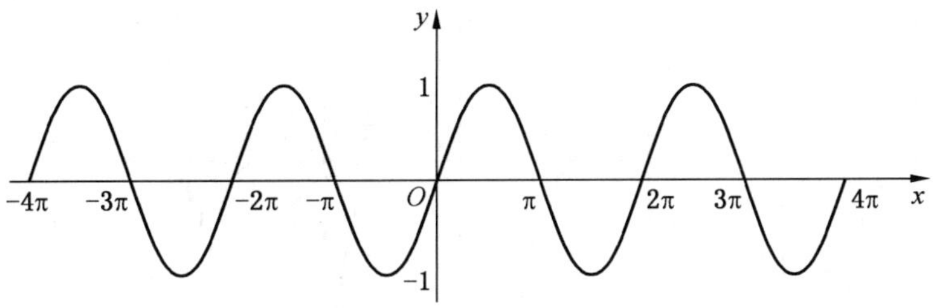

图 8－2

余弦函数 $y=\cos x$ 的图像称为余弦曲线，如图 8－3 所示.

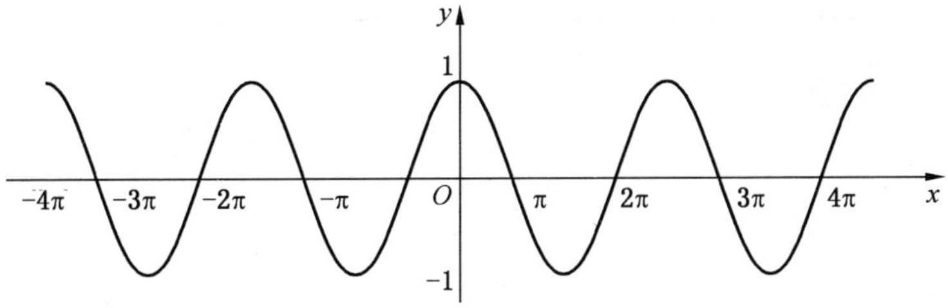

图 8－3

2. 正弦函数、余弦函数的画法

用描点法或几何法作出函数 $y=\sin x$、$y=\cos x$ 在 $x\in[0,\ 2\pi]$ 上的图像，再根据其周期性，将此图像沿着 x 轴向左和向右平行移动 2π，4π，…，$2k\pi$，…$(k\in\mathbf{Z})$ 个单位，就得到 $y=\sin x$、$y=\cos x$ 的图像．从图 8－2 可以看出，正弦函数 $y=\sin x$，$x\in[0,\ 2\pi]$ 的图像在五个点 $(0,\ 0)$，$\left(\frac{\pi}{2},\ 1\right)$，$(\pi,\ 0)$，$\left(\frac{3\pi}{2},\ -1\right)$，$(2\pi,\ 0)$ 描出后，其形状就基本确定了，因此在精度要求不太高时，常常先描出这五个点，然后再用光滑曲线将它们连接起来，从而得到正弦函数 $y=\sin x$ 在 $x\in[0,\ 2\pi]$ 上的简图，这种方法称为“五点法”.

类似地，余弦函数 $y=\cos x$ 在 $x\in[0,\ 2\pi]$ 上的简图，也可用“五点法”描出.

3. 正切函数、余切函数的图像

正切函数 $y=\tan x$ 的图像称为正切曲线，如图 8－4 所示.

正切曲线是由相互平行的直线 $x=\frac{\pi}{2}+k\pi(k\in\mathbf{Z})$ 隔开的无穷多支曲线组成的，而在相邻的两平行直线之间的图像是连续变化的.

余切函数 $y=\cot x$ 的图像称为余切曲线，如图 8－5 所示.

余切曲线是由相互平行的直线 $x=k\pi(k\in\mathbf{Z})$ 隔开的无穷多支曲线组成的，而相邻的两平行直线之间的图像是连续变化的.

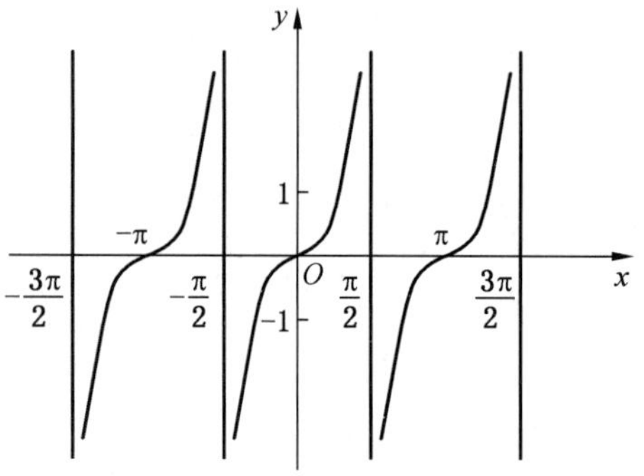

图 8－4

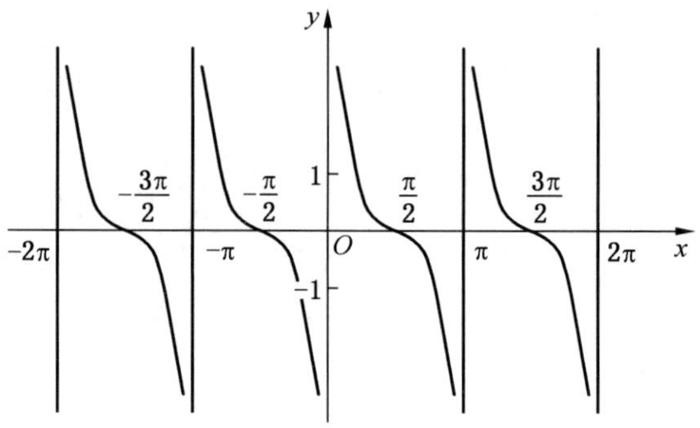

图 8－5

二、三角函数的主要性质

	$y=\sin x$	$y=\cos x$	$y=\tan x$	$y=\cot x$
定义域	$\mathbf{R}$	$\mathbf{R}$	$\{x\mid x\in\mathbf{R},\ x\neq k\pi+\frac{\pi}{2},\ k\in\mathbf{Z}\}$	$\{x\mid x\in\mathbf{R},\ x\neq k\pi,\ k\in\mathbf{Z}\}$
值域	$[-1,1]$ $x=2k\pi+\frac{\pi}{2},\ k\in\mathbf{Z}$ 时取最大值 1， $x=2k\pi-\frac{\pi}{2},\ k\in\mathbf{Z}$ 时取最小值 -1	$[-1,1]$ $x=2k\pi,\ k\in\mathbf{Z}$ 时取最大值 1， $x=(2k+1)\pi,\ k\in\mathbf{Z}$ 时取最小值 -1	$\mathbf{R}$ 无最大值、最小值	$\mathbf{R}$ 无最大值、最小值
周期性	周期为 2π	周期为 2π	周期为 π	周期为 π
奇偶性	奇函数	偶函数	奇函数	奇函数
单调性	在 $\left(-\frac{\pi}{2}+2k\pi,\ \frac{\pi}{2}+2k\pi\right)$，$k\in\mathbf{Z}$ 上单调递增； 在 $\left(\frac{\pi}{2}+2k\pi,\ \frac{3\pi}{2}+2k\pi\right)$，$k\in\mathbf{Z}$ 上单调递减	在 $[(2k-1)\pi,\ 2k\pi]$， $k\in\mathbf{Z}$ 上单调递增； 在 $[2k\pi,(2k+1)\pi]$ 上单调递减	在 $\left(-\frac{\pi}{2}+k\pi,\ \frac{\pi}{2}+k\pi\right)$， $k\in\mathbf{Z}$ 上单调递增	在 $(k\pi,\ (k+1)\pi)$， $k\in\mathbf{Z}$ 上单调递减

三、三角函数 $y=A\sin(\omega x+\varphi)$ 的图像

1. 函数 $y=A\sin x$ 的图像

函数 $y=A\sin x(A>0$，且 $A\neq1)$ 的图像可以看作是把 $y=\sin x$ 的图像上所有点的纵坐标伸长（当 $A>1$ 时）或缩短（当 $0<A<1$ 时）到原来的 A 倍(横坐标不变)而得到的. $y=A\sin x$ 的值域为 $[-A, A]$，最大值为 A，最小值为 $-A$，周期为 2π. 如图 8-6 所示.

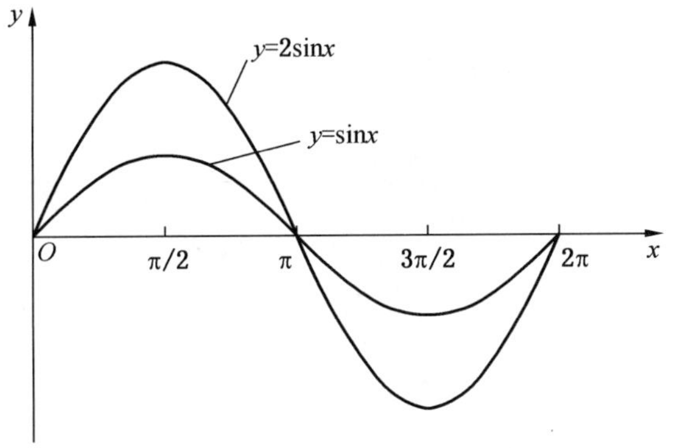

图 8-6

2. 函数 $y=\sin\omega x$ 的图像

函数 $y=\sin\omega x(\omega>0$，且 $\omega\neq1)$ 的图像可以看作是把 $y=\sin x$ 的图像上所有点的横坐标伸长（当 $0<\omega<1$ 时）或缩短（当 $\omega>1$ 时）到原来的 $\frac{1}{\omega}$ 倍（纵坐标不变）而得到的. $y=\sin\omega x$ 的值域为 $[-1, 1]$，最大值为 1，最小值为 -1，周期为 $\frac{2\pi}{\omega}$. 如图 8-7 所示.

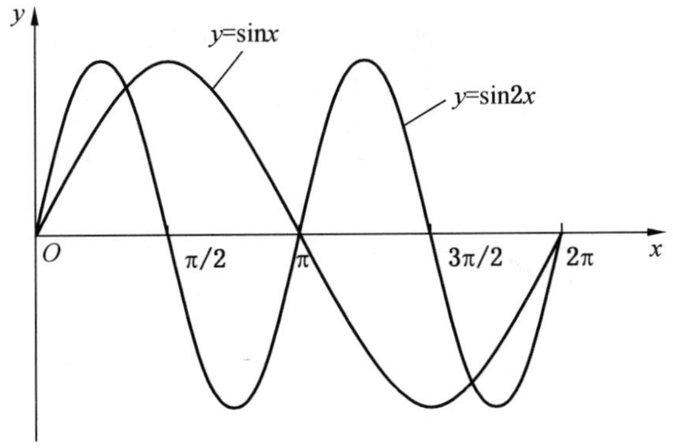

图 8-7

3. 函数 $y=A\sin(\omega x+\varphi)$ 的图像

函数 $y=A\sin(\omega x+\varphi)(A>0,\omega>0)$ 的图像可以看作是先把 $y=\sin x$ 的图像上所有点

向左（$\varphi>0$）或向右（$\varphi<0$）平行移动$|\varphi|$个单位，再把所有各点的横坐标缩短（$\omega>1$）或伸长（$0<\omega<1$）到原来的$\frac{1}{\omega}$倍（纵坐标不变），再把所有各点的纵坐标伸长（$A>1$）或缩短（$0<A<1$）到原来的A倍（横坐标不变），如图8－8所示.

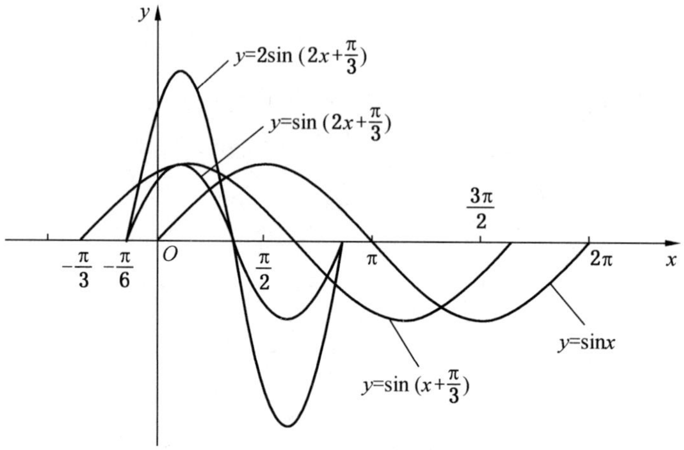

图8－8

函数$y=A\sin(\omega x+\varphi)$的值域为$[-A,A]$,最大值为$A$,最小值为$-A$,周期为$T=\frac{2\pi}{\omega}$.

当函数$y=A\sin(\omega x+\varphi)(A>0,\omega>0)$表示一个振动量时，$A$表示这个振动量离开平衡位置的最大距离，称为这个振动的振幅，往复振动一次所需的时间$T=\frac{2\pi}{\omega}$称为周期，单位时间内往复振动的次数$f=\frac{1}{T}=\frac{\omega}{2\pi}$称为振动的频率．$\omega x+\varphi$称为相位，$\varphi$称为初相位（即当$x=0$时的相位）.

函数$y=A\cos(\omega x+\varphi)$也可进行类似的讨论或视为函数$y=A\cos(\omega x+\phi)=A\sin\left(\omega x+\phi+\frac{\pi}{2}\right)$讨论.

第六节　解　三　角　形

一、解直角三角形

1. 直角三角形的边角关系

如图8－9所示，在直角三角形ABC中，$C=90°$，角A、B、C的对边分别为a、b、c，除角C外的其余5个元素的关系如下．

（1）三边之间的关系：

$$a^2+b^2=c^2.$$

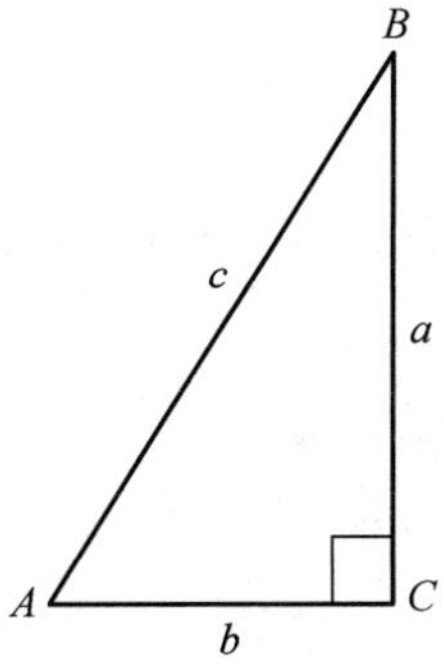

图 8－9

（2）两锐角之间的关系：

$$A + B = 90°;$$
$$\sin A = \cos B;$$
$$\cos A = \sin B;$$
$$\tan A = \cot B.$$

（3）边角之间的关系：

$$\sin A = \frac{a}{c};\ \cos A = \frac{b}{c};$$

$$\tan A = \frac{a}{b};\ \cot A = \frac{b}{a}.$$

（4）三角形的面积：

$$S = \frac{1}{2}ab.$$

2. 直角三角形的解法

根据直角三角形的边角关系，如果有一个直角已知，那么只要知道其中两个元素（至少有一个是边），就可以求出其余三个元素。求未知元素的过程称为解直角三角形.

二、解斜三角形

1. 斜三角形的边角关系

如图 8－10 所示，在△ABC 中，三个角 A、B、C 的对边分别为 a、b、c，边角关系如下：

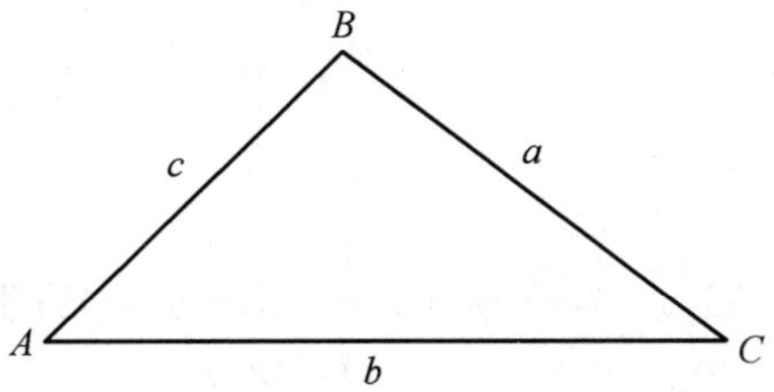

图 8－10

（1）$A+B+C=180°$.

（2）正弦定理：

$\frac{a}{\sin A}=\frac{b}{\sin B}=\frac{c}{\sin C}=2R$，其中 R 是 $\triangle ABC$ 外接圆的半径.

（3）余弦定理：

$$a^2=b^2+c^2-2bc\cos A;$$
$$b^2=a^2+c^2-2ac\cos B;$$
$$c^2=a^2+b^2-2ab\cos C.$$

2. 斜三角形的解法

由斜三角形的三个元素（至少有一个是边）求其余三个未知元素（可能有两个解，一个解或无解）的过程称为解斜三角形．主要有以下类型：

（1）已知三边，求三个角，主要应用余弦定理，有解时，只有一个解；

（2）已知两边及其夹角，求第三边和其他两个角，主要应用余弦定理，在有解时，只有一解；

（3）已知两边及其中一边的对角，求另一边的对角，从而进一步求出其他的边和角，主要应用正弦定理，有三种情况：有两解，一解，无解.

3. 斜三角形的面积公式

若已知两边 a，b 及其夹角 C，则面积

$$S=\frac{1}{2}ab\sin C;$$

若已知三边 a，b，c，设 $p=\frac{1}{2}(a+b+c)$，则面积

$$S=\sqrt{p(p-a)(p-b)(p-c)}.$$

例题解析

一、选择题

1. 若 α 是第三象限的角，则 $\pi-\frac{1}{2}\alpha$ 是（　　）.

A. 第一或第二象限的角　　B. 第一或第三象限的角

C. 第二或第三象限的角　　D. 第二或第四象限的角

【答案】B

【解析】$\because$ $2k\pi+\pi<\alpha<2k\pi+\frac{3}{2}\pi$，$k\in\mathbf{Z}$，$\therefore$ $k\pi+\frac{1}{2}\pi<\frac{1}{2}\alpha<k\pi+\frac{3}{4}\pi$，$k\in\mathbf{Z}$，$k\pi+\frac{\pi}{4}<\pi-\frac{1}{2}\alpha<k\pi+\frac{\pi}{2}$，$k\in\mathbf{Z}$，$k$ 为奇数时，$\pi-\frac{1}{2}\alpha$ 在第三象限；k 为偶数时，$\pi-\frac{1}{2}\alpha$ 在第一象限.

2. 若一扇形的圆心角为 72°，半径为 20 cm，则扇形的面积为（　　）.

A. $40\pi\ \text{cm}^2$　　B. $80\pi\ \text{cm}^2$　　C. $40\ \text{cm}^2$　　D. $80\ \text{cm}^2$

【答案】B

【解析】$72° = \frac{2\pi}{5}$，扇形面积 $S = \frac{1}{2}\alpha r^2 = \frac{1}{2} \times \frac{2\pi}{5} \times 20^2 = 80\pi \text{cm}^2$.

3. 设 α 角属于第二象限，且 $\left|\cos\frac{\alpha}{2}\right| = -\cos\frac{\alpha}{2}$，则$\frac{\alpha}{2}$角属于(　　).

A. 第一象限　　B. 第二象限　　C. 第三象限　　D. 第四象限

【答案】C

【解析】$2k\pi + \frac{\pi}{2} < \alpha < 2k\pi + \pi (k \in \mathbf{Z})$，则 $k\pi + \frac{\pi}{4} < \frac{\alpha}{2} < k\pi + \frac{\pi}{2}$ $(k \in \mathbf{Z})$，当 $k = 2n$ $(n \in \mathbf{Z})$时，$\frac{\alpha}{2}$在第一象限；当 $k = 2n + 1 (n \in \mathbf{Z})$ 时，$\frac{\alpha}{2}$在第三象限；而 $\left|\cos\frac{\alpha}{2}\right| = -\cos\frac{\alpha}{2} \Rightarrow \cos\frac{\alpha}{2} \leqslant 0$，∴ $\frac{\alpha}{2}$在第三象限.

4. $\left(\tan x + \frac{1}{\tan x}\right)\cos^2 x = $(　　).

A. $\sin x$　　B. $\cos x$　　C. $\tan x$　　D. $\frac{1}{\tan x}$

【答案】D

【解析】$\left(\tan x + \frac{1}{\tan x}\right)\cos^2 x = \left(\frac{\sin x}{\cos x} + \frac{\cos x}{\sin x}\right)\cos^2 x = \frac{\sin^2 x + \cos^2}{\sin x\cos x}\cos^2 x = \frac{\cos x}{\sin x} = \frac{1}{\tan x}$.

5. 已知 $\tan\theta = 2$，则 $2\sin^2\theta + \sin\theta\cos\theta - \cos^2\theta = $(　　).

A. $-\frac{4}{3}$　　B. $-\frac{6}{5}$　　C. $\frac{4}{5}$　　D. $\frac{9}{5}$

【答案】D

【解析】∵ $\tan\theta = 2$ ，

∴ 原式 $= \frac{2\sin^2\theta + \sin\theta\cos\theta - \cos^2\theta}{\sin^2\theta + \cos^2\theta} = \frac{2\tan^2\theta + \tan\theta - 1}{\tan^2\theta + 1} = \frac{8 + 2 - 1}{4 + 1} = \frac{9}{5}$.

6. 若 $\sin\alpha - \sin\beta = 1 - \frac{\sqrt{3}}{2}$，$\cos\alpha - \cos\beta = \frac{1}{2}$，则 $\cos(\alpha - \beta)$的值为（　　）.

A. $\frac{1}{2}$　　B. $\frac{\sqrt{3}}{2}$　　C. $\frac{\sqrt{3}}{4}$　　D. 1

【答案】B

【解析】由 $\sin\alpha - \sin\beta = 1 - \frac{\sqrt{3}}{2} \Rightarrow \sin^2\alpha + \sin^2\beta - 2\sin\alpha\sin\beta = \frac{7}{4} - \sqrt{3}$.

$\cos\alpha - \cos\beta = \frac{1}{2} \Rightarrow \cos^2\alpha + \cos^2\beta - 2\cos\alpha\cos\beta = \frac{1}{4}$. 两式相加得

$2 - 2\cos(\alpha - \beta) = 2 - \sqrt{3}$，∴ $\cos(\alpha - \beta) = \frac{\sqrt{3}}{2}$.

7. 已知函数$f(x) = \sin(2x + \varphi)$的图像关于直线 $x = \frac{\pi}{8}$对称，则 φ 可能是(　　).

A. $\frac{\pi}{2}$　　B. $-\frac{\pi}{4}$　　C. $\frac{\pi}{4}$　　D. $\frac{3\pi}{4}$

【答案】C

【解析】对称轴过最高点或最低点，$f\left(\frac{\pi}{8}\right)=\pm1$，$\sin\left(2\times\frac{\pi}{8}+\varphi\right)=\pm1\Rightarrow 2\times\frac{\pi}{8}+\varphi=k\pi+\frac{\pi}{2}$，$\varphi=k\pi+\frac{\pi}{4}(k\in\mathbf{Z})$，当 $k=0$ 时，$\varphi=\frac{\pi}{4}$.

8. $\triangle ABC$ 的内角 A，B，C 的对边分别为 a，b，c. 已知 $\sin B+\sin A(\sin C-\cos C)=0$，$a=2$，$c=\sqrt{2}$，则 $C=$(　　).

A. $\frac{\pi}{12}$　　B. $\frac{\pi}{6}$　　C. $\frac{\pi}{4}$　　D. $\frac{\pi}{3}$

【答案】B

【解析】$\because$ $\sin B+\sin A(\sin C-\cos C)=0$，$\therefore$ $\sin(A+C)+\sin A\sin C-\sin A\cos C=0$，$\therefore$ $\sin A\cos C+\cos A\sin C+\sin A\sin C-\sin A\cos C=0$，整理得 $\sin C$（$\sin A+\cos A$）$=0$. $\because$ $\sin C\neq 0$，$\therefore$ $\sin A+\cos A=0$，$\therefore$ $\tan A=-1$，$\because$ $A\in$（0，π），$\therefore$ $A=\frac{3\pi}{4}$，由正弦定理得 $\sin C=\frac{c\cdot\sin A}{a}=\frac{\sqrt{2}\times\frac{\sqrt{2}}{2}}{2}=\frac{1}{2}$，又 $0<C<\frac{\pi}{4}$，$\therefore$ $C=\frac{\pi}{6}$.

二、填空题

1. 已知扇形的周长为 4 cm，则这个扇形面积的最大值为________.

【答案】1 cm^2.

【解析】设扇形的圆心角为 $\alpha(0<\alpha<2\pi)$，半径为 r，面积为 S，则扇形的弧长为 αr，由题意得，$2r+\alpha r=4$，$\Rightarrow\alpha=\frac{4-2r}{r}$，$\therefore$ $S=\frac{1}{2}\alpha r^2=\frac{1}{2}\times\frac{4-2r}{r}\times r^2=2r-r^2=-(r-1)^2+1$. $\therefore$ 当 $r=1$ 时，扇形面积最大，最大值为 1 cm^2.

2. 已知角 α 的终边经过点 $P(-x,\ -6)$，且 $\cos\alpha=-\frac{5}{13}$，则 $\frac{1}{\sin\alpha}+\frac{1}{\tan\alpha}=$________.

【答案】$-\frac{2}{3}$

【解析】$\because$ 角 α 的终边经过点 $P(-x,\ -6)$，且 $\cos\alpha=-\frac{5}{13}$，$\therefore$ $\cos\alpha=\frac{-x}{\sqrt{x^2+36}}=-\frac{5}{13}$，解得 $x=\frac{5}{2}$ 或 $x=-\frac{5}{2}$（舍去），$\therefore$ $P\left(-\frac{5}{2},\ -6\right)$，$\sin\alpha=-\frac{12}{13}$，$\tan\alpha=\frac{\sin\alpha}{\cos\alpha}=\frac{12}{5}$，则 $\frac{1}{\sin\alpha}+\frac{1}{\tan\alpha}=-\frac{13}{12}+\frac{5}{12}=-\frac{2}{3}$.

3. 在 $\triangle ABC$ 中，已知 $\cos\left(\frac{\pi}{4}+A\right)=\frac{3}{5}$，则 $\cos 2A$ 的值为________.

【答案】$\frac{24}{25}$

【解析】$\cos\left(\frac{\pi}{4}+A\right)=\cos\frac{\pi}{4}\cos A-\sin\frac{\pi}{4}\sin A=\frac{\sqrt{2}}{2}$（$\cos A-\sin A$）$=\frac{3}{5}$，$\therefore$ $\cos A-\sin A=\frac{3\sqrt{2}}{5}>0$. 又 $\cos\left(\frac{\pi}{4}+A\right)=\frac{3}{5}>0$ 得，$0<A<\frac{\pi}{4}$，$\therefore$ $0<2A<\frac{\pi}{2}$，推得 $1-\sin 2A=\frac{18}{25}$，

$\therefore\ \sin 2A=\dfrac{7}{25}$，$\therefore\ \cos 2A=\sqrt{1-\sin^2 2A}=\dfrac{24}{25}$.

4. 函数 $y=2\sqrt{3}\sin x\cos x+2\cos^2 x-1$ 的最小正周期为________.

【答案】π

【解析】$\because\ y=2\sqrt{3}\sin x\cos x+2\cos^2 x-1=\sqrt{3}\sin 2x+\cos 2x=2\sin\left(2x+\dfrac{\pi}{6}\right)$，$\therefore$ 函数的最小正周期 $T=\dfrac{2\pi}{2}=\pi$.

5. 设△ABC 的内角 A，B，C 的对边分别为 a，b，c. 若 $a=\sqrt{3}$，$\sin B=\dfrac{1}{2}$，$C=\dfrac{\pi}{6}$，则 $b=$________.

【答案】1

【解析】$\because\ \sin B=\dfrac{1}{2}$ 且 $B\in(0,\pi)$，$\therefore\ B=\dfrac{\pi}{6}$ 或 $B=\dfrac{5\pi}{6}$，又 $\because\ C=\dfrac{\pi}{6}$，$\therefore\ B=\dfrac{\pi}{6}$，$A=\pi-B-C=\dfrac{2\pi}{3}$. 又 $a=\sqrt{3}$，由正弦定理得 $\dfrac{a}{\sin A}=\dfrac{b}{\sin B}$，即 $\dfrac{\sqrt{3}}{\sin\frac{2\pi}{3}}=\dfrac{b}{\sin\frac{\pi}{6}}$，解得 $b=1$.

三、解答题

1. 比较下列各组数的大小

（1）$\tan\left(-\dfrac{13\pi}{4}\right)$ 与 $\tan\left(-\dfrac{17\pi}{5}\right)$；

（2）$\sin\left(-\dfrac{\pi}{18}\right)$ 与 $\sin\left(-\dfrac{\pi}{10}\right)$.

解　（1）$\tan\left(-\dfrac{13\pi}{4}\right)=\tan\left(-\dfrac{13\pi}{4}+3\pi\right)=-\tan\dfrac{\pi}{4}$，$\tan\left(-\dfrac{17\pi}{5}\right)=\tan\left(-\dfrac{17\pi}{5}+3\pi\right)=-\tan\dfrac{2\pi}{5}$，$\because\ y=\tan x$ 在 $\left(0,\dfrac{\pi}{2}\right)$ 内单调递增，$\therefore\ \tan\dfrac{\pi}{4}<\tan\dfrac{2\pi}{5}$，$\therefore\ -\tan\dfrac{\pi}{4}>-\tan\dfrac{2\pi}{5}$，即 $\tan\left(-\dfrac{13\pi}{4}\right)>\tan\left(-\dfrac{17\pi}{5}\right)$.

（2）$y=\sin x$ 在 $\left(-\dfrac{\pi}{2},0\right)$ 内单调递增，又 $\because\ -\dfrac{\pi}{10}<-\dfrac{\pi}{18}$，$\therefore\ \sin\left(-\dfrac{\pi}{10}\right)<\sin\left(-\dfrac{\pi}{18}\right)$.

2. 已知半径为 8 的圆 O 中，弦 AB 的长为 8.

（1）求弦 AB 所对的圆心角 $\alpha(0<\alpha<\pi)$ 的大小；

（2）求 α 所在的扇形弧长 l 及弧所在弓形面积 S.

解　（1）$\because$ 在半径为 8 的圆 O 中，弦 AB 的长为 8，$\therefore$ △OAB 为等边三角形，$\therefore$ 弦 AB 所对的圆心角 $\alpha=\dfrac{\pi}{3}$；

（2）由（1）可得弧长 $l=8\times\dfrac{\pi}{3}=\dfrac{8\pi}{3}$，$\therefore$ 弓形的面积

$$S=S_{扇形}-S_{\triangle OAB}=\frac{1}{2}\times\frac{8\pi}{3}\times 8-\frac{1}{2}\times 8^2\times\frac{\sqrt{3}}{2}=\frac{32\pi}{3}-16\sqrt{3}.$$

3. 已知角 α 终边经过点 $P(x,-\sqrt{2})$，O 为坐标原点，且 $\cos\alpha=\frac{\sqrt{3}}{6}x$，求 $\sin\alpha+\frac{1}{\tan\alpha}$的值.

解 $|OP|=\sqrt{x^2+2}$，$\cos\alpha=\frac{x}{|OP|}=\frac{x}{\sqrt{x^2+2}}=\frac{\sqrt{3}}{6}x$，由题意知 $x\neq0$，解上式得 $x=\pm\sqrt{10}$.

当 $x=\sqrt{10}$时，$\sin\alpha+\frac{1}{\tan\alpha}=\frac{-\sqrt{2}}{\sqrt{12}}+\frac{-\sqrt{10}}{-\sqrt{2}}=\frac{-\sqrt{6}+6\sqrt{5}}{6}$；

当 $x=-\sqrt{10}$时，$\sin\alpha+\frac{1}{\tan\alpha}=\frac{-\sqrt{2}}{\sqrt{12}}+\frac{-\sqrt{10}}{-\sqrt{2}}=\frac{-\sqrt{6}+6\sqrt{5}}{6}$.

4. 已知 $\sin\theta+\cos\theta=\frac{1}{5}$，$\theta\in(0,\pi)$，求 $\tan\theta$.

解 由 $\sin\theta+\cos\theta=\frac{1}{5}$，$\sin^2\theta+\cos^2\theta=1$ 得 $\sin\theta\cos\theta=-\frac{12}{25}$，$\because$ $(\sin\theta-\cos\theta)^2=1-2\sin\theta\cos\theta=\frac{49}{25}$，$\therefore$ $|\sin\theta-\cos\theta|=\frac{7}{5}$. 又 $\theta\in(0,\pi)$，$\sin\theta\cos\theta=-\frac{12}{25}<0$ 知，$\sin\theta>0$，$\cos\theta<0$，因此 $\sin\theta-\cos\theta=\frac{7}{5}$，与 $\sin\theta+\cos\theta=\frac{1}{5}$联立得 $\sin\theta=\frac{4}{5}$，$\cos\theta=-\frac{3}{5}$，$\therefore$ $\tan\theta=\frac{\sin\theta}{\cos\theta}=-\frac{4}{3}$.

5. 求值：$\sin^2 20°+\cos^2 80°+\sqrt{3}\sin20°\cdot\cos80°$.

解 方法一 原式$=\frac{1-\cos40°}{2}+\frac{1+\cos160°}{2}+\sqrt{3}\sin20°\cdot\cos80°$

$$=1+\frac{1}{2}(\cos160°-\cos40°)+\sqrt{3}\sin20°\cdot\cos80°$$

$$=1+\frac{1}{2}(-2)\sin100°\cdot\sin60°+\frac{\sqrt{3}}{2}\cdot[\sin100°+\sin(-60°)]$$

$$=1-\frac{\sqrt{3}}{2}\sin100°+\frac{\sqrt{3}}{2}\sin100°-\frac{3}{4}=\frac{1}{4}.$$

方法二 原式$=\sin^2 20°+\cos80°\cdot(\cos80°+\sqrt{3}\sin20°)$

$$=\sin^2 20°+\cos(60°+20°)\cdot[\cos(60°+20°)+\sqrt{3}\sin20°]$$

$$=\sin^2 20°+(\cos60°\cdot\cos20°-\sin60°\cdot\sin20°)(\cos60°\cdot\cos20°-\sin60°\cdot\sin20°+\sqrt{3}\sin20°)$$

$$=\sin^2 20°+\left(\frac{1}{2}\cos20°-\frac{\sqrt{3}}{2}\sin20°\right)\cdot\left(\frac{1}{2}\cos20°+\frac{\sqrt{3}}{2}\sin20°\right)$$

$$=\sin^2 20°+\frac{1}{4}\cos^2 20°-\frac{3}{4}\sin^2 20°$$

$$=\frac{1}{4}\sin^2 20°+\frac{1}{4}\cos^2 20°=\frac{1}{4}.$$

6. 求证：$\frac{\sin(2\alpha+\beta)}{\sin\alpha}-2\cos(\alpha+\beta)=\frac{\sin\beta}{\sin\alpha}$.

证明 左边 $=\dfrac{\sin[(\alpha+\beta)+\alpha]}{\sin\alpha}-2\cos(\alpha+\beta)$

$=\dfrac{\sin(\alpha+\beta)\cos\alpha+\cos(\alpha+\beta)\sin\alpha}{\sin\alpha}-2\cos(\alpha+\beta)$

$=\dfrac{\sin(\alpha+\beta)\cos\alpha+\cos(\alpha+\beta)\sin\alpha-2\cos(\alpha+\beta)\sin\alpha}{\sin\alpha}$

$=\dfrac{\sin(\alpha+\beta)\cos\alpha-\cos(\alpha+\beta)\sin\alpha}{\sin\alpha}$

$=\dfrac{\sin[(\alpha+\beta)-\alpha]}{\sin\alpha}$

$=\dfrac{\sin\beta}{\sin\alpha}$，得证.

7. 已知 $\cos(\alpha-\beta)=-\dfrac{12}{13}$, $\cos(\alpha+\beta)=\dfrac{12}{13}$, 且 $\alpha-\beta\in\left(\dfrac{\pi}{2},\pi\right)$, $\alpha+\beta\in\left(\dfrac{3\pi}{2},2\pi\right)$，求角 β 的值.

解 由 $\alpha-\beta\in\left(\dfrac{\pi}{2},\ \pi\right)$ 且 $\cos(\alpha-\beta)=-\dfrac{12}{13}$，得 $\sin(\alpha-\beta)=\dfrac{5}{13}$.

又由 $\alpha+\beta\in\left(\dfrac{3\pi}{2},\ 2\pi\right)$ 且 $\cos(\alpha+\beta)=\dfrac{12}{13}$，得 $\sin(\alpha+\beta)=-\dfrac{5}{13}$.

$\cos2\beta=\cos[(\alpha+\beta)-(\alpha-\beta)]=\cos(\alpha+\beta)\cos(\alpha-\beta)+\sin(\alpha+\beta)\sin(\alpha-\beta)$

$=-\dfrac{12}{13}\times\dfrac{12}{13}+\left(-\dfrac{5}{13}\right)\times\dfrac{5}{13}=-1.$

又∵ $\alpha-\beta\in\left(\dfrac{\pi}{2},\ \pi\right)$，$\alpha+\beta\in\left(\dfrac{3\pi}{2},\ 2\pi\right)\Rightarrow2\beta\in\left(\dfrac{\pi}{2},\ \dfrac{3\pi}{2}\right)$.

∴ $2\beta=\pi$，则 $\beta=\dfrac{\pi}{2}$.

8. 求下列函数的最大值和最小值.

(1) $y=\sin^4x+2\sin^3x\cos x+\sin^2x\cos^2x+2\sin x\cos^3x+\cos^4x$;

(2) $y=\cos^2x-\sin x\cos x-3\sin^2x$，$0\leqslant x\leqslant\dfrac{\pi}{2}$.

解 (1) $y=\sin^4x+2\sin^3x\cos x+\sin^2x\cos^2x+2\sin x\cos^3x+\cos^4x$

$=(\sin^2x+\cos^2x)^2-\sin^2x\cos^2x+2\sin x\cos x\ (\sin^2x+\cos^2x)$

$=1-\sin^2x\cos^2x+2\sin x\cos x$

$=1-\dfrac{1}{4}\sin^22x+\sin2x$

$=-\dfrac{1}{4}\ (\sin2x-2)^2+2$

∵ $-1\leqslant\sin2x\leqslant1$,

∴ 当 $x=\dfrac{\pi}{4}+k\pi\ (k\in\mathbf{Z})$ 时，函数 y 的最大值为 $\dfrac{7}{4}$. 当 $x=\dfrac{3\pi}{4}+k\pi\ (k\in\mathbf{Z})$ 时，函数 y 的最小值为 $-\dfrac{1}{4}$.

(2) $y=\cos^2x-\sin x\cos x-3\sin^2x$

$$=\frac{1+\cos2x}{2}-\frac{1}{2}\sin2x-3\times\frac{1-\cos2x}{2}$$

$$=-\frac{1}{2}\sin2x+2\cos2x-1$$

$$=\frac{\sqrt{17}}{2}\left(-\frac{1}{\sqrt{17}}\sin2x+\frac{4}{\sqrt{17}}\cos2x\right)-1$$

$$=\frac{\sqrt{17}}{2}\sin(2x+\varphi)-1.$$

其中，$\sin\varphi=\frac{4}{\sqrt{17}}$，$\cos\varphi=-\frac{1}{17}$，$\frac{\pi}{2}<\varphi<\pi$.

$\because$ $0\leqslant x\leqslant\frac{\pi}{2}$，$\varphi\leqslant2x+\varphi\leqslant\pi+\varphi$，而 $y=\sin(2x+\varphi)$ 在 $\varphi\leqslant2x+\varphi\leqslant\pi$ 上单调递减，在 $\pi\leqslant2x+\varphi\leqslant\pi+\varphi$ 上单调递增，$\therefore$ $y=\sin(2x+\varphi)$ 在 $0\leqslant x\leqslant\frac{\pi}{2}$ 上的最大值为 $\sin\varphi=\frac{4}{\sqrt{17}}$，最小值为 $\sin\frac{3\pi}{2}=-1$，因此，函数 $y=\cos^2x-\sin x\cos x-3\sin^2x=\frac{\sqrt{17}}{2}\sin(2x+\varphi)-1$ 在 $0\leqslant x\leqslant\frac{\pi}{2}$ 上的最大值为 1，最小值为 $-\frac{\sqrt{17}}{2}-1$.

9. 画出函数 $y=\sqrt{3}\cos2x-\sin2x$ 的简图.

解　$y=\sqrt{3}\cos2x-\sin2x=2\cos\left(2x+\frac{\pi}{6}\right)$，用"五点法"画图，先求出 $2x+\frac{\pi}{6}$ 取 0，$\frac{\pi}{2}$，π，$\frac{3\pi}{2}$，2π 时 x 的值，此时 x 分别取 $-\frac{\pi}{12}$，$\frac{\pi}{6}$，$\frac{5\pi}{12}$，$\frac{2\pi}{3}$，$\frac{11\pi}{12}$，周期 $T=\frac{2\pi}{2}=\pi$，描点作图，如图 8－11 所示.

x	$-\frac{\pi}{12}$	$\frac{\pi}{6}$	$\frac{5\pi}{12}$	$\frac{2\pi}{3}$	$\frac{11\pi}{12}$
$2x+\frac{\pi}{6}$	0	$\frac{\pi}{2}$	π	$\frac{3\pi}{2}$	2π
$y=2\cos\left(2x+\frac{\pi}{6}\right)$	2	0	-2	0	2

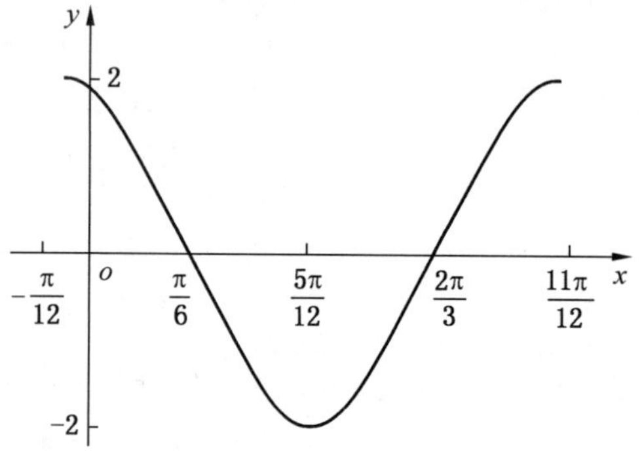

图 8－11

10. 在 $\triangle ABC$ 中，角 A，B，C 所对的边分别为 a，b，c，$(2b-a)\cos C=c\cos A$.

(1) 求角 C 的大小；

(2) 若 $c=3$，$\triangle ABC$ 的面积 $S=\frac{4\sqrt{3}}{3}$，求 $\triangle ABC$ 的周长.

解　(1) 由已知及正弦定理得 $(2\sin B-\sin A)\cos C=\sin C\cos A$，

即 $2\sin B\cos C=\sin A\cos C+\sin C\cos A=\sin(A+$

$C) = \sin B$,

$\because B \in (0, \pi)$，$\therefore \sin B > 0$，$\therefore \cos C = \frac{1}{2}$，$\because C \in (0, \pi)$，$\therefore C = \frac{\pi}{3}$.

(2) 由 (1) 知，$C = \frac{\pi}{3}$，故 $S = \frac{1}{2}ab\sin C = \frac{1}{2}ab\sin\frac{\pi}{3} = \frac{4\sqrt{3}}{3}$,

解得 $ab = \frac{16}{3}$，由余弦定理可得 $c^2 = a^2 + b^2 - 2ab\cos C = a^2 + b^2 - ab = (a+b)^2 - 3ab$,

又 $c = 3$，$\therefore (a+b)^2 = c^2 + 3ab = 3^2 + 3 \times \frac{16}{3} = 25$，得 $a + b = 5$.

$\therefore$ $\triangle ABC$ 的周长为 $a + b + c = 5 + 3 = 8$.

练习题

一、选择题

1. 若角 α 与 β 终边相同，则一定有（　　）.

A. $\alpha + \beta = 180°$　　B. $\alpha + \beta = 0°$

C. $\alpha - \beta = k \cdot 360°(k \in \mathbf{Z})$　　D. $\alpha + \beta = k \cdot 360°(k \in \mathbf{Z})$

2. 已知 α 为第三象限角，则 $\frac{\alpha}{2}$ 所在的象限是（　　）.

A. 第一象限或第二象限　　B. 第二象限或第三象限

C. 第一象限或第三象限　　D. 第二象限或第四象限

3. 下列命题中正确的是（　　）.

A. 一象限角必是锐角　　B. 终边相同的角必相等

C. 相等的角终边位置必定相同　　D. 不相等的角终边位置必定不相同

4. 已知 $\theta \in \left\{\alpha \mid \alpha = k\pi + (-1)^k \cdot \frac{\pi}{4}, k \in \mathbf{Z}\right\}$，则 θ 所在的象限是（　　）.

A. 第一象限　　B. 第二象限

C. 第一象限或第二象限　　D. 第三象限或第四象限

5. 将分针拨快 20 分钟，则分针转过的弧度数为（　　）.

A. $-\frac{2\pi}{3}$　　B. $\frac{2\pi}{3}$　　C. $-\frac{\pi}{3}$　　D. $\frac{\pi}{3}$

6. 半径为 1 cm，中心角为 150°的角所对的弧长为（　　）.

A. $\frac{2}{3}$cm　　B. $\frac{2\pi}{3}$cm　　C. $\frac{5}{6}$cm　　D. $\frac{5\pi}{6}$cm

7. 扇形圆心角为 $\frac{\pi}{3}$，半径为 a，则扇形内切圆的面积与扇形的面积之比为（　　）.

A. 1 : 3　　B. 2 : 3　　C. 4 : 3　　D. 4 : 9

8. 角 α 的终边过点 $P(-1, 2)$，则 $\sin\alpha$ 等于（　　）.

A. $\frac{\sqrt{5}}{5}$　　B. $\frac{2\sqrt{5}}{5}$　　C. $-\frac{\sqrt{5}}{5}$　　D. $-\frac{2\sqrt{5}}{5}$

9. 设 $P(x,2)$ 为角 α 终边上的一点，且 $\sin\alpha = \frac{\sqrt{2}}{x}$，则 $\tan\alpha =$（　　）.

A. 1　　B. -1　　C. ±1　　D. ±2

10. sin390°的值是（　　）.

A. $\frac{1}{2}$　　B. $-\frac{1}{2}$　　C. $\frac{\sqrt{3}}{2}$　　D. $-\frac{\sqrt{3}}{2}$

11. 若 θ 是第三象限的角，且 $\cos\frac{\theta}{2}<0$，那么$\frac{\theta}{2}$是(　　).

A. 第一象限的角　　B. 第二象限的角

C. 第三象限的角　　D. 第四象限的角

12. 若 θ 为锐角且 $\cos\theta-\cos^{-1}\theta=-2$，则 $\cos\theta+\cos^{-1}\theta$ 的值为（　　）.

A. $2\sqrt{2}$　　B. $\sqrt{6}$　　C. 6　　D. 4

13. 角 α 的终边落在直线 $y=2x$ 上，则 $\sin\alpha$ 的值为（　　）.

A. $-\frac{\sqrt{5}}{5}$　　B. $\frac{\sqrt{5}}{5}$　　C. $\frac{2\sqrt{5}}{5}$　　D. $\pm\frac{2\sqrt{5}}{5}$

14. 下面 4 个命题中可能成立的一个是（　　）.

A. $\sin\alpha=\frac{1}{2}$且 $\cos\alpha=\frac{1}{2}$　　B. $\sin\alpha=0$ 且 $\cos\alpha=-1$

C. $\tan\alpha=1$ 且 $\cos\alpha=-1$　　D. α 在第二象限时，$\tan\alpha=-\frac{\sin\alpha}{\cos\alpha}$

15. 若 $\sin\theta=\frac{m-3}{m+5}$，$\cos\theta=\frac{4-2m}{m+5}$，则 m 的值为（　　）.

A. 0　　B. 8　　C. 0 或 8　　D. $3<m<9$

16. 若 $\cos2\alpha=-\frac{4}{5}$，且 $\alpha\in\left[\frac{\pi}{2},\ \pi\right]$，则 $\sin\alpha=$(　　).

A. $\frac{3\sqrt{10}}{10}$　　B. $\frac{\sqrt{10}}{10}$　　C. $\frac{3}{5}$　　D. $\frac{\sqrt{10}}{10}$

17. 若 $0\leqslant2x\leqslant2\pi$，则使 $\sqrt{1-\sin^2 2x}=\cos2x$ 成立的 x 的取值范围为(　　).

A. $\left(0,\ \frac{\pi}{4}\right)$　　B. $\left(\frac{3\pi}{4},\ \pi\right)$　　C. $\left(\frac{\pi}{4},\ \frac{5\pi}{4}\right)$　　D. $\left(0,\ \frac{\pi}{4}\right)\cup\left(\frac{3\pi}{4},\ \pi\right)$

18. 已知 $\sin\alpha\cos\alpha=\frac{1}{8}$，则 $\cos\alpha-\sin\alpha$ 的值等于（　　）.

A. $\pm\frac{3}{4}$　　B. $\pm\frac{\sqrt{3}}{2}$　　C. $\frac{\sqrt{3}}{2}$　　D. $-\frac{\sqrt{3}}{2}$

19. 若$\frac{1+\sin x}{\cos x}=-\frac{1}{2}$，则$\frac{\cos x}{\sin x-1}$的值是（　　）.

A. $\frac{1}{2}$　　B. $-\frac{1}{2}$　　C. 2　　D. -2

20. 若 $\sin\theta$，$\cos\theta$ 是方程 $4x^2+2mx+m=0$ 的两根，则 m 的值为（　　）.

A. $1+\sqrt{5}$　　B. $1-\sqrt{5}$　　C. $1\pm\sqrt{5}$　　D. $-1-\sqrt{5}$

21. sin15°sin75°的值为（　　）.

A. $\frac{1}{2}$　　B. $\frac{1}{4}$　　C. $\frac{\sqrt{3}}{2}$　　D. $\frac{\sqrt{3}}{4}$

22. $\cos^4\dfrac{\pi}{8}-\sin^4\dfrac{\pi}{8}$等于（　　）.

A. 0　　B. $\dfrac{\sqrt{2}}{2}$　　C. 1　　D. $-\dfrac{\sqrt{2}}{2}$

23. 若$\theta\in\left[\dfrac{\pi}{4},\ \dfrac{\pi}{2}\right]$，且$\sin2\theta=\dfrac{3\sqrt{7}}{8}$，则$\sin\theta=$(　　).

A. $\dfrac{3}{5}$　　B. $\dfrac{4}{5}$　　C. $\dfrac{\sqrt{7}}{4}$　　D. $\dfrac{3}{4}$

24. 在平面直角坐标系中，已知两点$A(\cos80°,\ \sin80°)$，$B(\cos20°,\ \sin20°)$，则$|AB|$的值是（　　）.

A. $\dfrac{1}{2}$　　B. $\dfrac{\sqrt{2}}{2}$　　C. $\dfrac{\sqrt{3}}{2}$　　D. 1

25. $\dfrac{2\cos10°-\sin20°}{\cos20°}$的值是(　　).

A. $\sqrt{3}$　　B. $\dfrac{\sqrt{6}}{2}$　　C. 1　　D. $\dfrac{1}{2}$

26. 已知A，B均为钝角，$\sin A=\dfrac{\sqrt{5}}{5}$，$\sin B=\dfrac{\sqrt{10}}{10}$，则$A+B$的值为(　　).

A. $\dfrac{7\pi}{4}$　　B. $\dfrac{5\pi}{4}$　　C. $\dfrac{3\pi}{4}$　　D. $\dfrac{\pi}{4}$

27. 已知$\tan(\alpha+\beta)=\dfrac{2}{5}$，$\tan(\beta-\pi)=\dfrac{1}{4}$，则$\tan\left(\alpha+\dfrac{\pi}{4}\right)$的值等于（　　）.

A. $\dfrac{13}{18}$　　B. $\dfrac{3}{22}$　　C. $\dfrac{13}{22}$　　D. $\dfrac{3}{18}$

28. $\sqrt{1-\sin4}$等于（　　）.

A. $\sin2+\cos2$　　B. $-\sin2-\cos2$　　C. $\sin2-\cos2$　　D. $\cos2-\sin2$

29. 函数$y=\sin\left(2x-\dfrac{\pi}{3}\right)$在区间$\left[-\dfrac{\pi}{2},\ \pi\right]$的简图是（　　）.

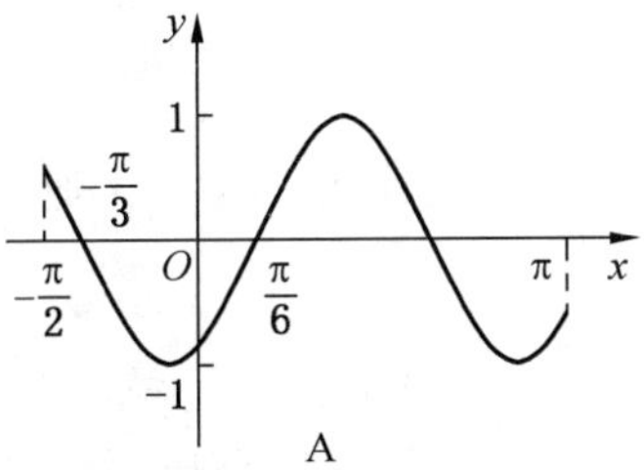

A

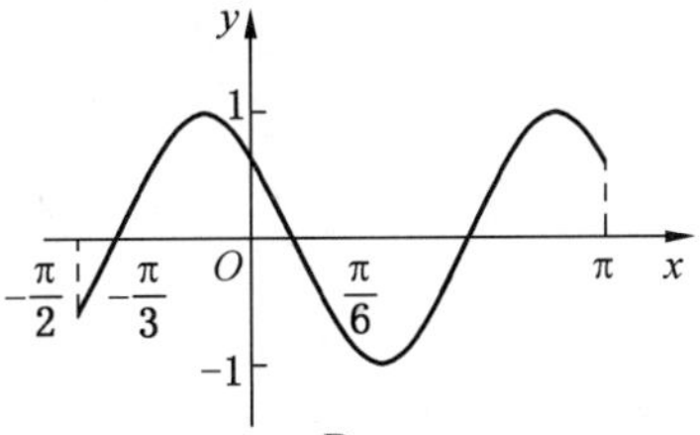

B

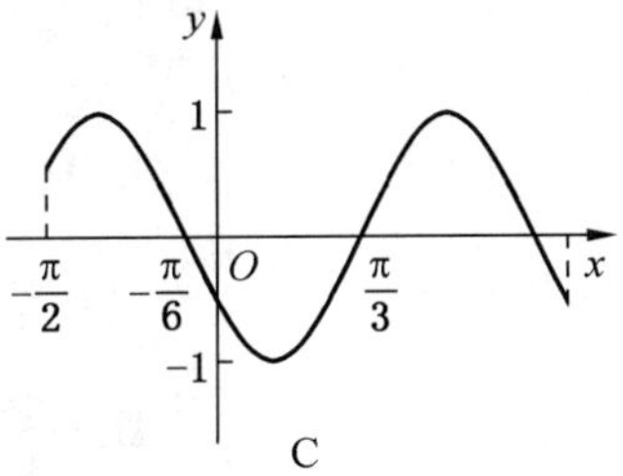

C

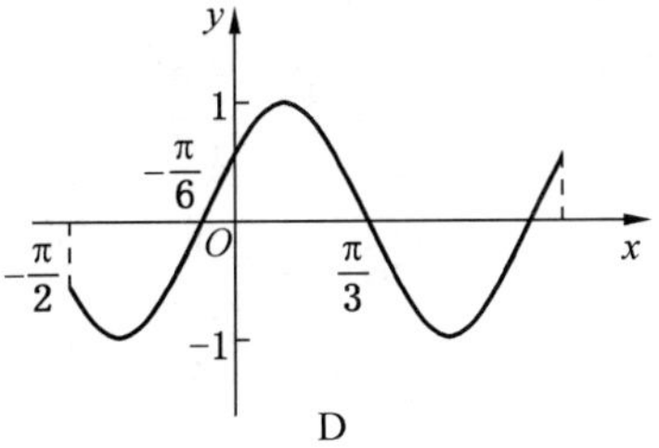

D

30. 要得到函数 $y=\sin x$ 的图像，只需将函数 $y=\cos\left(x-\frac{\pi}{3}\right)$ 的图像（　　）.

A. 向右平移$\frac{\pi}{6}$个单位　　B. 向右平移$\frac{\pi}{3}$个单位

C. 向左平移$\frac{\pi}{3}$个单位　　D. 向左平移$\frac{\pi}{6}$个单位

31. 已知 $k<-4$，则函数 $y=\cos^2x-\sin^2x+k(\cos x-1)$ 的最小值是（　　）.

A. 1　　B. -1　　C. $2k+1$　　D. $-2k+1$

32. 设函数 $f(x)=\sin\left(2x-\frac{\pi}{2}\right)$，$x\in\mathbf{R}$，则 $f(x)$ 是(　　).

A. 最小正周期为 π 的奇函数　　B. 最小正周期为 π 的偶函数

C. 最小正周期为$\frac{\pi}{2}$的奇函数　　D. 最小正周期为$\frac{\pi}{2}$的偶函数

33. 已知函数 $y=A\sin(\omega x+\varphi)$ 在一个周期内，当 $x=\frac{\pi}{12}$时，取得最大值 2，当 $x=\frac{7\pi}{12}$时取得最小值 -2，那么(　　).

A. $y=\frac{1}{2}\sin\left(x+\frac{\pi}{3}\right)$　　B. $y=2\sin\left(2x+\frac{\pi}{3}\right)$

C. $y=2\sin\left(2x+\frac{\pi}{6}\right)$　　D. $y=2\sin\left(\frac{x}{2}+\frac{\pi}{6}\right)$

34. 函数 $y=2\sin 2x$ 的图像可看成是由 $y=\sin x$ 的图像按下列哪种变换得到的?（　　）

A. 横坐标不变，纵坐标变为原来的$\frac{1}{2}$倍

B. 纵坐标变为原来的 2 倍，横坐标变为原来的$\frac{1}{2}$倍

C. 横坐标不变，纵坐标变为原来的 2 倍

D. 纵坐标变为原来的$\frac{1}{2}$倍，横坐标变为原来的 2 倍

35. 在 $\triangle ABC$ 中，角 A，B，C 所对的边分别为 a，b，c，若 $b\cos A+a\cos B=c^2$，$a=b=2$，则 $\triangle ABC$ 的周长为(　　).

A. 7.5　　B. 7　　C. 6　　D. 5

36. 在 $\triangle ABC$ 中，$\cos B=\frac{a}{c}$(a，b，c 分别为角 A，B，C 的对边)，则 $\triangle ABC$ 的形状为(　　).

A. 直角三角形　　B. 等边三角形

C. 等腰三角形　　D. 等腰三角形或直角三角形

37. 在 $\triangle ABC$ 中，$\sin A:\sin B:\sin C=2:3:4$，则 $a:b:c$ 等于（　　）.

A. $4:3:2$　　B. $2:3:4$　　C. $1:2:3$　　D. $1:2:\sqrt{3}$

38. 在 $\triangle ABC$ 中，若面积 $S=\frac{1}{4}(a^2+b^2-c^2)$，则 $\angle C=$(　　).

A. $\frac{\pi}{2}$　　B. $\frac{\pi}{3}$　　C. $\frac{\pi}{4}$　　D. $\frac{\pi}{6}$

二、填空题

1. 与 $-2002°$ 终边相同的最小正角是________.

2. 已知扇形的半径为 2 cm，面积为 4 cm^2，则扇形的圆心角为________.

3. 若 β 的终边经过点 $P\left(\cos\frac{3\pi}{4}, \sin\frac{3\pi}{4}\right)$，则 $\sin\beta=$________，$\tan\beta=$________.

4. 已知 $\tan\alpha=2$，则 $\frac{3\sin\alpha-2\cos\alpha}{\sin\alpha+\cos\alpha}=$________，$\frac{2}{3}\sin^2\alpha+\frac{1}{4}\cos^2\alpha=$________.

5. 化简 $\sin^6\alpha+\cos^6\alpha+3\sin^2\alpha\cos^2\alpha=$________.

6. 已知 $\sin\alpha+\cos\alpha=\frac{1}{5}$，$\alpha$ 是第二象限角，那么 $\tan\alpha=$________.

7. $\sin100°\sin380°+\cos80°\cos20°$的值为________.

8. 已知 α、β 均为锐角，且 $\tan\beta=\frac{\cos\alpha-\sin\alpha}{\cos\alpha+\sin\alpha}$，则 $\tan(\alpha+\beta)=$________.

9. $\cos(\alpha-\beta)=-\frac{4}{5}$，$\cos(\alpha+\beta)=\frac{4}{5}$，$\frac{\pi}{2}<\alpha-\beta<\pi$，$\frac{3\pi}{2}<\alpha-\beta<2\pi$，则 $\cos2\alpha=$________.

10. 已知（α，β）为锐角，且 $\cos\alpha=\frac{1}{7}$，$\cos(\alpha+\beta)=-\frac{11}{14}$，则 $\cos\beta=$________.

11. $\tan20°+\tan40°+\sqrt{3}\tan20°\tan40°$的值为________.

12. 定义在区间［0，3π］上的函数 $y=\sin2x$ 的图像与 $y=\cos x$ 的图像的交点个数是________.

13. 函数$f(x)=\cos\left(\omega x-\frac{\pi}{6}\right)$的最小正周期为$\frac{\pi}{5}$，其中 $\omega>0$，则 $\omega=$________.

14. 已知函数 $y=a\cos\left(2x+\frac{\pi}{3}\right)+3$，$x\in\left[0, \frac{\pi}{2}\right]$的最大值为 4，则实数 a 的值为________.

15. 将函数 $y=\sin\left(2x+\frac{\pi}{3}\right)$的图像上的所有点向右平移$\frac{\pi}{6}$个单位，再将图像上所有点的横坐标变为原来的$\frac{1}{2}$倍（纵坐标不变），则所得的图像的函数解析式为________.

16. 函数 $y=3\sin(2x+\varphi)(0<\varphi<\pi)$为偶函数，则 $\varphi=$________.

17. 在△ABC 中，$AB=\sqrt{6}$，$A=75°$，$B=45°$，则 $AC=$________.

18. 设△ABC 的内角 A，B，C 的对边分别为 a，b，c，且 $a=2$，$\cos C=-\frac{1}{4}$，$3\sin A=2\sin B$，则 $c=$________.

19. 三角形的三边分别为 a，b，c，且满足$(a+b+c)(a+b-c)=ab$，则 $\angle C=$________.

20. 在△ABC 中，$A=60°$，$b=12$，$S_{\triangle}=18\sqrt{3}$，则$\frac{a+b+c}{\sin A+\sin B+\sin C}=$________.

三、解答题

1. 计算：

（1）已知扇形的周长为10，面积是4，求扇形的圆心角.

（2）已知扇形的周长为40，当其半径和圆心角取何值时，才使扇形的面积最大?

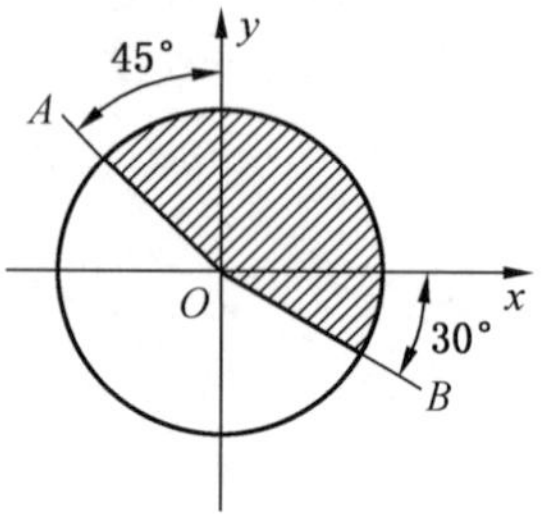

图 8－12

2. 已知如图 8－12 所示.

（1）分别写出终边落在 OA，OB 位置上的角的集合；

（2）写出终边落在阴影部分（包括边界）的角的集合.

3. 已知点 P 是第三象限角 α 终边上一点，且其横坐标 $x=-3$，$|OP|=5$，求角 α 的正弦、余弦、正切值.

4. $\sin\alpha$，$\cos\alpha$ 是方程 $8x^2+6mx+2m+1=0$ 的两根，且 α 为第三象限角，若存在满足题意的 m，求出 m 的值；若不存在，请说明理由.

5. 已知 α，β 均为锐角，且 $\cos\alpha=\frac{2\sqrt{5}}{5}$，$\cos\beta=\frac{\sqrt{10}}{10}$，求 $\alpha-\beta$ 的值.

6. 计算：

（1）$\frac{\sin27°+\cos45°\sin18°}{\cos27°-\sin45°\sin18°}$；

（2）$[2\sin50°+\sin10°(1+\sqrt{3}\tan10°)]\sqrt{2\sin^2 80°}$；

（3）$(\tan10°-\sqrt{3})\frac{\cos10°}{\sin50°}$.

7. 若锐角 α，β 满足 $\tan\alpha\tan\beta=\frac{13}{7}$，且 $\sin(\alpha-\beta)=\frac{\sqrt{5}}{3}$.

（1）求 $\cos(\alpha-\beta)$ 的值；

（2）求 $\cos(\alpha+\beta)$ 的值.

8. 已知 $\tan\alpha=-\frac{1}{3}$，$\cos\beta=\frac{\sqrt{5}}{5}$，$\alpha$，$\beta\in(0,\ \pi)$，求 $\tan(\alpha+\beta)$ 的值.

9. 已知函数 $f(x)=2\sin\left(2x-\frac{\pi}{3}\right)$.

（1）求 $f(x)$ 的单调递增区间；

（2）求 $f(x)$ 的最大值及取得最大值时相应的 x 的值.

10. 已知函数 $f(x)=\log_{\frac{1}{2}}\left(\frac{1-\sin x}{1+\sin x}\right)$.

（1）求 $f(x)$ 的定义域；

（2）判断 $f(x)$ 的奇偶性.

11. 求下列函数的最小正周期：

（1）$y=3\sin\left(\frac{\pi}{5}+\frac{x}{2}\right)$；

（2）$y=\sin\left(2x+\frac{\pi}{4}\right)+2\cos\left(3x-\frac{\pi}{6}\right)$；

(3) $y=2\sqrt{3}\sin x\cos x+2\cos^2x-1$.

12. 求下列函数的最大值与最小值：

(1) $y=\dfrac{\cos x-3}{\cos x+3}$;

(2) $y=2\cos\left(x-\dfrac{\pi}{3}\right)$，$\dfrac{\pi}{6}\leqslant x\leqslant\dfrac{2\pi}{3}$;

(3) $y=\sin^2x-4\sin x+5$.

13. 在△ABC 中，角 A，B，C 所对的边分别为 a，b，c，已知 $\sin^2B+\sin^2C=\sin^2A+\sin B\sin C$.

(1) 求角 A 的大小；

(2) 若 $\cos B=\dfrac{1}{3}$，$a=3$，求 c 的值.

14. 根据下列条件解三角形：

(1) 在△ABC 中，$c=10$，$A=45°$，$C=30°$，求 a，b 和 B；

(2) 在△ABC 中，$a=2$，$b=\sqrt{3}-1$，$c=\sqrt{6}$，求 A，B，C.

15. 在△ABC 中，内角 A，B，C 的对边分别为 a，b，c，且 $A=2B$.

(1) 求证 $a=2b\cos B$；

(2) 若 $b=2$，$c=4$，求 B 的值.

第九章 平 面 向 量

第一节 向量的基本概念

一、有向线段

（1）定义：具有方向的线段称为有向线段（或规定了起点、终点的线段）.

（2）表示方法：画线段 AB，在有向线段的终点标上箭头（图 9 - 1），记作：$\overrightarrow{AB}$.

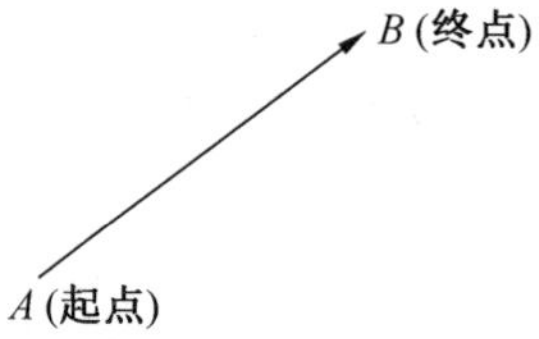

图 9 - 1

二、向量

具有大小和方向的量称为向量，表示方法：

（1）用一条有向线段表示，如 $\overrightarrow{AB}$，有向线段的长度表示向量的大小，箭头的方向表示向量的方向．向量可用有向线段表示，但不能说向量就是有向线段，因为有向线段是固定的，而向量是可以平移的.

（2）用一个小写的字母表示，如 $\boldsymbol{a}$，$\boldsymbol{b}$，$\boldsymbol{c}$.

三、向量的模

向量 $\overrightarrow{AB}$ 的大小就是向量的模，记作 $|\overrightarrow{AB}|$ 或 $|\boldsymbol{a}|$.

四、零向量与单位向量

长度为 0 的向量称为零向量，用 $\boldsymbol{0}$ 表示，显然 $|\boldsymbol{0}|=0$，但方向不确定，长度等于 1 个单位长度的向量称为单位向量.

五、平行向量（共线向量）

方向相同或相反的非零向量称为平行向量，由于任一组平行向量都可移到同一条直线上，因此平行向量也称为共线向量，记作 $\boldsymbol{a}/\!/\boldsymbol{b}$. 规定 $\boldsymbol{0}$ 与任一向量平行.

六、相等向量

长度相等且方向相同的向量称为相等向量．若向量 $\boldsymbol{a}$ 与 $\boldsymbol{b}$ 相等,记作 $\boldsymbol{a}=\boldsymbol{b}$. 相等向量是共线向量,但共线向量不一定是相等向量,因为它的方向可能相反,而且它们的模也未必相等.

七、相反向量

长度相等且方向相反的向量称为相反向量．$\boldsymbol{a}$ 的相反向量，记作 $-\boldsymbol{a}$.

名称	定　　义	备　　注
向量	具有大小和方向的量；向量的长度称为向量的大小（或称模）	平面向量是自由向量
零向量	长度为 0 的向量；其方向不确定	记作 $\mathbf{0}$
单位向量	长度等于 1 个单位长度的向量	非零向量 $\boldsymbol{a}$ 的单位向量为 $\pm\frac{\boldsymbol{a}}{\lvert\boldsymbol{a}\rvert}$
平行向量（共线向量）	方向相同或相反的向量	$\mathbf{0}$ 与任一向量平行或共线
相等向量	长度相等且方向相同的向量	两向量只有相等或不等，不能比较大小
相反向量	长度相等且方向相反的向量	$\mathbf{0}$ 的相反向量为 $\mathbf{0}$

第二节　向量的初等运算

一、向量的加法

（1）两个向量的和：由于向量可以平移而不会改变其大小和方向，把向量 $\boldsymbol{b}$ 平移使 $\boldsymbol{b}$ 的起点与 $\boldsymbol{a}$ 的终点重合，那么以向量 $\boldsymbol{a}$ 的起点为起点，以向量 $\boldsymbol{b}$ 的终点为终点的向量称为向量 $\boldsymbol{a}$ 与 $\boldsymbol{b}$ 的和.

（2）向量的加法：求两个向量和的运算称为向量的加法.

（3）向量加法的平行四边形法则：以同一点 A 为起点的两个已知向量 $\boldsymbol{a}$，$\boldsymbol{b}$ 为邻边作平行四边形 $ABCD$，则以 A 为起点的对角线 $\overrightarrow{AC}$ 就是 $\boldsymbol{a}+\boldsymbol{b}$，这种方法称为向量加法的平行四边形法则（图 9－2）.

（4）向量加法的三角形法则：以向量 $\boldsymbol{a}$ 的终点 A 为起点作向量 $\boldsymbol{b}$，则以向量 $\boldsymbol{a}$ 的起点 O 为起点，以 $\boldsymbol{b}$ 的终点 B 为终点的向量 $\overrightarrow{OB}$ 就是向量 $\boldsymbol{a}$ 与 $\boldsymbol{b}$ 的和，这种方法称为三角形法则（图 9－3）.

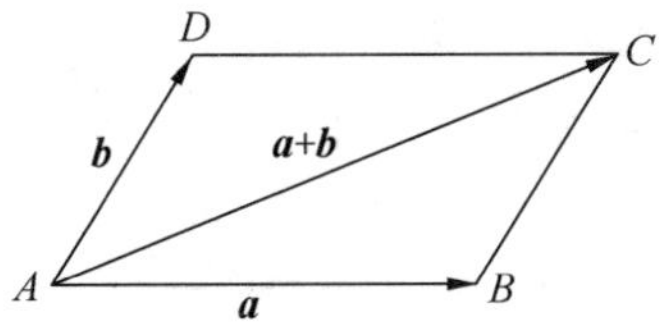

图 9－2

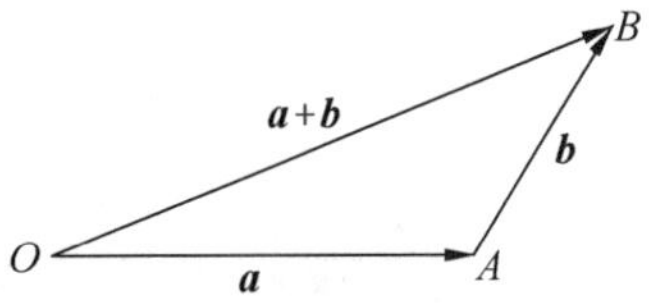

图 9－3

（5）向量加法的运算定律：

① 交换律 $\boldsymbol{a}+\boldsymbol{b}=\boldsymbol{b}+\boldsymbol{a}$；

② 结合律 $(\boldsymbol{a}+\boldsymbol{b})+\boldsymbol{c}=\boldsymbol{a}+(\boldsymbol{b}+\boldsymbol{c})$.

二、向量的减法

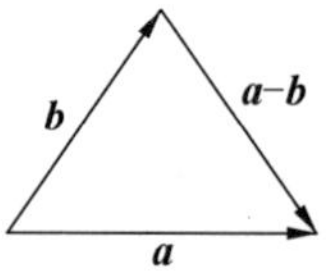

图 9－4

（1）两个向量的差：向量 $\boldsymbol{a}$ 加上 $\boldsymbol{b}$ 的相反向量，称为 $\boldsymbol{a}$ 与 $\boldsymbol{b}$ 的差，即 $\boldsymbol{a}-\boldsymbol{b}=\boldsymbol{a}+(-\boldsymbol{b})$.

（2）向量的减法：求两个向量差的运算称为向量的减法.

法则：若已知 $\boldsymbol{a}$、$\boldsymbol{b}$，在平面内任取一点 O，作 $\overrightarrow{OA}=\boldsymbol{a}$，$\overrightarrow{OB}=\boldsymbol{b}$，则 $\overrightarrow{AB}=\boldsymbol{b}-\boldsymbol{a}$，如图 9－4 所示.

三、实数与向量的积

（1）实数 λ 与向量的积是一个向量，记作：$\lambda\boldsymbol{a}$. 它的长度与方向规定如下：

① $|\lambda\boldsymbol{a}|=|\lambda||\boldsymbol{a}|$；

② 当 $\lambda>0$ 时，$\lambda\boldsymbol{a}$ 的方向与 $\boldsymbol{a}$ 的方向相同；当 $\lambda<0$ 时，$\lambda\boldsymbol{a}$ 的方向与 $\boldsymbol{a}$ 的方向相反；当 $\lambda=0$ 时，$\lambda\boldsymbol{a}=0$，$\lambda\boldsymbol{a}$ 的方向不确定.

（2）实数与向量的积所满足的运算律：设 λ，μ 为实数，则

① $\lambda(\mu\boldsymbol{a})=(\lambda\mu)\boldsymbol{a}$；

② $(\lambda+\mu)\boldsymbol{a}=\lambda\boldsymbol{a}+\mu\boldsymbol{a}$；

③ $\lambda(\boldsymbol{a}+\boldsymbol{b})=\lambda\boldsymbol{a}+\lambda\boldsymbol{b}$.

（3）向量共线的充要条件：向量 $\boldsymbol{b}$ 与非零向量 $\boldsymbol{a}$ 共线的充要条件是有且只有一个实数 λ，使得 $\boldsymbol{b}=\lambda\boldsymbol{a}$.

（4）平面向量基本定理：如果 $\boldsymbol{e}_1$，$\boldsymbol{e}_2$ 是同一平面内的两个不共线向量，那么对这一平面内的任一向量 $\boldsymbol{a}$，有且只有一对实数 λ_1，λ_2，使 $\boldsymbol{a}=\lambda_1\boldsymbol{e}_1+\lambda_2\boldsymbol{e}_2$，我们把不共线的向量 $\boldsymbol{e}_1$，$\boldsymbol{e}_2$ 称为表示这一平面内所有向量的一组基底.

向量运算	定　义	法则（或几何意义）	运　算　律
向量的加法	求两个向量和的运算	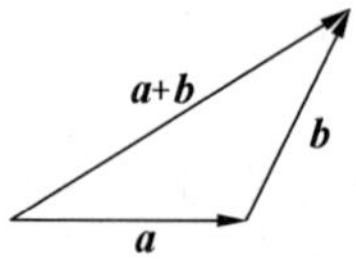 三角形法则 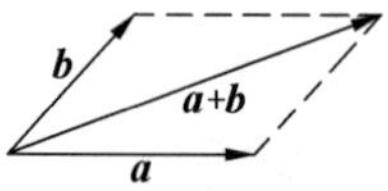 平行四边形法则	（1）交换律： $\boldsymbol{a}+\boldsymbol{b}=\boldsymbol{b}+\boldsymbol{a}$ （2）结合律： $(\boldsymbol{a}+\boldsymbol{b})+\boldsymbol{c}=\boldsymbol{a}+(\boldsymbol{b}+\boldsymbol{c})$

（续）

向量运算	定　　义	法则（或几何意义）	运　算　律
向量的减法	求 $\boldsymbol{a}$ 与 $\boldsymbol{b}$ 的相反向量 $-\boldsymbol{b}$ 的和的运算叫做 $\boldsymbol{a}$ 与 $\boldsymbol{b}$ 的差	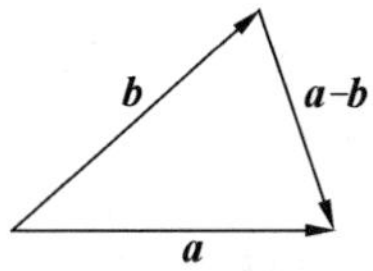 三角形法则	$\boldsymbol{a}-\boldsymbol{b}=\boldsymbol{a}+(-\boldsymbol{b})$
向量的数乘	求实数 λ 与向量 $\boldsymbol{a}$ 的积的运算	（1）$\|\lambda\boldsymbol{a}\|=\|\lambda\|\|\boldsymbol{a}\|$ （2）当 $\lambda>0$ 时，$\lambda\boldsymbol{a}$ 的方向与 $\boldsymbol{a}$ 的方向相同；当 $\lambda<0$ 时，$\lambda\boldsymbol{a}$ 的方向与 $\boldsymbol{a}$ 的方向相反；当 $\lambda=0$ 时，$\lambda\boldsymbol{a}=0$	（1）$(\lambda+\mu)\boldsymbol{a}=\lambda\boldsymbol{a}+\mu\boldsymbol{a}$ （2）$\lambda(\mu\boldsymbol{a})=(\lambda\mu)\boldsymbol{a}$ （3）$\lambda(\boldsymbol{a}+\boldsymbol{b})=\lambda\boldsymbol{a}+\lambda\boldsymbol{b}$

第三节　平面向量的坐标运算

一、平面向量的坐标表示

在平面直角坐标系内，分别取与 x 轴，y 轴正方向相同的两个单位向量 $\boldsymbol{i}$，$\boldsymbol{j}$ 作为基底，对任一向量 $\boldsymbol{a}$，有且只有一对实数 x，y 使得 $\boldsymbol{a}=x\boldsymbol{i}+y\boldsymbol{j}$，则实数对（$x$，$y$）称为向量 $\boldsymbol{a}$ 的坐标，记作：$\boldsymbol{a}=(x, y)$，其中 x，y 分别称为 $\boldsymbol{a}$ 在 x，y 轴上的坐标．$\boldsymbol{a}=(x, y)$ 称为向量 $\boldsymbol{a}$ 的坐标表示，如图 9－5 所示.

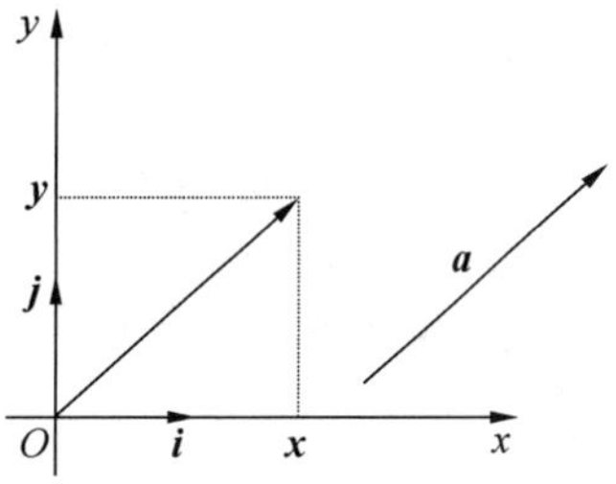

图 9－5

相等的向量其坐标相同，坐标相同的向量是相等向量.

二、平面向量的坐标运算

（1）若 $\boldsymbol{a}=(x_1, y_1)$，$\boldsymbol{b}=(x_2, y_2)$，则 $\boldsymbol{a}+\boldsymbol{b}=(x_1+x_2, y_1+y_2)$.

（2）若 $A=(x_1, y_1)$，$B=(x_2, y_2)$，则 $\overrightarrow{AB}=(x_2-x_1, y_2-y_1)$.

（3）若 $\boldsymbol{a}=(x, y)$，则 $\lambda\boldsymbol{a}=(\lambda x, \lambda y)$.

（4）若 $\boldsymbol{a}=(x_1, y_1)$，$\boldsymbol{b}=(x_2, y_2)$，则 $\boldsymbol{a}/\!/\boldsymbol{b} \Leftrightarrow x_1y_2-x_2y_1=0$.

第四节　平面向量的数量积及运算律

一、向量 $\boldsymbol{a}$ 与 $\boldsymbol{b}$ 的夹角

已知两个非零向量 $\boldsymbol{a}$ 与 $\boldsymbol{b}$，作 $\overrightarrow{OA}=\boldsymbol{a}$，$\overrightarrow{OB}=\boldsymbol{b}$，则 $\angle AOB=\theta$（$0\leqslant\theta\leqslant\pi$）称为 $\boldsymbol{a}$ 与 $\boldsymbol{b}$ 的夹角.

（1）当 $\theta=0$ 时 $\boldsymbol{a}$ 与 $\boldsymbol{b}$ 同向；当 $\theta=\pi$ 时 $\boldsymbol{a}$ 与 $\boldsymbol{b}$ 反向.

（2）当 $\boldsymbol{a}$ 与 $\boldsymbol{b}$ 的夹角 $\theta=90°$时，则称 $\boldsymbol{a}$ 与 $\boldsymbol{b}$ 垂直，记作：$\boldsymbol{a}\perp\boldsymbol{b}$.

二、向量 $\boldsymbol{a}$ 与 $\boldsymbol{b}$ 的数量积

已知两个非零向量 $\boldsymbol{a}$ 与 $\boldsymbol{b}$，它们的夹角为 θ. 我们把数量$|\boldsymbol{a}||\boldsymbol{b}|\cos\theta$ 称为 $\boldsymbol{a}$ 与 $\boldsymbol{b}$ 的数量积（或内积）记作：$\boldsymbol{a}\cdot\boldsymbol{b}$，即 $\boldsymbol{a}\cdot\boldsymbol{b}=|\boldsymbol{a}||\boldsymbol{b}|\cos\theta$. 零向量与任一向量的数量积为零.

三、一个向量在另一个向量方向上的投影

设 $\boldsymbol{a}$ 与 $\boldsymbol{b}$ 都是非零向量，θ 是 $\boldsymbol{a}$ 与 $\boldsymbol{b}$ 的夹角，则

（1）$|\boldsymbol{b}|\cos\theta$ 称为向量 $\boldsymbol{b}$ 在 $\boldsymbol{a}$ 方向上的投影；$|\boldsymbol{a}|\cos\theta$ 则称为向量 $\boldsymbol{a}$ 在 $\boldsymbol{b}$ 方向上的投影.

（2）$\boldsymbol{a}\cdot\boldsymbol{b}$ 的几何意义为数量积 $\boldsymbol{a}\cdot\boldsymbol{b}$ 等于 $\boldsymbol{a}$ 的长度$|\boldsymbol{a}|$与 $\boldsymbol{b}$ 在 $\boldsymbol{a}$ 方向上的投影$|\boldsymbol{b}|\cos\theta$ 的乘积.

四、向量数量积的重要性质

设 $\boldsymbol{a}$ 与 $\boldsymbol{b}$ 都是非零向量，θ 是 $\boldsymbol{a}$ 与 $\boldsymbol{b}$ 的夹角，则

（1）$\boldsymbol{a}\perp\boldsymbol{b}\Leftrightarrow\boldsymbol{a}\cdot\boldsymbol{b}=0$.

（2）当 $\boldsymbol{a}$ 与 $\boldsymbol{b}$ 同向时，$\boldsymbol{a}\cdot\boldsymbol{b}=|\boldsymbol{a}||\boldsymbol{b}|$；当 $\boldsymbol{a}$ 与 $\boldsymbol{b}$ 反向时，$\boldsymbol{a}\cdot\boldsymbol{b}=-|\boldsymbol{a}||\boldsymbol{b}|$. 当 $\boldsymbol{a}$ 与 $\boldsymbol{b}$ 相等时，$\boldsymbol{a}\cdot\boldsymbol{b}=|\boldsymbol{a}|^2$.

（3）$\cos\theta=\dfrac{\boldsymbol{a}\cdot\boldsymbol{b}}{|\boldsymbol{a}||\boldsymbol{b}|}$.

五、数量积满足的运算律

（1）交换律 $\boldsymbol{a}\cdot\boldsymbol{b}=\boldsymbol{b}\cdot\boldsymbol{a}$.

（2）结合律 $(\lambda\boldsymbol{a})\cdot\boldsymbol{b}=\lambda(\boldsymbol{a}\cdot\boldsymbol{b})=\boldsymbol{a}\cdot(\lambda\boldsymbol{b})$.

（3）分配律 $(\boldsymbol{a}+\boldsymbol{b})\cdot\boldsymbol{c}=\boldsymbol{a}\cdot\boldsymbol{c}+\boldsymbol{b}\cdot\boldsymbol{c}$.

六、平面向量数量积的坐标表示

（1）若 $\boldsymbol{a}=(x_1,y_1),\boldsymbol{b}=(x_2,y_2)$，则 $\boldsymbol{a}\cdot\boldsymbol{b}=x_1x_2+y_1y_2$.

（2）若 $\boldsymbol{a}=(x,y)$，则$|\boldsymbol{a}|^2=x^2+y^2$，$|\boldsymbol{a}|=\sqrt{x^2+y^2}$.

（3）若 $\boldsymbol{a}=\overrightarrow{OA}=(x_1,y_1)$，$\boldsymbol{b}=\overrightarrow{OB}=(x_2,y_2)$，则$|\overrightarrow{AB}|=\sqrt{(x_2-x_1)^2+(y_2-y_1)^2}$.

（4）若 $\boldsymbol{a}=(x_1,\ y_1)$，$\boldsymbol{b}=(x_2,\ y_2)$,则 $\boldsymbol{a}\perp\boldsymbol{b}\Leftrightarrow x_1x_2+y_1y_2=0$.

第五节　平面上两点间距离公式及线段定比分点坐标公式

一、平面上两点间距离公式

（1）数轴上两点 A、B（坐标分别为 x_1，x_2）间距离公式：

$$|AB|=|x_2-x_1|.$$

（2）平面直角坐标系中，两点 $P_1(x_1, y_1)$，$P_2(x_2, y_2)$ 间距离公式：

$$|P_1P_2| = \sqrt{(x_2-x_1)^2+(y_2-y_1)^2}.$$

二、线段定比分点坐标公式

（1）P 分有向线段 $\overrightarrow{P_1P_2}$ 所成的比. 设 P_1，P_2 是直线 l 上的两点，点 P 是 l 上不同于 P_1，P_2 的任意一点，则存在一个实数 λ 使 $\overrightarrow{P_1P}=\lambda\overrightarrow{PP_2}$，则 λ 称为 P 分有向线段 $\overrightarrow{P_1P_2}$ 所成的比. ①P 在 $\overrightarrow{P_1P_2}$ 上，P 为内分点，$\lambda>0$；②P 在 $\overrightarrow{P_1P_2}$ 或 $\overrightarrow{P_2P_1}$ 的延长线上，P 为外分点，$\lambda<0$；③$\lambda\neq0$ 且 $\lambda\neq-1$.

（2）定比分点坐标公式：

$$\begin{cases} x=\dfrac{x_1+\lambda x_2}{1+\lambda}, \\ y=\dfrac{y_1+\lambda y_2}{1+\lambda}. \end{cases}$$

其中 $P_1(x_1, y_1)$，$P_2(x_2, y_2)$，$P(x, y)$. 当 $\lambda=1$ 时，分点 P 为 $\overrightarrow{P_1P_2}$ 的中点，即有中点坐标公式：

$$\begin{cases} x=\dfrac{x_1+x_2}{2}, \\ y=\dfrac{y_1+y_2}{2}. \end{cases}$$

第六节 平 移

一、图形的平移

将平面坐标系内的图形 F 上所有的点按照同一方向移动相同的长度，得到图形 F'，这一过程称为图形的平移.

二、平移公式

平移前的点 $P(x, y)$，平移后的点 $P'(x', y')$，平移向量 $\overrightarrow{PP'}=(h,k)$，则有

$$\begin{cases} x'=x+h, \\ y'=y+k. \end{cases}$$

这个公式称为点的平移公式，它反映了图形中的每一点在平移后的新坐标与原坐标间的关系.

☞例题解析

一、选择题

1. 在下列各结论中，正确的为（　　）.

（1）两向量共线且模相等是这两个向量相等的必要不充分条件

（2）两向量平行且模相等是这两个向量相等的既不充分也不必要条件

（3）两向量方向相同且模相等是这两个向量相等的充要条件

（4）两向量方向相反且模不相等是这两个向量不相等的充分不必要条件

A.（1）(3)　　B.（2）(4)　　C.（3）(4)　　D.（1）(3)（4）

【答案】D

【解析】首先判定结论（1）的真假．∵ 向量 $\boldsymbol{a}$、$\boldsymbol{b}$ 满足 $|\boldsymbol{a}|=|\boldsymbol{b}|$ 且 $\boldsymbol{a}/\!/\boldsymbol{b}$ 不能推出 $\boldsymbol{a}=\boldsymbol{b}$（$\boldsymbol{a}$、$\boldsymbol{b}$ 反向时），但由 $\boldsymbol{a}=\boldsymbol{b}\Rightarrow|\boldsymbol{a}|=|\boldsymbol{b}|$ 且 $\boldsymbol{a}/\!/\boldsymbol{b}$．故结论（1）（3）正确．∴ B、C 均被排除；接下来再判定结论（4）的真假．向量 $\boldsymbol{a}$ 与 $\boldsymbol{b}$ 反向且 $|\boldsymbol{a}|\neq|\boldsymbol{b}|\Rightarrow\boldsymbol{a}\neq\boldsymbol{b}$，但反过来由 $\boldsymbol{a}\neq\boldsymbol{b}$ 不能推出 $\boldsymbol{a}$ 与 $\boldsymbol{b}$ 反向且 $|\boldsymbol{a}|\neq|\boldsymbol{b}|$．因此，结论（4）也正确，∴ A 也可以排除．

2. 已知 $\triangle ABC$ 是等腰直角三角形，且 $\angle A=90°$．在下列各等式中成立的等式共有（　　）．

（1）$|\overrightarrow{AB}-\overrightarrow{AC}|=|\overrightarrow{AB}+\overrightarrow{AC}|$

（2）$|\overrightarrow{BC}-\overrightarrow{BA}|=|\overrightarrow{CB}-\overrightarrow{CA}|$

（3）$|\overrightarrow{AB}-\overrightarrow{CB}|=|\overrightarrow{AC}-\overrightarrow{BC}|$

（4）$|\overrightarrow{AB}+\overrightarrow{AC}|^2=|\overrightarrow{BC}-\overrightarrow{AC}|^2+|\overrightarrow{CB}-\overrightarrow{AB}|^2$

A. 1 个　　B. 2 个　　C. 3 个　　D. 4 个

【答案】D

【解析】(1) ∵ $AB\perp AC$，且 $|\overrightarrow{AB}|=|\overrightarrow{AC}|$，∴ 以 AB、AC 为相邻的两边作正方形 $ABEC$，则 $\overrightarrow{AB}+\overrightarrow{AC}=\overrightarrow{AE}$．又 $\overrightarrow{AB}-\overrightarrow{AC}=\overrightarrow{CB}$，∵ $|\overrightarrow{CB}|=|AE|$，∴ $|\overrightarrow{AB}-\overrightarrow{AC}|=|\overrightarrow{AB}+\overrightarrow{AC}|$，即(1)式成立．(2) ∵ $\overrightarrow{BC}-\overrightarrow{BA}=\overrightarrow{AC}$，$\overrightarrow{CB}-\overrightarrow{CA}=\overrightarrow{AB}$，∴ $|\overrightarrow{BC}-\overrightarrow{BA}|=|\overrightarrow{AC}|$，$|\overrightarrow{CB}-\overrightarrow{CA}|=|\overrightarrow{AB}|$．∵ $\triangle ABC$ 是等腰直角三角形，$\angle A=90°$，∴ $|\overrightarrow{AC}|=|\overrightarrow{AB}|$，(2)式成立．(3) ∵ $\overrightarrow{AB}-\overrightarrow{CB}=\overrightarrow{AC}$，$\overrightarrow{AC}-\overrightarrow{BC}=\overrightarrow{AB}$，∵ $|\overrightarrow{AC}|=|\overrightarrow{AB}|$，∴ $|\overrightarrow{AB}-\overrightarrow{CB}|=|\overrightarrow{AC}-\overrightarrow{BC}|$，即(3)式成立．(4) ∵ $\overrightarrow{AB}+\overrightarrow{AC}=\overrightarrow{AE}$，∴ $|\overrightarrow{AB}+\overrightarrow{AC}|=|\overrightarrow{AE}|=|\overrightarrow{BC}|$，又 ∵ $\overrightarrow{BC}-\overrightarrow{AC}=\overrightarrow{BA}$，$\overrightarrow{CB}-\overrightarrow{AB}=\overrightarrow{CA}$，∴ $|\overrightarrow{BC}-\overrightarrow{AC}|=|\overrightarrow{BA}|$，$|\overrightarrow{CB}-\overrightarrow{AB}|=|\overrightarrow{CA}|$．由于 $\triangle ABC$ 是等腰直角三角形，∴ $|\overrightarrow{BC}|^2=|\overrightarrow{BA}|^2+|\overrightarrow{CA}|^2$，因此（4）也成立．综上所述这里的 4 个等式均成立．

3. 给出下列四个命题：

①若 $\boldsymbol{a}/\!/\boldsymbol{b}$，则 $\boldsymbol{a}=\boldsymbol{b}$；②若 $|\boldsymbol{a}|=|\boldsymbol{b}|$，则 $\boldsymbol{a}=\boldsymbol{b}$；③若 $|\boldsymbol{a}|=|\boldsymbol{b}|$，则 $\boldsymbol{a}/\!/\boldsymbol{b}$；④若 $\boldsymbol{a}=\boldsymbol{b}$，则 $|\boldsymbol{a}|=|\boldsymbol{b}|$，其中正确命题的个数是（　　）．

A. 1　　B. 2　　C. 3　　D. 4

【答案】A

【解析】只有④正确．向量有关概念的关键点：①向量定义的关键是方向和长度；②非零共线向量的关键是方向相同或相反，长度没有限制；③相等向量的关键是方向相同且长度相等；④单位向量的关键是长度都是一个单位长度；⑤零向量的关键是长度是 0，规定零向量与任何向量共线．

4. 对于非零向量 $\boldsymbol{a}$，$\boldsymbol{b}$，“$\boldsymbol{a}+\boldsymbol{b}=\boldsymbol{0}$”是“$\boldsymbol{a}/\!/\boldsymbol{b}$”的（　　）．

A. 充分不必要条件　　B. 必要不充分条件

C. 充要条件　　D. 既不充分也不必要条件

【答案】A

【解析】若 $\boldsymbol{a}+\boldsymbol{b}=\boldsymbol{0}$，则 $\boldsymbol{a}=-\boldsymbol{b}$，$\therefore$ $\boldsymbol{a}/\!/\boldsymbol{b}$. 若 $\boldsymbol{a}/\!/\boldsymbol{b}$，则 $\boldsymbol{a}+\boldsymbol{b}=\boldsymbol{0}$ 不一定成立，故前者是后者的充分不必要条件.

5. 设非零向量 $\boldsymbol{a}$，$\boldsymbol{b}$ 满足 $|\boldsymbol{a}+\boldsymbol{b}|=|\boldsymbol{a}-\boldsymbol{b}|$，则（　　）.

A. $\boldsymbol{a}\perp\boldsymbol{b}$　　　B. $|\boldsymbol{a}|=|\boldsymbol{b}|$

C. $\boldsymbol{a}/\!/\boldsymbol{b}$　　　D. $|\boldsymbol{a}|>|\boldsymbol{b}|$

【答案】A

【解析】方法一　$\because$ $|\boldsymbol{a}+\boldsymbol{b}|=|\boldsymbol{a}-\boldsymbol{b}|$，$\therefore$ $|\boldsymbol{a}+\boldsymbol{b}|^2=|\boldsymbol{a}-\boldsymbol{b}|^2$. $\therefore$ $\boldsymbol{a}^2+\boldsymbol{b}^2+2\boldsymbol{a}\cdot\boldsymbol{b}=\boldsymbol{a}^2+\boldsymbol{b}^2-2\boldsymbol{a}\cdot\boldsymbol{b}$. $\therefore$ $\boldsymbol{a}\cdot\boldsymbol{b}=0$. $\therefore$ $\boldsymbol{a}\perp\boldsymbol{b}$.

方法二　利用向量加法的平行四边形法则．在平行四边形 $ABCD$ 中，设 $\overrightarrow{AB}=\boldsymbol{a}$，$\overrightarrow{AD}=\boldsymbol{b}$，由 $|\boldsymbol{a}+\boldsymbol{b}|=|\boldsymbol{a}-\boldsymbol{b}|$ 知，$|\overrightarrow{AC}|=|\overrightarrow{DB}|$，从而四边形 $ABCD$ 为矩形，即 $AB\perp AD$，故 $\boldsymbol{a}\perp\boldsymbol{b}$.

6. 如图 9－6 所示，在平行四边形 $ABCD$ 中，点 E 为 CD 的中点，BE 与 AC 的交点为 F，设 $\overrightarrow{AB}=\boldsymbol{a}$，$\overrightarrow{AD}=\boldsymbol{b}$，则向量 $\overrightarrow{BF}$ 等于（　　）.

A. $\frac{1}{3}\boldsymbol{a}+\frac{2}{3}\boldsymbol{b}$　　　B. $-\frac{1}{3}\boldsymbol{a}-\frac{2}{3}\boldsymbol{b}$

C. $-\frac{1}{3}\boldsymbol{a}+\frac{2}{3}\boldsymbol{b}$　　　D. $\frac{1}{3}\boldsymbol{a}-\frac{2}{3}\boldsymbol{b}$

【答案】C

【解析】$\overrightarrow{BF}=\frac{2}{3}\overrightarrow{BE}=\frac{2}{3}(\overrightarrow{BC}+\overrightarrow{CE})=\frac{2}{3}(\boldsymbol{b}-0.5\boldsymbol{a})=-\frac{1}{3}\boldsymbol{a}+\frac{2}{3}\boldsymbol{b}$.

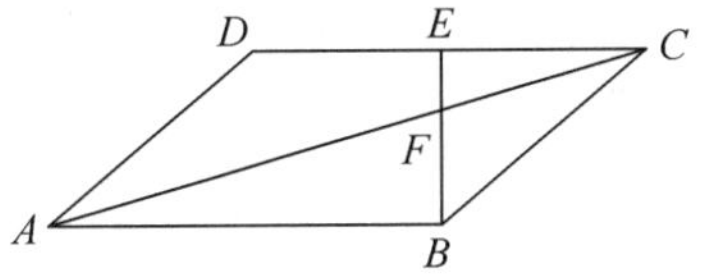

图 9－6

7. 在 $\triangle ABC$ 中，AD 为 BC 边上的中线，E 为 AD 的中点，则 $\overrightarrow{EB}$ 等于（　　）.

A. $\frac{3}{4}\overrightarrow{AB}-\frac{1}{4}\overrightarrow{AC}$　　　B. $\frac{1}{4}\overrightarrow{AB}-\frac{3}{4}\overrightarrow{AC}$

C. $\frac{3}{4}\overrightarrow{AB}+\frac{1}{4}\overrightarrow{AC}$　　　D. $\frac{1}{4}\overrightarrow{AB}+\frac{3}{4}\overrightarrow{AC}$

【答案】A

【解析】作出示意图如图 9－7 所示．$\overrightarrow{EB}=\overrightarrow{ED}+\overrightarrow{DB}=\frac{1}{2}\overrightarrow{AD}+\frac{1}{2}\overrightarrow{CB}=\frac{1}{2}\times\frac{1}{2}(\overrightarrow{AB}+\overrightarrow{AC})+\frac{1}{2}(\overrightarrow{AB}-\overrightarrow{AC})=\frac{3}{4}\overrightarrow{AB}-\frac{1}{4}\overrightarrow{AC}$.

8. 如图 9－8 所示，在 $\triangle ABC$ 中，点 D，E 分别在边 BC，AC 上，且 $\overrightarrow{BD}=2\overrightarrow{DC}$，$\overrightarrow{CE}=3\overrightarrow{EA}$，若 $\overrightarrow{AB}=\boldsymbol{a}$，$\overrightarrow{AC}=\boldsymbol{b}$，则 $\overrightarrow{DE}$ 等于（　　）.

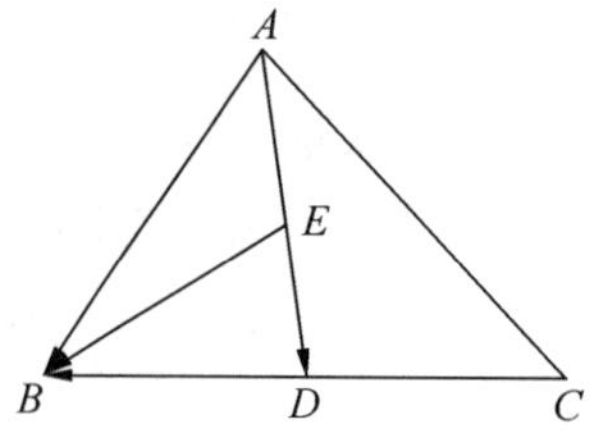

图 9－7

A. $\frac{1}{3}\boldsymbol{a}+\frac{5}{12}\boldsymbol{b}$　　B. $\frac{1}{3}\boldsymbol{a}-\frac{13}{12}\boldsymbol{b}$

C. $-\frac{1}{3}\boldsymbol{a}-\frac{5}{12}\boldsymbol{b}$　　D. $-\frac{1}{3}\boldsymbol{a}+\frac{13}{12}\boldsymbol{b}$

【答案】C

【解析】$\overrightarrow{DE}=\overrightarrow{DC}+\overrightarrow{CE}=\frac{1}{3}\overrightarrow{BC}+\frac{3}{4}\overrightarrow{CA}=\frac{1}{3}(\overrightarrow{AC}-\overrightarrow{AB})-\frac{3}{4}\overrightarrow{AC}=-\frac{1}{3}\overrightarrow{AB}-\frac{5}{12}\overrightarrow{AC}=-\frac{1}{3}\boldsymbol{a}-\frac{5}{12}\boldsymbol{b}$.

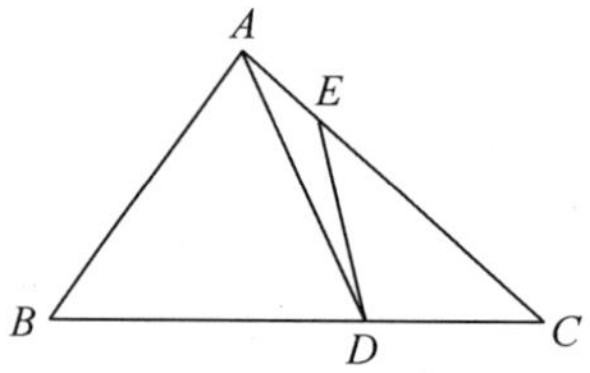

图 9－8

9. 设 A，B，C 是半径为 1 的圆 O 上的三点，且 $\overrightarrow{OA}\perp\overrightarrow{OB}$，则$(\overrightarrow{OC}-\overrightarrow{OA})\cdot(\overrightarrow{OC}-\overrightarrow{OB})$的最大值是（　　）.

A. $1+\sqrt{2}$　　B. $1-\sqrt{2}$　　C. $\sqrt{2}-1$　　D. 1

【答案】A

【解析】如图 9－9 所示，作出 $\overrightarrow{OD}$，使得 $\overrightarrow{OA}+\overrightarrow{OB}=\overrightarrow{OD}$，则$(\overrightarrow{OC}-\overrightarrow{OA})\cdot(\overrightarrow{OC}-\overrightarrow{OB})=\overrightarrow{OC}^2-\overrightarrow{OA}\cdot\overrightarrow{OC}-\overrightarrow{OB}\cdot\overrightarrow{OC}+\overrightarrow{OA}\cdot\overrightarrow{OB}=1-(\overrightarrow{OA}+\overrightarrow{OB})\cdot\overrightarrow{OC}=1-\overrightarrow{OD}\cdot\overrightarrow{OC}$，由图可知，当点 C 在 OD 的反向延长线与圆 O 的交点处时，$\overrightarrow{OD}\cdot\overrightarrow{OC}$ 取得最小值，最小值为 $-\sqrt{2}$，此时$(\overrightarrow{OC}-\overrightarrow{OA})\cdot(\overrightarrow{OC}-\overrightarrow{OB})$ 取得最大值，最大值为 $1+\sqrt{2}$.

10. 在$\triangle ABC$ 中，$BC=5$，G，O 分别为$\triangle ABC$ 的重心和外心，且 $\overrightarrow{OG}\cdot\overrightarrow{BC}=5$，则$\triangle ABC$ 的形状是（　　）.

A. 锐角三角形　　B. 钝角三角形

C. 直角三角形　　D. 上述三种情况都有可能

【答案】B

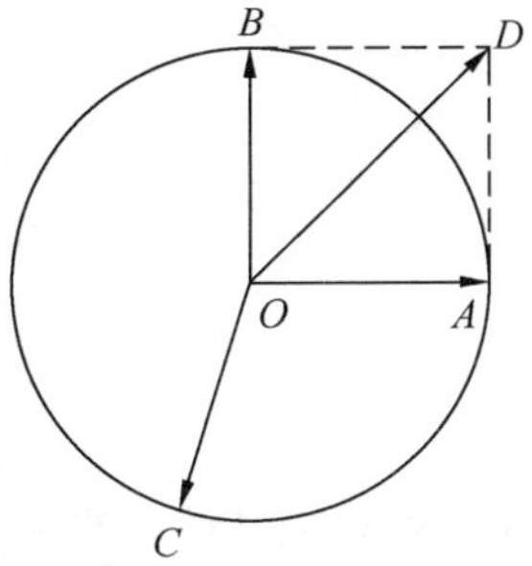

图 9-9

【解析】如图 9-10 所示，在△ABC 中，G，O 分别为△ABC 的重心和外心，取 BC 的中点 D,连接 AD,OD，OG，则 $OD\perp BC$，$GD=\frac{1}{3}AD$，结合 $\overrightarrow{OG}=\overrightarrow{OD}+\overrightarrow{DG}$，$\overrightarrow{AD}=\frac{1}{2}(\overrightarrow{AB}+\overrightarrow{AC})$，$\overrightarrow{OG}\cdot\overrightarrow{BC}=5$，得 $(\overrightarrow{OD}+\overrightarrow{DG})\cdot\overrightarrow{BC}=\overrightarrow{DG}\cdot\overrightarrow{BC}=-\frac{1}{6}(\overrightarrow{AB}+\overrightarrow{AC})\cdot\overrightarrow{BC}=5$，即 $-\frac{1}{6}(\overrightarrow{AB}+\overrightarrow{AC})\cdot(\overrightarrow{AC}-\overrightarrow{AB})=5$，$\therefore\ \overrightarrow{AC}^2-\overrightarrow{AB}^2=-30$. 又 $BC=5$，则 $|\overrightarrow{AB}|^2=|\overrightarrow{AC}|^2+\frac{6}{5}|\overrightarrow{BC}|^2>|\overrightarrow{AC}|^2+|\overrightarrow{BC}|^2$，结合余弦定理有 $\cos C<0$，$\therefore\ \frac{\pi}{2}<C<\pi$，△ABC 是钝角三角形.

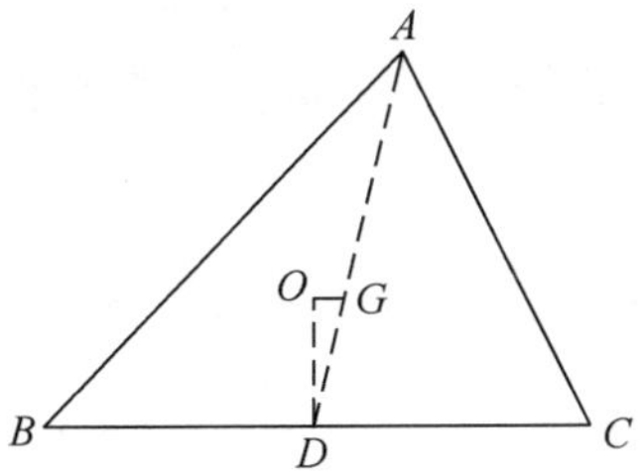

图 9-10

11. 已知向量 $\boldsymbol{a}=\left(\cos\frac{\pi}{6},\ \sin\frac{\pi}{6}\right)$，$\boldsymbol{b}=\left(\cos\frac{5\pi}{6},\ \sin\frac{5\pi}{6}\right)$，则 $|\boldsymbol{a}-\boldsymbol{b}|=$(　　).

A. 1　　B. $\frac{\sqrt{6}}{2}$　　C. $\sqrt{3}$　　D. $\frac{\sqrt{10}}{2}$

【答案】C

【解析】$\because\ \boldsymbol{a}-\boldsymbol{b}=\left(\cos\frac{\pi}{6}-\cos\frac{5\pi}{6},\ \sin\frac{\pi}{6}-\sin\frac{5\pi}{6}\right)=(\sqrt{3},\ 0)$，$\therefore\ |\boldsymbol{a}-\boldsymbol{b}|=\sqrt{3}$.

12. 若向量 $\overrightarrow{OF_1}=(1,\ 1)$，$\overrightarrow{OF_2}=(-3,\ -2)$ 分别表示两个力 F_1，F_2，则 $|F_1+F_2|$ 为(　　).

A. $\sqrt{10}$　　B. $2\sqrt{5}$　　C. $\sqrt{5}$　　D. $\sqrt{15}$

【答案】C

【解析】由于 $F_1+F_2=(1,1)+(-3,-2)=(-2,-1)$，$\therefore\ |F_1+F_2|=$

$\sqrt{(-2)^2+(-1)^2}=\sqrt{5}$.

13. 已知圆 O 是 $\triangle ABC$ 的外接圆，其半径为 1，且 $\overrightarrow{AB}+\overrightarrow{AC}=2\overrightarrow{AO}$，$AB=1$，则 $\overrightarrow{CA}\cdot\overrightarrow{CB}=$（　　）.

A. $\frac{3}{2}$　　B. 3　　C. $\sqrt{3}$　　D. $2\sqrt{3}$

【答案】B

【解析】$\because$ $\overrightarrow{AB}+\overrightarrow{AC}=2\overrightarrow{AO}$，$\therefore$ 点 O 是 BC 的中点，即 BC 是圆 O 的直径，又 $AB=1$，圆的半径为 1，$\therefore$ $\angle ACB=30°$，且 $AC=\sqrt{3}$，则 $\overrightarrow{CA}\cdot\overrightarrow{CB}=|\overrightarrow{CA}|\cdot|\overrightarrow{CB}|\cos\angle ACB=3$.

14. 已知向量 $\boldsymbol{m}=\left(\sin A,\ \frac{1}{2}\right)$ 与向量 $\boldsymbol{n}=(3,\ \sin A+\sqrt{3}\cos A)$ 共线，其中 A 是 $\triangle ABC$ 的内角，则角 A 的大小为（　　）.

A. $\frac{\pi}{6}$　　B. $\frac{\pi}{4}$　　C. $\frac{\pi}{3}$　　D. $\frac{\pi}{2}$

【答案】C

【解析】$\because$ $\boldsymbol{m}/\!/\boldsymbol{n}$，$\therefore$ $\sin A(\sin A+\sqrt{3}\cos A)-\frac{3}{2}=0$，$\therefore$ $2\sin^2A+2\sqrt{3}\sin A\cos A=3$. 可化为 $1-\cos 2A+\sqrt{3}\sin 2A=3$，$\therefore$ $\sin\left(2A-\frac{\pi}{6}\right)=1$，$\because$ $A\in(0,\pi)$，$\therefore$ $2A-\frac{\pi}{6}\in\left(-\frac{\pi}{6},\frac{11\pi}{6}\right)$. $\therefore$ $2A-\frac{\pi}{6}=\frac{\pi}{2}$，解得 $A=\frac{\pi}{3}$.

15. 已知 $\triangle ABC$ 是边长为 2 的等边三角形，P 为平面 ABC 内一点，则 $\overrightarrow{PA}\cdot(\overrightarrow{PB}+\overrightarrow{PC})$ 的最小值是（　　）.

A. -2　　B. $-\frac{3}{2}$　　C. $-\frac{4}{3}$　　D. -1

【答案】B

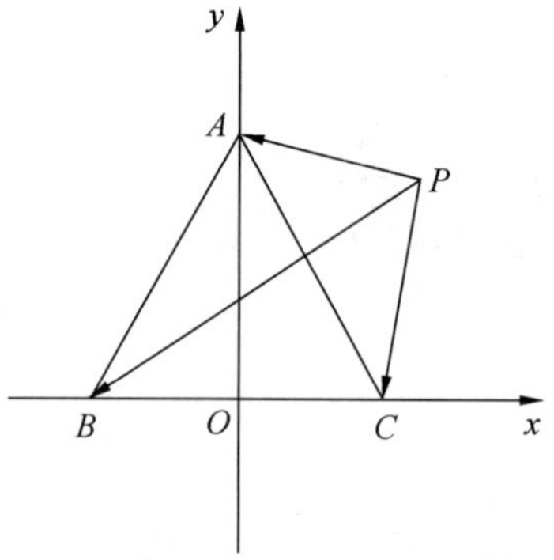

图 9－11

【解析】如图 9－11 所示，以等边 $\triangle ABC$ 的底边 BC 所在直线为 x 轴，以 BC 的垂直平分线为 y 轴建立平面直角坐标系，则 $A(0,\ \sqrt{3})$，$B(-1,\ 0)$，$C(1,\ 0)$，设 $P(x,\ y)$，则 $\overrightarrow{PA}=(-x,\sqrt{3}-y)$，$\overrightarrow{PB}=(-1-x,\ -y)$，$\overrightarrow{PC}=(1-x,\ -y)$，$\therefore$ $\overrightarrow{PA}\cdot(\overrightarrow{PB}+\overrightarrow{PC})=(-x,$

$\sqrt{3}-y)\cdot(-2x,-2y)=2x^2+2\left(y-\frac{\sqrt{3}}{2}\right)^2-\frac{3}{2}$，当 $x=0$，$y=\frac{\sqrt{3}}{2}$时，$\overrightarrow{PA}\cdot(\overrightarrow{PB}+\overrightarrow{PC})$ 取得最小值为 $-\frac{3}{2}$.

16. 已知向量 $\boldsymbol{a}=(4,0)$，$\boldsymbol{b}=(2,2\sqrt{3})$，非零向量 $\boldsymbol{c}$ 满足 $(\boldsymbol{a}-\boldsymbol{c})\cdot(\boldsymbol{b}-\boldsymbol{c})=\boldsymbol{0}$，$|\boldsymbol{c}|$的最大值与最小值分别为 m，n，则 $m-n$ 的值为（　　）.

A. 1　　B. 3　　C. 2　　D. 4

【答案】D

【解析】设 $c=(x,y)$，∵ $(\boldsymbol{a}-\boldsymbol{c})\cdot(\boldsymbol{b}-\boldsymbol{c})=\boldsymbol{0}$，∴ $(4-x,-y)\cdot(2-x,2\sqrt{3}-y)=x^2+y^2-6x-2\sqrt{3}y+8=0$，∴ $(x-3)^2+(y-\sqrt{3})^2=4$，∴ 满足条件的向量 $\boldsymbol{c}$ 的终点落在以 $(3,\sqrt{3})$ 为圆心，2 为半径的圆上，∴ $|\boldsymbol{c}|$的最大值与最小值分别为 $m=2+2\sqrt{3}$，$n=2\sqrt{3}-2$，∴ $m-n=4$.

二、填空题

1. 已知平行四边形 $ABCD$ 的对角线 AC 和 BD 相交于点 O，且 $\overrightarrow{OA}=\boldsymbol{a}$，$\overrightarrow{OB}=\boldsymbol{b}$，则 $\overrightarrow{DC}=$________ $\overrightarrow{BC}=$________（用 $\boldsymbol{a}$，$\boldsymbol{b}$ 表示）.

【答案】$\boldsymbol{b}-\boldsymbol{a}$，$-\boldsymbol{a}-\boldsymbol{b}$

【解析】如图 9－12 所示，$\overrightarrow{DC}=\overrightarrow{AB}=\overrightarrow{OB}-\overrightarrow{OA}=\boldsymbol{b}-\boldsymbol{a}$，$\overrightarrow{BC}=\overrightarrow{OC}-\overrightarrow{OB}=-\overrightarrow{OA}-\overrightarrow{OB}=-\boldsymbol{a}-\boldsymbol{b}$.

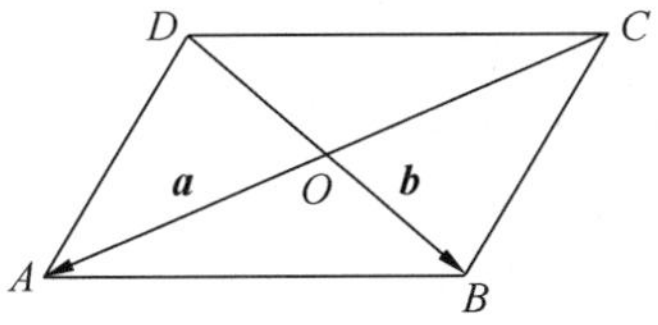

图 9－12

2. 在平行四边形 $ABCD$ 中，若 $|\overrightarrow{AB}+\overrightarrow{AD}|=|\overrightarrow{AB}-\overrightarrow{AD}|$，则四边形 $ABCD$ 的形状为________.

【答案】矩形

【解析】如图 9－13 所示，∵ $\overrightarrow{AB}+\overrightarrow{AD}=\overrightarrow{AC}$，$\overrightarrow{AB}-\overrightarrow{AD}=\overrightarrow{DB}$，∴ $|\overrightarrow{AC}|=|\overrightarrow{DB}|$. 由对角线长相等的平行四边形是矩形可知，四边形 $ABCD$ 是矩形.

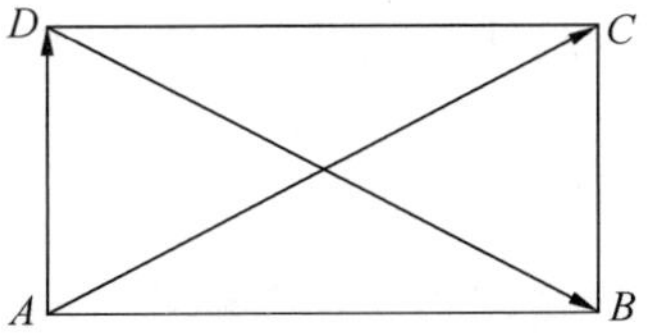

图 9－13

3. 设向量 $\boldsymbol{a}$，$\boldsymbol{b}$ 不平行，向量 $\lambda\boldsymbol{a}+\boldsymbol{b}$ 与 $\boldsymbol{a}+2\boldsymbol{b}$ 平行，则实数 $\lambda=$________.

【答案】$\frac{1}{2}$

【解析】∵ 向量 $\boldsymbol{a}$，$\boldsymbol{b}$ 不平行，∴ $\boldsymbol{a}+2\boldsymbol{b}\neq 0$，又向量 $\lambda\boldsymbol{a}+\boldsymbol{b}$ 与 $\boldsymbol{a}+2\boldsymbol{b}$ 平行，则存在唯一的实数 μ，使 $\lambda\boldsymbol{a}+\boldsymbol{b}=\mu(\boldsymbol{a}+2\boldsymbol{b})$ 成立，即 $\lambda\boldsymbol{a}+\boldsymbol{b}=\mu\boldsymbol{a}+2\mu\boldsymbol{b}$，则 $\begin{cases}\lambda=\mu\\1=2\mu\end{cases}$，解得 $\lambda=\mu=\frac{1}{2}$.

4. 设 D，E 分别是 $\triangle ABC$ 的边 AB，BC 上的点，$AD=\frac{1}{2}AB$，$BE=\frac{2}{3}BC$. 若 $\overrightarrow{DE}=\lambda_1\overrightarrow{AB}+\lambda_2\overrightarrow{AC}$（$\lambda_1$，$\lambda_2$ 为实数），则 $\lambda_1+\lambda_2$ 的值为________.

【答案】$\frac{1}{2}$

【解析】$\overrightarrow{DE}=\overrightarrow{DB}+\overrightarrow{BE}=\frac{1}{2}\overrightarrow{AB}+\frac{2}{3}\overrightarrow{BC}=\frac{1}{2}\overrightarrow{AB}+\frac{2}{3}(\overrightarrow{BA}+\overrightarrow{AC})=-\frac{1}{6}\overrightarrow{AB}+\frac{2}{3}\overrightarrow{AC}$，∴ $\lambda_1=-\frac{1}{6}$，$\lambda_2=\frac{2}{3}$，即 $\lambda_1+\lambda_2=\frac{1}{2}$.

5. 给出下列命题：

① 若两个向量相等，则它们的起点相同，终点相同；

② 若 $\boldsymbol{a}$ 与 $\boldsymbol{b}$ 共线，$\boldsymbol{b}$ 与 $\boldsymbol{c}$ 共线，则 $\boldsymbol{a}$ 与 $\boldsymbol{c}$ 也共线；

③ 若 A，B，C，D 是不共线的四点，且 $\overrightarrow{AB}=\overrightarrow{DC}$，则 $ABCD$ 为平行四边形；

④ $\boldsymbol{a}=\boldsymbol{b}$ 的充要条件是 $|\boldsymbol{a}|=|\boldsymbol{b}|$ 且 $\boldsymbol{a}/\!/\boldsymbol{b}$；

⑤ 已知 λ，μ 为实数，若 $\lambda\boldsymbol{a}=\mu\boldsymbol{b}$，则 $\boldsymbol{a}$ 与 $\boldsymbol{b}$ 共线.

其中真命题的序号是________.

【答案】③

【解析】①错误，两个向量起点相同，终点相同，则两个向量相等；但两个向量相等，不一定有相同的起点和终点；②错误，若 $\boldsymbol{b}=\boldsymbol{0}$，则 $\boldsymbol{a}$ 与 $\boldsymbol{c}$ 不一定共线；③正确，∵ $\overrightarrow{AB}=\overrightarrow{DC}$，∴ $|\overrightarrow{AB}|=|\overrightarrow{DC}|$ 且 $\overrightarrow{AB}/\!/\overrightarrow{DC}$；又 A，B，C，D 是不共线的四点，∴ 四边形 $ABCD$ 为平行四边形；④错误，当 $\boldsymbol{a}/\!/\boldsymbol{b}$ 且方向相反时，即使 $|\boldsymbol{a}|=|\boldsymbol{b}|$，也不能得到 $\boldsymbol{a}=\boldsymbol{b}$，∴ $|\boldsymbol{a}|=|\boldsymbol{b}|$ 且 $\boldsymbol{a}/\!/\boldsymbol{b}$ 不是 $\boldsymbol{a}=\boldsymbol{b}$ 的充要条件，而是必要不充分条件；⑤错误，当 $\lambda=\mu=0$ 时，$\boldsymbol{a}$ 与 $\boldsymbol{b}$ 可以为任意向量，满足 $\lambda\boldsymbol{a}=\mu\boldsymbol{b}$，但 $\boldsymbol{a}$ 与 $\boldsymbol{b}$ 不一定共线. 故填③.

6. 在锐角 $\triangle ABC$ 中，$\overrightarrow{CM}=3\overrightarrow{MB}$，$\overrightarrow{AM}=x\overrightarrow{AB}+y\overrightarrow{AC}$，则 $\frac{x}{y}=$________.

【答案】3

【解析】由题意得 $\overrightarrow{CA}+\overrightarrow{AM}=3(\overrightarrow{AB}-\overrightarrow{AM})$，即 $4\overrightarrow{AM}=3\overrightarrow{AB}+\overrightarrow{AC}$，亦即 $\overrightarrow{AM}=\frac{3}{4}\overrightarrow{AB}+\frac{1}{4}\overrightarrow{AC}$，则 $x=\frac{3}{4}$，$y=\frac{1}{4}$，故 $\frac{x}{y}=3$.

平面向量线性运算问题的常见类型及解题策略：①向量加法或减法的几何意义，向量加法和减法均适合三角形法则；②求已知向量的和，共起点的向量求和用平行四边形法则，求差用三角形法则，求首尾相连向量的和用三角形法则；③求参数问题可以通过研究向量间的关系，通过向量的运算将向量表示出来，进行比较，求参数的值.

7. 在平行四边形 $ABCD$ 中，E，F 分别为边 BC，CD 的中点，若 $\overrightarrow{AB}=x\overrightarrow{AE}+y\overrightarrow{AF}$（$x$，$y\in\mathbf{R}$），则 $x-y=$________.

【答案】2

【解析】由题意得 $\overrightarrow{AE}=\overrightarrow{AB}+\overrightarrow{BE}=\overrightarrow{AB}+\dfrac{1}{2}\overrightarrow{AD}$，$\overrightarrow{AF}=\overrightarrow{AD}+\overrightarrow{DF}=\overrightarrow{AD}+\dfrac{1}{2}\overrightarrow{AB}$，

$\because$ $\overrightarrow{AB}=x\overrightarrow{AE}+y\overrightarrow{AF}$，$\therefore$ $\overrightarrow{AB}=\left(x+\dfrac{y}{2}\right)\overrightarrow{AB}+\left(\dfrac{x}{2}+y\right)\overrightarrow{AD}$，$\therefore$ $\begin{cases}x+\dfrac{y}{2}=1,\\ \dfrac{x}{2}+y=0,\end{cases}$ 解得 $\begin{cases}x=\dfrac{4}{3},\\ y=-\dfrac{2}{3},\end{cases}$ $\therefore$ $x-y=2$.

三、解答题

1. 如图 9－14 所示，以向量 $\overrightarrow{OA}=\boldsymbol{a}$，$\overrightarrow{OB}=\boldsymbol{b}$ 为邻边作平行四边形 $OADB$，$\overrightarrow{BM}=\dfrac{1}{3}\overrightarrow{BC}$，$\overrightarrow{CN}=\dfrac{1}{3}\overrightarrow{CD}$，用 $\boldsymbol{a}$，$\boldsymbol{b}$ 表示 $\overrightarrow{OM}$，$\overrightarrow{ON}$，$\overrightarrow{MN}$.

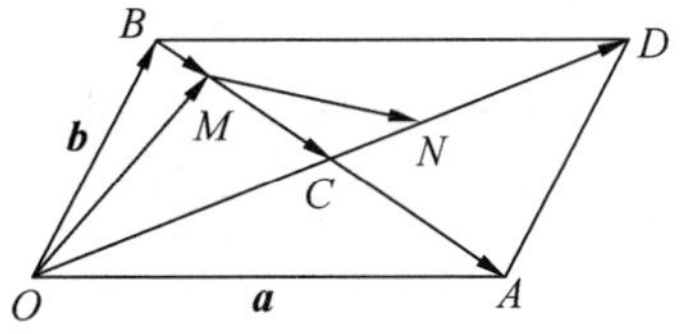

图 9－14

解 $\because$ $\overrightarrow{BA}=\overrightarrow{OA}-\overrightarrow{OB}=\boldsymbol{a}-\boldsymbol{b}$，$\overrightarrow{BM}=\dfrac{1}{6}\overrightarrow{BA}=\dfrac{1}{6}\boldsymbol{a}-\dfrac{1}{6}\boldsymbol{b}$，$\therefore$ $\overrightarrow{OM}=\overrightarrow{OB}+\overrightarrow{BM}=\dfrac{1}{6}\boldsymbol{a}+\dfrac{5}{6}\boldsymbol{b}$. $\because$ $\overrightarrow{OD}=\boldsymbol{a}+\boldsymbol{b}$，$\therefore$ $\overrightarrow{ON}=\overrightarrow{OC}+\dfrac{1}{3}\overrightarrow{CD}=\dfrac{1}{2}\overrightarrow{OD}+\dfrac{1}{6}\overrightarrow{OD}=\dfrac{2}{3}\overrightarrow{OD}=\dfrac{2}{3}\boldsymbol{a}+\dfrac{2}{3}\boldsymbol{b}$，$\therefore$ $\overrightarrow{MN}=\overrightarrow{ON}-\overrightarrow{OM}=\dfrac{2}{3}\boldsymbol{a}+\dfrac{2}{3}\boldsymbol{b}-\dfrac{1}{6}\boldsymbol{a}-\dfrac{5}{6}\boldsymbol{b}=\dfrac{1}{2}\boldsymbol{a}-\dfrac{1}{6}\boldsymbol{b}$. 综上，$\overrightarrow{OM}=\dfrac{1}{6}\boldsymbol{a}+\dfrac{5}{6}\boldsymbol{b}$，$\overrightarrow{ON}=\dfrac{2}{3}\boldsymbol{a}+\dfrac{2}{3}\boldsymbol{b}$，$\overrightarrow{MN}=\dfrac{1}{2}\boldsymbol{a}-\dfrac{1}{6}\boldsymbol{b}$.

2. 已知 $A(-2,\ 4)$，$B(3,\ -1)$，$C(-3,\ -4)$. 设 $\overrightarrow{AB}=\boldsymbol{a}$，$\overrightarrow{BC}=\boldsymbol{b}$，$\overrightarrow{CA}=\boldsymbol{c}$，且 $\overrightarrow{CM}=3c$，$\overrightarrow{CN}=-2\boldsymbol{b}$，

（1）求 $3\boldsymbol{a}+\boldsymbol{b}-3\boldsymbol{c}$；

（2）求 M，N 的坐标及向量 $\overrightarrow{MN}$ 的坐标.

解 由已知得 $\boldsymbol{a}=(5,\ -5)$，$\boldsymbol{b}=(-6,\ -3)$，$\boldsymbol{c}=(1,\ 8)$.

（1）$3\boldsymbol{a}+\boldsymbol{b}-3\boldsymbol{c}=3(5,\ -5)+(-6,\ -3)-3(1,8)=(15-6-3,\ -15-3-24)=(6,\ -42)$.

（2）设 O 为坐标原点，$\because$ $\overrightarrow{CM}=\overrightarrow{OM}-\overrightarrow{OC}=3\boldsymbol{c}$，$\therefore$ $\overrightarrow{OM}=3\boldsymbol{c}+\overrightarrow{OC}=(3,24)+(-3,-4)=(0,20)$. $\therefore$ $M(0,20)$. 又 $\because$ $\overrightarrow{CN}=\overrightarrow{ON}-\overrightarrow{OC}=-2\boldsymbol{b}$，$\therefore$ $\overrightarrow{ON}=-2\boldsymbol{b}+\overrightarrow{OC}=(12,6)+(-3,-4)=(9,2)$，$\therefore$ $N(9,2)$，$\therefore$ $\overrightarrow{MN}=(9,-18)$.

3. 在梯形 $ABCD$ 中，$AB /\!/ CD$，且 $DC=2AB$，三个顶点 $A(1,2)$，$B(2,1)$，$C(4,2)$，求点 D 的坐标.

解 $\because$ 在梯形 $ABCD$ 中，$DC=2AB$，$AB /\!/ CD$，$\therefore$ $\overrightarrow{DC}=2\overrightarrow{AB}$. 设点 D 的坐标为（x，y），则 $\overrightarrow{DC}=(4-x,2-y)$，$\overrightarrow{AB}=(1,-1)$，$\therefore$ $(4-x,2-y)=2(1,-1)$，即 $(4-x,2-y)=(2,-2)$，$\therefore$ $\begin{cases}4-x=2,\\2-y=-2,\end{cases}$ 解得 $\begin{cases}x=2,\\y=4,\end{cases}$ 故点 D 的坐标为（2，4）.

4. 已知向量 $\boldsymbol{a}=(1,2)$，$\boldsymbol{b}=(x,1)$，$\boldsymbol{u}=\boldsymbol{a}+2\boldsymbol{b}$，$\boldsymbol{v}=2\boldsymbol{a}-\boldsymbol{b}$，且 $\boldsymbol{u} /\!/ \boldsymbol{v}$，求实数 x 的值.

解 $\because$ $\boldsymbol{a}=(1,2)$，$\boldsymbol{b}=(x,1)$，$\boldsymbol{u}=\boldsymbol{a}+2\boldsymbol{b}$，$\boldsymbol{v}=2\boldsymbol{a}-\boldsymbol{b}$，$\therefore$ $\boldsymbol{u}=(1,2)+2(x,1)=(2x+1,4)$，$\boldsymbol{v}=2(1,2)-(x,1)=(2-x,3)$. 又 $\because$ $\boldsymbol{u} /\!/ \boldsymbol{v}$，$\therefore$ $3(2x+1)-4(2-x)=0$，即 $10x=5$，解得 $x=\dfrac{1}{2}$.

5. 已知 $\boldsymbol{a}=(1,0)$，$\boldsymbol{b}=(2,1)$，

（1）当 k 为何值时，$k\boldsymbol{a}-\boldsymbol{b}$ 与 $\boldsymbol{a}+2\boldsymbol{b}$ 共线；

（2）若 $\overrightarrow{AB}=2\boldsymbol{a}+3\boldsymbol{b}$，$\overrightarrow{BC}=\boldsymbol{a}+m\boldsymbol{b}$，且 A，B，C 三点共线，求 m 的值.

解 （1）$\because$ $\boldsymbol{a}=(1,0)$，$\boldsymbol{b}=(2,1)$，$\therefore$ $k\boldsymbol{a}-\boldsymbol{b}=k(1,0)-(2,1)=(k-2,-1)$，$\boldsymbol{a}+2\boldsymbol{b}=(1,0)+2(2,1)=(5,2)$，$\because$ $k\boldsymbol{a}-\boldsymbol{b}$ 与 $\boldsymbol{a}+2\boldsymbol{b}$ 共线，$\therefore$ $2(k-2)-(-1)\times5=0$，$\therefore$ $k=-\dfrac{1}{2}$.

（2）$\overrightarrow{AB}=2(1,0)+3(2,1)=(8,3)$，$\overrightarrow{BC}=(1,0)+m(2,1)=(2m+1,m)$. $\because$ A，B，C 三点共线，$\therefore$ $\overrightarrow{AB} /\!/ \overrightarrow{BC}$，$\therefore$ $8m-3(2m+1)=0$，$\therefore$ $m=\dfrac{3}{2}$.

☞ 练习题

一、选择题

1. 对于非零向量 $\boldsymbol{a}$，$\boldsymbol{b}$，“$\boldsymbol{a}+2\boldsymbol{b}=\boldsymbol{0}$”是“$\boldsymbol{a} /\!/ \boldsymbol{b}$”的（　　）.

A. 充分不必要条件　　B. 必要不充分条件

C. 充要条件　　D. 既不充分也不必要条件

2. 已知向量 $\overrightarrow{AB}=\boldsymbol{a}+3\boldsymbol{b}$，$\overrightarrow{BC}=5\boldsymbol{a}+3\boldsymbol{b}$，$\overrightarrow{CD}=-3\boldsymbol{a}+3\boldsymbol{b}$，则（　　）.

A. A，B，C 三点共线　　B. A，B，D 三点共线

C. A，C，D 三点共线　　D. B，C，D 三点共线

3. 如图 9－15 所示，在正方形 $ABCD$ 中，点 E 是 DC 的中点，点 F 是 BC 上的一个靠近点 B 的三等分点，那么 $\overrightarrow{EF}$ 等于（　　）.

A. $\dfrac{1}{2}\overrightarrow{AB}-\dfrac{1}{3}\overrightarrow{AD}$　　B. $\dfrac{1}{4}\overrightarrow{AB}+\dfrac{1}{2}\overrightarrow{AD}$　　C. $\dfrac{1}{3}\overrightarrow{AB}+\dfrac{1}{2}\overrightarrow{DA}$　　D. $\dfrac{1}{2}\overrightarrow{AB}-\dfrac{2}{3}\overrightarrow{AD}$

4. 在△ABC 中，点 G 满足 $\overrightarrow{GA}+\overrightarrow{GB}+\overrightarrow{GC}=\boldsymbol{0}$. 若存在点 O，使得 $\overrightarrow{OG}=\dfrac{1}{6}\overrightarrow{BC}$，且

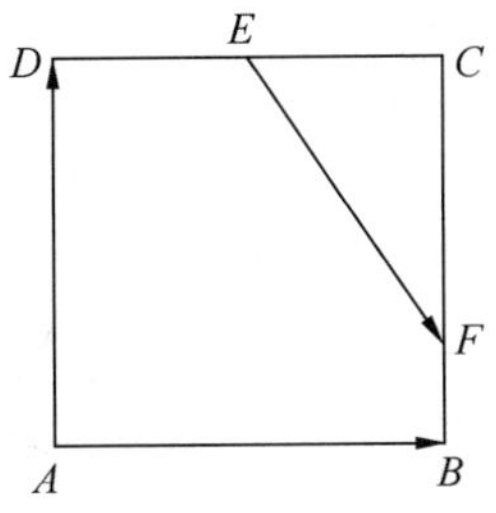

图 9－15

$\overrightarrow{OA}=m\overrightarrow{OB}+n\overrightarrow{OC}$，则 $m-n$ 等于（　　）.

A. 2　　B. -2　　C. 1　　D. -1

5. 如图 9－16 所示，已知 AB 是圆 O 的直径，点 C，D 是半圆弧的两个三等分点，$\overrightarrow{AB}=\boldsymbol{a}$，$\overrightarrow{AC}=\boldsymbol{b}$，则 $\overrightarrow{AD}$ 等于（　　）.

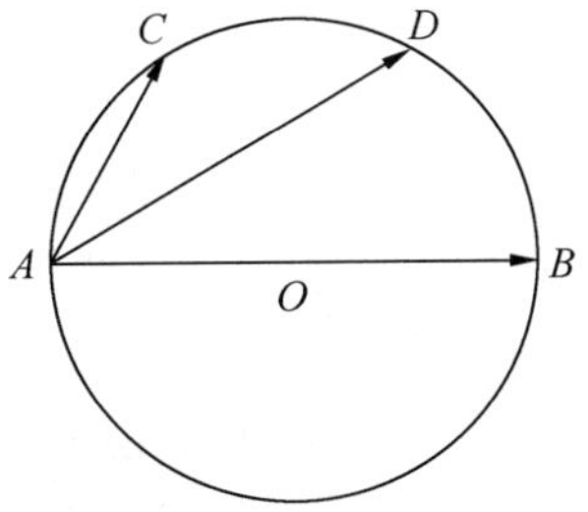

图 9－16

A. $\boldsymbol{a}-\frac{1}{2}\boldsymbol{b}$　　B. $\frac{1}{2}\boldsymbol{a}-\boldsymbol{b}$　　C. $\boldsymbol{a}+\frac{1}{2}\boldsymbol{b}$　　D. $\frac{1}{2}\boldsymbol{a}+\boldsymbol{b}$

6. 如图 9－17 所示，在△ABC 中，$\overrightarrow{AN}=\frac{1}{3}\overrightarrow{AC}$，$P$ 是 BN 上的一点，若 $\overrightarrow{AP}=m\overrightarrow{AB}+\frac{2}{11}\overrightarrow{AC}$，则实数 m 的值为（　　）.

A. $\frac{9}{11}$　　B. $\frac{5}{11}$　　C. $\frac{3}{11}$　　D. $\frac{2}{11}$

7. 如图 9－18 所示，矩形 $ABCD$ 的对角线相交于点 O，E 为 AO 的中点，若 $\overrightarrow{DE}=\lambda\overrightarrow{AB}+\mu\overrightarrow{AD}$（$\lambda$，$\mu$ 为实数），则 $\lambda^2+\mu^2$ 等于（　　）.

A. $\frac{5}{8}$　　B. $\frac{1}{4}$　　C. 1　　D. $\frac{5}{16}$

8. A，B，C 是圆 O 上不同的三点，线段 CO 与线段 AB 交于点 D（点 O 与点 D 不重合），若 $\overrightarrow{OC}=\lambda\overrightarrow{OA}+\mu\overrightarrow{OB}$（$\lambda$，$\mu\in\mathbf{R}$），则 $\lambda+\mu$ 的取值范围为（　　）.

A. $(0,1)$　　B. $(1,+\infty)$　　C. $(1,\sqrt{2}]$　　D. $(-1,0)$

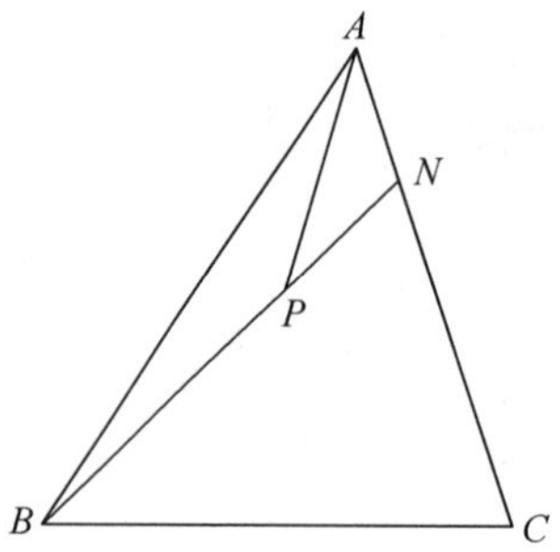

图 9－17

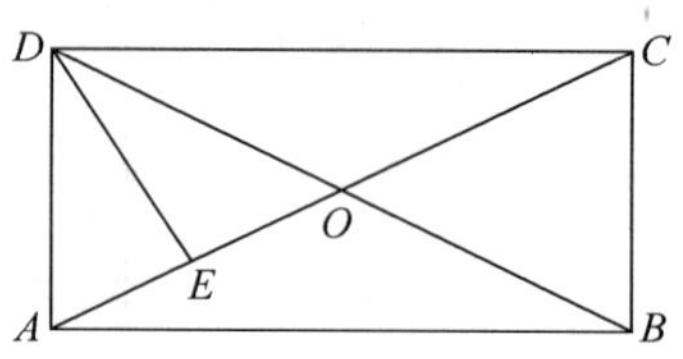

图 9－18

9. 已知 A，B，C 是平面上不共线的三点，O 是 $\triangle ABC$ 的重心，动点 P 满足 $\overrightarrow{OP}=\frac{1}{3}(2\overrightarrow{OA}+0.5\overrightarrow{OB}+0.5\overrightarrow{OC})$，则点 P 一定为 $\triangle ABC$ 的（　　）.

A. BC 边中线的中点　　B. BC 边中线的三等分点（非重心）

C. 重心　　D. BC 边的中点

10. 设 A，B，C 是半径为 1 的圆 O 上的三点，且 $\overrightarrow{OA}\perp\overrightarrow{OB}$，则 $(\overrightarrow{OC}-\overrightarrow{OA})\cdot(\overrightarrow{OC}-\overrightarrow{OB})$ 的最大值是（　　）.

A. $1+\sqrt{2}$　　B. $1-\sqrt{2}$　　C. $\sqrt{2}-1$　　D. 1

11. 在 $\triangle ABC$ 中，$BC=5$，G，O 分别为 $\triangle ABC$ 的重心和外心，且 $\overrightarrow{OG}\cdot\overrightarrow{BC}=5$，则 $\triangle ABC$ 的形状是（　　）.

A. 锐角三角形　　B. 钝角三角形

C. 直角三角形　　D. 上述三种情况都有可能

二、填空题

1. 若 $|\overrightarrow{AB}|=|\overrightarrow{AC}|=|\overrightarrow{AB}-\overrightarrow{AC}|=2$，则 $|\overrightarrow{AB}+\overrightarrow{AC}|=$________.

2. 若点 O 是 $\triangle ABC$ 所在平面内的一点，且满足 $|\overrightarrow{OB}-\overrightarrow{OC}|=|\overrightarrow{OB}+\overrightarrow{OC}-2\overrightarrow{OA}|$，则 $\triangle ABC$ 的形状为________.

3. 若 M 是 $\triangle ABC$ 的边 BC 上的一点，且 $\overrightarrow{CM}=3\overrightarrow{MB}$，设 $\overrightarrow{AM}=\lambda\overrightarrow{AB}+\mu\overrightarrow{AC}$，则 λ 的值为________.

4. 已知 $\boldsymbol{e}_1$，$\boldsymbol{e}_2$ 为平面内两个不共线的向量，$\overrightarrow{MN}=2\boldsymbol{e}_1-3\boldsymbol{e}_2$，$\overrightarrow{NP}=\lambda\boldsymbol{e}_1+6\boldsymbol{e}_2$，若 M，N，P 三点共线，则 $\lambda=$________.

5. 如图 9－19 所示，设 O 是 $\triangle ABC$ 内部一点，且 $\overrightarrow{OA}+\overrightarrow{OC}=-2\overrightarrow{OB}$，求 $\triangle ABC$ 与 $\triangle AOC$ 的面积之比.

6. 如图 9－20 所示，在 $\triangle ABC$ 中，D，F 分别是 AB，AC 的中点，BF 与 CD 交于点 O，设 $\overrightarrow{AB}=\boldsymbol{a}$，$\overrightarrow{AC}=\boldsymbol{b}$，试用 $\boldsymbol{a}$，$\boldsymbol{b}$ 表示向量 $\overrightarrow{AO}$.

7. 设 W 是由一平面内的 $n(n\geqslant 3)$ 个向量组成的集合. 若 $\boldsymbol{a}\in W$ 且 $\boldsymbol{a}$ 的模不小于 W 中除 $\boldsymbol{a}$ 外的所有向量和的模. 则称 $\boldsymbol{a}$ 是 W 的极大向量. 有下列命题：

① 若 W 中每个向量的方向都相同，则 W 中必存在一个极大向量；

② 给定平面内两个不共线向量 $\boldsymbol{a}$，$\boldsymbol{b}$，在该平面内总存在唯一的平面向量 $\boldsymbol{c}=-\boldsymbol{a}-\boldsymbol{b}$，使得 $W=\{\boldsymbol{a},\boldsymbol{b},\boldsymbol{c}\}$ 中的每个元素都是极大向量；

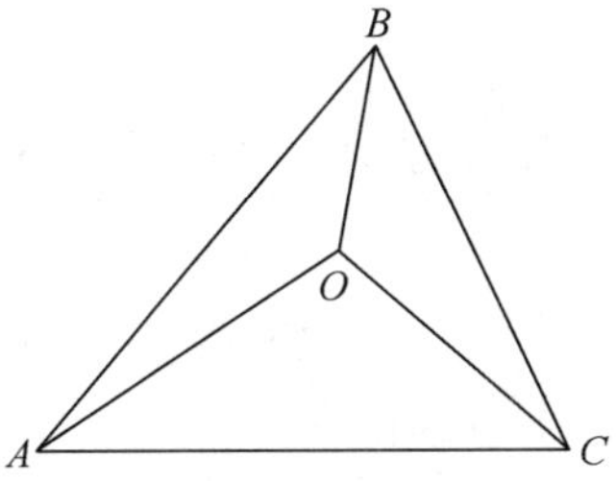

图 9－19

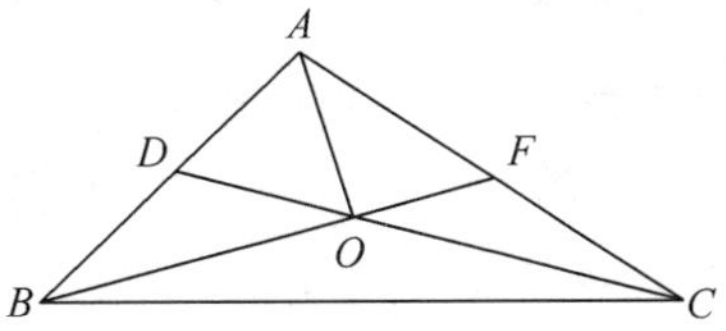

图 9－20

③ 若 $W_1=\{\boldsymbol{a}_1, \boldsymbol{a}_2, \boldsymbol{a}_3\}$，$W_2=\{\boldsymbol{b}_1, \boldsymbol{b}_2, \boldsymbol{b}_3\}$ 中的每个元素都是极大向量，且 W_1，W_2 中无公共元素，则 $W_1\cup W_2$ 中的每一个元素也都是极大向量.

其中真命题的序号是________.

8. 如图 9－21 所示，在△ABC 中，O 为 BC 的中点，若 $AB=1$，$AC=3$，$\overrightarrow{AB}$ 与 $\overrightarrow{AC}$ 的夹角为 60°，则 $|\overrightarrow{OA}|=$________.

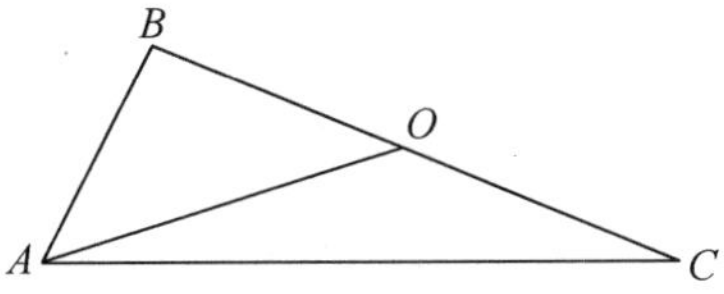

图 9－21

三、解答题

1. 在平面直角坐标系 xOy 中，已知点 $A(1, 1)$，$B(2, 3)$，$C(3, 2)$，点 $P(x, y)$ 在△ABC 三边围成的区域（含边界）上.

（1）若 $\overrightarrow{PA}+\overrightarrow{PB}+\overrightarrow{PC}=\mathbf{0}$，求 $|\overrightarrow{OP}|$；

（2）设 $\overrightarrow{OP}=m\overrightarrow{AB}+n\overrightarrow{AC}$ $(m, n\in\mathbf{R})$，用 x，y 表示 $m-n$.

2. 在△ABC 中，已知 $\overrightarrow{AB}$ 与 $\overrightarrow{AC}$ 的夹角为 90°，$|\overrightarrow{AB}|=2$，$|\overrightarrow{AC}|=1$，M 为 BC 上的一点，且 $\overrightarrow{AM}=\lambda\overrightarrow{AB}+\mu\overrightarrow{AC}$ $(\lambda, \mu\in\mathbf{R})$，且 $\overrightarrow{AM}\cdot\overrightarrow{BC}=\mathbf{0}$，试求 $\dfrac{\lambda}{\mu}$ 的值.

3. 已知平面向量 $\boldsymbol{a}$，$\boldsymbol{b}$ 满足 $|\boldsymbol{a}|=1$，$|\boldsymbol{b}|=2$，$|\boldsymbol{a}+\boldsymbol{b}|=\sqrt{3}$，求 $\boldsymbol{a}$ 在 $\boldsymbol{b}$ 方向上的投影值.

4. 设向量 $\boldsymbol{a}$，$\boldsymbol{b}$ 满足 $|\boldsymbol{a}|=|\boldsymbol{b}|=1$，且 $|2\boldsymbol{a}-\boldsymbol{b}|=\sqrt{5}$.

（1）求 $|2\boldsymbol{a}-3\boldsymbol{b}|$ 的值；

（2）求向量 $3\boldsymbol{a}-\boldsymbol{b}$ 与 $\boldsymbol{a}-2\boldsymbol{b}$ 的夹角 θ.

5. 已知向量 $\boldsymbol{a}=(\cos x, \sin x)$，$b=(3, -\sqrt{3})$，$x\in[0, \pi]$.

（1）若 $\boldsymbol{a}/\!/\boldsymbol{b}$，求 x 的值；

（2）记 $f(x)=\boldsymbol{a}\cdot\boldsymbol{b}$，求 $f(x)$ 的最大值和最小值以及对应的 x 的值.

6. 已知点 A，B，C 在圆 $x^2+y^2=1$ 上运动，且 $AB\perp BC$. 若点 P 的坐标为（2，0），求 $|\overrightarrow{PA}+\overrightarrow{PB}+\overrightarrow{PC}|$ 的最大值.

7. 已知向量 $\boldsymbol{a}=(\cos x,\ -1)$，$\boldsymbol{b}=\left(\sqrt{3}\sin x,\ -\dfrac{1}{2}\right)$，函数 $f(x)=(\boldsymbol{a}+\boldsymbol{b})\cdot\boldsymbol{a}-2$.

（1）求函数 $f(x)$ 的最小正周期及单调递增区间；

（2）在 $\triangle ABC$ 中，内角 A，B，C 的对边分别为 a，b，c，已知函数 $f(x)$ 的图像经过点（A，0.5），b，a，c 成等差数列，且 $\overrightarrow{AB}\cdot\overrightarrow{AC}=9$，求 a 的值.

第十章　直线和圆的方程

第一节　直　线　方　程

一、平面直角坐标系中的基本公式

（1）两点的距离公式：已知平面直角坐标系中的两点 $A(x_1, y_1)$，$B(x_2, y_2)$，则

$$d(A,B) = |AB| = \sqrt{(x_2 - x_1)^2 + (y_2 - y_1)^2}.$$

（2）中点公式：已知平面直角坐标系中的两点 $A(x_1, y_1)$，$B(x_2, y_2)$，点 $M(x, y)$ 是线段 AB 的中点，则

$$x = \frac{x_1 + x_2}{2}, y = \frac{y_1 + y_2}{2}.$$

二、直线的倾斜角

（1）定义：x 轴正向与直线向上的方向所成的角称为这条直线的倾斜角，我们规定，与 x 轴平行或重合的直线的倾斜角为 $0°$.

（2）倾斜角的范围：$[0°, 180°)$.

三、直线的斜率

（1）定义：我们把一条直线的倾斜角 α 的正切值称为这条直线的斜率，斜率通常用 k 表示，即 $k = \tan\alpha$. 如果一条直线垂直于 x 轴，称此直线的斜率不存在.

（2）计算公式：若由 $A(x_1, y_1)$，$B(x_2, y_2)$ 确定的直线不垂直于 x 轴，则 $k = \frac{y_2 - y_1}{x_2 - x_1}$ $(x_1 \neq x_2)$.

若直线的倾斜角为 $\theta\left(\theta \neq \frac{\pi}{2}\right)$，则 $k = \tan\theta$.

注：每一条直线都有唯一的倾斜角，但不是每一条直线都有斜率.

四、直线方程的五种形式

（1）斜截式：斜率为 k，在 y 轴上的截距为 b 的直线方程为

$$y = kx + b.$$

（2）截距式：在 x 轴上截距为 a，在 y 轴上截距为 b 的直线方程为

$$\frac{x}{a} + \frac{y}{b} = 1.\ (a \neq 0, b \neq 0).$$

（3）点斜式：过点 $P(x_0, y_0)$，斜率为 k 的直线方程为

$$y-y_0=k(x-x_0).$$

（4）两点式：过两点 $P_1(x_1, y_1)$，$P_2(x_2, y_2)$ 的直线方程为

$$\frac{y-y_1}{y_2-y_1}=\frac{x-x_1}{x_2-x_1}.$$

（5）一般式：平面上的任何一条直线都可以用关于 x，y 的一次方程表示为

$$Ax+By+C=0(A^2+B^2\neq 0).$$

名　称	方　　程	适　用　范　围
点斜式	$y-y_0=k(x-x_0)$	不含直线 $x=x_0$
斜截式	$y=kx+b$	不含垂直于 x 轴的直线
两点式	$\frac{y-y_1}{y_2-y_1}=\frac{x-x_1}{x_2-x_1}$	不含直线 $x=x_1(x_1=x_2)$ 和直线 $y=y_1(y_1=y_2)$
截距式	$\frac{x}{a}+\frac{y}{b}=1$	不含垂直于坐标轴和过原点的直线
一般式	$Ax+By+C=0$ $(A^2+B^2\neq 0)$	平面直角坐标系内的直线都适用

五、特殊直线的方程

（1）直线过点 $P_1(x_1, y_1)$，垂直于 x 轴的方程为 $x=x_1$.

（2）直线过点 $P_1(x_1, y_1)$，垂直于 y 轴的方程为 $y=y_1$.

（3）y 轴的方程为 $x=0$.

（4）x 轴的方程为 $y=0$.

第二节　两条直线的位置关系

一、两条直线平行与垂直

设直线 l_1，l_2 的方程分别为 l_1：$y_1=k_1x+b_1$，l_2：$y_2=k_2x+b_2$，

或 l_1：$A_1x+B_1y+C_1=0$，l_2：$A_2x+B_2y+C_2=0$.

1. 两条直线平行

$$l_1 /\!/ l_2 \Leftrightarrow k_1=k_2 \text{ 且 } b_1\neq b_2 \text{ 或} \frac{A_1}{A_2}=\frac{B_1}{B_2}\neq\frac{C_1}{C_2}.$$

2. 两条直线相交

$$l_1 \text{与} l_2 \text{ 相交} \Leftrightarrow k_1\neq k_2 \text{ 或} \frac{A_1}{A_2}\neq\frac{B_1}{B_2}.$$

3. 两条直线垂直

$$l_1\perp l_2 \Leftrightarrow k_1\cdot k_2=-1\left(\text{即 } k_1=-\frac{1}{k_2}\right)\text{或 } A_1A_2+B_1B_2=0.$$

4. 两条直线重合

$$l_1\text{与}l_2\text{重合}\Leftrightarrow k_1=k_2\text{且}b_1=b_2\text{或}\frac{A_1}{A_2}=\frac{B_1}{B_2}=\frac{C_1}{C_2}.$$

二、两条直线所成的角

两条直线 l_1与 l_2 相交成四个角，它们是两对顶角，l_1与 l_2 所成的角是指不大于直角的角，简称夹角，夹角公式

$$\tan\theta=\left|\frac{k_2-k_1}{1+k_1k_2}\right|,\theta\in[0,\pi].$$

此公式适用于两条直线斜率存在，且 $k_1\cdot k_2\neq-1$.

三、两条直线的交点

直线 l_1：$A_1x+B_1y+C_1=0$，l_2：$A_2x+B_2y+C_2=0$，联立方程组$\begin{cases}A_1x+B_1y+C_1=0\\A_2x+B_2y+C_2=0\end{cases}$，

如果方程组只有一个解，这个解就是 l_1 与 l_2 的交点坐标；如果无解，两条直线平行；如果有无穷多解，两条直线重合.

四、几种距离

(1) 两点 $P_1(x_1, y_1)$，$P_2(x_2, y_2)$ 之间的距离为

$$|P_1P_2|=\sqrt{(x_2-x_1)^2+(y_2-y_1)^2}.$$

(2) 点 $P_0(x_0, y_0)$ 到直线 l：$Ax+By+C=0$ 的距离为

$$d=\frac{|Ax_0+By_0+C|}{\sqrt{A^2+B^2}}.$$

(3) 两条平行线 $Ax+By+C_1=0$ 与 $Ax+By+C_2=0$（其中 $C_1\neq C_2$）间的距离为

$$d=\frac{|C_1-C_2|}{\sqrt{A^2+B^2}}.$$

五、常用结论

(1) 与直线 $Ax+By+C=0(A^2+B^2\neq0)$ 垂直或平行的直线方程：

① 垂直：$Bx-Ay+M=0$；

② 平行：$Ax+By+N=0$.

(2) 与对称问题相关的四个结论：

① 点 (x, y) 关于点 (a, b) 的对称点为 $(2a-x, 2b-y)$.

② 点 (x, y) 关于直线 $x=a$ 的对称点为 $(2a-x, y)$；关于直线 $y=b$ 的对称点为 $(x, 2b-y)$.

③ 点 (x, y) 关于直线 $y=x$ 的对称点为 (y, x)；关于直线 $y=-x$ 的对称点为 $(-y, -x)$.

④ 点 (x, y) 关于直线 $x+y=k$ 的对称点为 $(k-y, k-x)$；关于直线 $x-y=k$ 的对

称点为 $(k+y,\ x-k)$.

第三节 曲线与方程

一、定义

一般地，在直角坐标系中，如果某曲线 C（看作点的集合或适合某种条件的点的轨迹）上的点与一个二元方程 $f(x,y)=0$ 的实数解建立了如下的关系：

（1）曲线 C 上所有点的坐标都是方程 $f(x,y)=0$ 的解.

（2）以方程 $f(x,y)=0$ 的解为坐标的点都在曲线 C 上.

那么，方程 $f(x,y)=0$ 称为曲线 C 的方程；曲线 C 称为方程 $f(x,y)=0$ 的曲线.

二、性质

（1）如果曲线 C 的方程为 $f(x,y)=0$，那么点 $P(x_0,y_0)$ 在曲线 C 上的充要条件为 $f(x_0,y_0)=0$.

（2）曲线 C 可看成是平面上满足一定条件的点的集合，而 $f(x,y)=0$ 正是这一定条件的解析表示．因此我们可以用集合的符号表示曲线 C：$C=\{(x,y)|f(x,y)=0\}$.

（3）如果用 $-y$ 代替方程中 $f(x,y)=0$ 的 y，方程不变，则曲线关于 x 轴对称；

如果用 $-x$ 代替方程中 $f(x,y)=0$ 的 x，方程不变，则曲线关于 y 轴对称；

如果用 $-x$，$-y$ 代替方程中 $f(x,y)=0$ 的 x，y 方程不变，则曲线关于原点对称；

（4）曲线的交点.

如果两条曲线有公共点，则交点坐标就是这两个曲线方程所组成的方程组的实数解，方程组有几个实数解，曲线就有几个交点，没有实数解，曲线就不相交.

在 $f(x,y)=0$ 中，令 $y=0$，可求出曲线与 x 轴的交点；在 $f(x,y)=0$ 中，令 $x=0$，可求出曲线与 y 轴的交点.

三、求曲线的方程

1. 求曲线方程的一般步骤

（1）建立适当的坐标系，用有序数对 $(x,\ y)$ 表示曲线上任一点 M 的坐标；

（2）写出适合条件 p 的点 M 的集合 $\{M \mid p(M)\}$；

（3）用坐标表示条件 $p(M)$，列出方程 $f(x,y)=0$；

（4）化方程 $f(x,y)=0$ 为最简形式 $F(x,y)=0$；

（5）证明以方程 $F(x,y)=0$ 的实数解为坐标的点，都是曲线 C 上的点，则曲线 C 的方程为：$F(x,y)=0$.

2. 求曲线方程的一般方法

求曲线方程的常用方法有直接法、待定系数法（定义法）、代入法、参数法等．其中代入法适用于求一动点 P 随另一动点 Q（Q 在已知曲线 C 上运动）而动的轨迹方程．求轨迹方程时，先用 P 点的坐标 $(x,\ y)$ 表示 Q 点的坐标，并将它代入曲线 C 的方程，即得到所求的轨迹方程.

第四节 圆

一、圆的定义与方程

<table>
<tr><td colspan="2">定义</td><td colspan="2">平面内到定点的距离等于定长的点的轨迹称为圆</td></tr>
<tr><td rowspan="7">方程</td><td rowspan="2">标准方程</td><td rowspan="2">$(x-a)^2+(y-b)^2=r^2(r>0)$</td><td>圆心为(a,b)</td></tr>
<tr><td>半径为r</td></tr>
<tr><td rowspan="3">一般方程</td><td rowspan="3">$x^2+y^2+Dx+Ey+F=0$</td><td>充要条件:$D^2+E^2-4F>0$</td></tr>
<tr><td>圆心坐标:$\left(-\frac{D}{2},-\frac{E}{2}\right)$</td></tr>
<tr><td>半径$r=\frac{1}{2}\sqrt{D^2+E^2-4F}$</td></tr>
<tr><td rowspan="2">参数方程</td><td rowspan="2">$\begin{cases}x=a+r\cos\theta\\y=b+r\sin\theta\end{cases}$
($\theta\in[0,2\pi)$为参数)</td><td>圆心为(a,b)</td></tr>
<tr><td>半径为r</td></tr>
</table>

二、点与圆的位置关系

点$M(x_0,\ y_0)$与圆$(x-a)^2+(y-b)^2=r^2$的位置关系:

(1) 若$M(x_0,\ y_0)$在圆外，则$(x_0-a)^2+(y_0-b)^2>r^2$.

(2) 若$M(x_0,\ y_0)$在圆上，则$(x_0-a)^2+(y_0-b)^2=r^2$.

(3) 若$M(x_0,\ y_0)$在圆内，则$(x_0-a)^2+(y_0-b)^2<r^2$.

三、常用结论

(1) 二元二次方程$Ax^2+Bxy+Cy^2+Dx+Ey+F=0$表示圆的充要条件是

$$\begin{cases}A=C\neq 0,\\B=0,\\D^2+E^2-4AF>0.\end{cases}$$

(2) 以$A(x_1,\ y_1)$，$B(x_2,\ y_2)$为直径端点的圆的方程为

$$(x-x_1)(x-x_2)+(y-y_1)(y-y_2)=0.$$

第五节 直线与圆、圆与圆的位置关系

一、直线与圆的位置关系（半径为r，圆心到直线的距离为d）

(1) 代数法：直线$Ax+By+C=0$与圆$x^2+y^2+Dx+Ey+F=0$的位置关系可由

$\begin{cases}Ax+By+C=0,\\x^2+y^2+Dx+Ey+F=0\end{cases}$推出 $ax^2+bx+c=0(a\neq0)$，利用判别式进行判断.

$$\xrightarrow[\Delta=b^2-4ac]{\text{判别式}}\begin{cases}>0\Leftrightarrow\text{相交},\\=0\Leftrightarrow\text{相切},\\<0\Leftrightarrow\text{相离}.\end{cases}$$

（2）几何法：利用圆心到直线的距离 d 和圆的半径 r 的大小关系.

$d<r\Leftrightarrow$相交；　$d=r\Leftrightarrow$相切；　$d>r\Leftrightarrow$相离.

		相离	相切	相交
图形		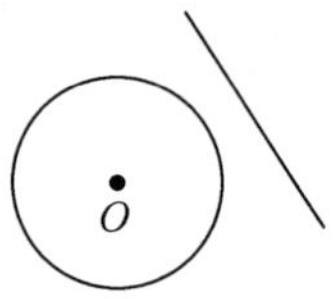	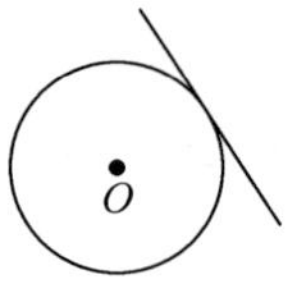	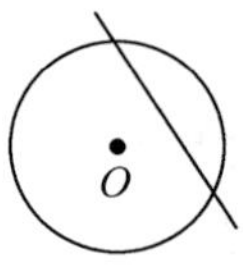
量化	方程观点	$\Delta<0$	$\Delta=0$	$\Delta>0$
	几何观点	$d>r$	$d=r$	$d<r$

二、圆与圆的位置关系

设圆 O_1：$(x-a_1)^2+(y-b_1)^2=r_1^2(r_1>0)$，圆 O_2：$(x-a_2)^2+(y-b_2)^2=r_2^2(r_2>0)$，两圆半径为 r_1，r_2，$d=|O_1O_2|$.

		相离	外切	相交	内切	内含
图形		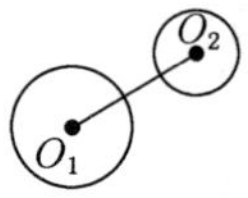	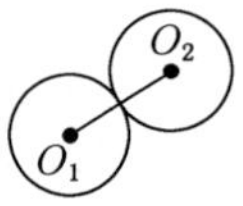	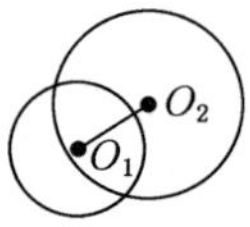	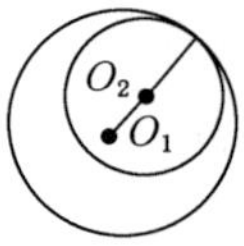	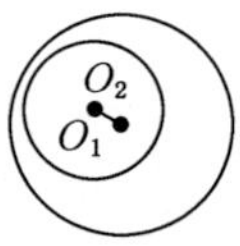
量化	几何观点	$d>r_1+r_2$	$d=r_1+r_2$	$\|r_1-r_2\|<d<r_1+r_2$	$d=\|r_1-r_2\|$	$d<\|r_1-r_2\|$
	方程观点（联立两圆方程组的解的情况）	无解	一组实数解	两组不同实数解	一组实数解	无解

三、常用结论

1. 圆的切线方程常用结论

（1）过圆 $x^2+y^2=r^2$ 上一点 $P(x_0,\ y_0)$ 的圆的切线方程为 $x_0x+y_0y=r^2$.

（2）过圆 $(x-a)^2+(y-b)^2=r^2$ 上一点 $P(x_0,\ y_0)$ 的圆的切线方程为

$$(x_0-a)(x-a)+(y_0-b)(y-b)=r^2.$$

（3）过圆 $x^2+y^2=r^2$ 外一点 $M(x_0,\ y_0)$ 作圆的两条切线，则两切点所在直线方程为

$$x_0x+y_0y=r^2.$$

2. 直线被圆截得的弦长

弦心距 d、弦长 l 的一半 $\frac{1}{2}l$ 及圆的半径 r 构成一直角三角形，且有 $r^2=d^2+\left(\frac{1}{2}l\right)^2$.

例题解析

一、选择题

1. 设直线 l 与 x 轴的交点为 P，且倾斜角为 α，若将其绕点 P 按逆时针方向旋转 $45°$，得到直线 l 的倾斜角为 $\alpha+45°$，则（　　）.

A. $0°\leqslant\alpha<90°$　　B. $0°\leqslant\alpha<135°$　　C. $0°<\alpha\leqslant135°$　　D. $0°<\alpha<135°$

【答案】D

【解析】$\because$ α，$\alpha+45°$均为倾斜角，$\therefore$ $\begin{cases}0°\leqslant\alpha<180°\\0\leqslant\alpha+45°<180°\end{cases}$，$\therefore$ $0°\leqslant\alpha<135°$.

又$\because$ 直线 l 与 x 轴相交，$\therefore$ $\alpha\neq0°$.

2. 直线 $2x\cos\alpha-y-3=0\left(\alpha\in\left[\frac{\pi}{6},\frac{\pi}{3}\right]\right)$的倾斜角的取值范围为（　　）.

A. $\left[\frac{\pi}{6},\frac{\pi}{3}\right]$　　B. $\left[\frac{\pi}{4},\frac{\pi}{3}\right]$　　C. $\left[\frac{\pi}{4},\frac{\pi}{2}\right]$　　D. $\left[\frac{\pi}{4},\frac{2\pi}{3}\right]$

【答案】B

【解析】直线 $2x\cos\alpha-y-3=0$ 的斜率 $k=2\cos\alpha$，$\because$ $\alpha\in\left[\frac{\pi}{6}\ \frac{\pi}{3}\right]$，$\therefore$ $\frac{1}{2}\leqslant\cos\alpha\leqslant\frac{\sqrt{3}}{2}$，$\therefore$ $k=2\cdot\cos\alpha\in[1,\sqrt{3}]$. 设直线的倾斜角为 θ，则有 $\tan\theta\in[1,\sqrt{3}]$. 又 $\theta\in[0,\pi)$，$\therefore$ $\theta\in\left[\frac{\pi}{4},\frac{\pi}{3}\right]$，即倾斜角的取值范围为$\left[\frac{\pi}{4},\frac{\pi}{3}\right]$.

3. 以点 $A(-3,0)$，$B(3,-2)$，$C(-1,2)$ 为顶点的三角形是（　　）.

A. 等腰三角形　　B. 等边三角形　　C. 直角三角形　　D. 以上都不是

【答案】C

【解析】$AB=\sqrt{(-3-3)^2+2^2}=\sqrt{36+4}=\sqrt{40}=2\sqrt{10}$，

$BC=\sqrt{(-1-3)^2+(-2-2)^2}=\sqrt{16+16}=\sqrt{32}=4\sqrt{2}$，

$AC=\sqrt{(-1+3)^2+2^2}=\sqrt{8}=2\sqrt{2}$，

$\because$ $AC^2+BC^2=AB^2$，$\therefore$ $\triangle ABC$ 为直角三角形.

4. 过点 $P(2,1)$ 且与原点 O 距离最远的直线方程为（　　）.

A. $2x+y-5=0$　　B. $2x-y-3=0$　　C. $x+2y-4=0$　　D. $x-2y=0$

【答案】A

【解析】过点 $P(2,1)$ 且与原点 O 距离最远的直线为过点 $P(2,1)$ 且与 OP 垂直的直线，$\because$ 直线 OP 的斜率为$\frac{1-0}{2-0}=\frac{1}{2}$，$\therefore$ 所求直线的斜率为 -2，故所求直线方程为 $2x+y-5=0$.

5. 圆心在 y 轴上，半径长为 1，且过点 $A(1,2)$ 的圆的方程是（　　）.

A. $x^2+(y-2)^2=1$　　B. $x^2+(y+2)^2=1$

C. $(x-1)^2+(y-3)^2=1$　　D. $x^2+(y-3)^2=4$

【答案】A

【解析】根据题意可设圆的方程为 $x^2+(y-b)^2=1$，∵ 圆过点 $A(1, 2)$，∴ $1^2+(2-b)^2=1$，解得 $b=2$，∴ 所求圆的方程为 $x^2+(y-2)^2=1$.

6. 点 $P(4, -2)$ 与圆 $x^2+y^2=4$ 上任意一点连线的中点的轨迹方程是（　　）.

A. $(x-2)^2+(y+1)^2=1$　　B. $(x-2)^2+(y+1)^2=4$

C. $(x+4)^2+(y-2)^2=4$　　D. $(x+2)^2+(y-1)^2=1$

【答案】A

【解析】设圆上任意一点为 (x_1, y_1)，中点为 (x, y)，则 $\begin{cases} x=\dfrac{x_1+4}{2}, \\ y=\dfrac{y_1-2}{2}, \end{cases}$ 即 $\begin{cases} x_1=2x-4, \\ y_1=2y+2, \end{cases}$ 代入 $x^2+y^2=4$，得 $(2x-4)^2+(2y+2)^2=4$，化简得 $(x-2)^2+(y+1)^2=1$.

7. 方程 $|y|-1=\sqrt{1-(x-1)^2}$ 表示的曲线是（　　）.

A. 两个半圆　　B. 两个圆　　C. 抛物线　　D. 一个圆

【答案】A

【解析】方程 $|y|-1=\sqrt{1-(x-1)^2}$ 可化为 $(x-1)^2+(|y|-1)^2=1(|y|\geqslant 1)$，当 $y\leqslant -1$ 时，$(x-1)^2+(y+1)^2=1$；当 $y\geqslant 1$ 时，$(x-1)^2+(y-1)^2=1$；∴ 方程 $|y|-1=\sqrt{1-(x-1)^2}$ 表示的曲线是两个半圆.

8. 直线 l：$mx-y+1-m=0$ 与圆 C：$x^2+(y-1)^2=5$ 的位置关系是（　　）.

A. 相交　　B. 相切　　C. 相离　　D. 不确定

【答案】A

【解析】方法一　由 $\begin{cases} mx-y+1-m=0, \\ x^2+(y-1)^2=5, \end{cases}$ 消去 y，整理得 $(1+m^2)x^2-2m^2x+m^2-5=0$，∵ $\Delta=16m^2+20>0$，∴ 直线 l 与圆相交.

方法二　由题意知，圆心 $(0, 1)$ 到直线 l 的距离 $d=\dfrac{|m|}{\sqrt{m^2+1}}<1<\sqrt{5}$，故直线 l 与圆相交.

方法三　直线 l：$mx-y+1-m=0$ 过定点 $(1, 1)$，∵ 点 $(1, 1)$ 在圆 $x^2+(y-1)^2=5$ 的内部，∴ 直线 l 与圆相交.

9. 过点 $P(2, 4)$ 作圆 $(x-1)^2+(y-1)^2=1$ 的切线，则切线方程为（　　）.

A. $3x+4y-4=0$　　B. $4x-3y+4=0$

C. $x=2$ 或 $4x-3y+4=0$　　D. $y=4$ 或 $3x+4y-4=0$

【答案】C

【解析】当斜率不存在时，$x=2$ 与圆相切；当斜率存在时，设切线方程为 $y-4=k(x-2)$，即 $kx-y+4-2k=0$，则 $\dfrac{|k-1+4-2k|}{\sqrt{k^2+1}}=1$，解得 $k=\dfrac{4}{3}$，则切线方程为 $4x-3y+4=0$，

故切线方程为 $x=2$ 或 $4x-3y+4=0$.

10. 若 $a^2+b^2=2c^2(c\neq0)$，则直线 $ax+by+c=0$ 被圆 $x^2+y^2=1$ 所截得的弦长为(　　).

A. $\frac{1}{2}$　　B. 1　　C. $\frac{\sqrt{2}}{2}$　　D. $\sqrt{2}$

【答案】D

【解析】∵ 圆心（0，0）到直线 $ax+by+c=0$ 的距离 $d=\frac{|c|}{\sqrt{a^2+b^2}}=\frac{|c|}{\sqrt{2}|c|}=\frac{\sqrt{2}}{2}$，

∴ 根据直角三角形的关系，弦长的一半等于 $\sqrt{1-\left(\frac{\sqrt{2}}{2}\right)^2}=\frac{\sqrt{2}}{2}$，∴ 弦长为 $\sqrt{2}$.

11. 已知圆 M：$x^2+y^2-2ay=0(a>0)$ 截直线 $x+y=0$ 所得线段的长度是 $2\sqrt{2}$，则圆 M 与圆 N：$(x-1)^2+(y-1)^2=1$ 的位置关系是(　　).

A. 内切　　B. 相交　　C. 外切　　D. 相离

【答案】B

【解析】方法一　由 $\begin{cases}x^2+y^2-2ay=0,\\x+y=0,\end{cases}$ 得两交点为（0，0），$(-a,\ a)$.

∵ 圆 M 截直线所得线段长度为 $2\sqrt{2}$，∴ $\sqrt{a^2+(-a)^2}=2\sqrt{2}$. 又 $a>0$，∴ $a=2$.

∴ 圆 M 的方程为 $x^2+y^2-4y=0$，即 $x^2+(y-2)^2=4$，圆心 $M(0,\ 2)$，半径 $r_1=2$.

又圆 N：$(x-1)^2+(y-1)^2=1$，圆心 $N(1,\ 1)$，半径 $r_2=1$，

∴ $|MN|=\sqrt{(0-1)^2+(2-1)^2}=\sqrt{2}$. ∵ $r_1-r_2=1$，$r_1+r_2=3$，$1<|MN|<3$，∴ 两圆相交.

方法二　由题知圆 M：$x^2+(y-a)^2=a^2(a>0)$，圆心（0，a）到直线 $x+y=0$ 的距离 $d=\frac{a}{\sqrt{2}}$，∴ $2\sqrt{a^2-\frac{a^2}{2}}=2\sqrt{2}$，解得 $a=2$. 圆 M 和圆 N 的圆心距 $|MN|=\sqrt{2}$，两圆半径之差为1，两圆半径之和为3，故两圆相交.

二、填空题

1. 若直线经过点 $A(-5,\ 2)$，且在 x 轴上的截距等于在 y 轴上的截距的2倍，则该直线的方程为________.

【答案】$x+2y+1=0$ 或 $2x+5y=0$.

【解析】当横截距、纵截距均为零时，设所求的直线方程为 $y=kx$，将（-5，2）代入 $y=kx$ 中，得 $k=-\frac{2}{5}$，此时，直线方程为 $y=-\frac{2}{5}x$，即 $2x+5y=0$. 当横截距、纵截距都不为零时，设所求直线方程为 $\frac{x}{2a}+\frac{y}{a}=1$，将（$-5$，2）代入所设方程，解得 $a=-\frac{1}{2}$，此时，直线方程为 $x+2y+1=0$. 综上所述，所求直线方程为 $x+2y+1=0$ 或 $2x+5y=0$.

2. 圆心在直线 $x-2y-3=0$ 上，且过点 $A(2,\ -3)$，$B(-2,\ -5)$ 的圆的方程为________.

【答案】$(x+1)^2+(y+2)^2=10$

【解析】方法一 设点 C 为圆心，∵ 点 C 在直线 $x-2y-3=0$ 上，∴ 可设点 C 的坐标为 $(2a+3,a)$. 又该圆经过 A，B 两点，∴ $|CA|=|CB|$，即 $\sqrt{(2a+3-2)^2+(a+3)^2}=\sqrt{(2a+3+2)^2+(a+5)^2}$，解得 $a=-2$，∴ 圆心 C 的坐标为 $(-1,-2)$，半径 $r=\sqrt{10}$，故所求圆的方程为 $(x+1)^2+(y+2)^2=10$.

方法二 设所求圆的标准方程为 $(x-a)^2+(y-b)^2=r^2$，由题意得 $\begin{cases}(2-a)^2+(-3-b)^2=r^2,\\(-2-a)^2+(-5-b)^2=r^2,\\a-2b-3=0,\end{cases}$ 解得 $a=-1$，$b=-2$，$r^2=10$，故所求圆的方程为 $(x+1)^2+(y+2)^2=10$.

方法三 设圆的一般方程为 $x^2+y^2+Dx+Ey+F=0$，则圆心坐标为 $\left(-\frac{D}{2},-\frac{E}{2}\right)$，

由题意得 $\begin{cases}-\frac{D}{2}-2\times\left(-\frac{E}{2}\right)-3=0,\\4+9+2D-3E+F=0,\\4+25-2D-5E+F=0,\end{cases}$ 解得 $D=2$，$E=4$，$F=-5$. 故所求圆的方程为 $x^2+y^2+2x+4y-5=0$.

3. 已知圆 C：$(x-1)^2+(y-1)^2=9$，过点 $A(2,3)$ 作圆 C 的任意弦，则这些弦的中点 P 的轨迹方程为________.

【答案】$\left(x-\frac{3}{2}\right)^2+(y-2)^2=\frac{5}{4}$

【解析】设 P 点坐标为 (x,y)，圆心 C 坐标为 $(1,1)$. ∵ P 点是过点 A 的弦的中点，∴ $\overrightarrow{PA}\perp\overrightarrow{PC}$. 又∵ $\overrightarrow{PA}=(2-x,3-y)$，$\overrightarrow{PC}=(1-x,1-y)$. ∴ $(2-x)\cdot(1-x)+(3-y)\cdot(1-y)=0$. ∴ 点 P 的轨迹方程为 $\left(x-\frac{3}{2}\right)^2+(y-2)^2=\frac{5}{4}$.

4. 由直线 $y=x+1$ 上的点向圆 $(x-3)^2+(y+2)^2=1$ 引切线，则切线长的最小值为________.

【答案】$\sqrt{17}$

【解析】如图 10－1 所示，当 AC 垂直于直线 $y=x+1$ 时，$|AC|$ 最短，此时 $|BC|=\sqrt{|AC|^2-|AB|^2}$ 最小，由圆的方程得圆心 $A(3,-2)$，半径 $|AB|=1$. 圆心 A 到直线 $y=x+1$ 的距离 $|AC|=\frac{6}{\sqrt{2}}=3\sqrt{2}$，则切线长的最小值 $|BC|=\sqrt{|AC|^2-|AB|^2}=\sqrt{17}$.

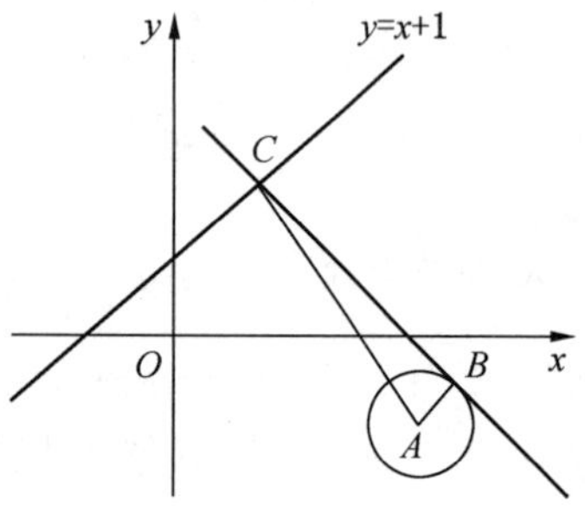

图 10－1

5. 圆心在直线 $2x-y-7=0$ 上的圆 C 与 y 轴交于两点 $A(0,-4)$，$B(0,-2)$，则圆 C 的方程为________.

【答案】$(x-2)^2+(y+3)^2=5$

【解析】圆心既在线段 AB 的垂直平分线即 $y=-3$ 上，又在 $2x-y-7=0$ 上，解得圆心坐标为 $(2,-3)$，$r=\sqrt{5}$.

6. 圆 C：$x^2+y^2-2x-4y+4=0$ 的圆心到直线 $3x+4y+4=0$ 的距离 $d=$________.

【答案】3

【解析】∵ $x^2+y^2-2x-4y+4=0$，∴ $(x-1)^2+(y-2)^2=1$. 圆心 $(1, 2)$ 到 $3x+4y+4=0$ 的距离 $d=\frac{|3\times1+4\times2+4|}{\sqrt{3^2+4^2}}=3$.

7. 在平面直角坐标系 xOy 中，设直线 l：$kx-y+1=0$ 与圆 C：$x^2+y^2=4$ 相交于 A、B 两点，以 OA，OB 为邻边作平行四边形 $OAMB$，若点 M 在圆 C 上，则实数 $k=$________.

【答案】0

【解析】直线 $kx-y+1=0$ 与圆 $x^2+y^2=4$ 相交于 AB 两点，联立两方程得：$(1+k^2)x^2+2kx-3=0$，∴ $x_A+x_B=-\frac{2k}{1+k^2}, y_A+y_B=k(x_A+x_B)+2=\frac{2}{1+k^2}$，∴ AB 中点 C 的坐标为 $\left(-\frac{k}{1+k^2}, \frac{2}{1+k^2}\right)$，依题意 $\overrightarrow{OM}=\overrightarrow{OA}+\overrightarrow{OB}=2\overrightarrow{OC}$，∴ $M\left(-\frac{2k}{1+k^2}, \frac{2}{1+k^2}\right)$，又∵ M 在圆上，将 M 坐标代入方程化简得解得 $(1+k^2)k^2=0$ 解得 $k=0$.

8. 设 P 为圆 $x^2+y^2=1$ 上的动点，则点 P 到直线 $3x-4y-10=0$ 的距离的最小值是________.

【答案】1

【解析】圆 $x^2+y^2=1$ 的圆心是 $O(0, 0)$，圆心 O 到直线 $3x-4y-10=0$ 的距离是 $d=\frac{|-10|}{\sqrt{3^2+4^2}}=2$，所以点 P 到直线 $3x-4y-10=0$ 的距离的最小值是 $d-r=2-1=1$.

三、解答题

1. 直线 l 过点 $A(1, 2)$，$B(m, 3)$，求 l 的斜率.

解　若 $m=1$，此时 l 的倾斜角为 $\frac{\pi}{2}$，显然直线斜率不存在；

若 $m\neq1$，则直线斜率存在，设此时斜率为 k，倾斜角为 α，$k=\tan\alpha=\frac{3-2}{m-1}=\frac{1}{m-1}$.

2. 判断下列各组直线的位置关系，如果相交，求出相应的交点坐标：

(1) $\begin{cases}5x+4y-2=0,\\2x+y+2=0;\end{cases}$　(2) $\begin{cases}2x-6y+3=0,\\y=\frac{1}{3}x+\frac{1}{2};\end{cases}$　(3) $\begin{cases}2x-6y=0,\\y=\frac{1}{3}x+\frac{1}{2}.\end{cases}$

解　(1) 解方程组 $\begin{cases}5x+4y-2=0,\\2x+y+2=0\end{cases}$ 得该方程组有唯一解 $\begin{cases}x=-\frac{10}{3},\\y=\frac{14}{3},\end{cases}$ 所以两直线相交，且交点坐标为 $\left(-\frac{10}{3}, \frac{14}{3}\right)$.

(2) 解方程组 $\begin{cases}2x-6y+3=0, & ①\\y=\frac{1}{3}x+\frac{1}{2}, & ②\end{cases}$ ②×6 得 $2x-6y+3=0$，因此①和②可以化成同一个方程，即方程组有无数组解，所以两直线重合.

（3）解方程组$\begin{cases}2x-6y=0, & ①\\ y=\frac{1}{3}x+\frac{1}{2}, & ②\end{cases}$②×6－①得3=0，矛盾，方程组无解，所以两直线无公共点，所以两直线平行.

3. 求点$P_0(-1, 2)$到下列直线的距离：

（1）$2x+y-10=0$；（2）$x+y=2$；（3）$y-1=0$.

解 （1）根据点到直线的距离公式得$d=\frac{|2\times(-1)+2-10|}{\sqrt{2^2+1^2}}=\frac{10}{\sqrt{5}}=2\sqrt{5}$.

（2）直线方程可化为$x+y-2=0$，∴ $d=\frac{|(-1)\ +2-2|}{\sqrt{1^2+1^2}}=\frac{\sqrt{2}}{2}$.

（3）∵ 直线$y-1=0$平行于x轴，∴ $d=|2-1|=1$.

4. 已知直线l_1：$ax+y+2=0$（$a\in\mathbf{R}$），

（1）若直线l_1的倾斜角为120°，求实数a的值；

（2）若直线l_1在x轴上的截距为2，求实数a的值；

（3）若直线l_1与直线l_2：$2x-y+1=0$平行，求两平行线之间的距离.

解 （1）由题意可得$\tan120°=-a$，解得$a=\sqrt{3}$；

（2）令$y=0$，可得$x=-\frac{2}{a}$，即直线l_1在x轴上的截距为$-\frac{2}{a}=2$，解得$a=-1$；

（3）∵ 直线l_1与直线l_2：$2x-y+1=0$平行，∴ $a=-2$，∴ 直线l_1的方程可化为$2x-y-2=0$，

∴ 两平行线之间的距离为：$\frac{|-2-1|}{\sqrt{2^2+(-1)^2}}=\frac{3\sqrt{5}}{5}$

5. 已知直线l过点$M(2, 1)$，且与x轴、y轴的正半轴分别相交于A，B两点，O为坐标原点，求当$|\overrightarrow{MA}|\cdot|\overrightarrow{MB}|$取得最小值时直线$l$的方程.

解 方法一 设A点坐标为$(a, 0)$，B点坐标为$(0, b)$，则$a>0$，$b>0$，直线l的方程为$\frac{x}{a}+\frac{y}{b}=1$，∴ $\frac{2}{a}+\frac{1}{b}=1$. $|\overrightarrow{MA}|\cdot|\overrightarrow{MB}|=-\overrightarrow{MA}\cdot\overrightarrow{MB}=-(a-2, -1)\cdot(-2, b-1)=2(a-2)+b-1=2a+b-5$ 由于M在直线l上，代入得$=(2a+b)\left(\frac{2}{a}+\frac{1}{b}\right)-5=\frac{2b}{a}+\frac{2a}{b}\geqslant4$，当且仅当$a=b=3$时取等号，此时直线$l$的方程为$x+y-3=0$.

方法二 设过点$M(2, 1)$的直线为$y-1=k(x-2)$，∵ 直线与x，y轴的正半轴分别相交于A，B两点，∴ $k<0$，当$x=0$时，$y=-2k+1$，得B点坐标为$(0, -2k+1)$；当$y=0$时，$x=2-\frac{1}{k}$，得A点坐标为$\left(2-\frac{1}{k}, 0\right)$，∴ $\overrightarrow{MA}=\left(-\frac{1}{k}, -1\right)$，$\overrightarrow{MB}=(-2, -2k)$，则$|\overrightarrow{MA}|\cdot|\overrightarrow{MB}|=\sqrt{\left(\frac{1}{k}\right)^2+1^2}\cdot\sqrt{4k^2+4}=\sqrt{\frac{4(1+k^2)(1+k^2)}{k^2}}=\frac{2(1+k^2)}{|k|}=2\left(|k|+\frac{1}{|k|}\right)$，∵ $|k|>0$，∴ $|k|+\frac{1}{|k|}\geqslant2\sqrt{|k|\cdot\frac{1}{|k|}}=2$，当且仅当$|k|=\frac{1}{|k|}$时等号成立，而$k<0$，∴ $k=-1$，∴ 当$k=-1$时，$|\overrightarrow{MA}|\cdot|\overrightarrow{MB}|$取得最小值，直线的方程为$y-$

$1=-(x-2)$，即 $x+y-3=0$.

6. 已知两直线 l_1：$mx+8y+n=0$ 和 l_2：$2x+my-1=0$，试确定 m，n 的值，使

(1) l_1 与 l_2 相交于点 $P(m,\ -1)$；

(2) $l_1 /\!/ l_2$；

(3) $l_1 \perp l_2$，且 l_1 在 y 轴上的截距为 -1.

解　(1) 由题意得 $\begin{cases} m^2-8+n=0, \\ 2m-m-1=0, \end{cases}$ 解得 $\begin{cases} m=1, \\ n=7. \end{cases}$ 即 $m=1$，$n=7$ 时，l_1 与 l_2 相交于点 $P(m,\ -1)$.

(2) $\because$ $l_1 /\!/ l_2$，$\therefore$ $\begin{cases} m^2-16=0, \\ -m-2n\neq 0, \end{cases}$ 解得 $\begin{cases} m=4, \\ n\neq -2 \end{cases}$ 或 $\begin{cases} m=-4, \\ n\neq 2. \end{cases}$ 即 $m=4$，$n\neq -2$ 或 $m=-4$，$n\neq 2$ 时，$l_1 /\!/ l_2$.

(3) 当且仅当 $2m+8m=0$，即 $m=0$ 时，$l_1 \perp l_2$. 又 $-\dfrac{n}{8}=-1$，$\therefore$ $n=8$. 即 $m=0$，$n=8$ 时，$l_1 \perp l_2$，且 l_1 在 y 轴上的截距为 -1.

7. 已知直线 l：$2x-3y+1=0$，点 $A(-1,\ -2)$.

(1) 求点 A 关于直线 l 的对称点 A' 的坐标；

(2) 求直线 m：$3x-2y-6=0$ 关于直线 l 的对称直线 m' 的方程.

解　(1) 设 A' 点坐标为 $(x,\ y)$，由已知得 $\begin{cases} \dfrac{y+2}{x+1}\times\dfrac{2}{3}=-1 \\ 2\times\dfrac{x-1}{2}-3\times\dfrac{y-2}{2}+1=0, \end{cases}$ 解得 $\begin{cases} x=-\dfrac{33}{13}, \\ y=\dfrac{4}{13}, \end{cases}$ 即 A' 坐标为 $\left(-\dfrac{33}{13},\ \dfrac{4}{13}\right)$.

(2) 在直线 m 上任取一点，如 $M(2,\ 0)$，则 $M(2,\ 0)$ 关于直线 l 的对称点 M' 必在 m' 上. 设对称点为 $M'(a,\ b)$，

则 $\begin{cases} 2\times\dfrac{a+2}{2}-3\times\dfrac{b+0}{2}+1=0, \\ \dfrac{b-0}{a-2}\times\dfrac{2}{3}=-1, \end{cases}$ 解得 $a=\dfrac{6}{13}$，$b=\dfrac{30}{13}$.

设 m 与 l 的交点为 N，则由 $\begin{cases} 2x-3y+1=0, \\ 3x-2y-6=0, \end{cases}$ 得 $N(4,\ 3)$.

又 $\because$ m' 经过点 $N(4,\ 3)$，$\therefore$ 由两点式得直线 m' 的方程为 $9x-46y+102=0$.

8. 已知实数 x，y 满足方程 $x^2+y^2-4x+1=0$，求 $\dfrac{y}{x}$ 的最大值和最小值.

解　原方程可化为 $(x-2)^2+y^2=3$，表示以 $(2,\ 0)$ 为圆心，$\sqrt{3}$ 为半径的圆. $\dfrac{y}{x}$ 的几何意义是圆上一点与原点连线的斜率，$\therefore$ 设 $\dfrac{y}{x}=k$，即 $y=kx$. 当直线 $y=kx$ 与圆相切时

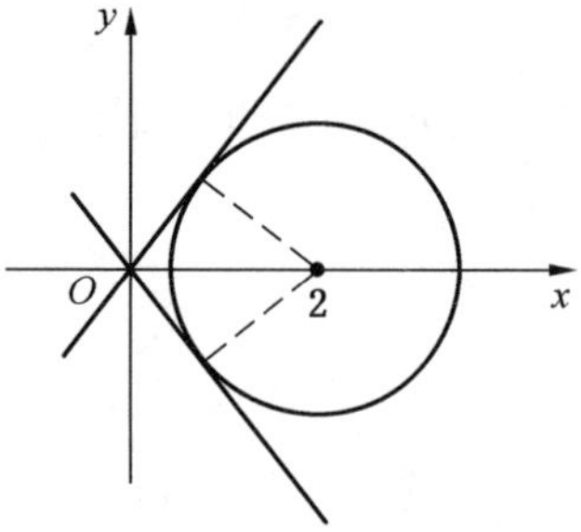

图 10－2

(图 10－2)，斜率 k 取得最大值或最小值，此时 $\frac{|2k-0|}{\sqrt{k^2+1}}=\sqrt{3}$，解得 $k=\pm\sqrt{3}$. ∴ $\frac{y}{x}$ 的最大值为 $\sqrt{3}$，最小值为 $-\sqrt{3}$.

9. 已知直线 l：$4x+ay-5=0$ 与直线 l'：$x-2y=0$ 相互垂直，圆 C 的圆心与点 (2，1) 关于直线 l 对称，且圆 C 过点 $M(-1,\ -1)$.

(1) 求直线 l 与圆 C 的方程.

(2) 过点 M 作两条直线分别与圆 C 交于 P，Q 两点，若直线 MP，MQ 的斜率满足 $k_{MP}+k_{MQ}=0$，求证：直线 PQ 的斜率为 1.

解 (1) ∵ 直线 l：$4x+ay-5=0$ 与直线 l'：$x-2y=0$ 相互垂直，∴ $4\times1-2a=0$，解得 $a=2$. ∴ 直线 l 的方程为 $4x+2y-5=0$.

设圆 C 的圆心 O 的坐标为 $(m,\ n)$. ∵ 圆心 $O(m,\ n)$ 与点 (2，1) 关于直线 l 对称，

$$\therefore \begin{cases}\frac{n-1}{m-2}\times(-2)=-1,\\ 4\times\frac{m+2}{2}+2\times\frac{n+1}{2}-5=0,\end{cases}\text{解得}\begin{cases}m=0,\\ n=0,\end{cases}\therefore\ O\text{ 点坐标为 }(0,\ 0).$$

∴ 圆 C 的半径 $r=|OM|=\sqrt{2}$. ∴ 圆 C 的方程为 $x^2+y^2=2$.

(2) 证明：设过点 M 的直线 MP 的斜率为 k，则过点 M 的直线 MQ 的斜率为 $-k$，直线 MP 的方程为 $y+1=k(x+1)$.

∵ 直线 MP 与圆 C 相交，∴ 联立得方程组 $\begin{cases}y+1=k(x+1),\\ x^2+y^2=2\end{cases}$ 消去 y 并整理，得 $(1+k^2)x^2+2k(k-1)x+k^2-2k-1=0$.

∵ 圆 C 过点 $M(-1,-1)$，∴ $x_P\cdot(-1)=\frac{k^2-2k-1}{1+k^2}$，∴ $x_P=\frac{2k+1-k^2}{1+k^2}$. 同理，将 k 替换成 $-k$，可得 $x_Q=\frac{-k^2-2k+1}{1+k^2}$. ∴ $k_{PQ}=\frac{y_Q-y_P}{x_Q-x_P}=\frac{-k(x_Q+1)-1-k(x_p+1)+1}{x_Q-x_P}=\frac{-k(x_Q+x_P)-2k}{x_Q-x_P}=1$.

练习题

一、选择题

1. 直线 l：$x\sin30°+y\cos150°+1=0$ 的斜率是(　　).

A. $\frac{\sqrt{3}}{3}$　　B. $\sqrt{3}$　　C. $-\sqrt{3}$　　D. $-\frac{\sqrt{3}}{3}$

2. 倾斜角为 120°，在 x 轴上的截距为 -1 的直线方程是(　　).

A. $\sqrt{3}x-y+1=0$　　B. $\sqrt{3}x-y-\sqrt{3}=0$

C. $\sqrt{3}x+y-\sqrt{3}=0$　　D. $\sqrt{3}x+y+\sqrt{3}=0$

3. 已知△ABC 的三个顶点坐标为 $A(1, 2)$，$B(3, 6)$，$C(5, 2)$，M 为 AB 的中点，N 为 AC 的中点，则中位线 MN 所在直线的方程为（　　）.

A. $2x+y-12=0$　B. $2x-y-12=0$　C. $2x+y-8=0$　D. $2x-y+8=0$

4. 方程 $y=ax-\frac{1}{a}$表示的直线可能是（　　）.

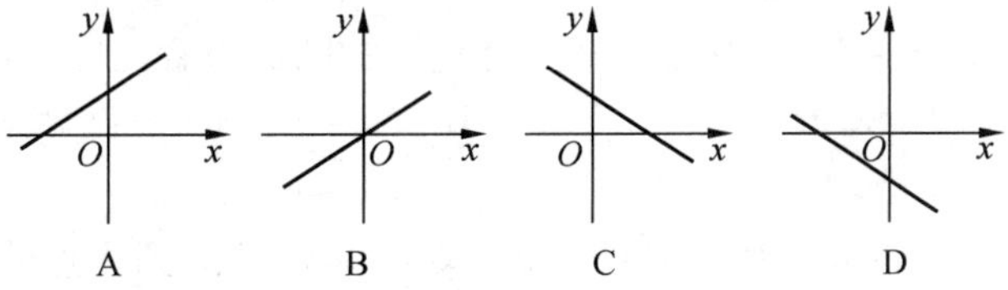

5. 在等腰三角形 MON 中，$MO=MN$，点 $O(0, 0)$，$M(-1, 3)$，点 N 在 x 轴的负半轴上，则直线 MN 的方程为（　　）.

A. $3x-y-6=0$　B. $3x+y+6=0$　C. $3x-y+6=0$　D. $3x+y-6=0$

6. 若直线 $mx+ny+3=0$ 在 y 轴上的截距为 -3，且它的倾斜角是直线$\sqrt{3}x-y=3\sqrt{3}$的倾斜角的 2 倍，则（　　）.

A. $m=-\sqrt{3}$，$n=1$　B. $m=-\sqrt{3}$，$n=-3$

C. $m=\sqrt{3}$，$n=-3$　D. $m=\sqrt{3}$，$n=1$

7. 当$0<k<\frac{1}{2}$时，直线 l_1：$kx-y=k-1$ 与直线 l_2：$ky-x=2k$ 的交点在（　　）.

A. 第一象限　B. 第二象限　C. 第三象限　D. 第四象限

8. 过点（1，0）且与直线 $x-2y-2=0$ 垂直的直线方程是（　　）.

A. $x-2y-1=0$　B. $x-2y+1=0$　C. $2x+y-2=0$　D. $x+2y-1=0$

9. 已知直线 l_1：$2ax+(a+1)y+1=0$ 和 l_2:$(a+1)x+(a-1)y=0$，若 $l_1\perp l_2$，则 $a=$（　　）.

A. 2 或$\frac{1}{2}$　B. $\frac{1}{3}$或 -1　C. $\frac{1}{3}$　D. -1

10. 若点 P 在直线 $3x+y-5=0$ 上，且 P 到直线 $x-y-1=0$ 的距离为$\sqrt{2}$，则点 P 的坐标为（　　）.

A.（1，2）　B.（2，1）

C.（1，2）或（2，−1）　D.（2，1）或（−1，2）

11. 若直线 l_1：$x-3y+2=0$ 与直线 l_2：$mx-y+b=0$ 关于 x 轴对称，则 $m+b=$（　　）.

A. $\frac{1}{3}$　B. -1　C. $-\frac{1}{3}$　D. 1

12. 点 $A(1, 3)$ 关于直线 $y=kx+b$ 对称的点是 $B(-2, 1)$，则直线 $y=kx+b$ 在 x 轴上的截距是（　　）.

A. $-\frac{3}{2}$　B. $\frac{5}{4}$　C. $-\frac{6}{5}$　D. $\frac{5}{6}$

13. 若动点 A, B 分别在直线 l_1: $x+y-7=0$ 和 l_2: $x+y-5=0$ 上移动，则 AB 的中点 M 到原点的距离的最小值为（　　）.

A. $3\sqrt{2}$　　B. $2\sqrt{2}$　　C. $3\sqrt{3}$　　D. $4\sqrt{2}$

14. 已知点 $A(1, 3)$, $B(5, -2)$，在 x 轴上有一点 P，若 $|AP|-|BP|$ 最大，则 P 点坐标为（　　）.

A. $(3, 0)$　　B. $(13, 0)$　　C. $(5, 0)$　　D. $(-13, 0)$

15. 以线段 AB: $x+y-2=0(0\leqslant x\leqslant 2)$ 为直径的圆的方程为（　　）.

A. $(x+1)^2+(y+1)^2=2$　　B. $(x-1)^2+(y-1)^2=2$

C. $(x+1)^2+(y+1)^2=8$　　D. $(x-1)^2+(y-1)^2=8$

16. 若圆 $x^2+y^2+2ax-b^2=0$ 的半径为2，则点 (a, b) 到原点的距离为（　　）.

A. 1　　B. 2　　C. $\sqrt{2}$　　D. 4

17. 以 $(a, 1)$ 为圆心，且与两条直线 $2x-y+4=0$ 与 $2x-y-6=0$ 同时相切的圆的标准方程为（　　）.

A. $(x-1)^2+(y-1)^2=5$　　B. $(x+1)^2+(y+1)^2=5$

C. $(x-1)^2+y^2=5$　　D. $x^2+(y-1)^2=5$

18. 在直角坐标系中，定义 $P(x_1, y_1)$, $Q(x_2, y_2)$ 的“直角距离”，$d(P,Q)=|x_1-x_2|+|y_1-y_2|$，若点 $A(-2, 4)$，M 为直线 $x-y+8=0$ 上的动点，则 $d(A, M)$ 的最小值为（　　）.

A. 1　　B. 2　　C. 3　　D. 4

19. 已知 $a\in\mathbf{R}$，若方程 $a^2x^2+(a+2)y^2+4x+8y+5a=0$ 表示圆，则此圆的圆心坐标为（　　）.

A. $(-2, -4)$　　B. $\left(-\frac{1}{2}, -1\right)$

C. $(-2, -4)$ 或 $\left(-\frac{1}{2}, -1\right)$　　D. 不确定

20. 已知圆 C 的圆心是直线 $x-y+1=0$ 与 x 轴的交点，且圆 C 与直线 $x+y+3=0$ 相切，则圆 C 的方程为（　　）.

A. $(x+1)^2+y^2=2$　　B. $(x+1)^2+y^2=8$

C. $(x-1)^2+y^2=2$　　D. $(x-1)^2+y^2=8$

21. 已知圆 C_1: $(x+1)^2+(y-1)^2=1$，圆 C_2 与圆 C_1 关于直线 $x-y-1=0$ 对称，则圆 C_2 的方程为（　　）.

A. $(x+2)^2+(y-1)^2=1$　　B. $(x-2)^2+(y+2)^2=1$

C. $(x+2)^2+(y+2)^2=1$　　D. $(x-2)^2+(y-2)^2=1$

22. 若直线 $2x+y+a=0$ 与圆 $x^2+y^2+2x-4y=0$ 相切，则 a 的值为（　　）.

A. $\pm\sqrt{5}$　　B. ± 5　　C. 3　　D. ± 3

23. 与圆 C_1: $x^2+y^2-6x+4y+12=0$, C_2: $x^2+y^2-14x-2y+14=0$ 都相切的直线有（　　）.

A. 1 条　　B. 2 条　　C. 3 条　　D. 4 条

24. 直线 $y=kx+3$ 被圆 $(x-2)^2+(y-3)^2=4$ 截得的弦长为 $2\sqrt{3}$，则直线的倾斜角

为（　　）.

A. $\frac{\pi}{6}$或$\frac{5\pi}{6}$　　B. $-\frac{\pi}{3}$或$\frac{\pi}{3}$　　C. $-\frac{\pi}{6}$或$\frac{\pi}{6}$　　D. $\frac{\pi}{6}$

25. 过点（3，1）作圆 $(x-1)^2+y^2=r^2$ 的切线有且只有一条，则该切线的方程为（　　）.

A. $2x+y-5=0$　　B. $2x+y-7=0$　　C. $x-2y-5=0$　　D. $x-2y-7=0$

26. 过点 $P(1,\ -2)$ 作圆 C：$(x-1)^2+y^2=1$ 的两条切线，切点分别为 A，B，则 AB 所在直线的方程为（　　）.

A. $y=-\frac{\sqrt{3}}{4}$　　B. $y=-\frac{1}{2}$　　C. $y=-\frac{\sqrt{3}}{2}$　　D. $y=-\frac{1}{4}$

二、填空题

1. 已知直线 l 过点（1，0），且倾斜角为直线 l_0：$x-2y-2=0$ 的倾斜角的 2 倍，则直线 l 的方程为________.

2. 直线 l 经过点 $A(1,\ 2)$，在 x 轴上的截距的取值范围为（-3，3），则其斜率的取值范围为________.

3. 设点 $A(-1,\ 0)$，$B(1,\ 0)$，直线 $2x+y-b=0$ 与线段 AB 相交，则 b 的取值范围为________.

4. 经过两直线 l_1：$x-2y+4=0$ 和 l_2：$x+y-2=0$ 的交点 P，且与直线 l_3：$3x-4y+5=0$ 垂直的直线 l 的方程为________.

5. 已知点 $P_1(2,\ 3)$，$P_2(-4,\ 5)$ 和 $A(-1,\ 2)$，则过点 A 且与点 P_1，P_2 距离相等的直线方程为________.

6. 直线 $x-2y+1=0$ 关于直线 $x=1$ 对称的直线方程是________.

7. 过点 $P(0,\ 1)$ 作直线 l，使它被直线 l_1：$2x+y-8=0$ 和 l_2：$x-3y+10=0$ 截得的线段被点 P 平分，则直线 l 的方程为________.

8. 圆 C 的直径的两个端点分别是 $A(-1,\ 2)$，$B(1,\ 4)$，则圆 C 的标准方程为________.

9. 已知圆 C 的圆心在 x 轴上，并且经过点 $A(-1,\ 1)$，$B(1,\ 3)$，若 $M(m,\ \sqrt{6})$ 在圆 C 内，则 m 的取值范围为________.

10. 若一个圆的圆心是抛物线 $x^2=4y$ 的焦点，且该圆与直线 $y=x+3$ 相切，则该圆的标准方程是________.

11. 已知圆 C 的圆心在 x 轴的正半轴上，点 $M(0,\ \sqrt{5})$ 在圆 C 上，且圆心到直线 $2x-y=0$ 的距离为$\frac{4\sqrt{5}}{5}$，则圆 C 的标准方程为________.

12. 在平面直角坐标系 xOy 中，以点（1，0）为圆心且与直线 $mx-y-2m-1=0$（$m\in\mathbf{R}$）相切的所有圆中，半径最大的圆的标准方程为________.

13. 在平面直角坐标系 xOy 中，直线 $x+2y-3=0$ 被圆 $(x-2)^2+(y+1)^2=4$ 截得的弦长为________.

14. 若 $P(2,\ 1)$ 为圆 $(x-1)^2+y^2=25$ 的弦 AB 的中点，则直线 AB 的方程为________.

15. 过点 $P(-3, 1)$，$Q(a, 0)$ 的光线经 x 轴反射后与圆 $x^2+y^2=1$ 相切，则 a 的值为________.

三、解答题

1. 已知直线 l 与两坐标轴围成的三角形的面积为3，分别求满足下列条件的直线 l 的方程：

（1）过定点 $A(-3, 4)$；

（2）斜率为 $\frac{1}{6}$.

2. 已知 $\triangle ABC$ 的三个顶点是 $A(1, 1)$，$B(-1, 3)$，$C(3, 4)$.

（1）求 BC 边的高所在直线 l_1 的方程；

（2）若直线 l_2 过 C 点，且 A，B 到直线 l_2 的距离相等，求直线 l_2 的方程.

3. 已知以点 P 为圆心的圆经过点 $A(-1, 0)$ 和 $B(3, 4)$，线段 AB 的垂直平分线交圆 P 于点 C 和 D，且 $|CD|=4\sqrt{10}$.

（1）求直线 CD 的方程；

（2）求圆 P 的方程.

4. 已知 $\mathrm{Rt}\triangle ABC$ 的斜边为 AB，且 $A(-1, 0)$，$B(3, 0)$. 求：

（1）直角顶点 C 的轨迹方程；

（2）直角边 BC 的中点 M 的轨迹方程.

5. 已知圆 C_1：$x^2+y^2-2x-6y-1=0$ 和圆 C_2：$x^2+y^2-10x-12y+45=0$.

（1）求证：圆 C_1 和圆 C_2 相交；

（2）求圆 C_1 和圆 C_2 的公共弦所在直线的方程和公共弦长.

6. 已知圆 C 经过点 $A(2, -1)$，和直线 $x+y=1$ 相切，且圆心在直线 $y=-2x$ 上.

（1）求圆 C 的方程；

（2）已知直线 l 经过原点，并且被圆 C 截得的弦长为2，求直线 l 的方程.

7. 已知圆 C：$x^2+(y-a)^2=4$，点 $A(1, 0)$.

（1）当过点 A 的圆 C 的切线存在时，求实数 a 的取值范围；

（2）设 AM，AN 为圆 C 的两条切线，M，N 为切点，当 $|MN|=\frac{4\sqrt{5}}{5}$ 时，求 MN 所在直线的方程.

8. 在直角坐标系 xOy 中，曲线 $y=x^2+mx-2$ 与 x 轴交于 A，B 两点，点 C 的坐标为 $(0, 1)$. 当 m 变化时，解答下列问题：

（1）能否出现 $AC\perp BC$ 的情况？说明理由；

（2）证明过 A，B，C 三点的圆在 y 轴上截得的弦长为定值.

9. 已知点 $P(2, 2)$，圆 C：$x^2+y^2-8y=0$，过点 $P(2, 2)$ 的动直线 l 与圆 C 交于 A，B 两点，线段 AB 的中点为 M，O 为坐标原点.

（1）求 M 的轨迹方程；

（2）当 $|OP|=|OM|$ 时，求 l 的方程及 $\triangle POM$ 的面积.

第十一章　圆锥曲线与方程

第一节　椭　　圆

一、椭圆的概念

平面内与两个定点 F_1，F_2 的距离的和等于常数（大于 $|F_1F_2|$）的点的轨迹称为椭圆．这两个定点称为椭圆的焦点，两焦点间的距离称为椭圆的焦距.

集合 $P=\{M\| MF_1|+|MF_2|=2a\}$，$|F_1F_2|=2c$，其中 $a>0$，$c>0$，且 a，c 为常数：

（1）若 $a>c$，则集合 P 为椭圆.

（2）若 $a=c$，则集合 P 为线段.

（3）若 $a<c$，则集合 P 为空集.

二、椭圆的标准方程和几何性质

<table>
<tr><td colspan="2">标准方程</td><td>$\frac{x^2}{a^2}+\frac{y^2}{b^2}=1(a>b>0)$</td><td>$\frac{y^2}{a^2}+\frac{x^2}{b^2}=1(a>b>0)$</td></tr>
<tr><td colspan="2">图形</td><td>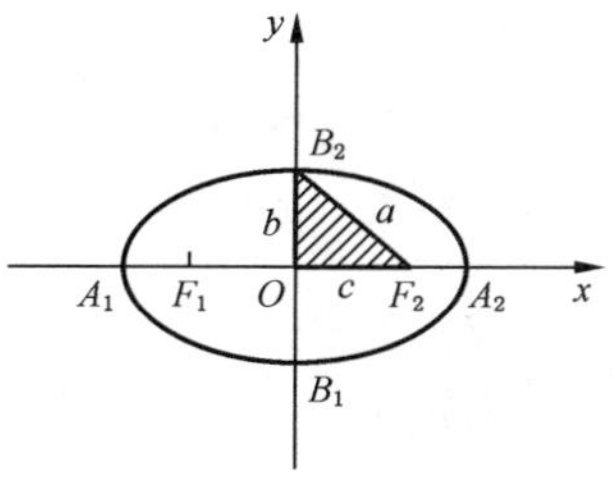
</td><td>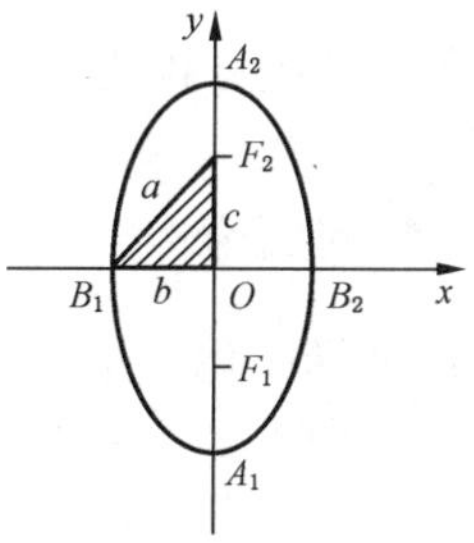
</td></tr>
<tr><td colspan="2">第一定义</td><td colspan="2">到两定点 F_1,F_2 的距离之和等于常数 $2a$，即 $|MF_1|+|MF_2|=2a(2a>|F_1F_2|)$</td></tr>
<tr><td colspan="2">第二定义</td><td colspan="2">平面上点 M 与一定点 F(焦点)的距离 $|MF|$ 和到一定直线 l(准线)的距离 d 之比为常数 e，即 $\frac{|MF|}{d}=e(0<e<1)$</td></tr>
<tr><td rowspan="4">性质</td><td>范围</td><td>$-a\leqslant x\leqslant a$
$-b\leqslant y\leqslant b$</td><td>$-b\leqslant x\leqslant b$
$-a\leqslant y\leqslant a$</td></tr>
<tr><td>焦点的位置</td><td>焦点在 x 轴上
$F_1(-c,0)$、$F_2(c,0)$</td><td>焦点在 y 轴上
$F_1(0,-c)$、$F_2(0,c)$</td></tr>
<tr><td>对称性</td><td colspan="2">对称轴:坐标轴　　对称中心:原点</td></tr>
<tr><td>顶点坐标</td><td>$A_1(-a,0),A_2(a,0)$
$B_1(0,-b),B_2(0,b)$</td><td>$A_1(0,-a),A_2(0,a)$
$B_1(-b,0),B_2(b,0)$</td></tr>
</table>

（续）

标准方程		$\frac{x^2}{a^2}+\frac{y^2}{b^2}=1(a>b>0)$	$\frac{y^2}{a^2}+\frac{x^2}{b^2}=1(a>b>0)$
性质	准线方程	$x=\pm\frac{a^2}{c}$	$y=\pm\frac{a^2}{c}$
	轴	长轴 A_1A_2 的长为 $2a$；短轴 B_1B_2 的长为 $2b$	
	焦距	$\lvert F_1F_2\rvert=2c\quad(c^2=a^2-b^2)$	
	离心率	$e=\frac{c}{a}=\sqrt{\frac{c^2}{a^2}}=\sqrt{\frac{a^2-b^2}{a^2}}=\sqrt{1-\frac{b^2}{a^2}}(0<e<1)$	
	通径	过焦点且垂直于长轴的弦称为通径：$\lvert HH'\rvert=\frac{2b^2}{a}$	
	（焦点）弦长公式	$A(x,y_1),B(x_2,y_2)$ $\lvert AB\rvert=\sqrt{1+k^2}\lvert x_1-x_2\rvert=\sqrt{1+k^2}\sqrt{(x_1-x_2)^2-4x_1x_2}$	
	a,b,c 的关系	$a^2=b^2+c^2$	

（1）长轴与短轴的交点称为椭圆的中心.

（2）离心率表示椭圆的扁平程度．当 e 越接近于 1 时，c 越接近于 a，从而 $b=\sqrt{a^2-c^2}$越小，因此椭圆越扁.

三、椭圆的一般方程

椭圆的一般方程为 $Ax^2+By^2=C$，其中 A，B，C 同号且 $ABC\neq0$ 当 $A=B$ 时即为圆.

四、椭圆的标准参数方程

椭圆的参数方程为$\begin{cases}x=a\cos\theta,\\y=b\sin\theta,\end{cases}\theta\in[0,\ 2\pi]$.

五、常用结论

（1）过椭圆焦点最长弦为长轴，最短弦为通径.

（2）过原点的最长弦为长轴，最短弦为短轴.

（3）与椭圆$\frac{x^2}{a^2}+\frac{y^2}{b^2}=1(a>b>0)$有公共焦点的椭圆方程为$\frac{x^2}{a^2+\lambda}+\frac{y^2}{b^2+\lambda}=1(\lambda>-b^2)$.

第二节 双 曲 线

一、双曲线定义

平面内与两个定点 F_1，F_2 的距离的差的绝对值等于常数（小于 $\lvert F_1F_2\rvert$）的点的轨迹称为双曲线．这两个定点称为双曲线的焦点，两焦点间的距离称为双曲线的焦距.

集合 $P=\{M\mid\lvert\lvert MF_1\rvert-\lvert MF_2\rvert\rvert=2a\}$，$\lvert F_1F_2\rvert=2c$，其中 a，c 为常数且 $a>0$，$c>0$.

(1) 当 $2a<|F_1F_2|$ 时，P 点的轨迹是双曲线.

(2) 当 $2a=|F_1F_2|$ 时，P 点的轨迹是两条射线.

(3) 当 $2a>|F_1F_2|$ 时，P 点不存在.

二、双曲线的标准方程和几何性质

标准方程		$\frac{x^2}{a^2}-\frac{y^2}{b^2}=1(a>0,b>0)$	$\frac{y^2}{a^2}-\frac{x^2}{b^2}=1(a>0,b>0)$
图形		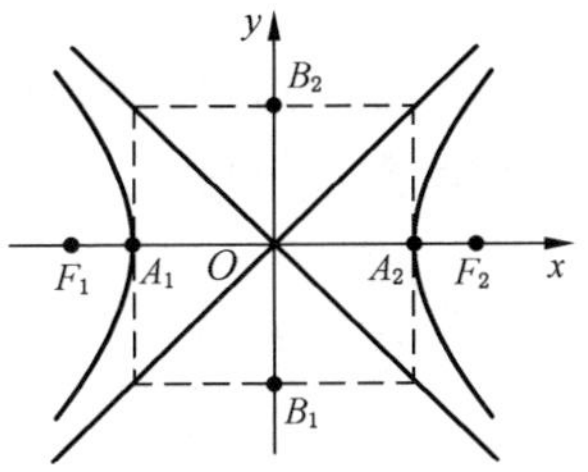	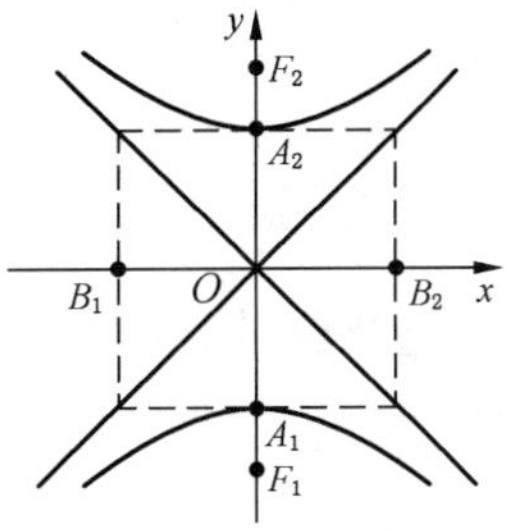
焦点的位置		焦点在 x 轴上	焦点在 y 轴上
第一定义		到两定点 F_1,F_2 的距离之差的绝对值等于常数 $2a$，即 $\left\|\,|MF_1|-|MF_2|\,\right\|=2a(0<2a<|F_1F_2|)$	
第二定义		平面上点 M 与一定点 F 的距离 $|MF|$ 和到一定直线 l 的距离 d 之比为常数 e，即 $\frac{|MF|}{d}=e(e>1)$	
性质	范围	$x\geqslant a$ 或 $x\leqslant -a,y\in\mathbf{R}$	$x\in\mathbf{R},y\leqslant -a$ 或 $\geqslant a$
	对称性	对称轴:坐标轴　对称中心:原点	
	顶点	$A_1(-a,0),A_2(a,0)$	$A_1(0,-a),A_2(0,a)$
	焦点	$F_1(-c,0),F_2(c,0)$	$F_1(0,-c),F_2(0,c)$
	焦距	$|F_1F_2|=2c(c^2=a^2+b^2)$	
	渐近线	$y=\pm\frac{b}{a}x$	$y=\pm\frac{a}{b}x$
	准线方程	$x=\pm\frac{a^2}{c}$	$y=\pm\frac{a^2}{c}$
	离心率	$e=\frac{c}{a},e\in(1,+\infty)$，其中 $c=\sqrt{a^2+b^2}$	
	a,b,c 的关系	$c^2=a^2+b^2(c>a>0,c>b>0)$	
	弦长公式	$A(x,y_1),B(x_2,y_2)$ $|AB|=\sqrt{1+k^2}\,|x_1-x_2|=\sqrt{1+k^2}\sqrt{(x_1-x_2)^2-4x_1x_2}$	

三、常用结论

(1) 双曲线的一般方程为 $Ax^2+By^2=C$，其中 $AB<0$ 且 $ABC\neq0$.

(2) 准线距离（两准线间的距离）：$\frac{2a^2}{c}$，中心到准线距离为 $\frac{a^2}{c}$.

（3）焦点到相应准线距离（焦准距）为$\frac{b^2}{c}$，焦点到渐近线距离为 b.

（4）双曲线渐近线方程为$\frac{x^2}{a^2}-\frac{y^2}{b^2}=0\Leftrightarrow\left(\frac{x}{a}-\frac{y}{b}\right)\left(\frac{x}{a}+\frac{y}{b}\right)=0$.

第三节　抛　物　线

一、抛物线的概念

平面内与一个定点 F 和一条定直线 l（l 不经过点 F）的距离相等的点的轨迹称为抛物线．点 F 称为抛物线的焦点，直线 l 称为抛物线的准线.

二、抛物线的标准方程与几何性质

标准方程	$y^2=2px$ $(p>0)$	$y^2=-2px$ $(p>0)$	$x^2=2py$ $(p>0)$	$x^2=-2py$ $(p>0)$
	p 的几何意义：焦点 F 到准线 l 的距离，p 越大，开口越阔			
图形	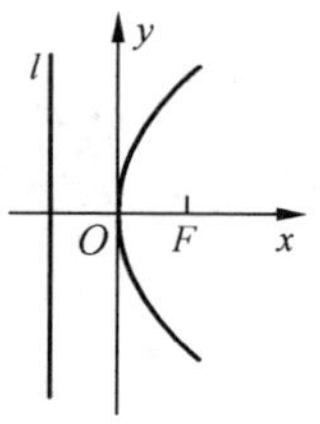	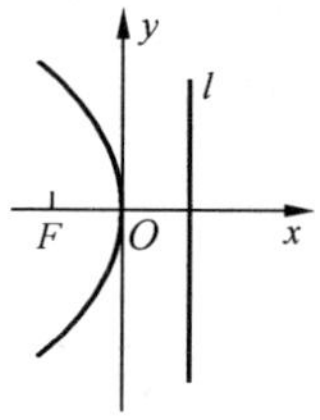	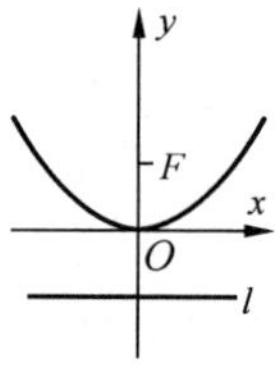	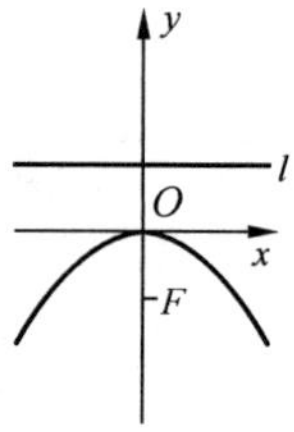
顶点坐标	$O(0,0)$			
对称轴	x 轴		y 轴	
焦点坐标	$F\left(\frac{p}{2},0\right)$	$F\left(-\frac{p}{2},0\right)$	$F\left(0,\frac{p}{2}\right)$	$F\left(0,-\frac{p}{2}\right)$
焦点半径	$\lvert PF\rvert=\frac{P}{2}+x_1$	$\lvert PF\rvert=\frac{P}{2}+\lvert x_1\rvert$	$\lvert PF\rvert=\frac{P}{2}+y_1$	$\lvert PF\rvert=\frac{P}{2}+\lvert y_1\rvert$
离心率	$e=1$			
准线方程	$x=-\frac{p}{2}$	$x=\frac{p}{2}$	$y=-\frac{p}{2}$	$y=\frac{p}{2}$
范围	$x\geqslant0$，$y\in\mathbf{R}$	$x\leqslant0$，$y\in\mathbf{R}$	$y\geqslant0$，$x\in\mathbf{R}$	$y\leqslant0$，$x\in\mathbf{R}$
开口方向	向右	向左	向上	向下
通径	过抛物线的焦点且垂直于对称轴的弦称为通径：$\lvert HH'\rvert=2p$			

三、常用结论

（1）抛物线的一般方程 $ay^2+by+c=x$ 的顶点为$\left(\frac{4ac-b^2}{4a},-\frac{b}{2a}\right)$.

（2）通径为 $2p$，这是过焦点的所有弦中最短的.

（3）关于抛物线焦点弦的几个结论：

设 AB 为过抛物线 $y^2=2px(p>0)$ 焦点的弦，A，B 坐标分别为 (x_1, y_1)，(x_2, y_2)，直线 AB 的倾斜角为 θ，则

① $x_1x_2=\frac{p^2}{4}, y_1y_2=-p^2$.

② $|AB|=\frac{2p}{\sin^2\theta}$.

③ 以 AB 为直径的圆与准线相切.

例题解析

一、选择题

1. 已知椭圆的中心在原点，焦点在 x 轴上，长、短半轴长之和为 10，焦距为 $4\sqrt{5}$，则椭圆的标准方程为（　　）.

A. $\frac{x^2}{6}+\frac{y^2}{4}=1$　　B. $\frac{x^2}{16}+\frac{y^2}{36}=1$

C. $\frac{x^2}{36}+\frac{y^2}{16}=1$　　D. $\frac{x^2}{49}+\frac{y^2}{9}=1$

【答案】C

【解析】由长、短半轴长之和为 10，焦距为 $4\sqrt{5}$，可得 $a+b=10$，$2c=4\sqrt{5}$，$\therefore c=2\sqrt{5}$. 又 $\because a^2=b^2+c^2$，$\therefore a^2=36$，$b^2=16$. $\because$ 焦点在 x 轴上，$\therefore$ 所求椭圆方程为 $\frac{x^2}{36}+\frac{y^2}{16}=1$.

2. 椭圆 $\frac{x^2}{10-m}+\frac{y^2}{m-2}=1$ 的焦距为 4，则 m 等于（　　）.

A. 4　　B. 8　　C. 4 或 8　　D. 12

【答案】C

【解析】当焦点在 x 轴上时，$10-m>m-2>0$，$10-m-(m-2)=4$，$\therefore m=4$. 当焦点在 y 轴上时，$m-2>10-m>0$，$m-2-(10-m)=4$，$\therefore m=8$. $\therefore m=4$ 或 8.

3. 已知 $a>b>0$，椭圆 C_1 的方程为 $\frac{x^2}{a^2}+\frac{y^2}{b^2}=1$，双曲线 C_2 的方程为 $\frac{x^2}{a^2}-\frac{y^2}{b^2}=1$，$C_1$ 与 C_2 的离心率之积为 $\frac{\sqrt{3}}{2}$，则 C_2 的渐近线方程为（　　）.

A. $x\pm\sqrt{2}y=0$　　B. $\sqrt{2}x\pm y=0$

C. $x\pm 2y=0$　　D. $2x\pm y=0$

【答案】A.

【解析】椭圆 C_1 的离心率为 $\frac{\sqrt{a^2-b^2}}{a}$，双曲线 C_2 的离心率为 $\frac{\sqrt{a^2+b^2}}{a}$，$\therefore \frac{\sqrt{a^2-b^2}}{a}\cdot\frac{\sqrt{a^2+b^2}}{a}=\frac{\sqrt{3}}{2}$，即 $a^4=4b^4$，$\therefore a=\sqrt{2}b$，$\therefore$ 双曲线 C_2 的渐近线方程是 $y=\pm\frac{1}{\sqrt{2}}x$，即 $x\pm\sqrt{2}y=0$.

4. 若双曲线$\frac{x^2}{a^2}-\frac{y^2}{b^2}=1(a>0,b>0)$的焦点到其渐近线的距离等于实轴长，则该双曲线的离心率为(　　).

A. $\sqrt{5}$　　B. 5　　C. $\sqrt{2}$　　D. 2

【答案】A

【解析】由题意知焦点到其渐近线的距离等于实轴长，双曲线的渐近线方程为$\frac{x}{a}\pm\frac{y}{b}=0$，即$bx\pm ay=0$，∴ $2a=\frac{bc}{\sqrt{a^2+b^2}}=b$. 又$a^2+b^2=c^2$，∴ $5a^2=c^2$. ∴ $e^2=\frac{c^2}{a^2}=5$，∴ $e=\sqrt{5}$.

5. 过抛物线$y^2=4x$的焦点的直线l交抛物线于$P(x_1,y_1)$，$Q(x_2,y_2)$两点，如果$x_1+x_2=6$，则$|PQ|$等于(　　).

A. 9　　B. 8　　C. 7　　D. 6

【答案】B

【解析】抛物线$y^2=4x$的焦点为$F(1,0)$，准线方程为$x=-1$. 根据题意可得，$|PQ|=|PF|+|QF|=x_1+1+x_2+1=x_1+x_2+2=8$.

6. 若抛物线$y^2=4x$的准线为l，P是抛物线上任意一点，则P到准线l的距离与P到直线$3x+4y+7=0$的距离之和的最小值是(　　).

A. 2　　B. $\frac{13}{5}$　　C. $\frac{14}{5}$　　D. 3

【答案】A

【解析】由抛物线定义可知点P到准线l的距离等于点P到焦点F的距离，由抛物线$y^2=4x$及直线方程$3x+4y+7=0$可得直线与抛物线相离. ∴ 点P到准线l的距离与点P到直线$3x+4y+7=0$的距离之和的最小值为点$F(1,0)$到直线$3x+4y+7=0$的距离，即$\frac{|3+7|}{\sqrt{3^2+4^2}}=2$.

二、填空题

1. 已知点P是椭圆$\frac{x^2}{5}+\frac{y^2}{4}=1$上$y$轴右侧的一点，且以点$P$及焦点$F_1$，$F_2$为顶点的三角形的面积等于1，则点$P$的坐标为________.

【答案】$\left(\frac{\sqrt{15}}{2},\ 1\right)$或$\left(\frac{\sqrt{15}}{2},\ -1\right)$

【解析】设P点坐标为(x,y)，由题意知$c^2=a^2-b^2=5-4=1$，∴ $c=1$，则焦点坐标为$F_1(-1,\ 0)$，$F_2(1,\ 0)$. 由题意可得点P到x轴的距离为1，∴ $y=\pm1$，把$y=\pm1$代入$\frac{x^2}{5}+\frac{y^2}{4}=1$，得$x=\pm\frac{\sqrt{15}}{2}$，又$x>0$，∴ $x=\frac{\sqrt{15}}{2}$，∴ P点坐标为$\left(\frac{\sqrt{15}}{2},\ 1\right)$或$\left(\frac{\sqrt{15}}{2},\ -1\right)$.

2. 已知$P(1,1)$为椭圆$\frac{x^2}{4}+\frac{y^2}{2}=1$内一定点，经过$P$引一条弦，使此弦被$P$点平分，

则此弦所在的直线方程为________.

【答案】$x+2y-3=0$

【解析】方法一　易知此弦所在直线的斜率存在，∴ 设其方程为 $y-1=k(x-1)$，弦所在的直线与椭圆相交于 A，B 两点，设 A 点坐标为 (x_1, y_1)，B 点坐标为 (x_2, y_2).

由 $\begin{cases} y-1=k(x-1), \\ \dfrac{x^2}{4}+\dfrac{y^2}{2}=1, \end{cases}$ 消去 y 得 $(2k^2+1)x^2-4k(k-1)x+2(k^2-2k-1)=0$，

∴ $x_1+x_2=\dfrac{4k(k-1)}{2k^2+1}$，又∵ $x_1+x_2=2$，∴ $\dfrac{4k(k-1)}{2k^2+1}=2$，解得 $k=-\dfrac{1}{2}$.

经检验，$k=-\dfrac{1}{2}$ 满足题意．故此弦所在的直线方程为 $y-1=-\dfrac{1}{2}(x-1)$，即 $x+2y-3=0$.

方法二　易知此弦所在直线的斜率存在，∴ 设斜率为 k，弦所在的直线与椭圆相交于 A，B 两点，设 A 点坐标为 (x_1, y_1)，B 点坐标为 (x_2, y_2)，

则 $\dfrac{x_1^2}{4}+\dfrac{y_1^2}{2}=1$，$\dfrac{x_2^2}{4}+\dfrac{y_2^2}{2}=1$，∴ $\dfrac{(x_1+x_2)(x_1-x_2)}{4}+\dfrac{(y_1+y_2)(y_1-y_2)}{2}=0$，

∵ $x_1+x_2=2$，$y_1+y_2=2$，∴ $\dfrac{x_1-x_2}{2}+y_1-y_2=0$，∴ $k=\dfrac{y_1-y_2}{x_1-x_2}=-\dfrac{1}{2}$.

经检验，$k=-\dfrac{1}{2}$ 满足题意．∴ 此弦所在的直线方程为 $y-1=-\dfrac{1}{2}(x-1)$，即 $x+2y-3=0$.

3. 已知双曲线过点 $(4, \sqrt{3})$，且渐近线方程为 $y=\pm\dfrac{1}{2}x$，则该双曲线的标准方程为________.

【答案】$\dfrac{x^2}{4}-y^2=1$

【解析】由双曲线的渐近线方程为 $y=\pm\dfrac{1}{2}x$，可设该双曲线的标准方程为 $\dfrac{x^2}{4\lambda}-\dfrac{y^2}{\lambda}=1$ $(\lambda\neq 0)$，已知该双曲线过点 $(4,\sqrt{3})$，∴ $\dfrac{4^2}{4}-(\sqrt{3})^2=\lambda$，即 $\lambda=1$，故所求双曲线的标准方程为 $\dfrac{x^2}{4}-y^2=1$.

4. 已知 F_1，F_2 为双曲线 C：$x^2-y^2=2$ 的左、右焦点，点 P 在 C 上，$|PF_1|=2|PF_2|$，则 $\cos\angle F_1PF_2=$________.

【答案】$\dfrac{3}{4}$

【解析】由双曲线的定义有 $|PF_1|-|PF_2|=|PF_2|=2a=2\sqrt{2}$，∴ $|PF_1|=2|PF_2|=4\sqrt{2}$，则 $\cos\angle F_1PF_2=\dfrac{|PF_1|^2+|PF_2|^2-|F_1F_2|^2}{2|PF_1|\cdot|PF_2|}=\dfrac{(4\sqrt{2})^2+(2\sqrt{2})^2-4^2}{2\times 4\sqrt{2}\times 2\sqrt{2}}=\dfrac{3}{4}$.

5. 设抛物线 $y^2=8x$ 的准线与 x 轴交于点 Q，若过点 Q 的直线 l 与抛物线有公共点，则直线 l 的斜率的取值范围为________.

【答案】$[-1, 1]$

【解析】易见点 Q 坐标为 $(-2, 0)$，当直线 l 的斜率不存在时，不满足题意，故设直线 l 的方程为 $y=k(x+2)$，代入抛物线方程，消去 y 整理得 $k^2x^2+(4k^2-8)x+4k^2=0$，由 $\Delta=(4k^2-8)^2-4k^2\cdot 4k^2=64(1-k^2)\geqslant 0$，解得 $-1\leqslant k\leqslant 1$.

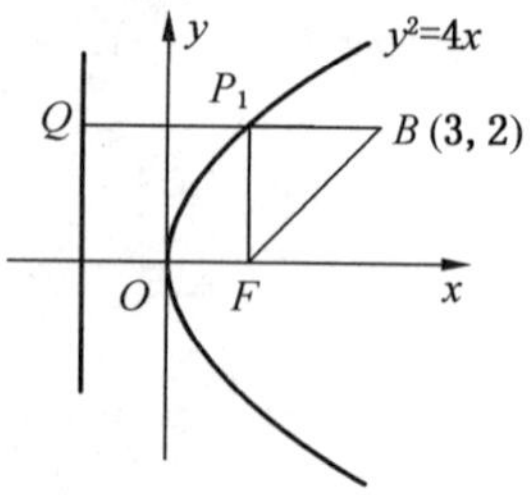

图 11－1

6. 设 P 是抛物线 $y^2=4x$ 上的一个动点，若 $B(3, 2)$，则 $|PB|+|PF|$ 的最小值为________.

【答案】4

【解析】如图 11－1 所示，过点 B 作 BQ 垂直准线于点 Q，交抛物线于点 P_1，则 $|P_1Q|=|P_1F|$. 则有 $|PB|+|PF|\geqslant|P_1B|+|P_1Q|=|BQ|=4$，即 $|PB|+|PF|$ 的最小值为 4.

三、解答题

1. 设离心率为 $\frac{\sqrt{2}}{2}$ 的椭圆 E：$\frac{x^2}{a^2}+\frac{y^2}{b^2}=1(a>b>0)$ 的左、右焦点分别为 F_1，F_2，点 P 是 E 上一点，$PF_1\perp PF_2$，$\triangle PF_1F_2$ 内切圆的半径为 $\sqrt{2}-1$.

（1）求 E 的方程；

（2）矩形 $ABCD$ 的两顶点 C，D 在直线 $y=x+2$ 上，A，B 在椭圆 E 上，若矩形 $ABCD$ 的周长为 $\frac{11\sqrt{2}}{3}$，求直线 AB 的方程.

解 （1）$\mathrm{Rt}\triangle PF_1F_2$ 内切圆的半径 $r=\frac{1}{2}(|PF_1|+|PF_2|-|F_1F_2|)=a-c$，依题意有 $a-c=\sqrt{2}-1$. 又 $\frac{c}{a}=\frac{\sqrt{2}}{2}$，则 $a=\sqrt{2}$，$c=1$，从而 $b=1$.

故椭圆 E 的方程为 $\frac{x^2}{2}+y^2=1$.

（2）设直线 AB 的方程为 $y=x+m$，代入椭圆 E 的方程，整理得 $3x^2+4mx+2m^2-2=0$，由 $\Delta>0$，得 $-\sqrt{3}<m<\sqrt{3}$.

设 A，B 坐标分别为 (x_1, y_1)，(x_2, y_2)，则 $x_1+x_2=-\frac{4m}{3}$，$x_1x_2=\frac{2m^2-2}{3}$. $|AB|=\sqrt{2}|x_2-x_1|=\frac{4\sqrt{3-m^2}}{3}$.

易知 $|BC|=\frac{|2-m|}{\sqrt{2}}$，则由 $-\sqrt{3}<m<\sqrt{3}$ 知 $|BC|=\frac{2-m}{\sqrt{2}}$，$\therefore$ 由已知可得 $|AB|+|BC|=\frac{11\sqrt{2}}{6}$，即 $\frac{4\sqrt{3-m^2}}{3}+\frac{2-m}{\sqrt{2}}=\frac{11\sqrt{2}}{6}$，整理得 $41m^2+30m-71=0$，解得 $m=1$ 或 $m=-\frac{71}{41}$（均满足 $-\sqrt{3}<m<\sqrt{3}$）.

$\therefore$ 直线 AB 的方程为 $y=x+1$ 或 $y=x-\frac{71}{41}$.

2. 已知椭圆 C：$\frac{x^2}{a^2}+\frac{y^2}{b^2}=1$（$a>b>0$），$e=\frac{1}{2}$，其中 F 是椭圆的右焦点，焦距为 2，直线 l 与椭圆 C 交于点 A，B，线段 AB 的中点横坐标为$\frac{1}{4}$，且$\overrightarrow{AF}=\lambda\overrightarrow{FB}$（其中 $\lambda>1$）.

（1）求椭圆 C 的标准方程；

（2）求实数 λ 的值.

解　（1）由椭圆的焦距为 2，知 $c=1$，又 $e=\frac{1}{2}$，$\therefore$ $a=2$，故 $b^2=a^2-c^2=3$，$\therefore$ 椭圆 C 的标准方程为$\frac{x^2}{4}+\frac{y^2}{3}=1$.

（2）由$\overrightarrow{AF}=\lambda\overrightarrow{FB}$，可知 A，B，F 三点共线，设 A，B 坐标分别为(x_1,y_1)，(x_2,y_2).

若直线 $AB\perp x$ 轴，则 $x_1=x_2=1$，不符合题意；

当 AB 所在直线 l 的斜率 k 存在时，设 l 的方程为 $y=k(x-1)$.

由$\begin{cases}y=k(x-1),\\ \frac{x^2}{4}+\frac{y^2}{3}=1,\end{cases}$　得$(3+4k^2)x^2-8k^2x+4k^2-12=0$. ①

① 的判别式 $\Delta=64k^4-4(4k^2+3)(4k^2-12)=144(k^2+1)>0$.

$\because$ $\begin{cases}x_1+x_2=\frac{8k^2}{4k^2+3},\\ x_1x_2=\frac{4k^2-12}{4k^2+3},\end{cases}$　$\therefore$ $x_1+x_2=\frac{8k^2}{4k^2+3}=2\times\frac{1}{4}=\frac{1}{2}$，$\therefore$ $k^2=\frac{1}{4}$.

将 $k^2=\frac{1}{4}$代入方程①，有 $4x^2-2x-11=0$，解得 $x=\frac{1\pm3\sqrt{5}}{4}$.

又$\overrightarrow{AF}=(1-x_1,-y_1)$，$\overrightarrow{FB}=(x_2-1,y_2)$，$\overrightarrow{AF}=\lambda\overrightarrow{FB}$，即 $1-x_1=\lambda(x_2-1)$，$\lambda=\frac{1-x_1}{x_2-1}$，$\because$ $\lambda>1$，$\therefore$ $\lambda=\frac{3+\sqrt{5}}{2}$.

3. 设 A，B 分别为双曲线$\frac{x^2}{a^2}-\frac{y^2}{b^2}=1(a>0,b>0)$的左、右顶点，双曲线的实轴长为 $4\sqrt{3}$，焦点到渐近线的距离为$\sqrt{3}$.

（1）求双曲线的方程；

（2）已知直线 $y=\frac{\sqrt{3}}{3}x-2$ 与双曲线的右支交于 M，N 两点，且在双曲线的右支上存在点 D，使 $\overrightarrow{OM}+\overrightarrow{ON}=t\overrightarrow{OD}$，求 t 的值及点 D 的坐标.

解　（1）由题意知 $a=2\sqrt{3}$，$\because$ 一条渐近线为 $y=\frac{b}{a}x$，$\therefore$ $bx-ay=0$. 由焦点到渐近线的距离为$\sqrt{3}$，得$\frac{|bc|}{\sqrt{b^2+a^2}}=\sqrt{3}$. 又$\because$ $c^2=a^2+b^2$，$\therefore$ $b^2=3$，$\therefore$ 双曲线的方程为$\frac{x^2}{12}-\frac{y^2}{3}=1$.

（2）设 M 点坐标为(x_1,y_1)，N 点坐标为(x_2,y_2)，点 D 坐标为(x_0,y_0)，

则 $x_1+x_2=tx_0$，$y_1+y_2=ty_0$. 将直线方程 $y=\frac{\sqrt{3}}{3}x-2$ 代入双曲线方程 $\frac{x^2}{12}-\frac{y^2}{3}=1$，得 $x^2-16\sqrt{3}x+84=0$，则 $x_1+x_2=16\sqrt{3}$，$y_1+y_2=\frac{\sqrt{3}}{3}(x_1+x_2)-4=12$.

$\therefore\ \begin{cases}\frac{x_0}{y_0}=\frac{4\sqrt{3}}{3},\\ \frac{x_0^2}{12}-\frac{y_0^2}{3}=1.\end{cases}$ 解得 $\begin{cases}x_0=4\sqrt{3},\\ y_0=3.\end{cases}$ $\therefore\ t=4$，点 D 的坐标为 $(4\sqrt{3},3)$.

4. 已知双曲线 $x^2-\frac{y^2}{2}=1$ 与点 $P(2,1)$，过 P 点作直线 l 与双曲线交于 A、B 两点，若 P 为 AB 中点，求直线 AB 的方程.

解　设直线 l 方程为 $y-1=k(x-2)$，A 点坐标为 (x_1,y_1)，B 点坐标为 (x_2,y_2)，

$\because$ A、B 在双曲线上，$\therefore$ $x_1^2-\frac{y_1^2}{2}=1$，且 $x_2^2-\frac{y_2^2}{2}=1$，则 $x_1^2-x_2^2=\frac{y_1^2}{2}-\frac{y_2^2}{2}$，即 $(x_1-x_2)(x_1+x_2)=\frac{1}{2}(y_1-y_2)(y_1+y_2)$，$P$ 为 AB 中点，则 $x_1+x_2=4$，$y_1+y_2=2$，即 $4(x_1-x_2)=y_1-y_2$，得 $k=\frac{y_1-y_2}{x_1-x_2}=4$，

$\therefore$ 直线 AB 的方程为 $4x-y-7=0$.

5. 已知抛物线 C：$x^2=2py$ （$p>0$），圆 O：$x^2+y^2=1$.

（1）若抛物线 C 的焦点 F 在圆 O 上，且 A 为抛物线 C 和圆 O 的一个交点，求 $|AF|$；

（2）若直线 l 与抛物线 C 和圆 O 分别相切于点 M，N，求 $|MN|$ 的最小值及相应 p 的值.

解　（1）由题意得 F 点坐标为 $(0,1)$，从而抛物线 C：$x^2=4y$. 解方程组 $\begin{cases}x^2=4y,\\ x^2+y^2=1\end{cases}$ 得 A 点纵坐标为 $\sqrt{5}-2$，$\therefore$ $|AF|=\sqrt{5}-1$.

（2）设 M 点坐标为 （x_0，y_0），则切线 l:$y=\frac{x_0}{p}(x-x_0)+y_0$，结合 $x_0^2=2py_0$，整理得 $x_0x-py-py_0=0$.

$\because$ N 为切点，$\therefore$ $|ON|=1$，得 $\frac{|-py_0|}{\sqrt{x_0^2+p^2}}=1$，即 $|py_0|=\sqrt{x_0^2+p^2}=\sqrt{2py_0+p^2}$，

$\therefore$ $p=\frac{2y_0}{y_0^2-1}$ 且 $y_0^2-1>0$. $\therefore$ $|MN|^2=|OM|^2-1=x_0^2+y_0^2-1=2py_0+y_0^2-1=\frac{4y_0^2}{y_0^2-1}+y_0^2-1=4+\frac{4}{y_0^2-1}+(y_0^2-1)\geqslant 8$，当且仅当 $y_0=\sqrt{3}$ 时等号成立. $\therefore$ $|MN|$ 的最小值为 $2\sqrt{2}$，此时 $p=\sqrt{3}$.

6. 设抛物线的顶点在坐标原点，焦点 F 在 y 轴正半轴上，过点 F 的直线交抛物线于 A，B 两点，线段 AB 的长是 8，AB 的中点到 x 轴的距离是 3.

（1）求抛物线的标准方程；

(2) 设直线 m 在 y 轴上的截距为6，且直线与抛物线交于 P，Q 两点．连接 QF 并延长交抛物线的准线于点 R，当直线 PR 恰与抛物线相切时，求直线 m 的方程.

解 (1) 设抛物线的方程是 $x^2=2py(p>0)$，A 点坐标为 (x_1,y_1)，B 点坐标为 (x_2,y_2)，由抛物线定义可知 $y_1+y_2+p=8$，又 AB 的中点到 x 轴的距离为3，$\therefore y_1+y_2=6$，$\therefore p=2$，$\therefore$ 抛物线的标准方程是 $x^2=4y$.

(2) 由题意知，直线 m 的斜率存在，设直线 m 方程为 $y=kx+6(k\neq 0)$，P 点坐标为 (x_3,y_3)，Q 点坐标为 (x_4,y_4)，由 $\begin{cases}y=kx+6,\\x^2=4y\end{cases}$ 消去 y 得 $x^2-4kx-24=0$，

$\therefore \begin{cases}x_3+x_4=4k,\\x_3\cdot x_4=-24.\end{cases}$ ①

易知抛物线在点 $P\left(x_3,\dfrac{x_3^2}{4}\right)$ 处的切线方程为 $y-\dfrac{x_3^2}{4}=\dfrac{x_3}{2}(x-x_3)$，令 $y=-1$，得 $x=\dfrac{x_3^2-4}{2x_3}$，$\therefore R\left(\dfrac{x_3^2-4}{2x_3},-1\right)$，又 Q，F，R 三点共线，$\therefore k_{QF}=k_{FR}$，又 F 点坐标为 $(0,1)$，

$\therefore \dfrac{\frac{x_4^2}{4}-1}{x_4}=\dfrac{-1-1}{\frac{x_3^2-4}{2x_3}}$，即 $(x_3^2-4)(x_4^2-4)+16x_3x_4=0$，整理得 $(x_3x_4)^2-4[(x_3+x_4)^2-2x_3x_4]+16+16x_3x_4=0$，将①式代入上式得 $k^2=\dfrac{1}{4}$，$\therefore k=\pm\dfrac{1}{2}$，$\therefore$ 直线 m 的方程为 $y=\pm\dfrac{1}{2}x+6$.

☞练习题

一、选择题

1. 已知椭圆 $\dfrac{x^2}{25}+\dfrac{y^2}{m^2}=1(m>0)$ 的左焦点为 $F_1(-4,0)$，则 $m=($　　$)$.

A. 9　　B. 4　　C. 3　　D. 2

2. 已知椭圆 $\dfrac{x^2}{4}+y^2=1$ 上一点 P 的横坐标为 $-\sqrt{3}$，则点 P 的坐标为(　　).

A. $\left(-\sqrt{3},\dfrac{1}{2}\right)$　　B. $\left(-\sqrt{3},-\dfrac{1}{2}\right)$ 或 $\left(-\sqrt{3},\dfrac{1}{2}\right)$

C. $\left(-\sqrt{3},-\dfrac{1}{2}\right)$　　D. $\left(\dfrac{1}{2},-\sqrt{3}\right)$ 或 $\left(-\dfrac{1}{2},-\sqrt{3}\right)$

3. 满足条件 $a=13$，$c=5$ 的椭圆的标准方程为(　　).

A. $\dfrac{x^2}{169}+\dfrac{y^2}{144}=1$　　B. $\dfrac{y^2}{169}+\dfrac{x^2}{144}=1$

C. $\dfrac{x^2}{169}+\dfrac{y^2}{144}=1$ 或 $\dfrac{y^2}{169}+\dfrac{x^2}{144}=1$　　D. 不确定

4. 如果方程 $\dfrac{x^2}{a^2}+\dfrac{y^2}{a+6}=1$ 表示焦点在 x 轴上的椭圆，则实数 a 的取值范围为(　　).

A. $a>3$　　B. $a<-2$

C. $a>3$ 或 $a<-2$　　　　D. $a>3$ 或 $-6<a<-2$

5. 一个椭圆的半焦距为2，离心率 $e=\frac{2}{3}$，那么它的短轴长是(　　).

A. 3　　B. $\sqrt{5}$　　C. $2\sqrt{5}$　　D. 6

6. 点 F_1, F_2 为椭圆 $\frac{x^2}{a^2}+\frac{y^2}{b^2}=1(a>b>0)$ 的左右焦点，若椭圆上存在点 A 使 $\triangle AF_1F_2$ 为正三角形，那么椭圆的离心率为(　　).

A. $\frac{\sqrt{2}}{2}$　　B. $\frac{1}{2}$　　C. $\frac{1}{4}$　　D. $\sqrt{3}-1$

7. 椭圆 $\frac{x^2}{4}+y^2=1$ 的两个焦点为 F_1，F_2，过 F_1 作垂直于 x 轴的直线与椭圆相交，一个交点为 P，则 $|PF_2|$ 长度为(　　).

A. $\frac{\sqrt{3}}{2}$　　B. $\sqrt{3}$　　C. $\frac{7}{2}$　　D. 4

8. 已知椭圆 C：$\frac{x^2}{a^2}+\frac{y^2}{b^2}=1$ 与椭圆 $\frac{x^2}{4}+\frac{y^2}{8}=1$ 有相同离心率，则椭圆 C 的方程可能是(　　).

A. $\frac{x^2}{8}+\frac{y^2}{4}=m^2(m\neq 0)$　　　　B. $\frac{x^2}{16}+\frac{y^2}{64}=1$

C. $\frac{x^2}{8}+\frac{y^2}{2}=1$　　　　D. 以上都不可能

9. 设定点 $F_1(0,-3)$，$F_2(0,3)$，动点 $P(x,y)$ 满足条件 $|PF_1|+|PF_2|=a(a>0)$，则动点 P 的轨迹是(　　).

A. 椭圆　　　　B. 线段

C. 椭圆、线段或不存在　　　　D. 不存在

10. 椭圆 $5x^2+ky^2=5$ 的一个焦点是 $(0,2)$，那么 k 的值为(　　).

A. -1　　B. 1　　C. $\sqrt{5}$　　D. $-\sqrt{5}$

11. "$ab<0$"是"方程 $ax^2+by^2=c$ 表示双曲线"的(　　).

A. 必要条件但不是充分条件　　　　B. 充分条件但不是必要条件

C. 充分必要条件　　　　D. 既不是充分条件又不是必要条件

12. 平面内到两定点 E、F 的距离之差的绝对值等于 $|EF|$ 的点的轨迹是(　　).

A. 双曲线　　　　B. 一条直线

C. 一条线段　　　　D. 两条射线

13. 以椭圆 $\frac{x^2}{3}+\frac{y^2}{4}=1$ 的焦点为顶点，以这个椭圆的长轴的端点为焦点的双曲线方程是(　　).

A. $\frac{x^2}{3}-y^2=1$　　　　B. $y^2-\frac{x^2}{3}=1$

C. $\frac{x^2}{3}-\frac{y^2}{4}=1$　　　　D. $\frac{y^2}{3}-\frac{x^2}{4}=1$

14. 已知双曲线的两个焦点为 $F_1(-\sqrt{5},0)$，$F_2(\sqrt{5},0)$，P 是此双曲线上的一点，且 $PF_1\perp PF_2$，$|PF_1|\cdot|PF_2|=2$，则该双曲线的方程是(　　).

A. $\frac{x^2}{2}-\frac{y^2}{3}=1$　　B. $\frac{x^2}{3}-\frac{y^2}{2}=1$

C. $\frac{x^2}{4}-y^2=1$　　D. $x^2-\frac{y^2}{4}=1$

15. 双曲线$\frac{x^2}{b^2}-\frac{y^2}{a^2}=1$的两条渐近线互相垂直，那么该双曲线的离心率是(　　).

A. 2　　B. $\sqrt{3}$　　C. $\sqrt{2}$　　D. $\frac{3}{2}$

16. 已知双曲线$\frac{x^2}{a^2}-\frac{y^2}{b^2}=1(a>0,b>0)$的焦点到渐近线的距离是其顶点到渐近线距离的 3 倍，则双曲线的渐近线方程为(　　).

A. $y=\pm\sqrt{2}x$　　B. $y=\pm2\sqrt{2}x$

C. $y=\pm\frac{\sqrt{2}}{4}x$　　D. $y=\pm3x$

17. 与双曲线$\frac{x^2}{9}-\frac{y^2}{16}=1$有共同的渐近线，且经过点 $(-3,\ 2\sqrt{3})$ 的双曲线的一个焦点到一条渐近线的距离是(　　).

A. 8　　B. 4　　C. 2　　D. 1

18. 以双曲线$\frac{x^2}{16}-\frac{y^2}{9}=1$的中心为顶点，左顶点为焦点的抛物线方程是(　　).

A. $y^2=-16x$　　B. $y^2=16x$　　C. $y^2=-8x$　　D. $y^2=8x$

19. 若抛物线 $y^2=ax$ 的准线与椭圆$\frac{x^2}{4}+\frac{y^2}{3}=1$的右准线重合，则 a 的值是(　　).

A. 8　　B. -8　　C. 16　　D. -16

20. 抛物线 $y^2=2px$ 过点 $A(2,4)$，F 是其焦点，又定点 $B(8,-8)$，那么 $|AF|:|BF|=$(　　).

A. 1∶4　　B. 1∶2　　C. 2∶5　　D. 3∶8

21. 抛物线 $y=\frac{1}{m}x^2(m<0)$的焦点坐标是(　　).

A. $\left(0,\ \frac{m}{4}\right)$　　B. $\left(0,\ -\frac{m}{4}\right)$

C. $\left(0,\ \frac{1}{4m}\right)$　　D. $\left(0,\ -\frac{1}{4m}\right)$

22. 已知抛物线 $y^2=2px(p>0)$的准线与圆 $(x-3)^2+y^2=16$ 相切，则 p 的值为(　　).

A. $\frac{1}{2}$　　B. 1　　C. 2　　D. 4

23. 设过抛物线的焦点 F 的弦为 AB，则以 AB 为直径的圆与抛物线的准线的位置关系是(　　).

A. 相交　　B. 相切　　C. 相离　　D. 以上答案都有可能

24. 抛物线 $y^2=ax(a\neq 0)$ 的焦点到其准线的距离是(　　).

A. $\frac{|a|}{4}$　　B. $\frac{|a|}{2}$　　C. $|a|$　　D. $-\frac{|a|}{2}$

25. 与直线 $4x-y+3=0$ 平行的抛物线 $y=2x^2$ 的切线方程是(　　).

A. $4x-y+1=0$　　B. $4x-y-1=0$

C. $4x-y-2=0$　　D. $4x-y+2=0$

26. 设抛物线 $y^2=8x$ 的焦点为 F，准线为 l，P 为抛物线上一点，$PA\perp l$，A 为垂足．如果直线 AF 的斜率为 $-\sqrt{3}$，那么 $|PF|=$(　　).

A. $4\sqrt{3}$　　B. 8　　C. $8\sqrt{3}$　　D. 16

27. 已知抛物线 $y^2=2px(p>0)$，过其焦点且斜率为 1 的直线交抛物线于 A、B 两点，若线段 AB 的中点的纵坐标为 2，则该抛物线的准线方程为(　　).

A. $x=1$　　B. $x=-1$　　C. $x=2$　　D. $x=-2$

二、填空题

1. 已知椭圆 $C:\frac{x^2}{9}+\frac{y^2}{4}=1$，点 M 与 C 的焦点不重合，若 M 关于 C 的焦点的对称点分别为 A、B，线段 MN 的中点在 C 上，则 $|AN|+|BN|=$________.

2. 已知椭圆$\frac{x^2}{16}+\frac{y^2}{9}=1$ 的左、右焦点分别为 F_1、F_2，P 是椭圆上的一点，Q 是 PF_1 的中点，若 $OQ=1$，则 $PF_1=$________.

3. 设 F_1、F_2 是椭圆$\frac{x^2}{9}+\frac{y^2}{4}=1$ 的两个焦点，P 是椭圆上的点，且 $PF_1:PF_2=2:1$，则$\triangle PF_1F_2$ 的面积等于________.

4. 若过椭圆$\frac{x^2}{16}+\frac{y^2}{4}=1$ 内一点 $(2,1)$ 的弦被该点平分，则该弦所在直线的方程是________.

5. 过双曲线$\frac{x^2}{3}-\frac{y^2}{4}=1$ 的焦点且与 x 轴垂直的弦的长度为________.

6. 一动圆过定点 $A(-4,0)$，且与定圆 $B:(x-4)^2+y^2=16$ 相外切，则动圆圆心的轨迹方程为________.

7. 已知双曲线 $C:\frac{x^2}{a^2}-\frac{y^2}{b^2}=1(a>0,b>0)$ 的实轴长为 2，离心率为 2，则双曲线 C 的焦点坐标为________.

8. 中心在坐标原点，焦点在 x 轴上的双曲线的一条渐近线方程为 $4x+3y=0$，则该双曲线的离心率为________.

9. 已知双曲线$\frac{x^2}{12}-\frac{y^2}{4}=1$ 的右焦点为 F，若过点 F 的直线与双曲线的右支有且只有一个交点，则此直线斜率的取值范围为________.

10. 过点 $P(3,0)$ 的直线 l 与双曲线 $4x^2-9y^2=36$ 只有一个公共点，则这样的直线 l 共有________条.

11. 抛物线 $y^2=x$ 上一点 P 到焦点的距离是 2，则 P 点坐标为________.

12. 以双曲线$\frac{x^2}{16}-\frac{y^2}{9}=1$ 的中心为顶点，左焦点为焦点的抛物线方程是________.

13. 如果直线 l 过定点 $M(1,2)$，且与抛物线 $y=2x^2$ 有且仅有一个公共点，那么 l 的方程为________.

14. 抛物线 $y=\frac{1}{2}x^2$ 上距离点 $A(0,a)(a>0)$ 最近的点恰好是其顶点，则 a 的取值范围为________.

15. 已知 F 为抛物线 $y^2=2ax(a>0)$ 的焦点，点 P 是抛物线上任一点，O 为坐标原点，以下四个命题：

(1) $\triangle FOP$ 为正三角形；

(2) $\triangle FOP$ 为等腰直角三角形；

(3) $\triangle FOP$ 为直角三角形；

(4) $\triangle FOP$ 为等腰三角形.

其中一定不正确的命题序号是________.

三、解答题

1. 如图 11－2 所示，已知圆 $C:(x-3)^2+y^2=100$ 及点 $A(-3,0)$，P 是圆 C 上任意一点，线段 PA 的垂直平分线 l 与 PC 相交于点 Q，求点 Q 的轨迹方程.

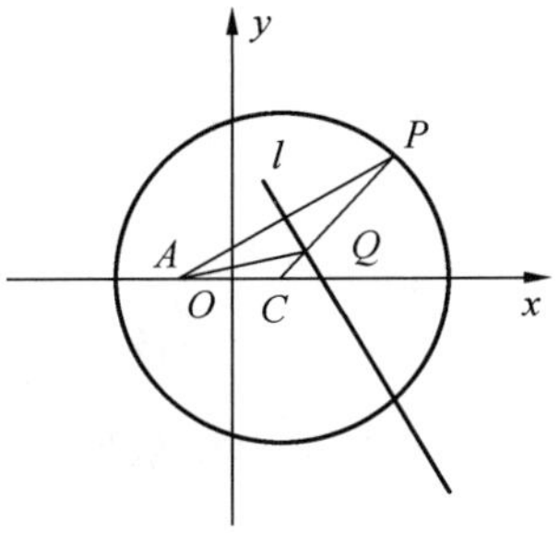

图 11－2

2. 已知 P 点在以坐标轴为对称轴的椭圆上，点 P 到两焦点的距离分别为$\frac{4\sqrt{5}}{3}$和$\frac{2\sqrt{5}}{3}$，过 P 点作焦点所在轴的垂线，它恰好过椭圆的一个焦点，求椭圆方程.

3. 椭圆$\frac{y^2}{a^2}+\frac{x^2}{b^2}=1(a>b>0)$的两焦点为 $F_1(0,-c)$，$F_2(0,c)(c>0)$，离心率 $e=\frac{\sqrt{3}}{2}$，焦点到椭圆上点的最短距离为 $2-\sqrt{3}$，求椭圆的方程.

4. 已知椭圆长轴长为 12，短轴长为 6，焦点在 x 轴上，过椭圆的左焦点 F_1 作倾斜角为$\frac{\pi}{3}$的直线交椭圆于 A，B 两点，求弦 AB 的长.

5. 已知椭圆 $x^2+(m+3)y^2=m(m>0)$ 的离心率 $e=\frac{\sqrt{3}}{2}$，求 m 的值及椭圆的长轴和短轴的长、焦点坐标、顶点坐标.

6. 已知 F_1，F_2 是椭圆 $\frac{x^2}{100}+\frac{y^2}{64}=1$ 的两个焦点，P 是椭圆上任一点，若 $\angle F_1PF_2=\frac{\pi}{3}$，求 $\triangle F_1PF_2$ 的面积.

7. 已知双曲线中心在原点，一个焦点为 $F_1(-\sqrt{5},0)$，点 P 在该双曲线上，线段 PF_1 的中点坐标为 $(0,2)$，求双曲线的方程.

8. 若椭圆 $\frac{x^2}{m}+\frac{y^2}{n}=1(m>n>0)$ 和双曲线 $\frac{x^2}{a}-\frac{y^2}{b}=1$（$a>0$，$b>0$）有相同的焦点，$P$ 是两曲线的一个交点，求 $|PF_1|\cdot|PF_2|$ 的值.

9. 如图 11－3 所示，已知双曲线的离心率为 2，F_1，F_2 为左、右焦点，P 为双曲线上的点，$\angle F_1PF_2=60°$，$S_{\triangle PF_1F_2}=12\sqrt{3}$，求双曲线的标准方程.

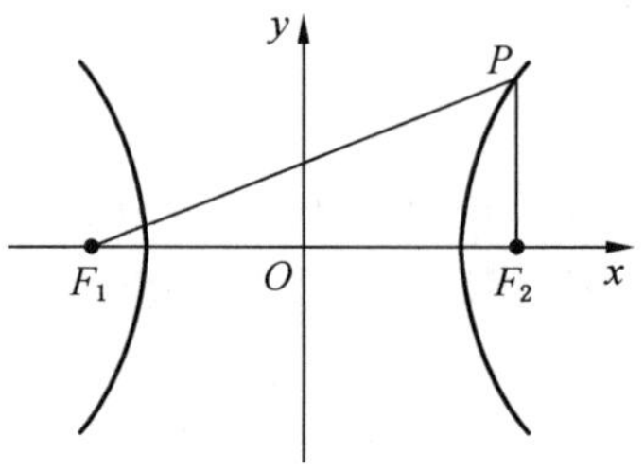

图 11－3

10. 设 F_1，F_2 分别为双曲线 $\frac{x^2}{a^2}-\frac{y^2}{b^2}=1(a>0,b>0)$ 的左、右焦点．若在双曲线右支上存在点 P，满足 $PF_2=F_1F_2$，且 F_2 到直线 PF_1 的距离等于双曲线的实轴长，求该双曲线的渐近线方程.

11. 已知双曲线 $\frac{x^2}{a^2}-\frac{y^2}{b^2}=1(a>0,b>0)$ 过点 $A(\sqrt{14},\sqrt{5})$，且点 A 到双曲线的两条渐近线的距离的积为 $\frac{4}{3}$. 求此双曲线方程.

12. 已知双曲线 $\frac{x^2}{4}-y^2=1$ 的两个焦点分别为 F_1，F_2，点 P 在双曲线上且满足 $\angle F_1PF_2=90°$，求 $\triangle F_1PF_2$ 的面积.

13. 如图 11－4 所示，已知 F_1，F_2 是双曲线 $\frac{x^2}{a^2}-\frac{y^2}{b^2}=1$（$a>0$，$b>0$）的两焦点，以线段 F_1F_2 为边作正三角形 MF_1F_2，若边 MF_1 的中点在双曲线上，求双曲线的离心率.

14. 设双曲线 C：$\frac{x^2}{a^2}-y^2=1(a>0)$ 与直线 l：$x+y=1$ 相交于两个不同的点 A、B；求双曲线 C 的离心率 e 的取值范围.

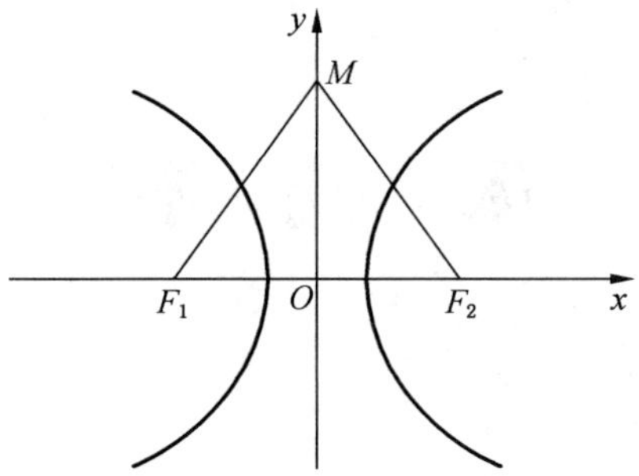

图 11－4

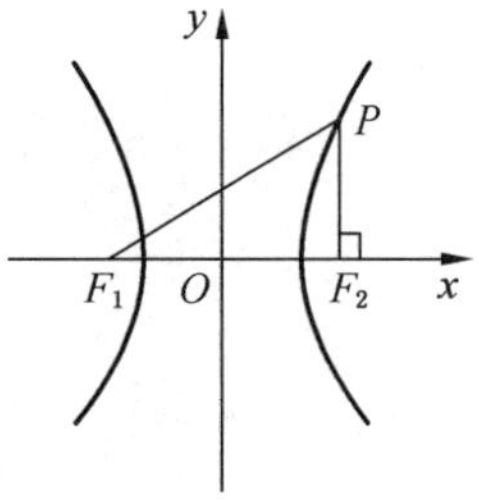

图 11－5

15. 如图 11－5 所示，已知 F_1，F_2 为双曲线$\frac{x^2}{a^2}-\frac{y^2}{b^2}=1(a>0,b>0)$的两个焦点，过 F_2 作垂直于 x 轴的直线交双曲线于点 P，且$\angle PF_1F_2=30°$，求双曲线的渐近线方程.

16. 分别求适合下列条件的抛物线方程.

（1）顶点在原点，以坐标轴为对称轴，且过点 $A(2,3)$；

（2）顶点在原点，以坐标轴为对称轴，焦点到准线的距离为$\frac{5}{2}$.

17. 若抛物线 $y^2=2px(p>0)$上一点 M 到准线及对称轴的距离分别为 10 和 6，求 M 点的横坐标及抛物线方程.

18. 已知抛物线 $y^2=8x$，以坐标原点为顶点，作抛物线的内接等腰$\triangle OAB$，$|OA|=|OB|$，若焦点 F 是$\triangle OAB$ 的重心，求$\triangle OAB$ 的周长.

19. 如图 11－6 所示，过抛物线 $y^2=2px(p>0)$的焦点 F 的直线 l 依次交抛物线及其准线于点 A、B、C，若$|BC|=2|BF|$，且$|AF|=3$，求抛物线的方程.

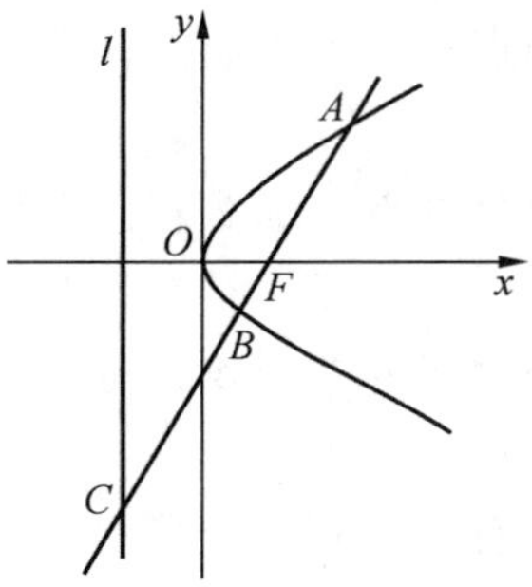

图 11－6

20. 已知抛物线 $y^2=-x$ 与直线 $y=k(x+1)$相交于 A、B 两点.

（1）求证：$OA\perp OB$；

（2）当$\triangle OAB$ 的面积等于$\sqrt{10}$时，求 k 的值.

第十二章　立　体　几　何

第一节　平　面

一、平面的概念

几何里所说的平面是从桌面、黑板面这样的一些物体抽象出来的，它是无限延伸的．在立体几何中，通常画平行四边形来表示平面，并用小写希腊字母 α，β，γ 等表示，如平面 α，平面 β、平面 γ. 也可以用表示平行四边形的两个相对顶点的字母表示，如平面 AC（图 12－1）.

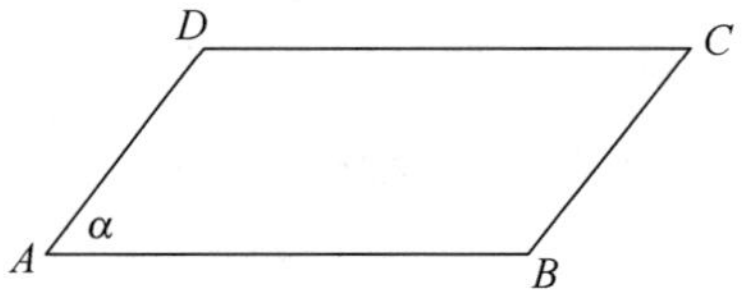

图 12－1

二、平面的基本性质

公理 1：如果一条直线上的两点在一个平面内，那么这条直线上所有的点都在这个平面内.

公理 2：如果两个平面有一个公共点，那么它们有且只有一条通过这个点的直线.

公理 3：经过不在同一条直线上的三点，有且只有一个平面.

推论 1：经过一条直线和这条直线外的一点，有且只有一个平面.

推论 2：经过两条相交直线，有且只有一个平面.

推论 3：经过两条平行直线，有且只有一个平面.

三、空间图形在平面内的表示方法

（1）表示空间图形的平面图形称为空间图形的直观图．用斜二测画法可以画出直观图，这种画法的规则是：

① 在已知图形中取水平平面，取互相垂直的轴 Ox，Oy；画直观图时，把它们画成对应 $O'x'$，$O'y'$，使 $\angle x'O'y' = 45°$（或 $135°$），它们确定的平面表示水平面；

② 已知图形中平行于 x 轴或 y 轴的线段，在直观图中分别画成平行于 x'轴或 y'轴的

线段；

③ 在已知图形中平行于 x 轴的线段，在直观图中保持原长度不变，平行于 y 轴的线段，长度为原来的一半.

（2）圆的直观图，一般不用斜二测画法，而用正等测画法，它的规则是：

① 在已知图形⊙O 中取互相垂直的轴 Ox，Oy. 画直观图时，把它们画成对应的轴 $O'x'$，$O'y'$，使 $\angle x'O'y'=120°$（或 $60°$），它们所确定的平面表示水平面；

② 已知图形中平行于 x 轴或 y 轴的线段，在直观图中分别画成平行于 x'轴或 y'轴的线段；

③ 平行于 x 轴或 y 轴的线段，长度都不变.

第二节 空间两条直线

一、位置关系

相交直线：在同一平面内，有且只有一个公共点.

平行直线：在同一个平面内，没有公共点.

异面直线：不同在任何一个平面内，没有公共点．两条异面直线既不平行也不相交.

连接平面内一点与平面外一点的直线，和这个平面内不经过该点的直线是异面直线.

空间异面直线的画法常用的有下列三种，如图 12－2 所示.

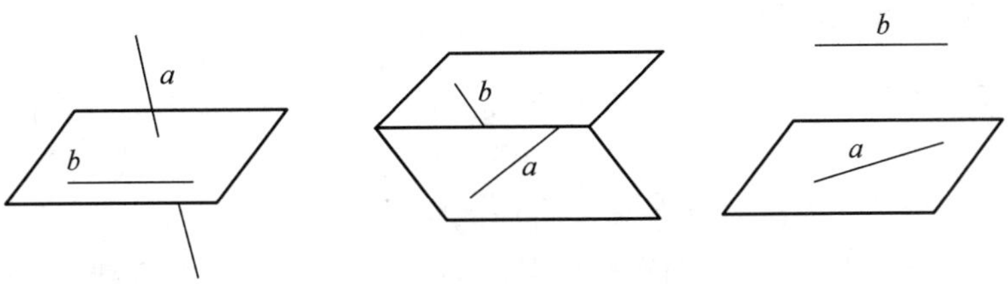

图 12－2

二、平行直线

公理 4：平行于同一条直线的两条直线互相平行.

等角定理：如果一个角的两边和另一个角的两边分别平行并且方向相同，那么这两个角相同.

推论：如果两条相交直线和另两条相交直线分别平行，那么这两组直线所成的锐角（或直角）相等.

三、两条异面直线所成的角

如果直线 a，b 是异面直线，经过空间任意一点 O，分别引直线 $a'/\!/a$，$b'/\!/b$，那么直线 a'和 b'所成的锐角（或直角）称为异面直线 a 和 b 所成的角．为了简便，点 O 常取在两条异面直线中的一条上．如果两条异面直线所成的角是直角，那么这两条异面直线互相垂直．设 θ 示两条异面直线所成的角，则 $0° < \theta \leq 90°$.

四、两条异面直线的公垂线

和两条异面直线都垂直相交的直线称为两条异面直线的公垂线．如图 12－3 所示，直线 AA' 分别垂直于两条异面直线 a，b，直线 AA' 就是两条异面直线 a，b 的公垂线.

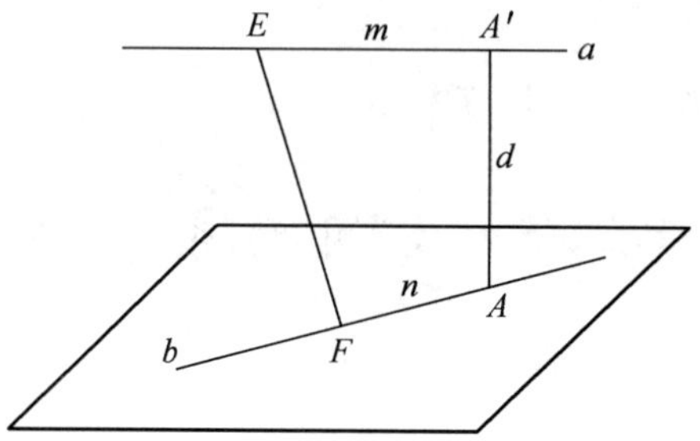

图 12－3

因为两条异面直线互相垂直时，它们不一定相交，所以公垂线的定义要注意“相交”的含义．两条异面直线的公垂线有且只有一条.

五、两条异面直线的距离

两条异面直线的公垂线在这两条异面直线间的线段（公垂线段）的长度称为两条异面直线的距离．如图 12－3 所示，直线 AA' 是两条异面直线 a，b 的公垂线，公垂线在这两条异面直线间的线段长度 d 就是两条异面直线的距离.

关于两条异面直线上任意两点间的距离，如图 12－3 所示，直线 a，b 是异面直线，这两条异面直线所成的角为 θ，它们的距离为 d，E，F 分别为直线 a，b 上的任意两点，$A'E$ 的长度为 m，AF 的长度为 n，则两条异面直线上任意两点间的距离公式为：

$$EF = \sqrt{d^2 + m^2 + n^2 \pm 2mn\cos\theta}.$$

第三节　空间直线和平面

一、位置关系

1. 直线在平面内

此时直线上所有的点都在平面内，直线和平面有无数个公共点，如图 12－4a 所示.

2. 直线在平面外

（1）直线和平面相交——有且只有一个公共点，如图 12－4b 所示；

（2）直线和平面平行——没有公共点，如图 12－4c 所示.

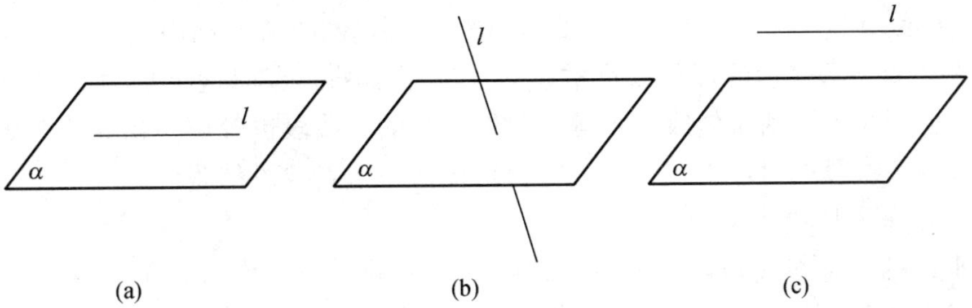

图 12－4

二、直线和平面平行的判定与性质

1. 判定定理

如果平面外一条直线和这个平面内的一条直线平行，那么这条直线和这个平面平行（简称为“线线平行，线面平行”）.

2. 性质定理

如果一条直线和一个平面平行，经过这条直线的平面和这个平面相交，那么这条直线就和交线平行（简称为“线面平行，线线平行”）.

三、直线和平面垂直的判定与性质

1. 定义

如果一条直线和一个平面内的任何一条直线都垂直，则这条直线与这个平面互相垂直.

2. 判定定理

如果一条直线和一个平面内的两条相交直线都垂直，那么这条直线垂直于这个平面.

3. 性质定理

如果两条直线同垂直于一个平面，那么这两条直线平行.

4. 直线和平面的距离

从平面外一点引一个平面的垂线，这个点和垂足间的距离称为这个点到这个平面的距离．一条直线和一个平面平行，这条直线上任意一点到平面的距离称为这条直线和平面的距离.

四、斜线在平面上的射影，直线和平面所成的角

1. 斜线在平面上的射影

（1）点到平面的垂线段：自一点向平面引垂线，这个点与垂足间的线段称为这点到这个平面的垂线段．线段 AO 就是点 A 到平面的垂线段（图 12－5）.

（2）平面的斜线：一条直线和一个平面相交，但不和这个平面垂直，这条直线称为这个平面的斜线，交点称为斜足直线 AB 就是平面的一条斜线（图 12－5）.

（3）斜线在平面内的射影：从斜线上斜足以外的一点向平面引垂线，过垂足和斜足的直线称为斜线在这个平面内的射影，直线 OB 就是斜线 AB 在平面内的射影（图 12－5）.

（4）关于垂线段和斜线段的长度的定理：从平面外一点向这个平面所引的垂线段和斜线段中，射影相等的两条斜线段相等，射影较长的斜线段也较长；相等的斜线段的射影相等，较长的斜线段的射影也较长；垂线段比任何一条斜线段都短.

2. 直线与平面所成的角

（1）平面的一条斜线和它在平面上的射影所成的锐角，称为这条直线和这个平面所成的角. 直线垂直于平面，成 $90°$ 角；直线平行于平面或在平面内，成 $0°$ 角. 若 θ 表示直线与平面所成的角，则 $0°\leqslant\theta\leqslant 90°$.

（2）斜线和平面所成的角，是这条斜线和平面内经过斜足的直线所成的一切角中最小的角.

五、三垂线定理

1. 三垂线定理

在平面内的一条直线，如果和这个平面的一条斜线的射影垂直，那么它也和这条斜线垂直. 如图 12－6 所示，直线 BC 是平面 α 上的一条直线，BO 为斜线 AB 在平面 α 上的射影，且直线 $BC\perp BO$，则直线 $BC\perp AB$.

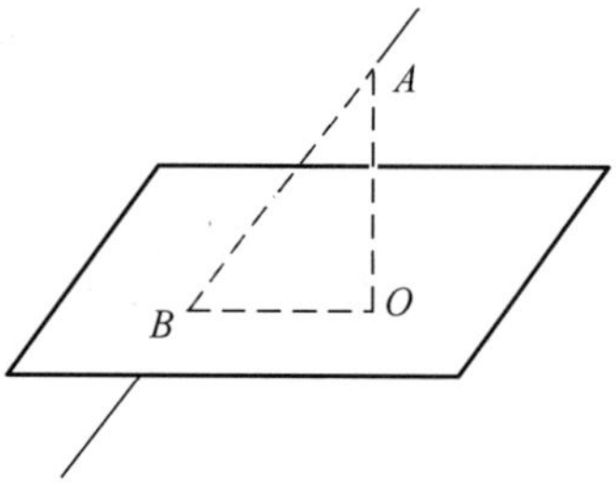

图 12－5

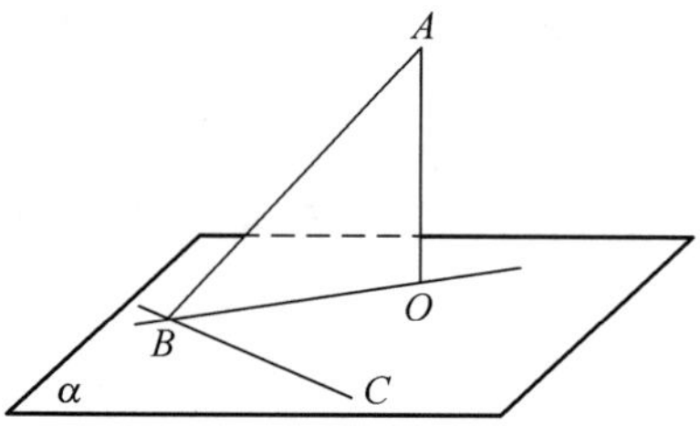

图 12－6

2. 三垂线定理的逆定理

在平面内的一条直线，如果和这个平面的一条斜线垂直，那么它也和这条斜线的射影垂直. 如图 12－6 所示，直线 BO 为斜线 AB 在平面 α 上的射影，BC 是平面 α 上的一条直线，且直线 $BC\perp AB$，则直线 $BC\perp BO$.

第四节　空间两个平面

一、位置关系

1. 两平面平行

两个平面没有公共点.

2. 两平面相交

两个平面有一条公共直线.

二、两个平面平行的判定和性质

1. 判定定理

如果一个平面内有两条相交直线都平行于另一个平面，那么这两个平面平行.

2. 性质

(1) 两个平面平行，其中一个平面内的直线必平行于另一个平面.

(2) 性质定理：如果两个平行平面同时和第三个平面相交，那么它们的交线平行.

3. 两个平行平面间的距离

两个平行平面的公垂线段都相等，公垂线段的长度称为两个平行平面间的距离.

三、二面角

1. 二面角的概念

从一条直线出发的两个半平面所组成的图形称为二面角，这条直线称为二面角的棱.

2. 二面角的平面角

以二面角的棱上任意一点为端点，在两个半平面内分别做垂直于棱的两条射线，这两条射线所成的角称为二面角的平面角，如图 12 - 7 所示. 平面角是直角的二面角称为直二面角. 两个平面平行，成 0°角；二面角的两个半平面在同一平面内，成 180°角，设二面角的平面角为 θ，则 $0°\leqslant\theta\leqslant 180°$.

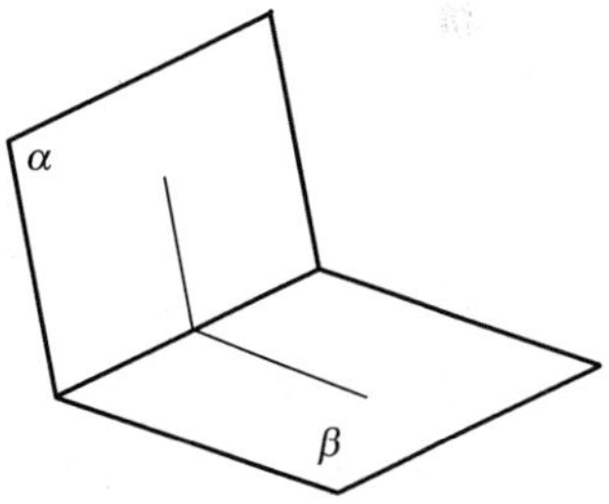

图 12 - 7

四、两个平面垂直的判定和性质

1. 两个平面垂直的概念

两个平面相交所成的二面角是直二面角，就说这两个平面互相垂直.

2. 判定定理

如果一个平面经过另一个平面的一条垂线，那么这两个平面互相垂直.

3. 性质定理

如果两个平面垂直，那么在一个平面内垂直于它们交线的直线垂直于另一个平面.

第五节 简 单 几 何 体

一、棱柱

1. 棱柱的概念

有两个平面互相平行，其余各面都是四边形，并且每相邻两个四边形的公共边都互相平行，由这些面所围成的几何体称为棱柱，用“棱柱 $ABCD-A_1B_1C_1D_1$”表示，如图 12 - 8

所示．两个互相平行的面称为棱柱的底面，其余各面称为棱柱的侧面．两个侧面的公共边称为棱柱的侧棱，侧面与底面的公共顶点称为棱柱的顶点，不在同一个面上的两个顶点的连线称为棱柱的对角线，两个底面的距离称为棱柱的高．棱柱根据其侧棱是否垂直于底面分为直棱柱和斜棱柱．底面是正多边形的直棱柱称为正棱柱．底面是三角形、四边形、五边形……的棱柱，分别称为三棱柱、四棱柱、五棱柱…….

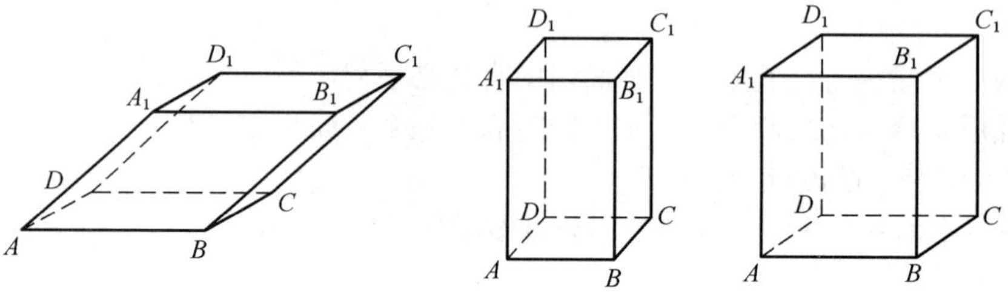

图 12－8

2. 棱柱的性质

（1）侧棱都相等，侧面是平行四边形；

（2）两个底面和平行于底面的截面都是全等的多边形；

（3）过不相邻的两条侧棱的截面是平行四边形.

3. 平行六面体、长方体、正方体

底面是平行四边形的四棱柱称为平行六面体，侧棱与底面垂直的平行六面体称为直平行六面体，底面是矩形的直平行六面体称为长方体，棱长都相等的长方体称为正方体.

长方体的对角线的性质：长方体一条对角线长的平方等于一个顶点上三条棱长的平方和.

4. 直棱柱的侧面积、全面积和体积

（1）直棱柱的侧面积 $S=ch$，其中 c 为直棱柱的底面周长，h 为高；

（2）直棱柱的全面积（即表面积）等于侧面积与两个底面积之和；

（3）直棱柱的体积 $V=sh$，其中 s 表示直棱柱的底面面积，h 表示高；

（4）长方体体积 $V=abc$，正方体体积 $V=a^3$.

二、棱锥

1. 棱锥的概念

有一个面是多边形，其余各面是有一个公共顶点的三角形，由这些面所围成的几何体称为棱锥，用“棱锥 $P-ABC$”或“棱锥 $P-ABCD$”表示，如图 12－9 所示．这个多边形称为棱锥的底面，其余各面称为棱锥的侧面．相邻侧面的公共边称为棱锥的侧棱，各侧面的公共顶点称为棱锥的顶点，顶点到底面的距离称为棱锥的高.

底面是三角形、四边形、五边形……的棱锥，分别称为三棱锥、四棱锥、五棱锥……如果一个棱锥的底面是正多边形，并且顶点在底面的射影是底面中心，这样的棱锥称为正棱锥.

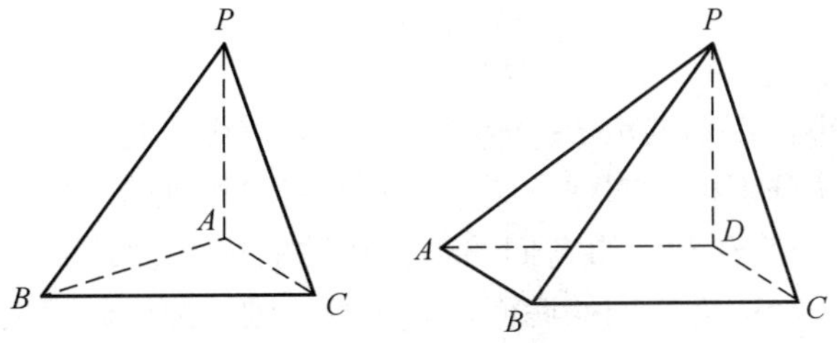

图 12－9

三棱锥又称四面体，底面和侧面都是正三角形的三棱锥称为正四面体.

2. 棱锥的性质

正棱锥的性质：各侧棱相等，各侧面都是全等的等腰三角形，各等腰三角形底边上的高（正棱锥的斜高）相等；正棱锥的高、斜高和斜高在底面内的射影组成一个直角三角形；正棱锥的高、侧棱和侧棱在底面内的射影也组成一个直角三角形.

定理：如果棱锥被平行于底面的平面所截，那么截面和底面相似，并且它们的面积比等于截得的棱锥的高与已知棱锥高的平方比.

中截面：经过棱锥高的中点且平行于底面的截面称为棱锥的中截面.

注：正四面体是各棱相等，而正三棱锥是底而为正三角形，侧棱与底棱不一定相等.

3. 棱锥的侧面积、全面积和体积

(1) 正棱锥的侧面积：$S=\frac{1}{2}ch'$，其中 c 为正棱锥的底面周长，h'为斜高.

(2) 棱锥的侧面积与底面积的射影公式：$S_{侧}=\frac{S_{底}}{\cos\alpha}$（侧面积与底面成的二面角为 α，如图 12－10 所示）.

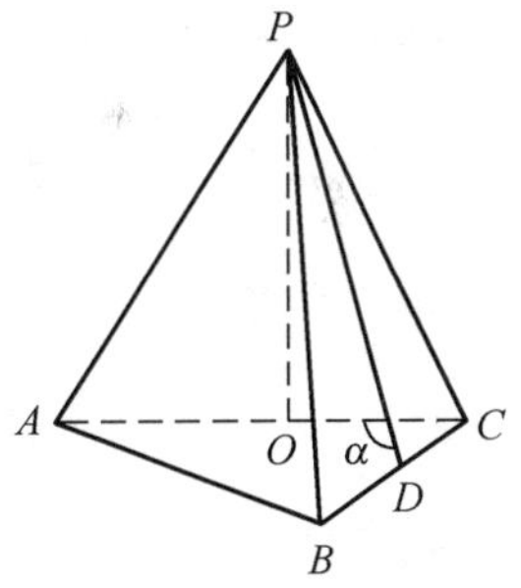

图 12－10

(3) 棱锥的全面积：棱锥的侧面积与底面积之和.

(4) 棱锥的体积：$V=\frac{1}{3}Sh$，S 表示棱锥的底面积，h 表示高.

4. 特殊三棱锥的顶点在底面的射影位置

(1) 三棱锥侧棱长均相等，则顶点在底面上的射影为底面三角形的外心；

(2) 三棱锥侧棱与底面所成的角均相等，则顶点在底面上的射影为底面三角形的外心；

(3) 三棱锥的各侧面与底面所成角均相等，则顶点在底面上射影为底面三角形的内心；

(4) 三棱锥的顶点到底面各边距离相等，则顶点在底面上射影为底面三角形的内心；

(5) 三棱锥的三条侧棱两两垂直，则顶点在底面上的射影为底面三角形的垂心.

三、圆柱与圆锥

1. 圆柱与圆锥的概念

分别以矩形的一边、直角三角形一直角边所在的直线为旋转轴，其余各边旋转而形成的曲面所围成的几何体分别称为圆柱、圆锥，分别用“圆柱 OO_1”和“圆锥 $P-ABC$”表示，如图 12－11 所示．旋转轴称为它们的轴，在轴上这条边的长度称为它们的高，垂直于轴的边旋转而成的圆面称为它们的底面，不垂直于轴的边旋转而成的曲面称为它们的侧面，无论旋转到什么位置，这条边都称为侧面的母线.

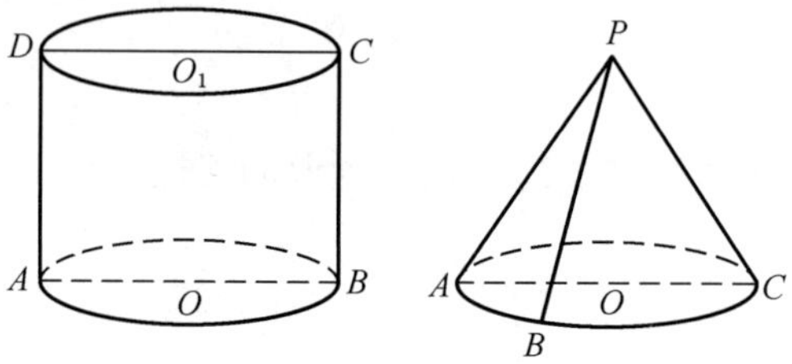

图 12－11

2. 圆柱与圆锥的性质

（1）平行于底面的截面都是圆；

（2）过轴的截面（轴截面）分别是全等的矩形、等腰三角形.

3. 圆柱与圆锥的侧面积和体积

（1）圆柱的侧面积：$S=cl=2\pi rl$；

（2）圆柱的体积：$V=\pi r^2h$；

（3）圆锥的侧面积：$s=\frac{1}{2}cl=\pi rl$；

（4）圆锥的体积：$V=\frac{1}{3}\pi r^2h$；

r，l，h 分别为圆柱、圆锥的底面半径、侧面母线长和高.

四、球

1. 球的概念

半圆以它的直径为旋转轴，旋转所成的曲面称为球面，球面所围成的几何体称为球体，简称球，如图 12－12 所示.

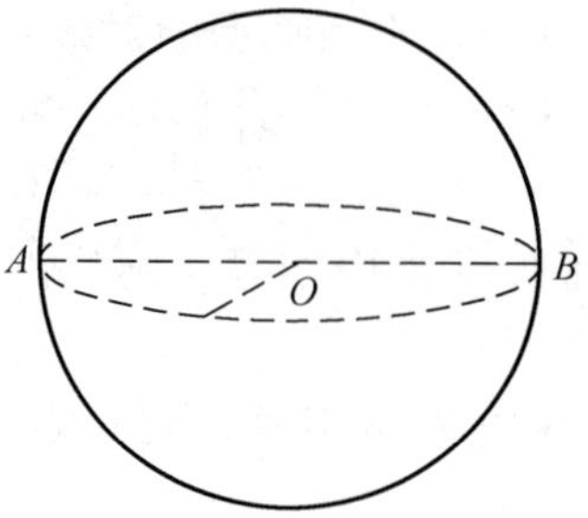

图 12－12

2. 球的性质

球心与截面圆心的连线垂直于截面；球心到截面的距离 d 球的半径 R 及截面的半径 r 满足：$r=\sqrt{R^2-d^2}$.

3. 球面上两点间的距离

经过球面上两点的大圆在这两点间的一段劣弧的长度称为这两点的球面距离．球面被经过球心的平面截得的圆称为大圆，被不经过球心的平面截得的圆称为小圆.

4. 球的表面积与体积

球的表面积：$S=4\pi R^2$.

球的体积：$V=\frac{4}{3}\pi R^3$.

五、三视图

1. 正视图

光线从几何体的前面向后面正投影，得到的投影图称为几何体的正视图（或主视图）.

2. 侧视图

光线从几何体的左面向右面正投影，得到的投影图称为几何体的侧视图（或左视图）.

3. 俯视图

光线从几何体的上面向下面正投影，得到的投影图称为几何体的俯视图.

几何体的正视图、侧视图和俯视图统称为几何体的三视图．几何体的正视图、侧视图、俯视图分别是从几何体的正前方、正左方、正上方观察几何体面出的轮廓线.

注意：(1) 画三视图时，能看见的线和棱用实线表示，不能看见的线和棱用虚线表示.

(2) 同一几何体，若放置的位置不同，则所得的三视图可能不同.

☞例题解析

一、选择题

1. 下列说法正确的是(　　).

A. 相等的角在直观图中仍然相等

B. 相等的线段在直观图中仍然相等

C. 正方形的直观图是正方形

D. 若两条线段平行，则在直观图中对应的两条线段仍然平行

【答案】D

【解析】由直观图的画法规则可知，角度、长度都有可能改变，而线段的平行关系不变.

2. 某空间几何体的主视图是三角形，则该几何体不可能是(　　).

A. 圆柱　　B. 圆锥　　C. 四面体　　D. 三棱柱

【答案】A

【解析】由三视图知识知，圆锥、四面体、三棱柱（放倒看）都能使其主视图为三角形，而圆柱的主视图不可能为三角形.

3. 图 12－13 所示是正方体截去阴影部分所得的几何体，则该几何体的左视图是(　　).

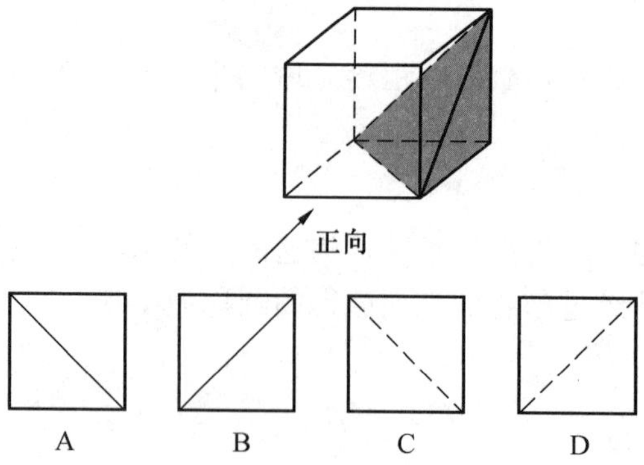

图 12－13

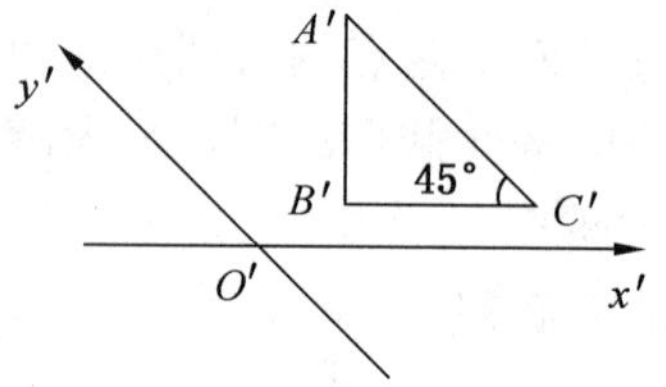

图 12－14

【答案】C

【解析】此几何体左视图是从左边向右边看.

4. 图 12－14 所示直观图所表示的平面图形是(　　).

A. 正三角形　　B. 锐角三角形　　C. 钝角三角形　　D. 直角三角形

【答案】D

【解析】由直观图中，$A'C' \parallel y'$ 轴，$B'C' \parallel x'$ 轴，还原后 $AC \parallel y$ 轴，$BC \parallel x$ 轴. $\therefore$ $\triangle ABC$ 是直角三角形.

5. 以下命题：

① 以直角三角形的一边所在直线为轴旋转一周所得的旋转体是圆锥；

② 以直角梯形的一腰所在直线为轴旋转一周所得的旋转体是圆台；

③ 圆柱、圆锥、圆台的底面都是圆面；

④ 一个平面截圆锥，得到一个圆锥和一个圆台.

其中正确命题的个数为(　　).

A. 0　　B. 1　　C. 2　　D. 3

【答案】B

【解析】由圆锥、圆台、圆柱的定义可知①②错误，③正确．对于命题④，只有用平行于圆锥底面的平面去截圆锥，才能得到一个圆锥和一个圆台，④不正确.

6. 如图 12－15 所示，网格纸的各小格都是正方形，粗实线画出的是一个几何体的三视图，则这个几何体是(　　).

A. 三棱锥　　B. 三棱柱　　C. 四棱锥　　D. 四棱柱

【答案】B

【解析】由题意知，该几何体的三视图为一个三角形、两个四边形，经分析可知该几何体为三棱柱.

7. 如图 12－16 所示，一个水平放置的平面图形的直观图（斜二测画法）是一个底角为 45°、腰和上底长均为 2 的等腰梯形，则这个平面图形的面积是(　　).

A. $2+\sqrt{2}$　　B. $1+\sqrt{2}$　　C. $4+2\sqrt{2}$　　D. $8+4\sqrt{2}$

【答案】D

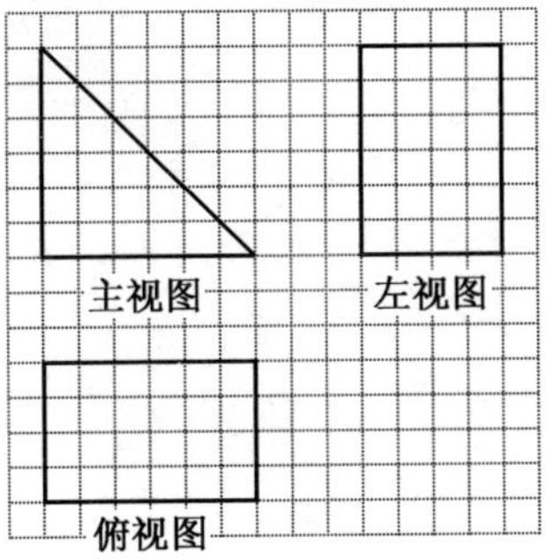

图 12－15

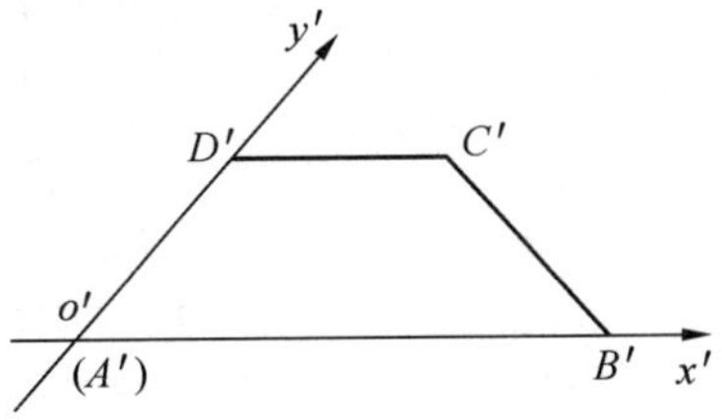

图 12－16

【解析】由已知直观图根据斜二测画法规则画出原平面图形，如图 12－17 所示，

∴ 这个平面图形的面积为$\frac{4\times(2+2+2\sqrt{2})}{2}=8+4\sqrt{2}$.

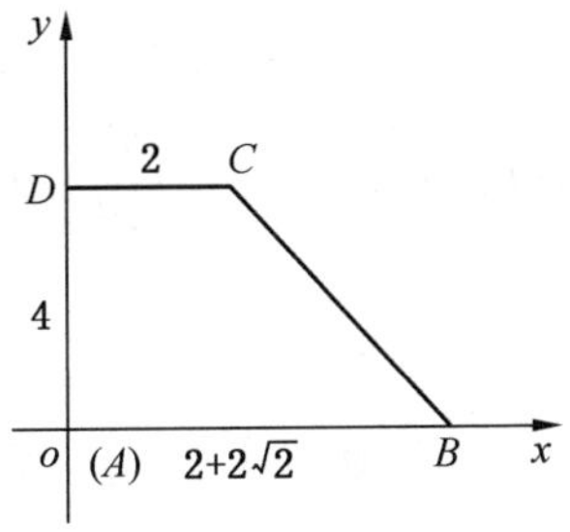

图 12－17

8. 给出下列四个命题：

① 垂直于同一直线的两条直线平行

② 垂直于同一平面的两个平面互相平行

③ 若直线 l_1，l_2 与同一平面所成的角相等，则 l_1，l_2 互相平行

④ 若直线 l_1，l_2 是异面直线，则与 l_1，l_2 都相交的两条直线是异面直线

其中假命题的个数是(　　).

A. 1　　B. 2　　C. 3　　D. 4

【答案】D

【解析】利用特殊图形正方体不难发现①、②、③、④均不正确.

9. 如图 12－18 所示，在棱长为 2 的正方体 $ABCD-A_1B_1C_1D_1$ 中，O 是底面 $ABCD$ 的中心，E，F 分别是 CC_1，AD 的中点，那么异面直线 OE 和 FD_1 所成的角的余弦值等于(　　).

A. $\frac{\sqrt{10}}{5}$　　B. $\frac{\sqrt{15}}{5}$　　C. $\frac{4}{5}$　　D. $\frac{2}{3}$

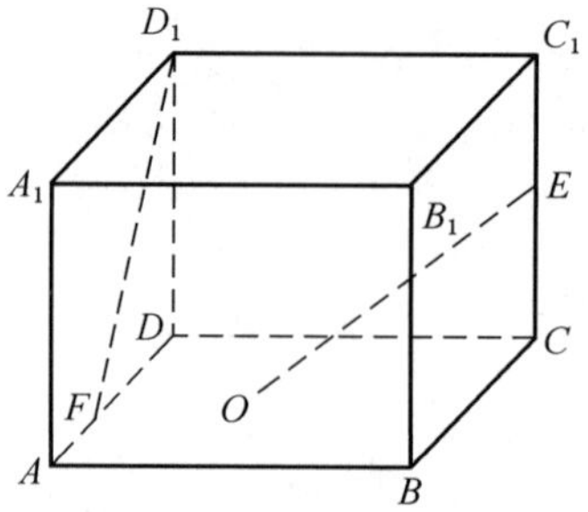

图 12－18

【答案】B

【解析】方法一　面 CC_1D_1D 的中心为 H，连接 FH，D_1H，在 $\triangle FHD_1$ 中，$FD_1=\frac{\sqrt{5}}{2}$，$FH=\frac{\sqrt{3}}{2}$，$D_1H=\frac{\sqrt{2}}{2}$. 由余弦定理，可得 $\angle FHD_1$ 的余弦值为 $\frac{\sqrt{15}}{5}$.

方法二　BC 的中点 G，连接 $GC_1 // FD_1$，再取 GC 的中点 H，连接 HE，OH，则 $\angle OEH$ 为异面直线所成的角．在 $\triangle OEH$ 中，$OE=\frac{\sqrt{3}}{2}$，$HE=\frac{\sqrt{5}}{4}$，$OH=\frac{\sqrt{5}}{4}$.

由余弦定理，可得 $\cos\angle OEH=\frac{\sqrt{15}}{5}$.

10. P 为 $\triangle ABC$ 所在平面外的一点，则点 P 在此三角形所在平面上的射影是 $\triangle ABC$ 垂心的充分必要条件是(　　).

A. $PA=PB=PC$

B. $PA\perp BC$，$PB\perp AC$

C. 点 P 到 $\triangle ABC$ 三边所在直线距离相等

D. 平面 PAB、平面 PBC、平面 PAC 与 $\triangle ABC$ 所在的平面所成的角相等

【答案】B

【解析】选项 A 为外心的充分必要条件，选项 C，D 为内心或旁心的必要条件（当射影在 $\triangle ABC$ 的形内时为内心，在形外时为旁心）.

11. P 是长方体 AC_1 上底面 A_1C_1 内任一点，设 AP 与三条棱 AA_1，AB，AD 所成的角为 α，β，γ，则 $\cos^2\alpha+\cos^2\beta+\cos^2\gamma$ 的值是(　　).

A. 1　　B. 2　　C. 3/2　　D. 不确定

【答案】A

【解析】以 AP 为一条对角线截得小长方体 AP，由长方体的对角线长定理可得 $\cos^2\alpha+\cos^2\beta+\cos^2\gamma=1$.

12. 在一个密闭透明的圆柱筒内装一定体积的水，将该圆柱筒分别竖直、水平、倾斜放置时，指出圆柱桶内的水平面可以呈现出的几何形状不可能是(　　).

A. 圆面　　B. 矩形面

C. 梯形面　　D. 椭圆面或部分椭圆面

【答案】C

【解析】将圆柱桶竖放，水面为圆面；将圆柱桶斜放，水面为椭圆面或部分椭圆面；将圆柱桶水平放置，水面为矩形面，所以圆柱桶内的水平面可以呈现出的几何形状不可能是梯形面.

13. 用任意一个平面截一个几何体，各个截面都是圆面，则这个几何体一定是(　　).

A. 圆柱　　B. 圆锥

C. 球体　　D. 圆柱、圆锥、球体的组合体

【答案】C

【解析】截面是任意的且都是圆面，则该几何体为球体.

14. 已知底面是直角三角形的直棱柱的主视图、俯视图如图 12－19 所示，则该棱柱的左视图的面积为(　　).

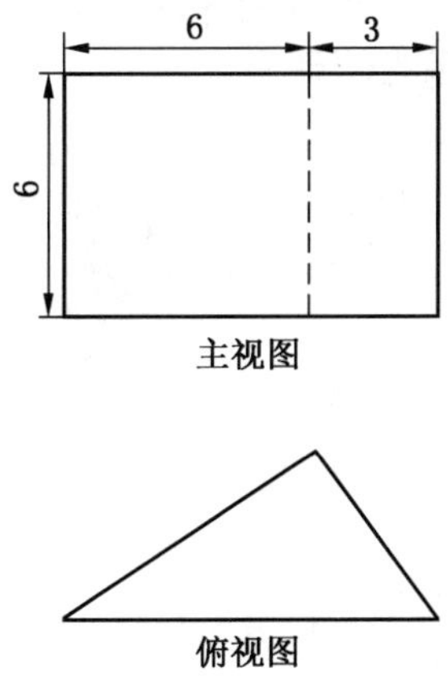

图 12－19

A. $18\sqrt{6}$　　B. $18\sqrt{3}$　　C. $18\sqrt{2}$　　D. $\frac{27}{2}\sqrt{2}$

【答案】C

【解析】设左视图的长 x，则 $x^2=6\times3=18$，∴ $x=3\sqrt{2}$. ∴ 左视图的面积为 $S=3\sqrt{2}\times6=18\sqrt{2}$.

15. 用一个平面去截正方体，则截面不可能是(　　).

A. 直角三角形　　B. 等边三角形　　C. 正方形　　D. 正六边形

【答案】A

【解析】用一个平面去截正方体，则截面的情况为：①截面为三角形时，可以是锐角三角形、等腰三角形、等边三角形，但不可能是钝角三角形、直角三角形；②截面为四边形时，可以是梯形（等腰梯形）、平行四边形、菱形、矩形，但不可能是直角梯形；③截面为五边形时，不可能是正五边形；④截面为六边形时，可以是正六边形.

二、填空题

1. 在图 12 − 20 所示的几何体中，是棱柱的为________（填写序号）.

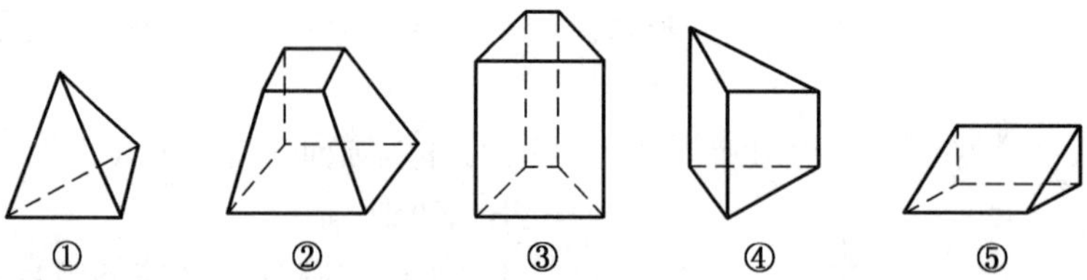

图 12 − 20

【答案】③⑤

2. 给出下列四个命题：

① 有两个侧面是矩形的立体图形是直棱柱；

② 侧面都是等腰三角形的棱锥是正棱锥；

③ 侧面都是矩形的直四棱柱是长方体；

④ 底面为正多边形，且有相邻两个侧面与底面垂直的棱柱是正棱柱.

其中不正确的命题为________（填序号）.

【答案】①②③

【解析】对于①，平行六面体的两个相对侧面也可能是矩形，故①错；对于②，对等腰三角形的腰是否为侧棱未作说明，故②错；对于③，若底面不是矩形，则③错；④由线面垂直的判定，可知侧棱垂直于底面，故④正确.

3. 已知等腰梯形 $ABCD$，上底 $CD=1$，腰 $AD=BC=\sqrt{2}$，下底 $AB=3$，以下底所在直线为 x 轴，则由斜二测画法画出的直观图 $A'B'C'D'$ 的面积为________.

【答案】$\frac{\sqrt{2}}{2}$

【解析】如图 12 − 21 所示，作出等腰梯形 $ABCD$ 的直观图．$\because$ $OE=\sqrt{2}\cdot\frac{\sqrt{2}}{2}=1$，

$\therefore$ $O'E'=\frac{1}{2}$，$E'F'=\frac{\sqrt{2}}{4}$，则直观图 $A'B'C'D'$ 的面积 $S'=\frac{1+3}{2}\times\frac{\sqrt{2}}{4}=\frac{\sqrt{2}}{2}$.

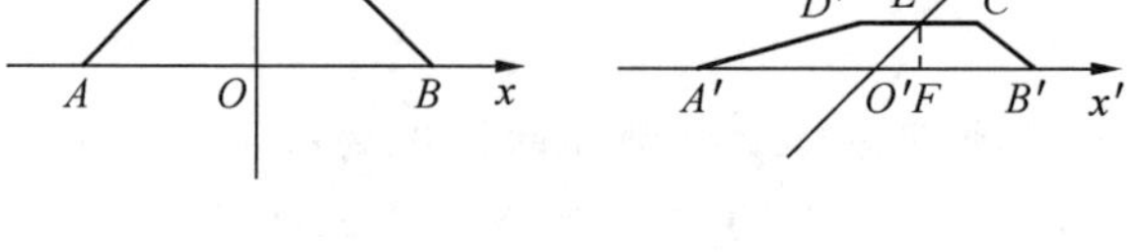

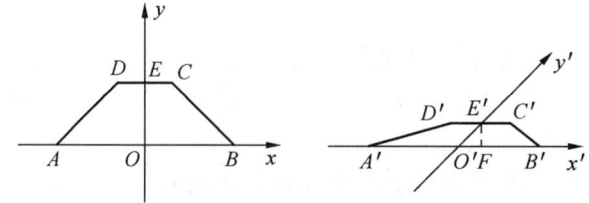

图 12 − 21

4. 一水平放置的平面四边形 $OABC$，用斜二测画法画出它的直观图 $O'A'B'C'$ 如图 12－22 所示，此直观图恰好是一个边长为 1 的正方形，则原平面四边形 $OABC$ 的面积为________.

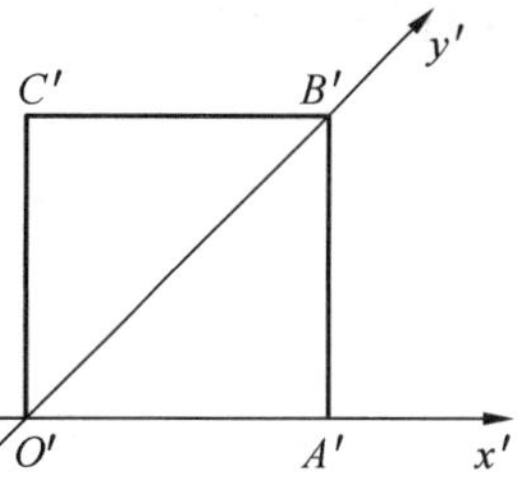

图 12－22

【答案】$2\sqrt{2}$

【解析】∵ 直观图的面积是原图形面积的$\frac{\sqrt{2}}{4}$倍，且直观图的面积为 1，∴ 原图形的面积为 $2\sqrt{2}$.

5. 给出下列命题：

① 棱柱的侧棱都相等，侧面都是全等的平行四边形；

② 若三棱锥的三条侧棱两两垂直，则其三个侧面也两两垂直；

③ 在四棱柱中，若两个过相对侧棱的截面都垂直于底面，则该四棱柱为直四棱柱；

④ 存在每个面都是直角三角形的四面体.

其中正确命题的序号是________.

【答案】②③④

【解析】①不正确，根据棱柱的定义，棱柱的各个侧面都是平行四边形，但不一定全等；②正确，若三棱锥的三条侧棱两两垂直，则三个侧面所在的三个平面的二面角都是直二面角；③正确，因为两个过相对侧棱的截面的交线平行于侧棱，又垂直于底面；④正确，如图 12－23 所示，正方体 $ABCD-A_1B_1C_1D_1$ 中的三棱锥 C_1-ABC，四个面都是直角三角形.

6. 某四面体的三视图由图 12－24 所示的三个直角三角形构成，则该四面体六条棱长最长的为________.

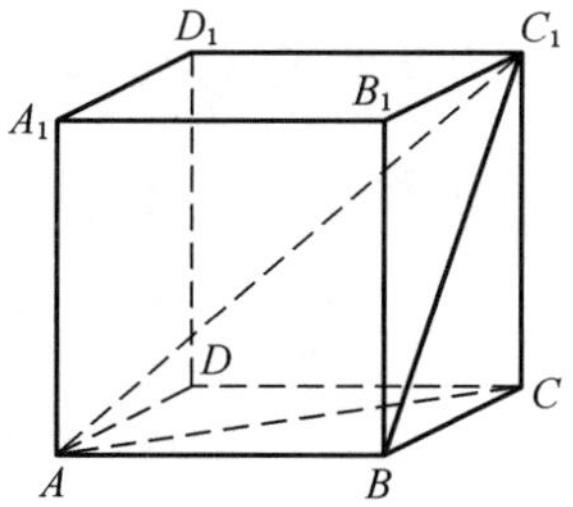

图 12－23

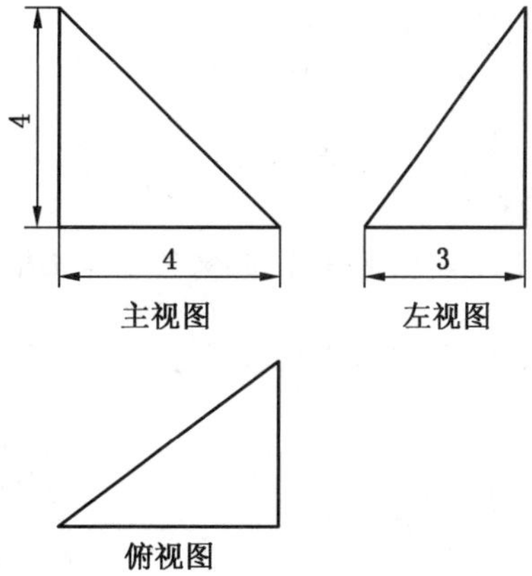

图 12－24

【答案】$\sqrt{41}$

【解析】四面体如图 12－25 所示，其中 $SB\perp$ 平面 ABC 且在 $\triangle ABC$ 中，$\angle ACB=90°$.

由 $SB\perp$ 平面 ABC，$AB\subset$ 平面 ABC 得 $SB\perp AB$，同理 $SB\perp BC$，∴ 棱长最长的为 SA 且 $SA=\sqrt{SB^2+AB^2}=\sqrt{SB^2+AC^2+BC^2}=\sqrt{41}$.

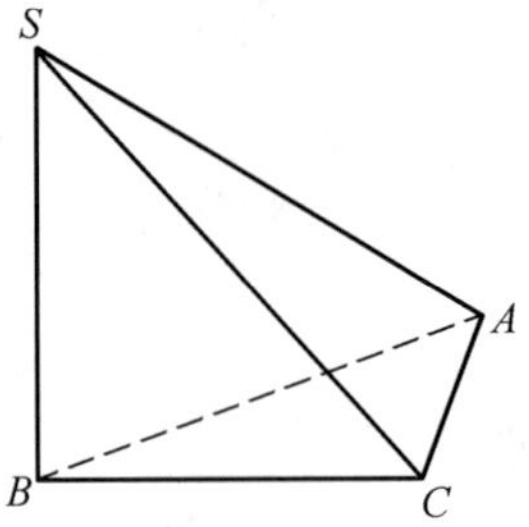

图 12－25

7. 如图 12－26 所示，一立在水平地面上的圆锥形物体的母线长为 4 m，一只小虫从圆锥的底面圆上的点 P 出发，绕圆锥表面爬行一周后回到点 P 处．若该小虫爬行的最短路程为 $4\sqrt{2}$ m，则圆锥底面圆的半径等于________ m.

【答案】1

【解析】把圆锥侧面沿过点 P 的母线展开成图 12－27 所示的扇形，由题意 $OP=4$，$PP'=4\sqrt{2}$，

则 $\cos\angle POP'=\dfrac{4^2+4^2-(4\sqrt{2})^2}{2\times4\times4}=0$，且$\angle POP'$是三角形的内角，$\therefore\ \angle POP'=\dfrac{\pi}{2}$.

设底面圆的半径为 r，则 $2\pi r=\dfrac{\pi}{2}\times4$，$\therefore\ r=1$.

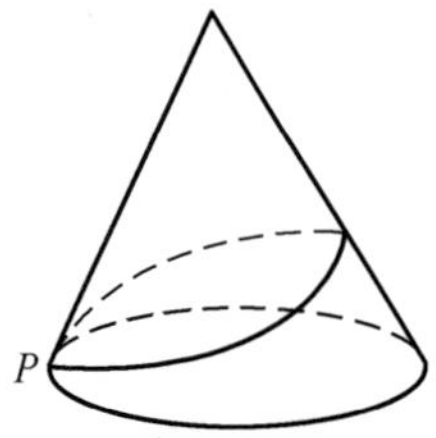

图 12－26

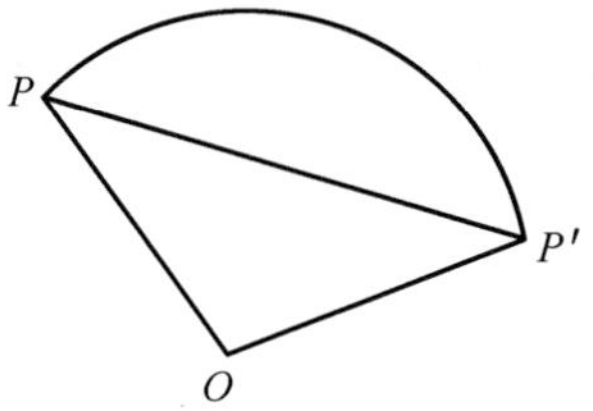

图 12－27

三、解答题

1. 如图 12－28 所示，四棱锥 $P-ABCD$ 的底面是边长为 a 的正方形，侧棱 $PA\perp$底面 $ABCD$，侧面 PBC 内有 $BE\perp PC$ 于 E，且 $BE=\dfrac{\sqrt{6}}{3}a$，试在 AB 上找一点 F，使 $EF\parallel$平面 PAD.

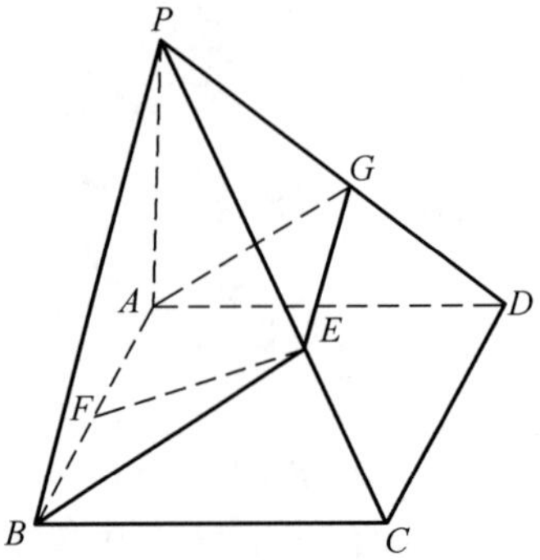

图 12－28

解　在面 $PCDP$ 内作 $EG\perp PD$ 于 G，连接 AG. $\because$ $PA\perp$ 底面 $ABCD, CD\perp AD, \therefore$ $CD\perp PD$，$\therefore$ $CD/\!/EG$. 又$\because$ $CD/\!/AB$，$\therefore$ $EG/\!/AB$. 若有 $EF/\!/$面 PAD，则 $EF/\!/AG$，$\therefore$ 四边形 $AFEG$ 为平行四边形，得 $EG=AF$. $\because$ $CE=\sqrt{a^2-\left(\frac{\sqrt{6}}{3}a\right)^2}=\frac{\sqrt{3}}{3}a$，$\triangle PBC$ 为直角三角形，

$\therefore$ $BC^2=CE\cdot CP\Rightarrow CP=\sqrt{3}a$，$\frac{AF}{AB}=\frac{EG}{CD}=\frac{PE}{PC}=\frac{\sqrt{3}a-\frac{\sqrt{3}}{3}a}{\sqrt{3}a}=\frac{2}{3}$，故得 $AF:FB=2:1$ 时，$EF/\!/$面 PAD.

2. 如图 12－29 所示，直四棱柱 $ABCD-A_1B_1C_1D_1$ 的底面是菱形，$AA_1=4$，$AB=2$，$\angle BAD=60°$，E，M，N 分别是 BC，BB_1，A_1D 的中点.

（1）证明：$MN/\!/$平面 C_1DE；

（2）求点 C 到平面 C_1DE 的距离.

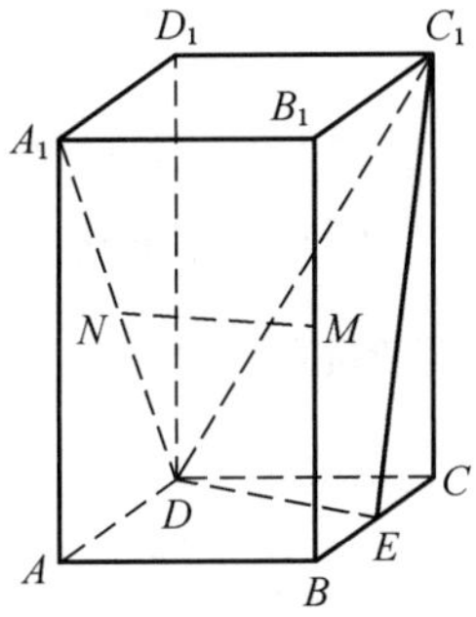

图 12－29

解　（1）连接 B_1C，ME. $\because$ M，E 分别为 BB_1，BC 的中点，$\therefore$ $ME/\!/B_1C$，且 $ME=\frac{1}{2}B_1C$. 又$\because$ N 为 A_1D 的中点，$\therefore$ $ND=\frac{1}{2}A_1D$. 由题设知 $A_1B_1 \mathrel{\underline{/\!/}} DC$，可得 $B_1C \mathrel{\underline{/\!/}} A_1D$，故 $ME \mathrel{\underline{/\!/}} ND$，因此四边形 $MNDE$ 为平行四边形，$MN/\!/ED$. 又 $MN\not\subset$平面 C_1DE，$\therefore$ $MN/\!/$平面 C_1DE.

（2）过 C 作 C_1E 的垂线，垂足为 H，如图 12－30 所示. 由已知可得 $DE\perp BC$，$DE\perp C_1C$，$\therefore$ $DE\perp$平面 C_1CE，故 $DE\perp CH$. 从而 $CH\perp$平面 C_1DE，故 CH 的长即为 C 到平面 C_1DE 的距离，由已知可得 $CE=1$，$C_1C=4$，$\therefore$ $C_1E=\sqrt{17}$，故 $CH=\frac{4\sqrt{17}}{17}$. 从而点 C 到平面 C_1DE 的距离为$\frac{4\sqrt{17}}{17}$.

3. 如图 12－31 所示，长方体 $ABCD-A_1B_1C_1D_1$ 的底面 $ABCD$ 是正方形，点 E 在棱 AA_1 上，$BE\perp EC_1$.

（1）证明：$BE\perp$平面 EB_1C_1；

（2）若 $AE=A_1E$，$AB=3$，求四棱锥 $E-BB_1C_1C$ 的体积.

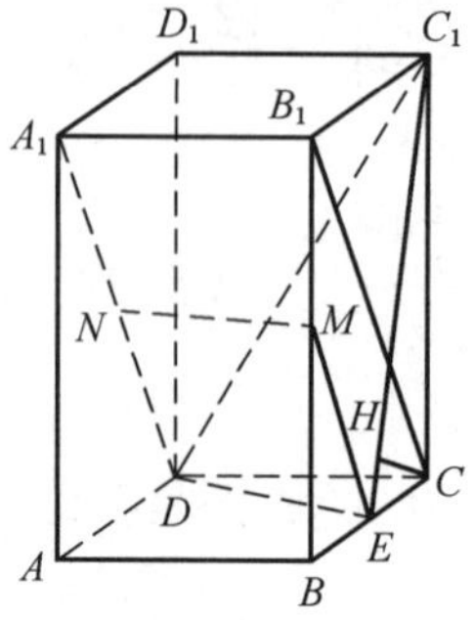

图 12－30

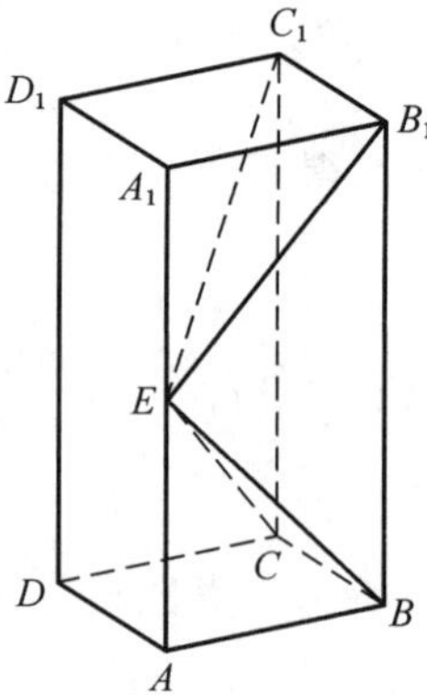

图 12－31

解 （1）由已知得 $B_1C_1\perp$ 平面 ABB_1A_1，$BE\subset$ 平面 ABB_1A_1，故 $B_1C_1\perp BE$. 又 $BE\perp EC_1$，$\therefore$ $BE\perp$ 平面 EB_1C_1.

（2）由（1）知 $\angle BEB_1=90°$. 由题设知 Rt 三角形 $ABE\cong$ Rt 三角形 A_1B_1E，$\therefore$ $\angle AEB=\angle A_1EB_1=45°$，故 $AE=AB=3$，$AA_1=2AE=6$. 作 $EF\perp BB_1$，垂足为 F，如图 12－32 所示. 则 $EF\perp$ 平面 BB_1C_1C，且 $EF=AB=3$. $\therefore$ 四棱锥 $E-BB_1C_1C$ 的体积 $V=\frac{1}{3}\times3\times6\times3=18$.

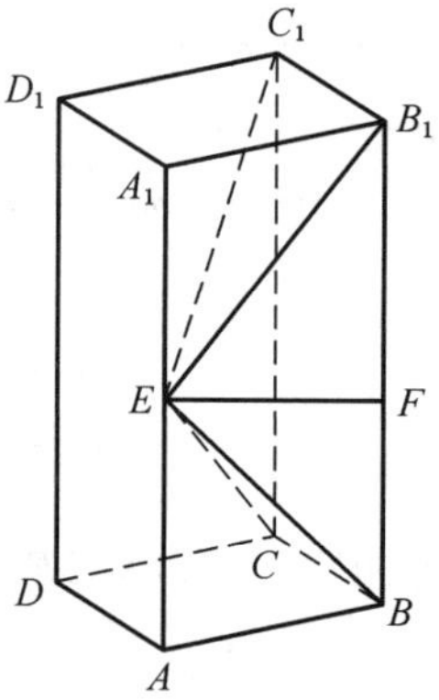

图 12－32

练习题

一、选择题

1. 一个正方形沿不平行于正方形所在平面的方向平移一段距离一定可以形成(　　).

A. 棱锥　　B. 四棱柱　　C. 正四棱柱　　D. 长方体

2. 从长方体的一个顶点出发的三条棱上各取一点 E，F，G（不与顶点重合），过此三点作长方体的截面，那么这个截面的形状是(　　).

A. 锐角三角形　　B. 钝角三角形　　C. 直角三角形　　D. 以上都有可能

3. 下列说法正确的是(　　).

A. 直线绕定直线旋转形成柱面

B. 半圆绕定直线旋转形成球体

C. 有两个面互相平行，其余四个面都是等腰梯形的六面体是棱台

D. 圆柱的任意两条母线所在的直线是相互平行的

4. 图 12－33 中的图形不是正方体表面展开图的是(　　).

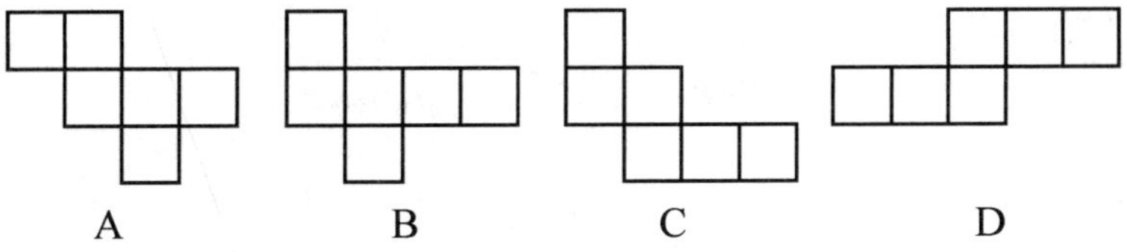

图 12－33

5. 下列命题：

①圆柱的轴截面是过母线的截面中最大的一个；②用任意一个平面去截球体得到的截断一定是一个圆面；③用任意一个平面去截圆锥得到的截断一定是一个圆面．其中正确的个数是(　　).

A. 0　　B. 1　　C. 2　　D. 3

6. 一个直角梯形以较长底为轴进行旋转，得到的几何体是(　　).

A. 一个圆台　　B. 一个圆锥

C. 由两个圆锥组成的组合体　　D. 由一个圆锥一个圆柱组成的组合体

7. 一个无盖的正方体盒子展开后的平面图如图 12－34 所示，A，B，C 是展开图上的三点，则在正方体盒子中，$\angle ABC$ 的度数是(　　).

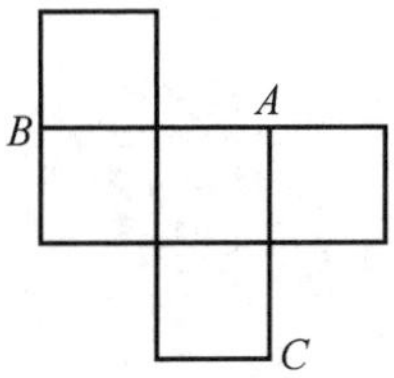

图 12－34

A. 45°　　B. 30°

C. 60°　　D. 90°

8. 侧棱长和底面边长都为 1 的正三棱锥的体积是(　　).

A. $\frac{\sqrt{13}}{24}$　　B. $\frac{\sqrt{2}}{12}$

C. $\frac{\sqrt{11}}{24}$　　D. $\frac{\sqrt{2}}{4}$

9. 长方体的一个顶点上三条棱长分别是 3，4，5，且它的 8 个顶点都在同一球面上，则这个球的表面积是(　　).

A. 25π　　B. 50π　　C. 125π　　D. 都不对

10. 过圆锥的高的三等分点作平行于底面的截面，它们把圆锥侧面分成的三部分的面积之比为(　　).

A. 1∶2∶3　　B. 1∶3∶5　　C. 1∶2∶4　　D. 1∶3∶9

11. 正方体的棱长和外接球的半径之比为(　　).

A. $\sqrt{3}:1$　　B. $\sqrt{3}:2$　　C. $2:\sqrt{3}$　　D. $\sqrt{3}:3$

12. 一几何体的直观图如图 12－35 所示，下列给出的四个俯视图中正确的是(　　).

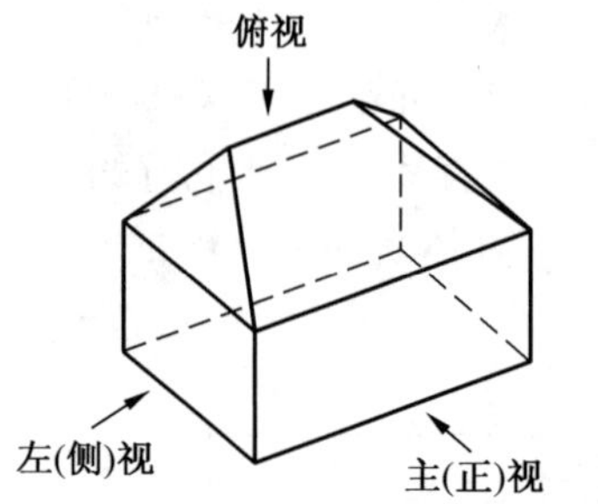

图 12－35

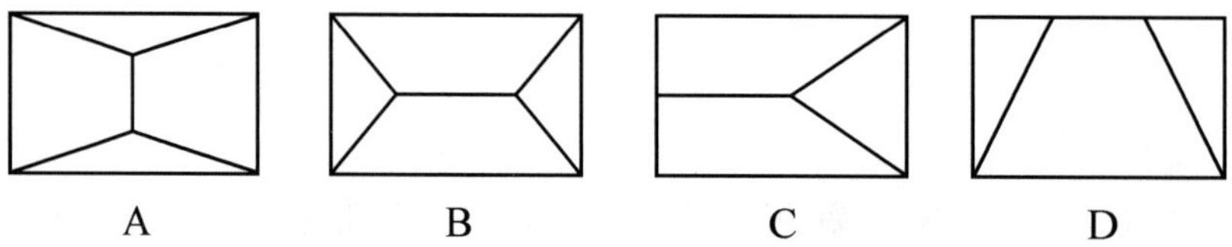

13. 图 12－36 是某几何体的三视图，则该几何体的体积为(　　).

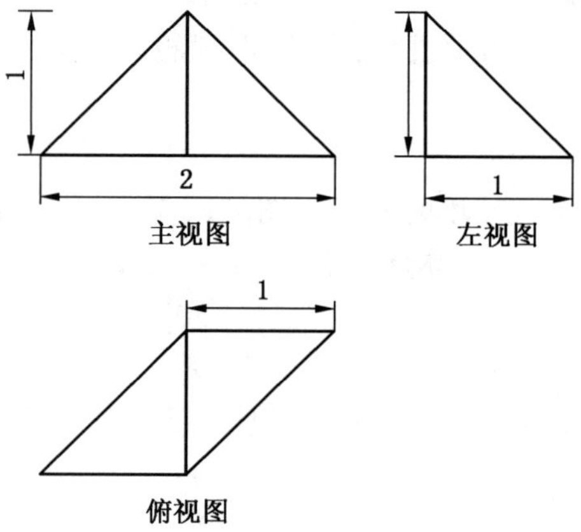

图 12－36

A. 1　　B. $\frac{1}{3}$　　C. $\frac{1}{2}$　　D. $\frac{3}{2}$

14. 一个棱长为 2 的正方体的顶点都在球面上，则该球的表面积为(　　).

A. 4π　　B. 8π　　C. 12π　　D. 16π

15. 一个几何体的三视图如图 12－37 所示，则这个几何体的体积是(　　).

A. $\frac{1}{2}$　　B. 1　　C. $\frac{3}{2}$　　D. 2

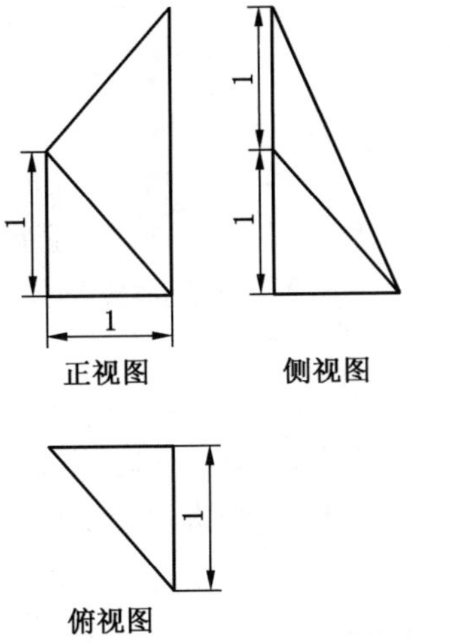

图 12－37

16. 某几何体的三视图如图 12－38 所示，则该几何体的体积为(　　).

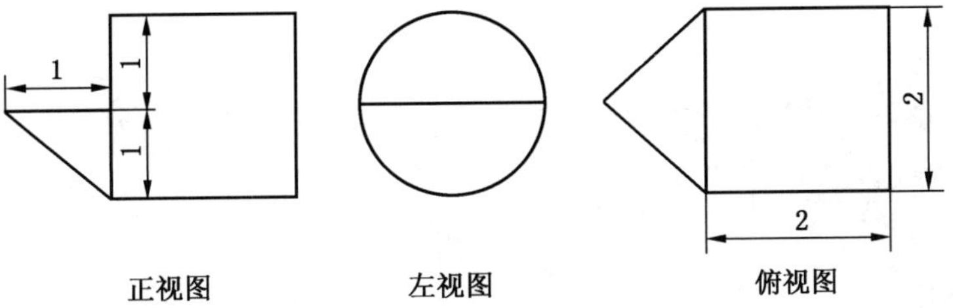

图 12－38

A. $\frac{1}{3}+2\pi$　　B. $\frac{13\pi}{6}$　　C. $\frac{7\pi}{3}$　　D. $\frac{5\pi}{2}$

17. 一个棱长为 2 的正方体沿其棱的中点截去部分后所得几何体的视图如图 12－39 所示，则该几何体的体积为(　　).

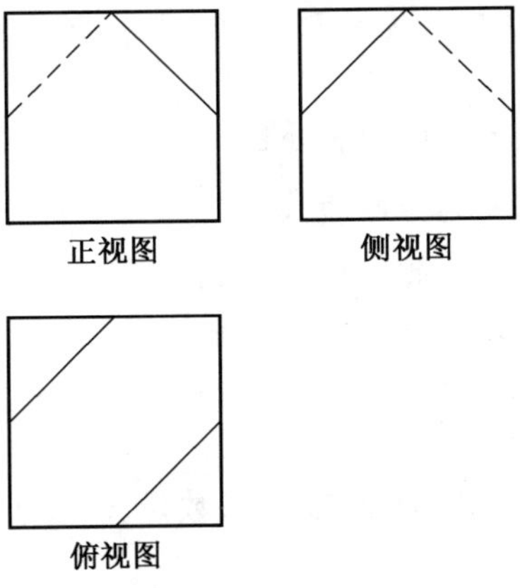

图 12－39

A. 7　　B. $\frac{22}{3}$　　C. $\frac{47}{6}$　　D. $\frac{23}{3}$

18. 已知 a，b 是异面直线，直线 $c /\!/ a$，则 c 与 b（　　）.

A. 一定是异面直线　　B. 一定是相交直线

C. 不可能是相交直线　　D. 不可能是平行直线

19. 如果两条异面直线看成“一对”，那么六棱锥的棱所在的 12 条直线中，异面直线共有（　　）.

A. 12 对　　B. 24 对　　C. 36 对　　D. 48 对

20. 如图 12－40 所示，点 P，Q，R，S 分别在正方体的四条棱上，并且是所在棱的中点，则直线 PQ 与 RS 是异面直线的一个图是（　　）.

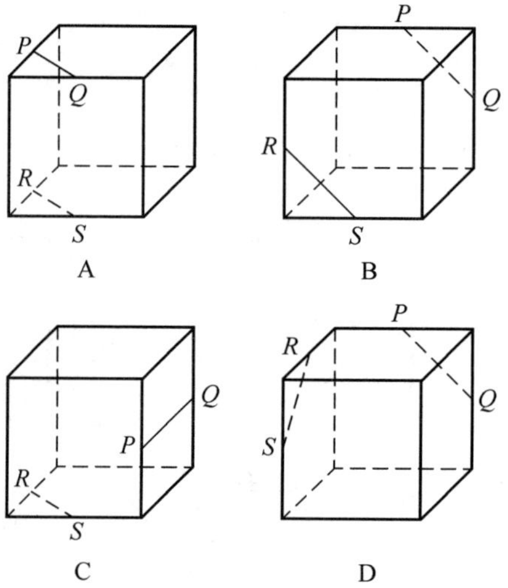

图 12－40

21. 空间四边形的对角线互相垂直且相等，顺次连接这个四边形各边中点，所组成的四边形是（　　）.

A. 梯形　　B. 矩形　　C. 平行四边形　　D. 正方形

22. 以下四个结论：

① 若 $a \subset \alpha$，$b \subset \beta$，则 a，b 为异面直线；

② 若 $a \subset \alpha$，$b \not\subset \alpha$，则 a，b 为异面直线；

③ 没有公共点的两条直线是平行直线；

④ 两条不平行的直线就一定相交.

其中正确答案的个数是（　　）.

A. 0 个　　B. 1 个　　C. 2 个　　D. 3 个

23. 若三个平面两两相交，则它们交线的条数是（　　）.

A. 1　　B. 2　　C. 3　　D. 1 或 3

24. 下列说法中正确的是（　　）.

A. 如果一个平面内有一条直线和另一个平面平行，那么这两个平面平行

B. 如果一个平面内有无数条直线和另一个平面平行，那么这两个平面平行

C. 如果一个平面内的任何一条直线都与另一个平面平行，那么这两个平面平行

D. 如果两个平面平行于同一直线，则这两个平面平行

25. 已知三条互相平行的直线 a，b，c 中，$a\subset\alpha$，b，$c\subset\alpha$，则平面 α，β 的位置关系是(　　).

A. 平行　　B. 相交　　C. 平行或相交　　D. 重合

26. 已知 m，n 是两条不重合的直线，α，β 是两个不重合的平面，给出下列三个命题：

①$\begin{cases}m/\!/\beta\\ n\subset\beta\end{cases}\Rightarrow m/\!/n$；②$\begin{cases}m\text{ 与 }n\text{ 异面}\\ m/\!/\beta\end{cases}\Rightarrow n$ 与 β 相交；③$\begin{cases}m/\!/n\\ n/\!/\alpha\end{cases}\Rightarrow m/\!/\alpha$.

其中正确命题的个数是(　　).

A. 0　　B. 1　　C. 2　　D. 3

27. 在下列条件中，可判断平面 α 与 β 平行的是(　　).

A. α，β 都平行于直线 l

B. α 内存在不共线的三点到 β 的距离相等

C. l，m 是 α 内两条直线，且 $l/\!/\beta$，$m/\!/\beta$

D. l，m 是两条异面直线，且 $l/\!/\alpha$，$m/\!/\alpha$，$l/\!/\beta$，$m/\!/\beta$

28. 给出下列结论，正确的有(　　).

① 平行于同一条直线的两个平面平行；

② 平行于同一平面的两个平面平行；

③ 过平面外两点，不能作一个平面与已知平面平行；

④ 若 a，b 为异面直线，则过 a 与 b 平行的平面只有一个.

A. 1 个　　B. 2 个　　C. 3 个　　D. 4 个

29. “直线 a 经过平面 α 外一点 P”用符号表示为(　　).

A. $P\in a$，$a/\!/\alpha$　　B. $a\cap\alpha=P$　　C. $P\in a$，$P\notin\alpha$　　D. $P\in a$，$a\subset\alpha$

30. 图 12－41 中的图形均表示两个相交平面，其中画法正确的是(　　).

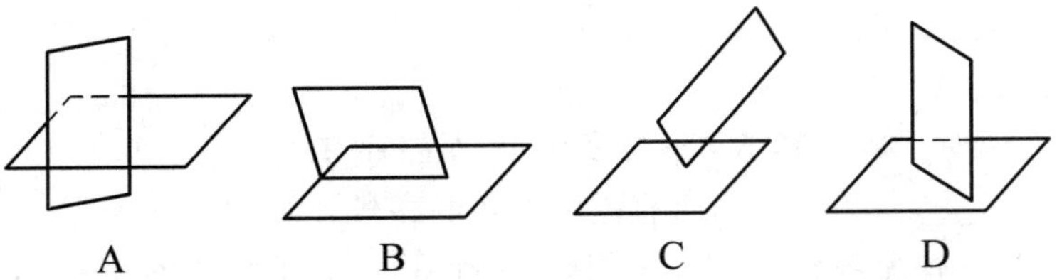

图 12－41

31. 已知平面 α 与平面 β、γ 都相交，则这三个平面可能的交线有(　　).

A. 1 条或 2 条　　B. 2 条或 3 条　　C. 1 条或 3 条　　D. 1 条或 2 条或 3 条

32. 下列说法正确的是(　　).

A. 空间四边形的对角线可能相交

B. 四个角都是直角的四边形一定是平面图形

C. 两两相交的三条直线一定共面

D. 在空间的四点，若无三点共线，则这四点一定不共面

33. 空间四点 A，B，C，D 共面而不共线，那么这四点中(　　).

A. 必有三点共线　　B. 必有三点不共线

C. 至少有三点共线　　D. 不可能有三点共线

34. 若三个平面把空间分成 6 个部分，那么这三个平面的位置关系是(　　).

A. 三个平面共线

B. 有两个平面平行且都与第三个平面相交

C. 三个平面共线，或两个平面平行且都与第三个平面相交

D. 三个平面两两相交

二、填空题

1. 由若干个平面图形围成的几何体称为多面体，多面体最少有________个面.

2. A，B 为球面上相异两点，则通过 A，B 两点可作的球大圆有________个.

3. 过球半径的中点，作一个垂直于这条半径的截面，那么这个截面的面积与球的大圆面积之比是________.

4. 已知圆锥的底面半径为 3，体积是 12π，则圆锥面积等于________.

5. 正六棱柱的高为 5 cm，最长的对角线长为 13 cm，则它的侧面积为________.

6. 若三个球的表面积之比是 1∶2∶3，则它们的体积之比是________.

7. 已知 A，B，C 三点在球 O 的球面上，$AB=BC=CA=3$，且球心 O 到平面 ABC 的距离等于球半径的$\frac{1}{3}$，则球 O 的表面积为________.

8. 正三棱柱 $ABC-A_1B_1C_1$ 内接于半径为 2 的球，若 A，B 两点的球面距离为 π，则正三棱柱的体积为________.

9. 正六面体 $ABCD-A_1B_1C_1D_1$ 中，与面 $ABCD$ 的对角线 AC 异面的棱有________条.

10. 已知 a，b，c 是直线，给出下列命题：

① 若 $a/\!/b$，$b/\!/c$，则 $a/\!/c$；

② 若 $a\perp b$，$b\perp c$，则 $a\perp c$；

③ 若 $a/\!/b$，$b\perp c$，则 $a\perp c$；

④ 若 a 与 b 异面，则至多有一条直线与 a，b 都垂直.

其中真命题是________（写出所有正确命题的序号）.

11. 一个平面内有无数条直线平行于另一个平面，那么这两个平面的位置关系是________.

12. 在正方体 $ABCD-A_1B_1C_1D_1$ 中，E，F 分别为棱 AA_1，CC_1 的中点，则在空间中与三条直线 A_1D_1，EF，CD 都相交的直线有________条.

13. 过已知直线外一点与已知直线平行的直线有________条；过平面外一点与已知平面平行的直线有________条，与已知平面平行的平面有________个.

14. 已知直线 a，b，平面 α，β，且 $a/\!/b$，$a/\!/\alpha$，$\alpha/\!/\beta$，则直线 b 与平面 β 的位置关

系为________.

15. ① 若平面 α 内有一条直线平行于另一个平面 β，则 $\alpha /\!/ \beta$；

② 若平面 α 内有两条直线平行于另一个平面 β，则 $\alpha /\!/ \beta$；

③ 若平面 α 内有无数条直线平行于另一个平面 β，则 $\alpha /\!/ \beta$；

④ 若平面 α 内任意一条直线平行于另一个平面 β，则 $\alpha /\!/ \beta$；

⑤ 若平面 α 内两条相交直线平行于另一个平面 β，则 $\alpha /\!/ \beta$.

以上命题正确的是________.

16. AB，BC，CD 是不在同一平面内的三条线段，经过它们中点的平面和 AC 的位置关系是________，和 BD 的位置关系是________.

17. 把下列符号叙述所对应的图形（图 12－42）的序号填在题后横线上.

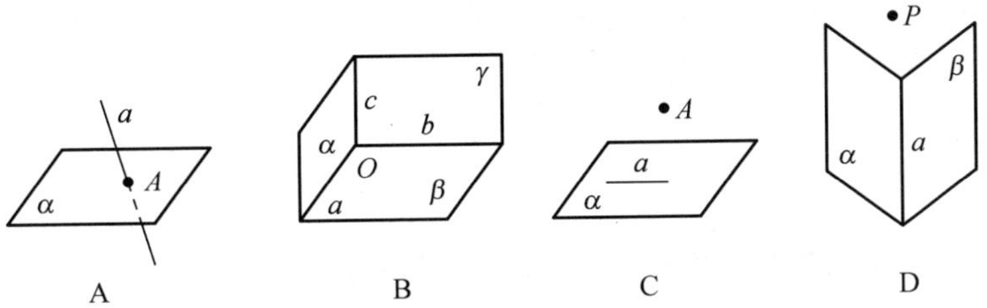

图 12－42

（1）$A \notin \alpha$，a 在平面 α 内________.

（2）$\alpha \cap \beta = a$，$P \notin \alpha$ 且 $P \notin \beta$ ________.

（3）$a \not\subseteq \alpha$，$a \cap \alpha = A$ ________.

（4）$\alpha \cap \beta = a$，$\alpha \cap \gamma = c$，$\beta \cap \gamma = b$，$a \cap b \cap c = O$ ________.

18. 在空间四边形 $ABCD$ 中，点 E，F，G，H 分别在 AB，BC，CD，DA 上，若直线 EH 与 FG 相交于点 P，则点 P 与直线 BD 的关系是________.

19. 若直线 l 上有两个点在平面 α 内，则下列说法正确的序号为________

① 直线 l 上至少有一个点在平面 α 外；

② 直线 l 上有无穷多个点在平面 α 外；

③ 直线 l 上所有点都在平面 α 内；

④ 直线 l 上至多有两个点在平面 α 内.

20. 三个平面把空间分成 7 部分时它们的交线有________条.

三、解答题

1. 一个长、宽、高分别为 a、b、c 长方体的体积是 8 cm^3，它的全面积是 32 cm^2，且满足 $b^2 = ac$，求这个长方体所有棱长之和.

2. 已知三棱锥的底面是边长为 a 的正三角形，求过各侧棱中点的截面面积.

3. 已知正三棱柱的侧面积为 $8\sqrt{3}$ cm^3，高为 3 cm，求它的体积.

4. 某种“笼具”由内、外两层组成，无下底面，内层和外层分别是一个圆锥和圆柱，其中圆柱与圆锥的底面周长相等，圆柱有上底面，制作时需要将圆锥的顶端剪去，剪去部分和接头忽略不计，已知圆柱的底面周长为 24π cm，高为 30 cm，圆锥的母线长为 20 cm，求该种“笼具”的体积.

5. 某几何体的三视图如图 12－43 所示，作出该几何体直观图的简图，并求该几何体的体积.

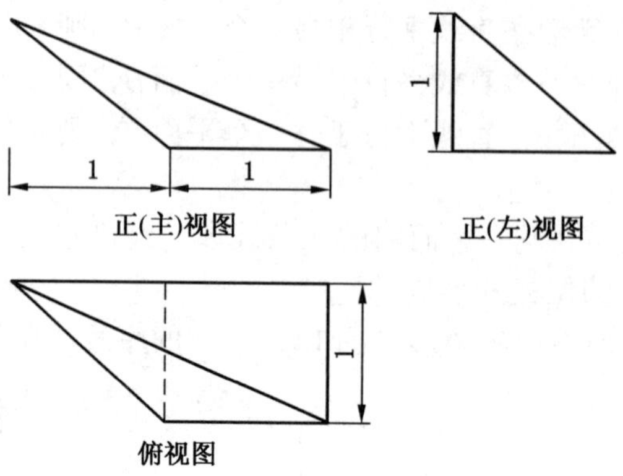

图 12－43

6. 如图 12－44 所示为某几何体的三视图，求该几何体的体积和表面积.

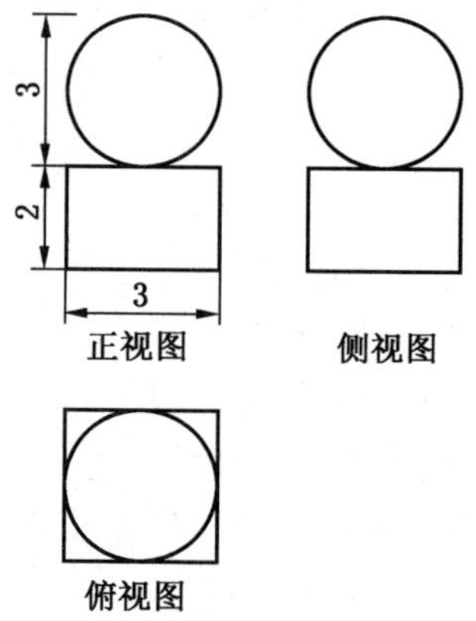

图 12－44

7. 如图 12－45 所示，已知长方体 $ABCD-A'B'C'D'$ 中，$AB=2\sqrt{3}$，$AD=2\sqrt{3}$，$AA'=2$，

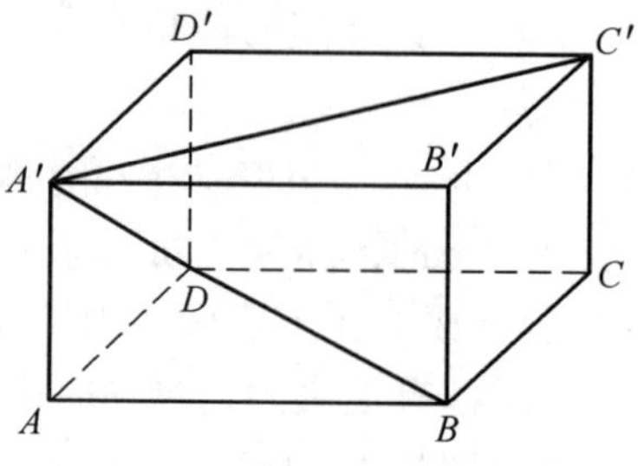

图 12－45

（1）哪些棱所在直线与直线 BA' 是异面直线？

（2）直线 BC 与直线 $A'C'$ 所成角是多少度？

8. 三个平面 α，β，γ. 如果 $\alpha /\!/ \beta$，$\lambda \cap \alpha = a$，$\gamma \cap \beta = b$，且直线 $c \subset \beta$，$c /\!/ b$.

（1）判断 c 与 α 的位置关系，并说明理由；

（2）判断 c 与 a 的位置关系，并说明理由.

9. 如图 12－46 所示，等腰直角 $\triangle ABC$ 中，$\angle A = 90°$，$BC = \sqrt{2}$，$DA \perp AC$，$DA \perp AB$，若 $DA = 1$，且 E 为 DA 的中点．求异面直线 BE 与 CD 所成角的余弦值.

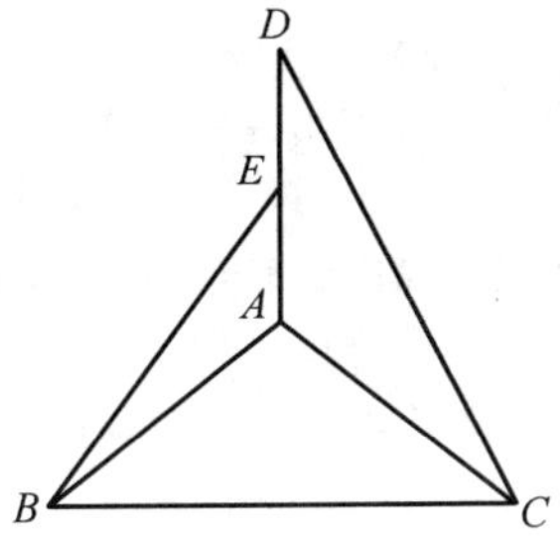

图 12－46

10. 如图 12－47 所示，在正方体 $ABCD-A_1B_1C_1D_1$ 中，E、F 为棱 AD、AB 的中点．求证：$EF /\!/$ 平面 CB_1D_1.

11. 正方形 $ABCD$ 与正方形 $ABEF$ 所在平面相交于 AB，在 AE，BD 上各有一点 P，Q，且 $AP = DQ$，如图 12－48 所示．求证：$PQ /\!/$ 平面 BCE.

12. 在正方体 $ABCD-A_1B_1C_1D_1$ 中，P 为 A_1C_1 上任意一点.

（1）求证：$DP /\!/$ 平面 AB_1C；

（2）求证：平面 $AB_1D_1 /\!/$ 平面 C_1BD.

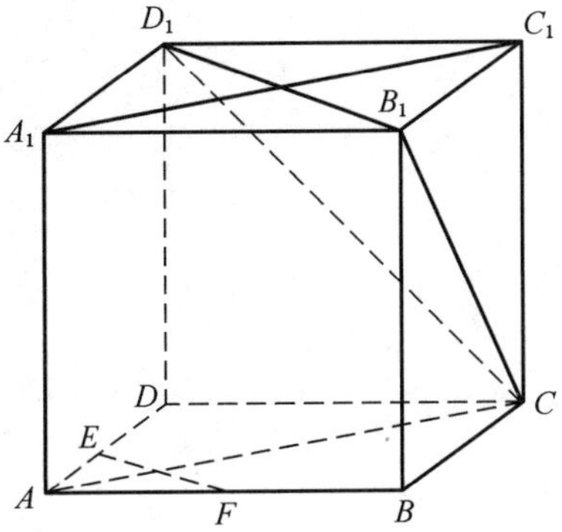

图 12－47

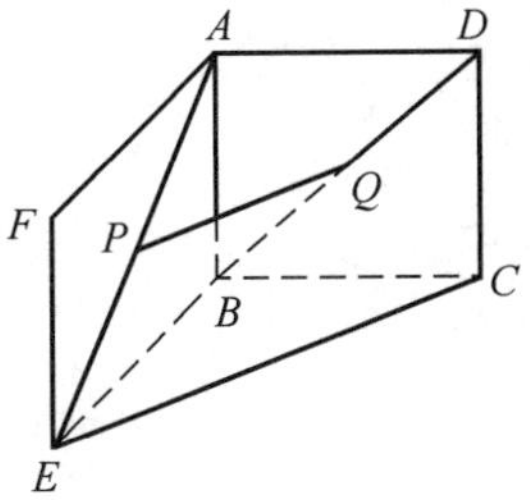

图 12－48

参　考　文　献

[1] 冠明军考编写组. 武警院校招生文化科目统考复习参考丛书：数学［M］. 北京：团结出版社，2017.

[2] 复习指导用书编写组. 公安边防消防警卫部队院校招收士兵学员统考复习指导用书：数学［M］. 2018版. 北京：中国人民公安大学出版社，2018.

[3] 军考教材编写组. 解放军和武警部队院校招生文化科目统考复习参考教材：数学［M］. 2019年版. 北京：国防工业出版社，2019.

[4] 牛胜玉. 高中数学高频易错点［M］. 沈阳：辽宁教育出版社，2019.

[5]《跳出题海》编写组. 新高考数学习题［M］. 拉萨：西藏人民出版社，2019.

[6] 曲一线. 5年高考3年模拟. 高考数学：北京市专用［M］. 北京：教育科学出版社，首都师范大学出版社，2019.

[7] 天利高考命题研究中心北京天利考试信息网. 五年高考真题汇编详解（数学·理科）［M］. 拉萨：西藏人民出版社，2019.

[8] 任志鸿. 十年高考分类解析与应试策略［M］. 北京：知识出版社，2016.